ABHANDLUNGEN DER AKADEMIE DER WISSENSCHAFTEN DER DDR

Veröffentlichungen der Wissenschaftlichen Räte

W 3
1988

Sozialistische Betriebswirtschaft und moderne Informations- und Rechentechnik

Akademie-Verlag Berlin

ABHANDLUNGEN
DER AKADEMIE DER WISSENSCHAFTEN DER DDR
Abteilung Veröffentlichung der Wissenschaftlichen Räte
Jahrgang 1988

Tagung des Wissenschaftlichen Rates
für die wirtschaftswissenschaftliche Forschung
bei der Akademie der Wissenschaften der DDR
gemeinsam mit seinem Hauptgebietsrat
für Fragen der Sozialistischen Betriebswirtschaft,
dem VEB Kombinat Leuna-Werke „Walter Ulbricht“
und der Technischen Hochschule „Carl Schorlemmer“
am 4. und 5. Februar 1988 in Merseburg.

Theoretische Erfordernisse und praktische Erfahrungen bei der Entwicklung der sozialistischen Betriebswirtschaft unter den Bedingungen der umfassenden Nutzung der Informations- und Rechentechnik

Akademie-Verlag Berlin 1988

Herausgegeben im Auftrage des Präsidenten
der Akademie der Wissenschaften der DDR
von Vizepräsident Prof. Dr. Heinz Stiller

Verantwortlich für dieses Heft:
Akademiemitglied Prof. Dr. sc. oec. Dr. h. c. Helmut Koziolek
Vorsitzender des Wissenschaftlichen Rates
für die wirtschaftswissenschaftliche Forschung
bei der Akademie der Wissenschaften der DDR

ISBN 3-05-000883-0
ISSN 0138-421X

Redaktionsschluß: 8. Februar 1988
Erschienen im Akademie-Verlag Berlin, Leipziger Str. 3–4, Berlin, DDR - 1086

Lizenznummer: 202 · 100/372/88
Printed in the German Democratic Republic
Gesamtherstellung: TASTOMAT, Landhausstraße, Eggersdorf, 1275
LSV 0345
Bestellnummer: 7550499 (2001/88/3/W)
02400

INHALTSVERZEICHNIS

* schriftlich eingereichte Beiträge

1. THESEN*

* Die Thesen wurden durch ein Wissenschaftlerkollektiv unter Leitung von Prof. Dr. sc. oec. Eberhard Garbe und Prof. Dr. sc. oec. Franz Pleschak erarbeitet

Theoretische Erfordernisse und praktische Erfahrungen bei der Entwicklung der sozialistischen Betriebswirtschaft unter den Bedingungen einer umfassenden Nutzung der Informations- und Rechentechnik

Den Thesen liegt das Ziel zugrunde, Ergebnisse, Erfahrungen und Probleme sowie Aufgaben bei der weiteren Vervollkommnung der sozialistischen Betriebswirtschaft in der DDR durch umfassende Anwendung moderner Rechen- und Informationstechnik zur Diskussion zu stellen.

Das Tempo der Gestaltung der entwickelten sozialistischen Gesellschaft und die Möglichkeiten, wirtschaftliches Leistungswachstum für soziale Ergebnisse zu nutzen, hängen in hohem Maße davon ab, mit welcher Effektivität in den Kombinaten und Betrieben Produkte mit immer höherem Gebrauchswert für die Bevölkerung, die Volkswirtschaft und die Außenwirtschaft erzeugt werden. Dabei kommt der Entwicklung einer modernen rechnergestützten Betriebswirtschaft eine wachsende Bedeutung zu.

Mit den Parteibeschlüssen wurde rechtzeitig die Aufgabe gestellt, „... die wissenschaftlich-technische Revolution organisch mit den Vorzügen des sozialistischen Wirtschaftssystems zu vereinigen“[1]. Günter Mittag hob mehrfach hervor, daß die Verwirklichung der ökonomischen Strategie unserer Partei in Industrie und Bauwesen auf der Grundlage der Arbeit von 151 zentralgeleiteten Kombinaten, die den Ministerien direkt unterstellt sind, sowie von 95 Kombinaten der bezirksgeleiteten Industrie erfolgt.[2] Diese Kombinate sind das Rückgrat der sozialistischen Planwirtschaft.

Ein weiterer Gegenstand der Ratstagung ist die Auswertung von praktischen Beispielen einer erfolgreichen Anwendung und ökonomischen Verwertung von Schlüsseltechnologien, die einhergeht und gefördert wird durch eine Weiterentwicklung und Vervollkommnung der rechnergestützten sozialistischen Betriebswirtschaft.

Insofern wurden in die Thesen vor allem auch jene Erkenntnisse zur Entwicklung der sozialistischen Betriebswirtschaft einbezogen, die von Helmut Koziolek in seinem Artikel „Betriebswirtschaft im System unserer sozialistischen Planwirtschaft“ in der Einheit 12/1987 herausgearbeitet wurden.

Die aus den vorliegenden Thesen ableitbaren Vorschläge, Hinweise und Anregungen sowie die Verallgemeinerung von praktischen Erfahrungen sollen dazu beitragen, die sozialistische Betriebswirtschaft in den Industriekombinaten der DDR weiter zu vervollkommnen.

1. Das Tempo der Gestaltung der entwickelten sozialistischen Gesellschaft und die Möglichkeiten, wirtschaftliches Leistungswachstum für soziale Ergebnisse zu nutzen, hängen in hohem Maße davon ab, mit welcher Effektivität in den Betrieben und Kombinaten Produkte mit immer höherem Gebrauchswert für die Bevölkerung, die Volks- und die Außenwirtschaft erzeugt werden. Durch ihr Mehrprodukt schaffen die Kombinate mit ihren Betrieben die Grundlage für die weitere Gestaltung ihres eigenen Reproduktionsprozesses und für die Entwicklung der sozialen Bedingungen.
   Unter diesem Aspekt tragen die Kombinate zugleich zur Lösung gesamtgesellschaftlicher Aufgaben bei, indem sie Leistungen für den Staatshaushalt erbringen. Die Kombinate und ihre Betriebe tragen die Verantwortung für ein Erzeugnissortiment – basierend auf dem Plan –, das mit Technologien auf höchstem wissenschaftlich-technischem Niveau herzustellen ist und in seinem Gebrauchswert ständig vervollkommnet wird. Nur wenn es gelingt, in kürzester Zeit wissenschaftlich-technische Ergebnisse in großer Breite betriebswirtschaftlich wirksam zu machen, läßt sich auf Dauer ein wachsendes Mehrprodukt mit geringstmöglichem Aufwand realisieren.
   Die aus den Schlüsseltechnologien sich ergebende Produktivkraftentwicklulng erweist sich somit als gravierende Größe für die Entwicklung der Kombinate und ihrer Betriebe, die das Rückgrat unserer Planwirtschaft sind.
   Über die Kombinate und Betriebe müssen die Vorzüge des Sozialismus mit den Errungenschaften der wissenschaftlich-technischen Revolution verbunden werden. Das mit dem relativ geschlossenen Reproduktionsprozeß in den Kombinaten erreichte Niveau der Produktionsverhältnisse wirkt dabei zugleich auch als aktivierender Faktor für die weitere Entwicklung der Produktivkräfte und für die größere ökonomische Wirksamkeit der Schlüsseltechnologien.
2. Die zentrale Aufgabe der sozialistischen Kombinats- und Betriebswirtschaft besteht darin, durch Formierung des gesellschaftlichen Gesamtarbeiters und seine planmäßige Kombination über alle Stufen – von der Produktionsvorbereitung über die Produktionsdurchführung bis zum Absatz – den größtmöglichen Beitrag zur Erfüllung der volkswirtschaftlichen Aufgaben zu leisten, indem – an internationalen Maßstäben gemessen – vor allem der Erneuerungsprozeß auf der Grundlage moderner Technologien auf stets höherer Stufenleiter mit geringstmöglichem Aufwand und höchstmöglichem Ergebnis vollzogen wird.
   Der Weg und die prinzipiellen Maßstäbe dafür sind mit der ökonomischen Strategie vorgegeben. So hat die sozialistische Betriebswirtschaft die effektivste Gestaltung des unmittelbaren Produktionsprozesses und seine wirksamste Verbindung mit der Produktionsvorbereitung und der Realisierung der Er-

zeugnisse und Leistungen über zielgerichtete Leitung, Planung und wirtschaftliche Rechnungsführung zum Ziel.
Das schließt vor allem eine hohe ökonomische und soziale Effektivität der betrieblichen Tätigkeit ein. Insofern ist sozialistische Betriebswirtschaft ein untrennbarer Teil des gesamtgesellschaftlichen Reproduktionsprozesses. Sie wird im Sinne des demokratischen Zentralismus unter Mitwirkung der Werktätigen gestaltet, wobei die Leiter nach dem Prinzip der Einzelleitung die Verantwortung tragen.

3. Das in den Kombinaten und Betrieben der DDR erreichte Niveau der Produktionsverhältnisse und die neue Qualität der Produktivkräfte erfordern zwingend eine neue Qualität der sozialistischen Betriebswirtschaft, die insbesondere durch die immer engere Verknüpfung von Leitungs-, Leistungs- und Informationsprozessen charakterisiert wird. Grundlage dafür sind eine ständig aktuelle, einheitliche Datenbasis und eine effektive Kommunikationsinfrastruktur, die – rechnergestützt – die zeitgleiche Verbindung von Informationen aus dem gesamten betrieblichen Reproduktionsprozeß mit größerer Genauigkeit und höherer Aussagekraft ermöglichen. Ihre Aufbereitung für noch gründlichere und schnellere Leitungsentscheidungen muß dazu führen, das Wechselverhältnis zwischen Produktivkräften und Produktionsverhältnissen auf der Ebene der Kombinate und ihrer Betriebe mit höchstmöglicher Effektivität zu beherrschen.
Moderne Information und Kommunikation – auf der Grundlage einer leistungsfähigen arbeitsplatzbezogenen Rechentechnik, von Großrechnern und Datenbanken, von lokalen und überregionalen Netzen sowie neuen Kommunikationsformen (Bild, Text, Sprache) – schaffen die Voraussetzungen für eine wirksamere Planvorbereitung und Planung des gesamten Reproduktionsprozesses und seiner einzelnen Phasen im Betrieb und im Kombinat. Eingeschlossen darin sind die technische und technologische Produktionsvorbereitung, die Produktionsplanung, -steuerung und -durchführung, der am Erzeugnisdurchlauf orientierte Materialfluß, die Bestands- und Lagerwirtschaft, eine aktuelle, den gesamten Reproduktionsprozeß umfassende Betriebsdatenerfassung, eine darauf aufbauende Kostenzuordnung und Kostenrechnung sowie ein marktorientierter Verkaufs- und Serviceprozeß.
Die effektive rechnergestützte Abwicklung dieser betriebswirtschaftlichen Vorgänge erfordert Softwarelösungen in hoher Qualität, die deren Inhalt und Organisation bis ins Detail erfassen.
Damit wird deutlich, welchen Einfluß die Fähigkeiten der Werktätigen auf die Effektivität der Betriebswirtschaft haben. Charakteristisch dafür ist, daß die Beherrschbarkeit zusammenhängender Prozesse für die Stabilität und Kontinuität flexibler automatisierter Systeme überproportional wächst. Zunehmend bedeutsamer werden solche Fähigkeiten und Eigenschaften in der Arbeit wie hohe Selbständigkeit, Fähigkeit der Problemerkenntnis und des Entscheidens, richtige Einstellung zur interdisziplinären Zusammenarbeit und Befähigung dazu, Interesse am Neuen, Entwicklungsdrang, Kreativität, aber auch Zuverlässigkeit und Disziplin gegenüber sich selbst wie auch zum technologischen Regime.

4. Die Herausbildung einer rechnergestützten Betriebswirtschaft ist an die fortschreitende Automatisierung und die Anwendung von Schlüsseltechnologien im Kombinat und deren Betrieben gebunden; denn nur auf diesem Wege wird es möglich,
   - die Produktivkraft der lebendigen Arbeit erheblich zu vergrößern;
   - den Produktionszyklus bedeutend zu verkürzen und den Kreislauf der intensiv erweiterten Reproduktion in allen Phasen besser zu beherrschen und zu beschleunigen;
   - die Durchlaufzeiten der Erzeugnisse zu verkürzen, Materialbestände und Umlaufmittel zu reduzieren und damit die Kosten erheblich zu senken;
   - die Sicherung höher Erzeugnisqualität in den Prozeß der technischen Produktionsvorbereitung und Fertigung zu integrieren und
   - jene Flexibilität und Reaktionsfähigkeit zu erreichen, mit der den sich verändernden Anforderungen und Bedingungen des Marktes entsprochen werden kann.

   Viele dieser Wirkungen erbringt bereits der Einsatz von CAD/CAM-Arbeitsstationen. Durch die stärkere Integration rechnerunterstützter technischer Produktionsvorbereitung, rechnerunterstützter Produktionsplanung und -steuerung und rechnerunterstützter Abwicklung der Materialfluß-, Transport- und Lagerprozesse läßt sich der Kreislauf der intensiv erweiterten Reproduktion in den Kombinaten und Betrieben in seinen Phasen wesentlich besser beherrschen. Damit entstehen Möglichkeiten des Produktivitäts- und Effektivitätswachstums in neuen Dimensionen.
   Vorliegende Erfahrungen besagen, daß hohe ökonomische Ergebnisse als stabile Dauerleistung in jenen Kombinaten erzielt wurden, in denen einheitliche technische, betriebsorganisatorische und betriebswirtschaftliche Lösungen bzw. Systemregelungen entwickelt und durchgesetzt wurden.

5. Die Entwicklung einer rechnerunterstützten Betriebswirtschaft muß sich in enger Wechselbeziehung zur Entwicklung einer durchgängigen rechnergestützten Produktion in ihrer Einheit von konstruktiver und technologischer Produktionsvorbereitung, rechnerunterstützter Fertigungssteuerung, Qualitätssicherung, Lagerhaltung und Transport vollziehen. Damit entstehen neue Voraussetzungen für erhebliche Arbeitszeiteinsparungen, für die Verkürzung der Durchlaufzeiten bei stark verringerten Beständen und hoher Auslastung der Grundmittel. Es geht um höheren ökonomischen Leistungszuwachs, schnellere Marktwirksamkeit, neue Erzeugnisse, flexible Reaktion auf Kundenwünsche und sich verändernde Bedarfssituationen sowie um die ökonomische Beherrschung eines wachsenden Produktionssortiments.
   Die Anwendung der modernen Rechentechnik, ins-

besondere der CAD/CAM-Technik und der daran anknüpfenden höheren Stufen der Automatisierung, birgt bedeutende Effektivitätsreserven in sich, die sich daraus ergeben, den Kreislauf der intensiv erweiterten Reproduktion in allen seinen Phasen besser beherrschbar zu machen und zu beschleunigen.

Das Erschließen dieser Effektivitätspotentiale der modernen CAD/CAM- und Informationstechnik erfordert gründliche Untersuchungen für eine sinnvolle Systemgestaltung in Einheit von Technik, Organisation und Betriebswirtschaft bei gleichzeitiger ständiger Vervollkommnung der Leitung, Planung und wirtschaftlichen Rechnungsführung. Bewährte betriebswirtschaftliche Methoden sind in sinnvoller Weise in diese Systeme einzubeziehen. Das trifft vor allem auf folgende Prozesse zu:

- Planansatzanalysen (mittel- und langfristige), Planung, Planabrechnung und -kontrolle;
- Auftragsannahme, Bilanzierung der eingehenden Aufträge mit den vorhandenen Realisierungsbedingungen, den Jahres- und Sortimentsplänen;
- Bilanzierung der materiellen Fonds;
- konstruktive und technologische Produktionsvorbereitung einschließlich Qualitätssicherung;
- operative Produktionsplanung und -steuerung, Kapazitäts- und Durchlaufplanung bei Reduzierung der Bestände und Durchlaufzeiten;
- direkte Regelung des Materialflusses, der Bereitstellung von Fertigungsmitteln und Hilfsstoffen und auftragsbezogene Abwicklung der Lager- und Transportprozesse;
- vorausschauendes Rechnen mit Kosten, Preisen, Valutaerlösen und Gewinn;
- Kostenerfassung und -rechnung;
- Vertrags- und Sortimentskontrolle.

6. Bei der Herausbildung einer rechnerunterstützten Betriebswirtschaft sind eine Reihe wichtiger Anforderungen zu beachten, die erfüllt werden müssen. Diese Anforderungen stellen sich zusammenfassend wie folgt dar:

- In den Kombinaten und deren Betrieben ist ein Gesamtkonzept notwendig, das bei der Entwicklung zur komplexen Automatisierung die schrittweise Integration wissenschaftlich-technischer, ökonomischer und informationstechnischer Prozesse zu einem relativ geschlossenen rechnerunterstützten System von der Forschung bis zum Absatz umschließt.
- Damit verbunden ist eine ständige Erhöhung der Flexibilität, insbesondere der Beherrschung der materialwirtschaftlichen Prozesse, um zu sichern, daß Produktions- und Durchlaufzeitverkürzungen nicht durch Zwischenlagerung und Transport wieder kompensiert werden.
- Normierung und Standardisierung der technischen und betriebswirtschaftlichen Daten und Prozesse, die Paßfähigkeit von Hard- und Software und ihre Nachnutzung erlangen zunehmende Bedeutung.
- Mit Hilfe der Rechnerstützung gilt es, Systeme der Qualitätssicherung zu entwickeln, die gewährleisten, daß hohe Qualität von vornherein entwickelt und produziert und nicht erst über eine nachträgliche Kontrolle herbeigeführt wird.

Ein besonderer Schwerpunkt leitet sich aus Anforderungen ab, die sich aus der notwendigen Flexibilität und Logistik ergeben. Die Vorteile von CAD/CAM-Systemen erhöhen sich, wenn die mögliche höhere Flexibilität vor allem durch eine geeignete Steuerung des Materialflusses in Verbindung mit den Lager- und Transportprozessen untersetzt wird. Die Flexibilität gilt nicht nur für die inneren, sondern auch für die äußeren bzw. die Absatzbeziehungen eines Kombinates.

Eine neue Logistik der materiellen Sicherung der Produktion wird zunehmend zu einem leistungsbestimmenden Element entwickelter CAD/CAM-Systeme und von Automatisierungslösungen. Hierbei können durch Reduzierung der Umlaufmittel enorme materialökonomische Effekte erzielt werden. Aus Analysen geht hervor, daß sich ein Werkstück mitunter bis zu 90% der Zeit unbearbeitet im Produktionsdurchlauf befindet, während oft nur 10% auf unmittelbare Bearbeitungszeiten entfallen.

7. CAD/CAM-Lösungen erfassen die wissenschaftlich-technischen und betriebswirtschaftlichen Funktionen in Konstruktion, Projektierung, Technologie sowie bei der Steuerung der Produktion. In dieser Durchgängigkeit erhöhen sie die Leistungsfähigkeit und Effektivität der Produktionsvorbereitung, gestatten sie die entscheidende Verkürzung der Zeitdauer der Vorbereitung und Durchführung der Produktion, die Erhöhung der Qualität der Erzeugnisse, die Verringerung des Aufwandes in der Produktionsdurchführung und insgesamt durch marktorientierte, flexible und aufwandsarme Arbeit die Erhöhung der Effektivität des gesamten Reproduktionsprozesses. Bei tätigkeitsorientierten CAD- oder CAM-Lösungen tritt der Nutzen dagegen nur partiell auf.

Die Schaffung von CAD/CAM-Lösungen ist untrennbar verbunden mit der weiteren Durchsetzung der flexiblen Automatisierung in der Produktion und mit der Schaffung von Lösungen für die rechnergestützte Leitung und Planung des Reproduktionsprozesses. Die flexible Automatisierung der Produktion hat rechnerinterne Darstellungen der konstruktiven und technologischen Dokumentation zur Voraussetzung. Hierbei ist der Gestaltung der Schnittstellen besondere Aufmerksamkeit zu schenken.

Die mit CAD/CAM geschaffene Datenbasis wird einerseits bei der rechnergestützten Materialwirtschaft, Grundfondswirtschaft, Absatzwirtschaft usw. genutzt; andererseits sind die betriebswirtschaftlichen Dateien Grundlage für Bewertungen und Entscheidungen in CAD/CAM-Programmstrukturen. Alle betrieblichen Struktureinheiten haben Verantwortung für den Aufbau und die ständige Aktualisierung der Dateien. Die zentral und dezentral gespeicherte einheitliche Datenbank ist Grundlage für durchgängige rechnerunterstützte Arbeit. Bei niedrigem Niveau der Primärdokumen-

tation und -organisation sind zunächst die Daten zu systematisieren, zu klassifizieren und zu erfassen. Dieser Prozeß ist oft sehr langwierig und aufwendig und wird in seiner Bedeutung oft unterschätzt.
Die Erarbeitung von CAD/CAM-Lösungen ist eng mit der Einführung neuer Erzeugnisse und neuer Technologien verbunden.
CAD/CAM ist hierbei gerade erforderlich, um neue konstruktive und technologische Probleme effektiv zu lösen. Aber auch das schnelle Reagieren auf Kundenwünsche und konkrete Marktbedingungen bei einem bestehenden Erzeugnisprogramm sowie die ständige Aktualisierung technischer und ökonomischer Daten für laufende Versorgungs-, Produktions- und Absatzprozesse sind Gegenstand von CAD/CAM-Lösungen. CAD/CAM-Lösungen haben demnach in Abhängigkeit von den spezifischen Reproduktionsbedingungen differenzierte Funktionsstrukturen und damit unterschiedliches ökonomisches Gewicht sowie organisatorischen Einfluß.
Für die konzeptionelle Arbeit ergeben sich daraus folgende Schlußfolgerungen: Erstens ist die CAD/CAM-Konzeption eines Kombinates und seiner Betriebe aufgrund der hohen ökonomischen Bedeutung aus einem Gesamtkonzept abzuleiten und zweitens muß dieses Gesamtkonzept die Wege und Realisierungsetappen zum künftigen durchgängig rechnerunterstützten Betrieb beinhalten (CIM).
Mit den CAD/CAM-Konzeptionen sind ausgehend von diesem Gesamtkonzept folgende Entscheidungen zu treffen:
- Auswahl der Objektklassen, für die CAD/CAM-Lösungen erarbeitet werden sollen,
- Auswahl der Prozesse, die in die CAD/CAM-Lösung einbezogen werden sollen,
- Auswahl der Struktur der Grundsoftware und Hardware sowie der nachnutzbaren und neu zu produzierenden Anwendersoftware,
- Auswahl eines geeigneten Datei- und Datenbankkonzepts,
- Festlegung der Schrittfolge für die Verwirklichung der durchgängigen Lösung,
- politisch-ideologische und fachliche Vorbereitung der Werktätigen.

Erfolgreiche CAD/CAM-Leitungsarbeit muß von folgenden Grundsätzen getragen sein:
- Ableitung der Schwerpunkte und Ziele der rechnerunterstützten Arbeit aus den Erfordernissen des Effektivitäts- und Leistungszuwachses des Kombinates bzw. Betriebes;
- Begründung der erforderlichen Veränderungen aus Prozeßanalysen und Niveauvergleichen, wobei die Erarbeitung durchgängiger Lösungen besonders Informationsflußanalysen, Wirkungskettenanalysen oder die Erarbeitung von Prozeßnetzen angewandt werden sollten;
- Sicherung der proportionalen Entwicklung der Leistungsfähigkeit und Effektivität der einzelnen betrieblichen Bereiche, damit sich die Wirkungsketten des Nutzens bis zum abzusetzenden Erzeugnis fortsetzen;
- Durchführung gründlicher Untersuchungen zur Effektivität, Ausnutzung der Effektivitätsermittlung für die effektivitätsorientierte Konzipierung und Gestaltung der Parameter von CAD/CAM-Lösungen;
- Entwicklung interdisziplinärer Gemeinschaftsarbeit, um die erforderliche Komplexität und Effektivität der Lösungen zu gewährleisten;
- Ausnutzung des Pflichtenheftes und des Erneuerungspasses als Führungsdokument für die Erarbeitung und Einführung der CAD/CAM-Lösungen;
- Ausbau der Organisation der Prozesse entsprechend den Entwicklungsstufen der rechnergestützten Arbeit, Einleitung der notwendigen Veränderungen in der Ablauf- und Aufbauorganisation;
- Information, Motivation und Qualifikation der Werktätigen für die Vorbereitung, Erarbeitung, Einführung, und Anwendung von CAD/CAM-Lösungen.

Die rechnerunterstützte Arbeit erfordert die Herausbildung einer komplexen Produktionsvorbereitung, in der Erzeugnis-, Technologie- und Grundfondserneuerung zusammenfließen und in der die Vorbereitung der Automatisierung wesentlicher Bestandteil ist. Das schließt die Integration von konstruktiver und technologischer Vorbereitung mit den Leistungen des Rationalisierungsmittelbaus, der Softwareproduktion, der Absatz- und Marktvorbereitung, der materialwirtschaftlichen Vorbereitung, der Qualifikation der Werktätigen und der organisatorischen Vorbereitung der Produktion ein.

8. Eine wichtige Aufgabe besteht darin, rechnerunterstützte Lösungen zur Bewertung und Effektivitätsermittlung in CAD/CAM-Lösungen zu integrieren. Dies ist notwendig, um die wissenschaftlich-technischen Arbeitsprozesse ökonomisch zu durchdringen und die Effektivitätspotenzen des wissenschaftlich-technischen Fortschritts – insbesondere der modernen Schlüsseltechnologien – entsprechend den Erfordernissen der umfassenden Intensivierung möglichst vollständig auszuschöpfen. Damit entstehen zugleich neue Bedingungen für die Verflechtung wissenschaftlich-technischer und betriebswirtschaftlicher Arbeitsprozesse und für die interdisziplinäre Zusammenarbeit zwischen Technikern, Ökonomen, Arbeitswissenschaftlern und anderen Gesellschaftswissenschaftlern.
Ziel der Bewertung und Effektivitätsermittlung in der Produktionsvorbereitung ist es, wissenschaftlich-technische Aufgaben, Zwischen- und Endergebnisse bezüglich der Erfüllung der ihnen zugrundeliegenden wissenschaftlich-technischen, ökonomischen, sozialen und anderen gesellschaftlichen Zielstellungen zu beurteilen. Das ist Voraussetzung, um das bisher erreichte oder geplante Entwicklungsniveau einschätzen zu können sowie um aus dem Vergleich mit anderen Lösungen, mit dem internationalen Höchststand, mit technischen, ökonomischen und sozialen Erfordernissen neue Ideen abzuleiten und eine höhere Effektivität zu erzielen.
Die Bewertung ist Voraussetzung, um aus verschie-

denen Varianten zur Lösung eines bestimmten Problems die effektivste auszuwählen. Sie dient dazu, den Entwicklungsfortschritt im Prozeß der wissenschaftlich-technischen Arbeit zu bestimmen und zu kontrollieren sowie wissenschaftlich begründete Entscheidungen vorzubereiten. Damit ist die Bewertung stets in den Leitungs- und Planungsprozeß sowie in den wissenschaftlich-technischen Arbeitsprozeß integriert und unmittelbar auf die Erhöhung der ökonomischen und sozialen Wirksamkeit von Wissenschaft und Technik gerichtet.

Bewertungen und Effektivitätsermittlungen sind erforderlich bei der langfristig-konzeptionellen Planvorbereitung, bei der Erarbeitung und Verteidigung des Erneuerungspasses und Pflichtenheftes, während des Ablaufs der eigentlich wissenschaftlich-technischen Arbeit und während des Produktionszeitraumes und der Marktperiode der Erzeugnisse.

Rechnerunterstützte Lösungen zur Bewertung und Effektivitätsermittlung sind für alle Stufen des Entscheidungsprozesses möglich. Sie beziehen sich auf

- die technisch-ökonomischen Berechnungen (z. B. Optimierung nach ökonomischen Zielfunktionen, Polyoptimierung, Ermittlung von Zusammenhängen zwischen technischen und ökonomischen Parametern);
- mehrdimensionale Bewertungen (z. B. einfache und gewichtete Punktbewertungen);
- Ermittlung von Aufwandskennziffern (z. B. Vorkalkulation der Kosten und Preise, Vorkalkulation des einmaligen Aufwandes, Zeitvergleiche);
- Ermittlung von Nutzenskennziffern (z. B. Ermittlung einzelner Nutzenselemente, Niveauvergleiche, Zeitvergleiche);
- komplexe Effektivitätsermittlungen.

Für die prozeßintegrierte, rechnerunterstützte ökonomische Bewertung im Entwicklungsprozeß können folgende Stufen unterschieden werden:

1. *Empirische Bewertung* auf der Grundlage von Erfahrungen des Konstrukteurs, Technologen oder Projektanten als Voraussetzung für Routine- und Detailentscheidungen im Entwicklungsprozeß.
2. *Indirekte ökonomische Bewertung* als rechnerinterne Bewertung unter Einbeziehung technisch-ökonomischer Gesetzmäßigkeiten (z. B. Minimierung der Masse, des Bauvolumens oder des Material- und Energieverbrauchs. Maximierung der Leistung). Damit werden zugleich auch wichtige ökonomische Erfordernisse erfüllt. Indirekte ökonomische Bewertungen finden vor allem für die Vorbereitung von Teilentscheidungen im Entwicklungsprozeß Anwendung.
3. *Ökonomische Bewertung auf der Grundlage von Effektivitätskennziffern* (Effektivitätsermittlungen) bzw. von Aufwands- und Ergebniskennziffern, Effektivitätsermittlungen sind vor allem für Gesamtentscheidungen im Stadium der Pflichtenhefterarbeitung, der Abschlußverteidigung und Überleitung der erarbeiteten wissenschaftlich-technischen Ergebnisse notwendig.

Mit der Entwicklung rechnerunterstützter Lösungen für die Bewertung und Effektivitätsermittlung und ihrer Integration in CAD/CAM-Lösungen sind wichtige Aufgaben für die sozialistische Betriebswirtschaft und die interdisziplinäre Gemeinschaftsarbeit verbunden. Dazu zählen vor allem:

- Aufbau und Nutzung effektiver Dateien für die Bewertung – als integrierende Bestandteile der Datenbanken insgesamt – mit hoher Vollständigkeit und Aktualität der Primär- und Sekundärinformationen;
- Entwicklung leistungsfähiger Software für die Bewertung in Form von Bewertungsmodulen mit eindeutigen Schnittstellen zu anderen Bausteinen komplexer CAD/CAM- bzw. CIM-Lösungen;
- Schaffung CAD/CAM-gerechter Organisationslösungen für die wissenschaftlich-technischen und betriebswirtschaftlichen Arbeitsprozesse, die von der neuen Funktionsteilung Mensch–Rechner im Dialogbetrieb ausgehen (z. B. Verbindung der schöpferischen Arbeit des Konstrukteurs/Technologen, Projektanten mit rechnerinternen Bewertungsprozessen, für die ein nutzerfreundliches Menü unterschiedlicher Bewertungsmodule zur Verfügung steht);
- Konsequente Durchsetzung des Prinzips des Variantenvergleichs und der Auswahl der effektivsten Variante für die Lösung der einzelnen Entwicklungsaufgaben sowie der projektierenden Arbeitsweise in Konstruktion und Technologie auf der Grundlage der Speicherung und Wiederverwendung vereinheitlichter, standardisierter Best- und Typenlösungen.

9. Die rechnerunterstützte Planung gewinnt für alle Kombinate, Betriebe und wissenschaftlichen Einrichtungen an Bedeutung. Ihre Qualität und Ausprägung hängt von den erreichten Niveaustufen der Automatisierung ab. Insbesondere CAD/CAM-Lösungen bilden eine wichtige Voraussetzung für eine paßfähige rechnerunterstützte Planungsarbeit. Mit der Echtzeitdatenverarbeitung im technologischen Prozeß verschwinden die heute noch existierenden Unterschiede zwischen der operativen Planung und der unmittelbaren Produktionssteuerung. Der betriebliche Reproduktionsprozeß wird regelbar.

Rechnergestützte Planungslösungen im Dialogbetrieb führen zu einer höheren Qualität von Planentscheidungen in kürzerer Zeit und zu einer stärkeren Konzentration auf die Lösung inhaltlicher Fragen, wie z. B. der allseitigen Bilanzierung der Pläne. Sie gestatten Optimierungs-, zumindest Variantenrechnungen und berücksichtigen besser die Komplexität des Reproduktionsprozesses, wodurch Ressortentscheidungen vermieden werden.

Rechnerunterstützte Planungslösungen müssen den konkreten Reproduktionsbedingungen des Kombinates, der Leistungsfähigkeit der verfügbaren Rechentechnik, dem Zugriff der benötigten Primärdaten von Datenbanken und der Zuverlässigkeit der Primärdaten gerecht werden.

Gegenwärtig wird der Übergang zur rechnerunterstützten Planung durch fehlende Primärdaten wie Durchlaufzeit- und Kostennormative, Materialverbrauchsnormen u. a. m. sowie durch das Nichtbeherrschen der sich aus komplexen Lösungen ergebenden Konsequenzen für die Leitungsstrukturen behindert. Der Einsatz rechnergestützter Planungslösungen ist mit einer Reihe von Konsequenzen verbunden:

- Die komplexe Aufgabenbearbeitung führt zu Entscheidungsvorschlägen, die über die bisherigen Ressortgrenzen (Ökonomie, Technologie, Absatz, Materialwirtschaft) hinausreichen. Die bisherigen Formen der Leitungs- und Betriebsorganisation sind entsprechend den Bedingungen eines rechnerunterstützten Reproduktionsprozesses weiterzuentwickeln.
- In den Kombinaten müssen Kader verfügbar sein, die die betriebswirtschaftlichen Konsequenzen und die Komplexität der erarbeiteten Entscheidungsvorschläge überblicken, beurteilen und beeinflussen können.
- Die Entscheidungsvorschläge bzw. Planungsergebnisse sind nur so zuverlässig, wie es die Primärdaten sind. Eine größere Treffgenauigkeit der Planung ist untrennbar verbunden mit einer einheitlichen EDV-gerechten Schlüsselsystematik und einer qualifizierten Normen- und Normativarbeit in den Kombinaten. Dazu gehört die Wiederbelebung der Nachkalkulation.
- Die Ergebnisse rechnerunterstützt gewonnener, auf zuverlässigen Primärdaten basierender Planungsergebnisse müssen von den zuständigen Leitern akzeptiert und anerkannt werden. Ökonomische Gesetzmäßigkeiten wie die der Proportionalität können nicht überlistet werden. Nicht bilanzierte Pläne haben Planpräzisierungen, Vertragsrückstände und Effektivitätsverluste zur Folge.

Erfahrungen konnten mit der von der Sektion Wirtschaftswissenschaften der Friedrich-Schiller-Universität Jena erarbeiteten rechnerunterstützten Lösung für die Kapazitäts-, Material- und Kennziffernbilanzierung gesammelt werden. Diese Lösung gestattet den Ausweis der Leistungs- und Effektivitätskennziffern, der Belastung der Zeit- und Materialfonds je Art und Zeitraum, der freien Fonds und der Fondsüberschreitungen. Daraus ergeben sich Ansatzpunkte fur die weitere Vertragsbildung und für die Entwicklung der Fonds. Aus dem aus Verträgen, laufenden Angeboten und Bedarfseinschätzungen bestehenden Produktionsprogramm können die notwendigen Arbeitszeit- und Maschinenzeitfonds, daraus abgeleitet der Arbeitskräftebedarf sowie der notwendige Materialbedarf, berechnet werden. Es werden die erreichbaren Werte der ökonomischen Kennziffern angegeben. Damit werden die wesentlichen Bestandteile der Produktions-, Absatz-, Material- und Grundfondsplanung mit der Planung der Leistungs- und Effektivitätsentwicklung des Kombinates verknüpft. Die Existenz aussagefähiger Aufwands- und Verbrauchernormative vorausgesetzt, können damit langfristige Konzeptionen zur Entwicklung des Produktionsprogramms eines Kombinates mit den Entwicklungskonzeptionen des Arbeitsvermögens, der Grundfonds, der Rationalisierungsvorhaben und der Arbeitsteilung koordiniert werden. Im Dialog können die ökonomischen Konsequenzen von Bilanzausgleichsmaßnahmen durchgerechnet und eine Auswahl der in der konkreten Situation jeweils effektivsten Maßnahmen vorgenommen werden.

10. Die Kombinate tragen als bilanzierende und bilanzbeauftragte Organe volkswirtschaftliche Verantwortung. Bilanzentscheidungen haben nicht nur Bezug auf den Reproduktionsprozeß des bilanzierenden Kombinates, sondern sie beziehen sich auch auf weitere am Aufkommen und der Verwendung der betreffenden Bilanzpositionen beteiligte Kombinate, Einrichtungen und Organe. Über Bilanzentscheidungen bzw. Entscheidungsvorschläge nehmen die Kombinate wesentlichen Einfluß auf das volkswirtschaftliche Proportionalitätsgefüge.

Mit der Dialoglösung „Bürocomputergestützter Bilanziererarbeitsplatz" werden folgende Arbeitsaufgaben der Bilanzierer in den Kombinaten rechnergestützt bearbeitet:

- Bearbeitung der Bedarfsnachweise und Importanträge,
- Erarbeitung und Fortschreibung von Bilanzen,
- Einarbeitung neuer Entscheidungen in Bilanzen,
- Einzelauskünfte und Ausdruck kompletter Bilanzen,
- Auswertungsrechnungen (z. B. Export-Import-Gesamtübersicht),
- Erarbeitung der Lieferpläne,
- Anfertigung der Fondsmitteilungen an die Fondsträger,

Die Projektlösung umfaßt

- Bilanzrecherche und Spezialprogramme zum Ausdruck und zur Veränderung der Bilanzen,
- logische Bilanzkontrolle,
- automatische Bilanzkorrektur,
- Bearbeitung der Preiskoeffizienten bei materiellen Bilanzveränderungen.

Die Effekte dieser Lösung zeigen sich vor allem in der Qualitätserhöhung der gesamten Bilanzarbeit, in der Widerspruchsfreiheit der Bilanzdokumente und im Zeitgewinn für die Bearbeitung qualitativ neuer Aufgaben.

Mit Bilanzentscheidungen bzw. Entscheidungsvorschlägen nehmen die Bilanzorgane wesentlichen Einfluß auf die Gestaltung alternativer Stoffströme zu Finalprodukten im Sinne der Höherveredlung von Rohstoffen, Energieträgern, Werkstoffen und Zwischenprodukten. Um derartige Entscheidungen anforderungsgerecht treffen zu können, sind sie auf Basis rechnerunterstützter Verflechtungsrechnungen vorzubereiten und zu begründen. Der BC-gestützte Bilanziererarbeitsplatz ist daher um die Bereitstellung von Software zur Durchführung von Verflechtungsrechnungen zu erweitern.

Die Bilanzkoordinierung für (stoffwirtschaftlich) verflochtene Bilanzpositionen erfordert den Informationsaustausch zwischen Kombinaten und Kombinatsbetrieben. Darüber hinaus werden im Prozeß der Ausarbeitung, Realisierung und Kontrolle der MAK-Bilanzen Informationsbeziehungen in der

Leitungshierarchie (SPK, Ministerien, Kombinate) realisiert.

Durchgängige Lösungen für die rechnerunterstützte Planung und Bilanzierung in den Kombinaten und Betrieben sind konzeptionell vorzubereiten und zu erproben. Die rechnerunterstützte Bilanzierung eröffnet neue Möglichkeiten bei der volkswirtschaftlich optimalen Versorgung alternativ einsetzbarer Roh- und Werkstoffe, die durch unterschiedliche wirtschaftsleitende Organe bilanziert werden. Das setzt jedoch voraus, daß in stärkerem Umfang „Komplexbilanzen" geschaffen werden.

11. Mit der flexiblen Automatisierung verändert sich der technologische Prozeß. Um das gesamte Effektivitätspotential zu erschließen, ist es erforderlich, zunehmend von arbeitsgangbezogenen zu prozeß- und weiter zu durchgängigen Automatisierungslösungen überzugehen. Rechnerunterstützte Fertigungstechnik, Handhabetechnik, automatisierte Transport- und Lagertechnik, Meß- und Steuertechnik, Ver- und Entsorgungstechnik verbinden sich mit der Rechentechnik und Software auf verschiedenen Niveaustufen flexibel automatisierter Fertigungssysteme. Deren Effekte werden jedoch nur dann voll wirksam, wenn sie sich organisch in den gesamten Reproduktionsprozeß einordnen und die Wirkungsketten des Nutzens insbesondere aus Durchlaufzeitverkürzung, höherer Reaktionsfähigkeit und Qualität nicht abbrechen. Die Produktivitätserhöhung muß proportional im gesamten technologischen Prozeß erfolgen, damit keine neuen Stillstands-, Warte- und Liegezeiten entstehen.

Das hat besondere Bedeutung bei der gegenwärtig noch typischen gemischten Automatisierung, bei der unterschiedliche Ausbaustufen der flexiblen Automatisierung neben konventionellen und mechanisierten Arbeitsprozesse bestehen und bei der schrittweisen ergänzenden Automatisierung. Diese muß auf der Grundlage einer Gesamtkonzeption erfolgen. In der Projektierungsphase ist es eine wichtige betriebswirtschaftliche Aufgabe, die Kontinuität und Proportionalität im Reproduktionsprozeß zu sichern und alle Voraussetzungen für kurze Durchlaufzeiten, hohe Auslastung, Einsparung an Umlaufmitteln, hohe Flexibilität und Beschleunigung des Kreislaufs der Fonds zu schaffen. Für jede Niveaustufe der Automatisierung sind angepaßte Formen der Planung und Steuerung der Produktion zu verwenden.

Die Funktionsteilung Mensch–Arbeitsmittel ist in der Produktionsdurchführung so zu gestalten, daß für den Menschen geblockte handlungsfreie Zeiten entstehen. Nur so ist eine direkte Arbeitskräftegewinnung und damit der Nutzen aus dem Wiedereinsatz der gewonnenen Arbeitskräfte gesichert. Der Optimierung des zu automatisierenden Funktionsumfangs müssen ökonomische und soziale Kriterien zugrundegelegt werden. Die Automatisierung führt neben der Funktionsübertragung ehemals menschlicher Arbeit auf technische Mittel zur Erhöhung der produktiv nutzbaren Maschinenzeitfonds und zur Verringerung des Maschinenzeitaufwandes. Damit erhöht sich die Leistungsfähigkeit des automatisierten Arbeitsplatzes bzw. -bereiches. Die Automatisierung ist so zu konzipieren, daß diese höhere Leistungsfähigkeit auch tatsächlich ausgenutzt wird. Dazu muß die technologische Erneuerung mit der Erzeugniserneuerung koordiniert und durch Systemuntersuchungen festgelegt werden, welche zusätzlichen Maßnahmen in vor- und nachgelagerten Prozessen erforderlich sind.

Der Übergang zu höheren Niveaustufen der Automatisierung stellt neue Ansprüche an die Leistungsfähigkeit der territorialen Infrastruktur.

Logistische Systeme für die Schaffung und für den Absatz der Betriebe sind zu durchdenken und zu organisieren. Das erfordert eine solche Abstimmung mit Finalproduzenten und den Zulieferern, die eine Verkürzung des Lieferzyklus bei voller Auslastung der Produktions- und Transportkapazitäten sichert. Mittels Datenfernübertragung zwischen kooperierenden Betrieben und zu zentralen Staatsorganen werden eine schnelle und papierarme Kommunikation möglich, die Entscheidungszeiträume verkürzt und Entscheidungen nach dem Ausnahmeprinzip auf der Grundlage ausgewählter Informationen ermöglicht.

12. Mit zunehmendem Automatisierungsniveau vertiefen sich die Wirkungen der Automatisierung auf die Kostenstruktur, die Kostenverursachung, die Kostenbeeinflussung sowie die Möglichkeiten der direkten Gewinnung von Kosteninformationen aus dem automatisierten Prozeß heraus. Das bietet neue Ansatzpunkte und Wirkungsrichtungen für eine vorausschauende Kostenarbeit zur Senkung des einmaligen und laufenden Aufwands der Automatisierung. Zugleich sind die Kostenkalkulation zu vervollkommnen und neue Meß-, Erfassungs- und Zuordnungsmöglichkeiten der Kosten zu entwickeln.

Die Kostenrechnung – als wesentlicher Teil der wirtschaftlichen Rechnungsführung und fester Bestandteil der Leitung und Planung auf allen Ebenen – muß bei Wahrung der Vergleichbarkeit zahlenmäßiger Informationen flexibel auf veränderte Anforderungen der Leitung und Planung eingestellt sowie mit den Erfordernissen der flexiblen Automatisierung und rechnergestützten Arbeit in Übereinstimmung gebracht werden. Basierend auf dem Kostenverursachungsprinzip sind Kostenstellen-, Kostenarten- und Kostenträgerrechnung sowie die verwendeten Kostenkalkulationsverfahren zu qualifizieren, damit sie den Prozeß der Intensivierung umfassend unterstützen. Die Kostenstellengliederung ist den veränderten Bedingungen anzupassen, beleglose Methoden sind zu entwickeln sowie rechnerunterstützte ökonomische Analysen vorzubereiten.

Mit dem Übergang zu höheren Niveaustufen der Automatisierung ist die Maschinenstundenkostenkalkulation einzuführen. Sie verringert als Methode zur Vollkostenrechnung die Diskrepanz zwischen Kostenverursachung und Kostenverrechnung auf den Kostenträger. Darüber hinaus ist mit wachsenden fixen Kosten die Deckungsbeitragsrechnung als ergänzende Teilkostenrechnung zu nutzen, um nachzuweisen, wie Erzeugnisse und Sortimente zur Deckung der fixen Kosten beitragen.

Die Automatisierung ist des weiteren mit folgenden Aufgaben verbunden:

- Neubestimmung des ökonomischen Entscheidungsfeldes der Leiter und Kollektive,
- Entwicklung neuer Formen der innerbetrieblichen Leistungsbewertung und -stimulierung,
- Nutzung der Primärinformationen der Prozeßautomatisierung für die Stimulierung der Leiter und Kollektive,
- Neubestimmung des Inhalts der innerbetrieblichen wirtschaftlichen Rechnungsführung unter den Bedingungen der Herausbildung immer geschlossenerer Reproduktionsprozesse im Kombinat,
- Neugestaltung des Inhalts und des Rhythmus des sozialistischen Wettbewerbs und der Rechenschaftslegungen,
- Analyse der Möglichkeiten der multivalenten Nutzung vorhandener Daten für die Wettbewerbs- und Haushaltsbuchführung.

Erforderlich ist die Weiterentwicklung der Methoden und Verfahren der Effektivitätsermittlung, damit die betrieblichen und volkswirtschaftlichen Effekte aus höherer Veredlung, größeren Erneuerungsraten, höherer Flexibilität und Reaktionsfähigkeit, Arbeitskräftegewinnung und Produktivitätssteigerung bei der maßnahmebezogenen betrieblichen und volkswirtschaftlichen Effektivitätsermittlung voll erfaßt werden. Das ist Voraussetzung für objektive Entscheidungen über die Automatisierung. Bei komplexen Automatisierungsvorhaben gehen maßnahmebezogene und betriebliche Effektivitätsermittlung ineinander über.

13. Mit der rechnerunterstützten Arbeit und flexiblen Automatisierung verändern sich die Arbeitsinhalte, die zeitlichen und materiellen Arbeitsbedingungen und die Arbeitsanforderungen. Es verstärkt sich die Rolle des Menschen als Hauptproduktivkraft; er führt die schöpferischen Tätigkeiten aus, steuert den Mensch-Maschine-Dialog, nimmt die erforderlichen Bewertungen vor und trägt die Verantwortung für die Entscheidungen.

Die Zielbestimmung für Wissenschaft und Technik geht vom Menschen aus. Er ist der geistige Schöpfer jeder wissenschaftlich-technischen Lösung und die bewegende Kraft. Beim Übergang von der Datenverarbeitung zur Wissensverarbeitung (Expertensysteme) und der damit verbundenen neuen Qualität des Mensch-Maschine-Dialogs treten neue Bedingungen für die schöpferische Arbeit des Menschen auf, die weiterer wissenschaftlicher Forschung bedürfen. Die Funktionsteilung Mensch–Technik muß dem Menschen anspruchsvolle, d. h. die Qualifikation nutzende, leistungsmotivierende und persönlichkeitsfördernde Tätigkeiten sichern.

Die Beherrschung der Schlüsseltechnologien erfordert Qualifizierungsmaßnahmen für alle Werktätigen. Für spezielle Berufsgruppen ist eine Anreicherung der Arbeit zu sichern, die neben beobachtenden und kontrollierenden Funktionen auch noch Tätigkeiten einschließt, die manuelle Fertigkeiten erfordern und erhalten. Die Ausübung nur beobachtender Tätigkeiten fordert die Menschen einseitig. Gleichzeitig sind die Möglichkeiten einer Flexibilisierung der Arbeitszeit in automatisierten Betrieben zu untersuchen. Die Entkopplung von Arbeitszeit der Menschen und Betriebszeit der Maschinen und Ausrüstungen bei komplexer Automatisierung gestattet neue Arbeitszeitregimes.

Notwendige Eigenschaften und Verhaltensweisen der Werktätigen sind: Problembewußtheit, Disponibilität, Kreativität, Kollektivgeist, Einsatzbereitschaft, Verantwortungsbewußtsein, interdisziplinäre Arbeit.

14. Es ist eine Betriebsorganisation herauszubilden, die den Anforderungen einer durchgängigen Computerisierung des Reproduktionsprozesses der Kombinate und ihrer Betriebe entspricht. Dabei ist die Aussage internationaler Analysen zu beachten, wonach die Effektivität von Automatisierungslösungen zu etwa einem Viertel aus der Technik und zu drei Vierteln aus einer effektiveren Betriebswirtschaft – die Organisation und Logistik einschließt – resultiert. Damit werden die betriebswirtschaftlichen Kriterien bestimmend für die Auswahl der einzusetzenden Rechen-, Kommunikations- und Automatisierungstechnik. Das erfordert ein Gesamtkonzept, welches die zunehmende Integration der wissenschaftlich-technischen, ökonomischen und Informationsprozesse zu einem geschlossenen rechnerunterstützten System und die sich daraus ergebenden sozialen Auswirkungen umfaßt.

Dieses Konzept legt demzufolge alle Schritte von der Insellösung über CAD/CAM- und Automatisierungslösungen bis zur komplexen Automatisierung und rechnerintegrierten Fertigung fest. Maßstab für seine Qualität ist der Nachweis, daß in jeder Realisierungsetappe eine Produktivitätssteigerung entsprechend den vom XI. Parteitag der SED beschlossenen Effektivitätskriterien erfolgt.

Das setzt voraus, daß die notwendigen – oft weitreichenden – Veränderungen in der Organisation, den Arbeitsabläufen und -inhalten weitsichtig zu planen und durchzuführen sind.

Dazu gehören,

- die bisherige funktionsbezogene Betriebsorganisation durch eine erzeugnis- und prozeßbezogene Organisation zu ersetzen und zu einer auftragsgebundenen, am kundenspezifischen Finalerzeugnis orientierten Fertigung überzugehen;
- durch eine stärker prozeß- und erzeugnisbezogene Leitungsorganisation der zunehmenden Parallelität von Arbeitsabläufen und dem Verschmelzen bisher getrennter Arbeitsschritte gerecht zu werden;
- eine Technologie für Produktionsvorbereitung und -durchführung, Erzeugniskonstruktion und Produktgestaltung zu entwickeln und einzuführen, die der Parallelität der Prozeßführung und der auftragsgebundenen Fertigung angepaßt ist;
- Prozeßabläufe, Software, Schnittstellen und Datenübertragung zu standardisieren, weil hierin die Voraussetzung für einheitliche Datenstruktu-

ren besteht, mit denen erst eine rechnergestützte betriebswirtschaftliche Durchführung des gesamten Reproduktionsprozesses möglich wird;
- die Werktätigen durch rechtzeitige und umfassende Qualifizierung und Weiterbildung auf ihre neuen anspruchsvollen Aufgaben vorzubereiten und die Arbeitsinhalte so zu gestalten, daß ihre Fähigkeiten voll ausgeschöpft werden.

Anmerkungen

[1] VIII. Parteitag der SED. Bericht des Zentralkomitees an den VIII. Parteitag der SED. Berichterstatter: Erich Honecker, Berlin 1971, S. 72.

[2] Vgl. G. Mittag, Die Arbeit der Partei zur Verwirklichung der vom XI. Parteitag der SED beschlossenen ökonomischen Strategie. Berlin 1987, S. 72.

2. REFERAT

Eberhard Garbe

Theoretische und praktische Aufgaben bei der weiteren Entwicklung der sozialistischen Betriebswirtschaft in den Kombinaten und Betrieben unserer Republik

Es ist von der Erkenntnis auszugehen, daß die Kombinate unserer Republik mit ihren Werktätigen die Hauptkraft zur Meisterung der wissenschaftlich-technischen Revolution sind, und es steht die Aufgabe, diesen Prozeß durch eine hochentwickelte sozialistische Betriebswirtschaft konsequent zu fördern. Die Kombinate haben die verantwortungsvolle und immer anspruchsvollere, aber auch immer komplizierter werdende Aufgabe, die notwendigen Bedingungen zu sichern, um den mit der ökonomischen Strategie gesetzten Effektivitäts- und Leistungsmaßstäben immer wirkungsvoller und dauerhaft zu entsprechen. Unter diesen Bedingungen reicht es heute nicht mehr aus, nur der einen oder der anderen Seite der Wirtschaftstätigkeit Aufmerksamkeit zu widmen.

Die komplexe ökonomische Entwicklung vollzieht sich im System der sozialistischen Planwirtschaft der DDR, für die solche Grundeigenschaften wie Flexibilität, Reaktionsfähigkeit und Disponibilität weiter auszuprägen sind.

Der sozialistische Staat konzentriert sich bei der zentralen Leitung und Planung der gesellschaftlichen Prozesse auf die sachkundige Entscheidung von Grundfragen und fördert gleichzeitig Eigenverantwortung und Initiative der Kombinate und Betriebe.

Die Maßnahmen zur Qualifizierung der Leitung, Planung und wirtschaftlichen Rechnungsführung sind dafür von großer Bedeutung. Sie eröffnen den Kombinaten und Betrieben neue Möglichkeiten, die qualitativen Faktoren des Leistungswachstums noch wirksamer zu nutzen und ihre Verantwortung für die intensiv erweiterte Reproduktion nach volkswirtschaftlichen Maßstäben zu stärken.

So ist die umfassende Anwendung des Prinzips der Eigenerwirtschaftung der Mittel darauf gerichtet, einen hohen Zuwachs des Nationaleinkommens zu gewährleisten, die Zielstellungen des Planes in der Leistungs- und Effektivitätsentwicklung zu erreichen und zu überbieten und ein hohes verteilbares Endprodukt für die Versorgung der Wirtschaft, der Bevölkerung und den Export bereitzustellen.

Von diesem Grundsatz ausgehend wird mit 60 komplexen Automatisierungsvorhaben in der metallverarbeitenden Industrie und mit 35 Vorhaben in anderen Zweigen der Volkswirtschaft eine weitere wichtige Etappe der Erhöhung der Effektivität der gesellschaftlichen Produktion in Angriff genommen. Diesen Vorhaben sind höchste Maßstäbe für die Ökonomie gesetzt, indem pro Vorhaben vorgegeben wird

- eine Steigerung der Arbeitsproduktivität mindestens auf das 5- bis 6fache;
- eine Realisierungsdauer der Vorhaben von weniger als zwei Jahren;
- eine Rückflußdauer der einmaligen Aufwendungen in weniger als zweieinhalb Jahren;
- 60–70 % Einsparung an Arbeitsplätzen in der Produktion;
- 20–40 % Einsparung des spezifischen Materialeinsatzes und Senkung des spezifischen Energieverbrauchs;
- zeitliche Auslastung der automatisierten Anlagen von 18 bis 20 Stunden je Kalendertag und
- Senkung der Durchlaufzeit für ein Produkt von der Vorbereitung bis zur Realisierung um mehr als 60 %.[1]

Das sind gewaltige Aufgabenstellungen, die die breite Anwendung der Schlüsseltechnologien, die Schöpferkraft aller unserer Werktätigen erfordern.

Es sind Ziele, die objektiv gesetzt sind, um den Wettlauf mit der Zeit zu bestehen und um die ökonomische Stellung der DDR zu behaupten und auszubauen.

Mit dem Einsatz der modernen Rechentechnik eröffnen sich für die sozialistische Planwirtschaft neue Möglichkeiten, die komplizierten und wachsenden Verflechtungen in der hochentwickelten Volkswirtschaft auch durch die Vervollkommnung der Bilanzierung als Hauptmethode der Planung besser zu beherrschen und auch ökonomisch schneller und flexibler zu reagieren.

So wurde eine durchgängige rechnergestützte Bilanzierung von der Staatlichen Plankommission bis zum Kombinat entwickelt und befindet sich in der Verwirklichung.

Die sozialistische Betriebswirtschaft in den Kombinaten und ihren Betrieben muß sich den neuen Anforderungen der revolutionären Entwicklung der Produktivkräfte, die ihren Ausdruck in der breiten Anwendung der Schlüsseltechnologien findet, stellen. Dieser Prozeß hat bereits begonnen. Wir Betriebswirtschaftler müssen ihn forciert, zielgerichtet und sehr verantwortungsbewußt weiterführen. Diese Aufgabenstellungen, die sich aus dem Zentralen Forschungsplan der marxistisch-leninistischen Gesellschaftswissenschaften ergeben und von denen sich 12 bedeutende Themenkomplexe auf die sozialistische Betriebswirtschaft beziehen, bilden dafür den Leitfaden.

Dazu gehört auch jenes Staatsplanthema, für das die Technische Hochschule „Carl Schorlemmer" Leuna–Merseburg verantwortlich zeichnet und welches darauf gerichtet ist, rechnergestützte Softwaretyplösungen für die Kombinats- und Betriebsplanung im kommenden Fünfjahrplanzeitraum 1991–1995 zu entwickeln und zu realisieren.

Die neue Qualität der ökonomischen Strategie wird am deutlichsten durch die breite und tiefe Anwendung der Schlüsseltechnologien charakterisiert. Dazu gehören vor allem: Mikroelektronik, moderne Rechentechnik, rechnergestützte Konstruktion, Projektierung und Steuerung der Produktion, flexibel automatisierte Fertigungssysteme, neue Bearbeitungsverfahren und Werkstoffe, Biotechnologie, Kernenergie und Lasertechnik.

Es ist international bekannt und bewiesen, daß Schlüsseltechnologien gewaltige Chancen und Herausforderungen darstellen, die Produktion rasch zu erneuern, ihre Qualität zu erhöhen und den Aufwand in einem Maße zu senken, wie dies bisher nicht möglich und denkbar war. Wesentliche Merkmale der Schlüsseltechnologien sind ihr Querschnittscharakter und die starke Ausstrahlung auf die gesamte Wirtschaft. Mit ihnen sind vor allem jene qualitativen Faktoren für ein weiteres Leistungswachstum ökonomisch wirksam zu machen, wofür der XI. Parteitag der SED neue Maßstäbe abgesteckt hat. Es sind Technologien, welche die Wirtschaft und Gesellschaft als Ganzes nachhaltig beeinflussen, den volkswirtschaftlichen Strukturwandel fördern und die Arbeitsproduktivität erheblich steigern.[2]

Besonders zu betonen ist die Impulswirkung dieser Technologien, d.h. sie geben Anstöße zur Weiterentwicklung von Wissenschaft und Produktion. Sie sind aber auch durch eine hohe Integrationswirkung charakterisiert, indem sie sich außerordentlich fördernd auf die zunehmende Verflechtung von Wissenschaftsdisziplinen, von Produktionszweigen und die immer zwingendere Berücksichtigung der Anwendererfordernisse auswirken. Sie wirken sich sowohl auf die Qualität der Technologieentwicklung als auch auf die Qualität der auf ihrer Grundlage hergestellten Erzeugnisse aus. Das alles ist Ausdruck der Produktivitätswirkung und letztlich des Einflusses dieser Schlüsseltechnologien auf die Dynamik der Produktivkraftentwicklung.

Zusammen mit den Prozessen der Höherveredlung, insbesondere in der Metallurgie, in der chemischen Industrie und in der Landwirtschaft u.a. Zweigen einer hohen Energieökonomie, weist das auf die bedeutenden qualitativen Veränderungen in unserer Ökonomie hin. Auf dem Feld der Wirtschaft, durch das Wachstum der Arbeitsproduktivität fallen die Entscheidungen, wie die Akkumulationserfordernisse unseres Landes realisiert werden können, die DDR sich in der Welt behaupten kann und wie die wachsenden Bedürfnisse der Menschen immer besser befriedigt werden können.

Mit der Anwendung der Schlüsseltechnologien verändert sich aber auch grundlegend die Stellung des Werktätigen im Arbeitsprozeß. Karl Marx sprach bekanntlich davon, daß sich die „gesellschaftliche Betriebsweise" im Ergebnis „der Umwandlung des Produktionsmittels" umwälzt.[3] Diese Umwälzung – heute gleichbedeutend mit der Durchsetzung von Schlüsseltechnologien – hat ökonomische Konsequenzen sowohl auf volkswirtschaftlicher als auch auf betrieblicher Ebene, vor allem auf den Produktions- und Reproduktionsprozeß der Kombinate, die politökonomisch, volkswirtschaftlich und auch vor allem betriebswirtschaftlich zu untersuchen sind.

Damit möchte ich noch einmal hervorheben, daß sich die Entwicklung der Produktivkräfte stets in dialektischer Wechselwirkung zu den sozialistischen Produktionsverhältnissen vollzieht, im realen Reproduktionsprozeß des Übergangs zu einer neuen Qualität des Wachstums und zum arbeits-, material-, fonds- und ressourcensparende Typ der intensiv erweiterten Reproduktion. Diese neue Qualität der Reproduktion beruht auf dem revolutionären Wandel der Produktivkräfte und erfordert zugleich auch, daß die sozialistischen Produktionsverhältnisse auf einem ständig qualitativ höheren Niveau reproduziert werden müssen, damit sie auf der Grundlage von Leitungs-, Planungs- und Stimulierungsregelungen die objektiv notwendige Produktivkraftentwicklung fördern.

Daraus leiten sich Konsequenzen ab, die neuen Maßstäbe im Kampf um wissenschaftlich-technische Spitzenleistungen in immer größerer Breite beherrschbar zu machen.

Die sich daraus ergebenden theoretischen und praktischen Fragen der Gestaltung des Reproduktionsprozesses sowie der Betriebswirtschaft und der Vervollkommnung der Leitung in den Kombinaten sind Gegenstand dieser Ratstagung. Die sozialistische Betriebswirtschaft muß mit ihrem eigenen Organisationsgefüge, ihren Instrumentarien und ihrer Arbeitsweise der Entwicklung der Technik angepaßt sein und sie aktiv fördern.

Mit den vorgelegten Thesen wurde versucht, Fragenkomplexe zu skizzieren, die in enger Beziehung zu den Orientierungen von Helmut Koziolek stehen, veröffentlicht in der „Einheit" Heft 12/1987.[4]

Ich möchte auf einige Schwerpunkte eingehen, durch welche die Entwicklung der sozialistischen Betriebswirtschaft in den Kombinaten und ihren Betrieben künftig geprägt sein wird. Es sind zugleich Aspekte, die in eine langfristige Entwicklungskonzeption der sozialistischen Betriebswirtschaftslehre einfließen müssen.

Die weitere Entwicklung der Betriebswirtschaft in unseren Kombinaten und Betrieben muß einhergehen mit der weiteren Erschließung der Produktivkräfte mit dem Ziel, einen hohen Anstieg der Effektivität zum Wohle des Volkes zu erreichen. Das erfordert in weitaus stärkerem Maße ökonomische Bewertungen; d.h. es geht um die Optimalität der Lösungen in allen Phasen und Bereichen des Reproduktionsprozesses, um höchste wirtschaftliche Effektivität. Das ist identisch mit dem Ermitteln, Begründen und Verwirklichen der unter den gegebenen Bedingungen effektivsten Variante.

Mit der modernen Rechentechnik werden neue Möglichkeiten der Effektivitätssteigerung erschlossen, weil wir vielfach überhaupt erst auf dieser Grundlage wirklich komplexe Berechnungen vornehmen können. Mit der Entwicklung von Wissenschaft und Technik erhöht sich die Dynamik der technischen und ökonomischen Prozesse in den Kombinaten und ihren Betrieben. Das bewirkt, daß Effektivität und Flexibilität des Reproduktionsprozesses immer enger miteinander verschmelzen. Flexibilität schließt heute und künftig zunehmend für jedes Kombinat die Fähigkeiten ein – und ich darf mich hier auf Gerd Friedrich beziehen –,

- eigene wissenschaftlich-technische Spitzenleistungen hervorzubringen, auf wissenschaftlich-technische Erkenntnisse kurzfristig zu reagieren und sie rasch produktionswirksam umzusetzen;
- im Prozeß der kurzfristigen Erneuerung der Produktion den Anwenderbedürfnissen zunehmend besser gerecht zu werden und spezifischen Kundenwünschen (soweit ökonomisch vertretbar) nachzukommen.

Bezogen auf die kurzfristige Erneuerung heißt das, der

Zyklus Wissenschaft–Technik–Produktion–Absatz ist künftig weniger eine zeitliche Abfolge seiner einzelnen Stadien, als vielmehr durch Überlappungen gekennzeichnet. Die Gleichzeitigkeit von Prozessen und Tätigkeiten wird zwingend notwendig. Das sind völlig veränderte Bedingungen, auf welche die Betriebswirtschaft mit bewährten und neuen Instrumentarien rechnergestützt ausgerichtet werden muß. Des weiteren bedeutet das,

- sich auf dynamische Veränderungen des Bedarfs und der Marktlage vorausschauend einzustellen;
- international übliche Bestell- und Lieferfristen einzuhalten und möglichst zu unterbieten, um branchenüblichen Handels- und Lieferbedingungen voll zu entsprechen und
- den Reproduktionsprozeß insgesamt zu beschleunigen, die Zyklen von der Forschung und Entwicklung bis zum Absatz, vom Auftragseingang bis zur Auslieferung der Ware, von der Vorbereitung einer Investition bis zur Inbetriebnahme und der Wiedererwirtschaftung der Mittel usw. entscheidend zu verkürzen.[5]

Wesentliche Reserven zur Erhöhung der Effektivität und zur Beschleunigung des Reproduktionsprozesses liegen in der Organisation der Produktion, der Kooperation und der Materialversorgung. Dies als Schwerpunkt hervorzuheben ist vor allem deshalb wichtig, weil sich gerade bei der volkswirtschaftlich erforderlichen Verkürzung der Bestell- und Lieferfristen zeigt, daß den dazu notwendigen Voraussetzungen – insbesondere in der Technologie und der Produktionsorganisation – in vielen Betrieben nicht der erforderliche Stellenwert beigemessen wird.

Eine weitere Problematik verbirgt sich hinter der notwendigen Anpassung der Transport-, Umschlag- und Lagerprozesse an veränderte Produktions- und Absatzbedingungen. Notwendig ist ein effektiverer Materialfluß mit geringstmöglichen Beständen und niedrigen Umlaufmitteln – also Aufgaben, die in der rechnergestützten Betriebswirtschaft unter dem Begriff LOGISTIK zusammengefaßt werden.

Internationale Analysen zeigen, daß sich ein Werkstück nur zu etwa 10 % der Durchlaufzeit in direkter Bearbeitung befindet. Alles andere sind Transport-, Umschlags- und Lagerzeiten!

Das Angebot neuer Erzeugnisse mit neuen Gebrauchseigenschaften, verbunden mit einer hohen Effektivität und Qualität, ist eine typische Erscheinung in allen modernen Industrieländern.

Wer als erster auf dem Markt erscheint, erzielt nicht nur Extragewinn, sondern kann sich auch wichtige internationale Positionen erobern. Jedes spätere Erscheinen auf dem internationalen Markt verschlechtert sofort das Verhältnis von Aufwand und Ergebnis. Mit Preiszugeständnissen können Marktpositionen nicht gesichert werden!

Aus diesem Zusammenhang leitet sich zwingend ab, daß eine spürbare Verringerung der Kosten und damit Erhöhung des Gewinns noch viel mehr als bisher zur Kernfrage sozialistischer Betriebswirtschaft werden muß. Es geht in der Tat nicht allein darum, die Anzahl der Rechnerarbeitsplätze zu erhöhen, sondern es geht um Produktivität und Effektivität. Damit soll auf die dringende Notwendigkeit hingewiesen werden, die Flexibilität des gesamten Reproduktionsprozesses eines Kombinates über eine rechnergestützte SBW zu sichern. Eine derartige Flexibilität entsteht nicht automatisch aus einer höheren Flexibilität der technologischen Basis der Fertigung.

Nicht selten sind noch Meinungen anzutreffen, wonach die flexible Automatisierung und automatisierte Informationsverarbeitung auf Programmen basieren, die auch automatisch zu den angestrebten hohen ökonomischen Ergebnissen führen. Dem muß natürlich entschieden widersprochen werden. Vielmehr ist es so, daß die sich anbietenden und zu einem erheblichen Teil schon genutzten Instrumentarien die subjektive Einflußmöglichkeit ganz bedeutend erhöhen. Der subjektive Einfluß nimmt zu, nicht nur, indem sich der Wirkungsgrad der lebendigen Arbeit erhöht, weil der schöpferische Anteil insbesondere in den produktionsvorbereitenden Abteilungen zunimmt, sondern auch der direkte Einfluß des Menschen auf die Verfügbarkeit der Anlagen, seine Befähigung zur schnellen Störungsbehebung, zur Qualitätssicherung und letztlich zur Beherrschung des gesamten modernen Reproduktionsprozesses gewinnen immer mehr an Gewicht.

Die Mobilität und Disponibilität des gesellschaftlichen Arbeitsvermögens nehmen zu. In zunehmenden Dimensionen müssen Werktätige für neue Aufgaben gewonnen werden. Für Leiter bedeutet das unablässige Arbeit zur politischen Motivierung, zur Erhöhung des Arbeitsbewußtseins, zum Entkräften von Vorbehalten gegenüber der neuen Technik und zur Einstellung der Mitarbeiter auf veränderte konkrete Arbeitsinhalte und Arbeitsanforderungen. Harry Nick ist voll zuzustimmen, wenn er die automatisierte Fabrik durch eine fortschreitende Technisierung der Arbeit in allen Bereichen betrieblicher Tätigkeit charakterisiert.

Die herkömmliche Fabrik ist im Vergleich hierzu eine „industrielle Insel" in Gestalt der hochtechnisierten Be- und Verarbeitungsprozesse, umgeben von relativ wenig technisierter Arbeit in den abschließenden Montageprozessen, in den nebengelagerten Hilfsprozessen, in den produktionsvorbereitenden Prozessen und in den Prozessen der Leitung und Planung. Wichtigste Grundlage einer durchgängigen Automatisierung ist die Herausbildung eines fortschreitend technisierten „Nervensystems" des Reproduktionsprozesses in Gestalt der informationellen Infrastruktur, eines Rechnersystems.[6]

In vielen Kombinaten ist die Herausbildung eines derartigen Systems heute schon in vollem Gange. Die wirtschaftswissenschaftliche Verallgemeinerung dieser Entwicklungen ist theoretisch wie praktisch von größter Bedeutung. Vor allem geht es um qualitative Veränderungen im Reproduktionsprozeß, dadurch bewirkt, daß der Zyklus Wissenschaft–Technik–Produktion–Absatz zunehmend auf moderner technischer Basis wirklich geschlossen werden kann.

Aus diesen grundsätzlichen Betrachtungen und Erkenntnissen ableitend möchte ich im zweiten Teil meiner Darlegungen versuchen, Anregungen zur Beantwortung einiger Fragen zu geben, die für die weitere Entwicklung der SBW besonders wichtig sind.

Erstens: Wie ist aus der Produktivkraftentwicklung die weitere Entwicklung der SBW abzuleiten?

Der Rechner ist heute nicht mehr nur ein allgemeines Hilfsmittel. Die Rechnerstützung ist eine ganz bedeutende Produktivkraft, die in automatisierten Prozessen aufs engste mit der Hauptproduktivkraft Mensch verbunden ist. Die wohl weitreichendsten Veränderungen für die lebendige Arbeit liegen in einer effektiven Erarbeitung und rationellen Nutzung der Software. Die Entwicklung von Software wird einen hohen ökonomischen Stellenwert erhalten, sich rasch ausdehnend eine steigende Anzahl von Werktätigen erfassen. Es ist einzuschätzen, daß bis 1990 mehr als eine halbe Million Werktätiger in der DDR an Bildschirmen und damit auf der Grundlage von Programmen arbeiten werden. Die neuen Anforderungen an das Schöpfertum der Menschen liegen in der vorausschauenden Analyse und Gestaltung der Prozesse und der Ausarbeitung der Programme, also in der geistigen Vorwegnahme zukünftiger Prozesse und in der Umsetzung dieser Erkenntnisse in funktionierende und die Prozesse direkt steuernde Software. Mit dieser Software bringt der Mensch seine Erkenntnisse und seinen Willen in den Ablauf der technisierten Prozesse ein.[7]

Ich möchte es deshalb noch einmal deutlich hervorheben: Alle betriebswirtschaftlichen Problem- und Aufgabenstellungen sowie Erscheinungen sind vom Menschen ausgelöste, den Menschen bewegende, vom Menschen beherrschte und dem Menschen dienende Vorgänge.

In der sozialistischen Betriebswirtschaftslehre als einer gesellschaftswissenschaftlichen Disziplin existieren also keine bloßen Sachprobleme. Deshalb muß die betriebswirtschaftliche Forschung künftig stärker gewährleisten, daß alle Untersuchungen das Verhalten der Menschen und die Wirkungen auf die Menschen einschließen; denn zugleich mit der Realisierung ökonomischer Ziele ist der Betrieb ein ausschlaggebendes Feld der Verwirklichung grundlegender Bedürfnisse des Menschen.

Das erfordert, den werktätigen Menschen in der sozialistischen Betriebswirtschaft stets in seiner Persönlichkeit zu sehen. Daraus ergeben sich drei Aufgaben, nämlich

1. die nähere Erforschung der Arbeitskraft als Ressource; darin einbezogen die betriebswirtschaftlichen Aufgaben der Bildung, Ausbildung und Qualifizierung des Menschen zur Ausprägung seiner physiologischen und geistigen Fähigkeiten und Fertigkeiten;
2. die Aufdeckung von Wegen zur ökonomisch wirkungsvollen, den sozialistischen Werten entsprechenden Nutzung der Ressource Arbeitskraft und
3. die tiefere Erforschung der im Betrieb zu befriedigenden ökonomischen und außerökonomischen Bedürfnisse als Bestandteil der sozialistischen Lebensweise mit ihren Rückwirkungen auf die ökonomische, soziale und ökologische Effektivität der sozialistischen Betriebe.

Eine immer größere Zahl von Produktionsarbeitern nähert sich mit seinem Wissen und Können der Qualifikation des ingenieurtechnischen Personals an. Die überwiegend körperlichen Arbeiten werden mit steigenden geistigen Anforderungen verbunden und bei überwiegend geistigen Arbeiten wird verstärkt die moderne Technik genutzt, so daß die sozialökonomischen Unterschiede, die einerseits aus überwiegend geistiger Arbeit und andererseits überwiegend körperlicher Arbeit entspringen, allmählich überwunden werden.

Für die sozialistischen Betriebe ist damit die Aufgabe verbunden, die Entwicklung der Arbeitsplätze und der Qualifikationsstruktur in Übereinstimmung zu halten und die Arbeitsbedingungen dynamisch so zu entwikkeln, daß ständig bessere Voraussetzungen zur Selbstverwirklichung der Werktätigen in der Arbeit entstehen.

Zweitens: Welche Ansprüche und Entwicklungstendenzen sind zu beachten, die sich an die Betriebswirtschaft und -organisation aus der Informations- und Automatisierungstechnik ergeben?

Analysiert man die ökonomische Wirksamkeit der CAD/CAM-Technik, so kann zunächst festgestellt werden, daß im Jahre 1987 ca. 31000 dieser Stationen im Einsatz waren und daß sich ihre Anzahl weiter erhöht. 85000 bis 90000 dieser Stationen sollen bis 1990 wirksam werden. Forschung und Entwicklung, Produktion und Absatz verschmelzen zu einem einheitlich rechnergesteuerten Prozeß, dessen Kriterium in einem flexiblen Reagieren auf die rasch wechselnden Bedürfnisse der Anwender bei hoher Produktivität der Fertigung liegen.

Die vom XI. Parteitag der SED beschlossene weitere Einführung der flexiblen automatisierten Fertigung und die Vorbereitung von Schritten bis zur automatisierten Fabrik ist von grundsätzlicher Bedeutung. Es darf aber nicht übersehen werden, daß die Ausrichtung auf Schlüsseltechnologien mit einem hohen Aufwand verbunden ist. Immerhin wird im Jahre 1988 die gewaltige Summe von 13,5 Milliarden Mark für Forschung und Entwicklung aufgewandt. Der Plan für 1987 wies ebenfalls bereits 13 Milliarden Mark aus. 3,4 Milliarden Mark kommen 1988 direkt aus dem Staatshaushalt. Den anderen Teil erwirtschaften die Kombinate und ihre Betriebe selbst. Insgesamt machen die finanziellen Aufwendungen für Wissenschaft und Technik etwa 5% des Nationaleinkommens der DDR aus.[8] Diese gewaltigen Mittel müssen ökonomisch verwertet werden. Diese ökonomische Verwertung kann trotz hervorragender Beispiele insgesamt noch nicht befriedigen.

Welche volks- und betriebswirtschaftlichen Ergebnisse können mittels Schlüsseltechnologien erreicht werden?

Ein besonderer Schwerpunkt der Effektivitätssteigerung ist die wirksamere Gestaltung der Arbeit im produktionsvorbereitenden Bereich. Da mit der konstruktiven und projektierungsseitigen Vorbereitung der Produktion von Maschinen und Anlagen etwa 70% der Herstellungskosten für ein Erzeugnis und zu 95% die Kosten für den Montageprozeß bestimmt werden, liegt hier ein Schwerpunkt der CAD/CAM-Technik. Mit dem Wirksamwerden von CAD/CAM tut sich ein weitreichendes Wirkungsfeld der SBW auf. Während einer Tagung des Wissenschaftlichen Rates für Fragen der sozialistischen Betriebswirtschaft an der TH Ilmenau konnten wir uns davon überzeugen, daß Effekte der CAD/CAM-Technologie besonders deutlich bei der Entwicklung und Herstellung mikroelektronischer Bauelemente auftreten. Ohne rechnergestütztes Arbeiten wären Miniaturisierung und Speicherdichte moderner elektronischer Bauelemente nicht denkbar. Ein Transistor besteht heute aus ca. 50 Einzelteilen. Bei 4000 Transistoren auf einem Chip hat man rund 200000 Einzelelemente unterzubringen. Eine zweckmäßige Plazierung einer solch großen Anzahl von Elementen auf kleinster Fläche ist nur noch rechnergestützt möglich.

Da CAD/CAM von der Entwicklung und Konstruktion bis zur Produktion und Qualitätssicherung, letztlich bis zum Kundendienst und zu den technologischen Daten reicht, ist es objetiv notwendig, daß Konstruktion, Planung, Produktion und Absatz zu einem System zusammenwachsen. Dieses Zusammenwachsen und Wirksammachen ist eine betriebswirtschaftliche Aufgabe von hohem Rang. Vorbereitung und Einsatz von CAD/CAM-Lösungen umfassen nicht nur Fragen der Produktionstechnik, der einzusetzenden Rechner und der entsprechenden Software, sondern auch die gesamte Betriebswirtschaft und -organisation. Damit ergeben sich prinzipielle Konsequenzen für die Leitung und Organisation des gesamten Betriebes und Kombinates, für die Gestaltung des Belegwesens, für die Sicherheit bzw. Genauigkeit der Datenbasis, für die Bilanzierung und viele andere konkrete Fragen der Leitung. Dafür wissenschaftlichen Vorlauf zu schaffen, die Kader darauf einzustellen und die betriebliche Organisation sorgfältig auf die neuen Erfordernisse umzustellen – das sind Kardinalfragen, vor deren Lösung wir stehen und die wir gemeinsam in der sozialistischen Praxis bewältigen müssen.

Die Einführung von CAD/CAM – wie überhaupt der Schlüsseltechnologien – ist keine bloße technisch-organisatorische Maßnahme. Es handelt sich um einen tiefgreifenden Prozeß, in dessen Verlauf die gesamte Arbeit im Kreislauf der Reproduktion grundlegend umgestaltet wird.

Charakteristisch für Schlüsseltechnologien ist, daß sie komplex und in großer Breite wirken. So wurden insbesondere in den Zentren der metallverarbeitenden Industrie mit der Schlüsseltechnologie „flexibel automatisierte Fertigungssysteme" höchste Produktivitätssteigerungen in Größenordnungen zwischen 300 und 700% erreicht. Diese Schlüsseltechnologie besitzt deshalb einen besonderen Stellenwert, weil sie mit mehreren Schlüsseltechnologien eng verbunden ist. Hier gelangen faktisch mehrere Schlüsseltechnologien zur Anwendung: Es ist die Einheit von moderner Rechentechnik, automatisierter Konstruktion, Produktionsvorbereitung und -lenkung (also CAD/CAM) sowie Industrierobotertechnik mit leistungsfähigen numerisch gesteuerten Maschinen.

Bei diesem komplex automatisierten Prozeß – dessen wissenschaftliche Grundlagen ständig weiter entwickelt werden – bedürfen immer weniger Teilprozesse einer direkten Steuerung durch menschliche Arbeit, so daß die Begriffe bedienarme, bedienfreie und schließlich unbemannte Fertigung geprägt werden. Außerdem werden die Transport-, Umschlag- und Lagerprozesse einbezogen, indem automatisch gesteuerte Lager- und Transportsysteme mit dem Takt der Produktion verbunden sind.

In den vergangenen Jahren wurden u.a. automatisierte Fertigungsabschnitte für Gleichstromstellmotoren, hydraulische Erzeugnisse, Nähmaschinenstopmotoren und für rotationssymmetrische Bauteile geschaffen.

Vor Jahren selbst als verantwortlicher Leiter für Organisation und Datenverarbeitung im Sachsenwerk Dresden-Niedersedlitz, dem jetzigen Stammbetrieb des Elektromaschinenbaukombinates, tätig, kann ich den gewaltigen betriebsorganisatorischen Fortschritt einschätzen, der sich insbesondere mit flexibel automatisierten Fertigungssystemen vollzogen hat und der sich revolutionierend auf die Betriebswirtschaft auswirkt. Revolutionierende Veränderungen waren auch auf dem Gebiet der Betriebsorganisation notwendig. Es kann aber auch nicht übersehen werden, daß uns die über viele Jahre bestehende Vernachlässigung der Betriebsorganisation – sowohl als Lehrdisziplin als auch in ihrer praktischen Verwirklichung – heute Sorgen und Probleme bereitet.

Die Betriebsorganisation stellt sich als ein Regelsystem aller im Betrieb zu vollziehenden Prozesse und Abläufe dar. Dabei ist zwischen materiellen und informationellen sowie Leitungsprozessen zu unterscheiden. Die informationellen Prozesse haben dabei eine bedeutsame Mittler- und Steuerfunktion auszuüben. Der Betriebswirtschaft fällt hierbei die außerordentlich bedeutsame Aufgabe zu, den Informationsbedarf von Leitern und Struktureinheiten zu analysieren, zu objektivieren und zu bestimmen. Ein wichtiges Problem dabei ist, daß die Informationsaufbereitung und -bereitstellung entscheidungsbezogen erfolgen muß.

In der Betriebswirtschaft und -organisation müssen auch Spezifika der verschiedenen Zweige der Industrie bzw. der Volkswirtschaft hinreichend berücksichtigt werden. Neben allgemeingültigen Erkenntnissen sind z. B. die Unterschiede zwischen dem Stand und der Entwicklung der Betriebswirtschaft und -organisation in der stoffwandelnden und der stofformenden bzw. -verarbeitenden Industrie zu beachten. Unterschiede beachten heißt aber vor allem auch, bestimmte Erkenntnisse aus solchen technologisch sehr unterschiedlichen Zweigen schöpferisch zu verallgemeinern:

- So weist die chemische Industrie, in deren Zentrum wir diese Tagung durchführen, bereits einen hohen Grad der Automatisierung auf, indem durch den Chemismus vorgegebene programmierte Prozesse ablaufen, bei denen den Werktätigen sehr verantwortungsvolle Meß-, Kontroll- und Steuerungsfunktionen obliegen. Einzelne Anlagenfahrer z. B. im Leuna-Kombinat sind bereits heute für Anlagensysteme mit Millionenwerten verantwortlich und haben die in innerapparativen Prozessen vonstattengehenden chemischen Vorgänge zu überwachen und zu steuern.
- Das sind ganz andere Prozesse und Vorgänge als im Bereich der metallverarbeitenden Industrie bzw. des Schwermaschinen- und Anlagenbaues, in dem gegenüber der stoffwandelnden Industrie völlig anders geartete CAD-Systeme zu entwickeln und anzuwenden sind.

Gemeinsam für alle Industriekombinate sind aber jene ökonomischen Erfordernisse, die heute und künftig konsequent und zielgerichtet anzugehen sind, wie eine bedeutende Steigerung der Arbeitsproduktivität, eine Erhöhung der Effektivität der Wirtschaftstätigkeit–und damit verbunden ist ein schnelles Reagieren auf sich entwickelnde Bedürfnisse, auf die Bedarfs- und Marktsituation. Und es geht auch um eine hohe Veredlung der begrenzt verfügbaren Rohstoffe und Materialien. So gesehen sind die flexiblen automatisierten Fertigungssysteme in der metallverarbeitenden Industrie sehr wohl vergleichbar mit flexiblen Mehrproduktanlagen in Chemiebetrieben, durch die der wachsende Bedarf an kleintonnagigen Produkten zu befriedigen ist.

Die Betriebswirtschaft muß solche Prozesse fördernd beeinflussen, muß ihre Organisation und ihre Ökonomie sichern helfen. Daß dabei Chemiker und Ingenieure zugleich auch wichtige Ökonomen sein müssen – wie umgekehrt ingenieurökonomische Fähigkeiten und Fertigkeiten für Betriebswirtschaftler zwingend notwendig sind – möchte ich hierbei als gesicherte Erkenntnis unterstellen. Im Ausbildungsprozeß müssen wir diesen Erfordernissen verstärkt Rechnung tragen.

Bezogen auf den Vergleich zwischen „flexibel und automatisierten Fertigungssystemen“ einerseits und „flexibel und automatisiert gestalteten Mehrproduktanlagen in der chemischen Industrie“ andererseits möchte ich anmerken, daß die Herausbildung solcher technologisch wie ökonomisch bedeutenden Systeme erhebliche Anforderungen an den Betriebswirtschaftler stellt. Die Produktion verschiedener stoffverwandter chemischer Produkte in einer Mehrproduktanlage schließt nicht nur bedeutende verfahrenstechnische Ansprüche und Probleme in sich ein, sondern stellt auch die Betriebswirtschaft vor neue Situationen. Einige davon sind:

- Nach dem Gesetz der Größendegression ist eine Massenproduktion in der Regel ökonomisch ergiebiger. Eine mindestens ebenso hohe ökonomische Ergiebigkeit muß jetzt für kleintonnagige Produkte gesichert werden. Hier sind Gebrauchswert- und Kostenoptimierungen unerläßlich. Komplexe Optimierungsberechnungen sind notwendig, um fundierte Entscheidungen treffen zu können.
- Eng damit verbunden sind Fragen des mit der Auftragsannahme korrelierenden Sortenwechsels und Fragen der Umlaufmittelökonomie. Es steht z. B. die Frage, inwieweit es ökonomisch günstiger ist, größere Chargengrößen zu wählen, die Anzahl des Sortenwechsels zu vermindern und faktisch eine Lagerfertigung anzuvisieren.

Im Grunde genommen ist der gesamte Ablauf von der Auftragsannahme und -einsteuerung über das Produktionsregime und die Lagerhaltung bis zum rationellen Versand betriebswirtschaftlich neu zu durchdenken und unter Nutzung der modernen Rechentechnik hocheffektiv zu gestalten.

Drittens: Wie müssen sich die Methoden und Instrumentarien der sozialistischen Betriebswirtschaft im Zusammenhang mit der Vervollkommnung der Planung und der wirtschaftlichen Rechnungsführung weiterentwickeln?

Für den Betriebswirtschaftler gilt, daß es bei der Intensivierung immer um das volkswirtschaftliche Gesamtergebnis in seinem Verhältnis zum Gesamtaufwand an Ressourcen, also um die Steigerung der Effektivität geht. Betriebswirtschaftlich findet der Prozeß der Intensivierung seinen Ausdruck im Produktionswachstum, in der Beschleunigung des Umschlags des Produktionssortiments durch neu- und weiterentwickelte sowie höherveredelte Erzeugnisse, im schnellen wissenschaftlich-technischen Fortschritt und in der Senkung der spezifischen Selbstkosten sowohl durch bessere Ausnutzung der konstanten Kostenanteile als auch direkt durch absolute Ressourceneinsparungen. Diese Entwicklung ist damit verbunden, daß auch die Betriebswirtschaftler selbst moderne Methoden und vor allem die Rechentechnik im Büro bzw. unmittelbar am Arbeitsplatz vielschichtig und zielgerichtet zu nutzen haben. Einen besonderen Schwerpunkt bilden dabei auch altbewährte Methoden, die den neuen Erfordernissen angepaßt bzw. mit moderner Rechentechnik wirksamer angewandt werden können. Beispiele dafür sind die Gebrauchswert-Kosten-Analyse, Prozeßanalysen und auch aussagfähige Vor- und Nachkalkulationen. Diese Instrumentarien dienen–wie viele andere–dazu, den wissenschaftlich-technischen Entwicklungsprozeß ökonomisch zu durchdringen.

Eine rechnergestützte Betriebswirtschaft erübrigt keineswegs klassische Elemente des Kosten-Nutzen-Denkens. Bewährte Instrumente wie die Kostenträger-, Kostenarten- und Kostenstellenrechnung werden keinesfalls überflüssig, sondern sie müssen ein höheres Niveau erhalten.

Die effektive Verbindung bewährter Methoden der Betriebswirtschaft mit der rechnergestützten Arbeit erfordert, betriebswirtschaftliche Prozesse hinsichtlich ihrer Daten und Datenstrukturen zu vervollkommnen, sie für die rechnergestützte Bearbeitung aufzubereiten und die Schnittstellen so festzulegen, daß eine schlüssige Integration in das betriebliche Gesamtsystem gewährleistet wird.

Es ist erkennbar, daß im Betrachtungszeitraum revolutionierende Veränderungen der Betriebsplanung, des betrieblichen Rechnungswesens und der Betriebsleitung auf dieser neuen technischen Basis eingeleitet werden, bei denen Formen der dezentralen Datenerfassung, -speicherung und -verarbeitung und des Dialogbetriebes größte Bedeutung erlangen werden.

Die Entwicklung zur durchgängigen rechnerunterstützten Arbeit in der sozialistischen Betriebswirtschaft schließt neben der Schaffung des Gesamtkonzepts die Aufgabe ein, alle Teilgebiete der Betriebswirtschaft (Produktionsvorbereitung, Produktionsdurchführung, Absatz, Materialwirtschaft, Grundmittelwirtschaft, Leitung, Planung, Abrechnung, Analyse und Kontrolle usw.) wissenschaftlich tiefer zu durchdringen, um die Voraussetzungen für die Algorithmierung und Programmierung zu schaffen sowie die Software erarbeiten zu können. Erst auf dieser Grundlage ist die Nutzung der Informatik in der Betriebswirtschaft möglich und können aus Modulen entsprechende Systemlösungen für den gesamten Reproduktionsprozeß in Abhängigkeit von den Reproduktionsbedingungen geschaffen werden.

Die betriebswirtschaftlichen Forschungarbeiten müssen sich verstärkt mit der Weiterentwicklung, ggf. mit der Neuentwicklung des betrieblichen Rechnungswesens, unter den Bedingungen der Anwendung von Mikroprozessoren, on-line-Systemen mit Datenbänken und einer weitreichend dezentral eingesetzten Informationsverarbeitungstechnik befassen, um das Rechnungswesen von einem nachträglichen Registrator betriebswirtschaftlicher Vorgänge zu einem aktiven Instrument betrieblicher Entscheidungsfindung bei weitgehender Echtzeitverarbeitung der gewonnenen Informationen zu entwickeln. Dieses Instrumentarium hat auf die gesamte Betriebswirtschaft systembildende Wirkung.

Die Weiterentwicklung der betrieblichen Planung geht von der deutlichen Ausprägung spezifischer ökonomischer Interessen auf den verschiedenen Ebenen des Betriebes und Kombinates aus und muß geeignet sein, die sozialistische Demokratie im Betrieb zu verwirklichen. Die Planung im Betrieb muß unter den verschiedenen Bedingungen Stabilität, Wachstum und Effektivität sichern helfen. Deshalb ist es notwendig, mit der Vervollkommnung der sozialistischen Betriebswirtschaftslehre die Theorie der Planung weiterentwickeln zu helfen.

Generell gilt es hervorzuheben, daß in der Forschung und in der Darstellung der sozialistischen Betriebswirtschaftslehre verstärkt von der gegenwärtig oft noch vorherrschenden Beschreibung von Zuständen zur Erforschung und Darstellung der Dynamik von betriebswirtschaftlichen Prozessen überzugehen ist. Damit soll der Anteil des Stabilen, des Beständigen, des Allgemeingültigen der wissenschaftlichen Aussagen erhöht werden, so daß die sozialistische Betriebswirtschaftslehre zu nachhaltigerer Praxiswirksamkeit mit größerer Breitenwirksamkeit gelangt. Wir müssen darauf hinarbeiten, die logische Geschlossenheit und die Komplexität der betriebswirtschaftlichen Aussagen zu erhöhen, um die Anwendbarkeit und Wirksamkeit der theoretischen Erkenntnisse zu verbessern.

So ist die Erarbeitung einer neuen Auflage des Hochschullehrbuches der sozialistischen Betriebswirtschaft, aber auch der zum Lehrwerk gehörenden Handbücher und Monographien eine bedeutende und anspruchsvolle Aufgabe.[9] Die lebhaft geführten Diskussionen, die auf die Frage hinausliefen, ob die Kombinate und Betriebe künftig sowohl Ökonomen, die in einer Fachrichtung sozialistische Betriebswirtschaft ausgebildet werden, und außerdem Ökonomen, die Absolventen einer Fachrichtung Ingenieurökonomie sind, benötigen, kann letztlich nur dann richtig entschieden werden, wenn von einer soliden Prognose der Entwicklung der Kombinate und Betriebe ausgegangen wird. Die Schwerpunktsetzung auf den Ingenieurökonomen, der in der Lage sein muß, auch die materiellen Prozesse, in deren Ökonomie er eindringt, solide beurteilen zu können und für die er entscheidungsvorbereitende Untersuchungen durchzuführen hat, findet auch die Zustimmung des SBW-Rates. Wir sind überzeugt, daß der Ingenieurökonom der Betriebswirtschaftler der künftigen modernen, stark rechnergestützt arbeitenden Industriebetriebe sein wird. Sicher wird sich der Kaderbedarf vorrangig in dieser Richtung entwickeln.

Die vorliegenden Lehrplankonzeptionen[10] werden den praktischen Erfordernissen dann gerecht werden, wenn beachtet wird, daß der Betrieb nicht nur maßgebliche Stätte der materiellen Produktion und der Hervorbringung des materiellen Reichtums der Gesellschaft ist, sondern daß sich in ihm eine intensive Verpflechtung technischer, ökonomischer und sozialer Prozesse vollzieht.

Anmerkungen

[1] Vgl. Mittag, G., Die Arbeit der Partei zur Verwirklichung der vom XI. Parteitag der SED beschlossenen ökonomischen Strategie. Dietz Verlag, Berlin 1987.

[2] Vgl. E. Honecker, Bericht des Zentralkomitees der Sozialistischen Einheitspartei Deutschlands an den XI. Parteitag der SED. Dietz Verlag, Berlin 1986.

[3] Vgl. K. Marx, Das Kapital, Erster Band, in: Marx/Engels Werke, B. 23. Berlin 1983, S. 496.

[4] Vgl. H. Koziolek, Betriebswirtschaft im System unserer sozialistischen Planwirtschaft, in: Einheit 42 (1987) 12, S. 1077ff.

[5] Vgl. G. Friedrich, Theoretische und praktische Fragen der weiteren Qualifizierung der Leitung in den Kombinaten unter den Bedingungen umfassender Intensivierung, in: Abhandlungen der Akademie der Wissenschaften der DDR. Veröffentlichungen der Wissenschaftlichen Räte, W 4/1987, S. 19ff.

[6] Vgl. H. Nick, Wissenschaftlich-technische Revolution und die Herausbildung einer neuen „gesellschaftlichen Betriebsweise", in: Studien–Forschungsbereiche–Kolloquien. Akademie der Wissenschaften der DDR/Zentralinstitut für Wirtschaftswissenschaften, 1/1987, S. 124ff.

[7] Vgl. W. Marschall/K. Steinitz/P. Strähmel, Ökonomische Fragen und Aufgaben der volkswirtschaftlichen Verwertung von Schlüsseltechnologien – reproduktionstheoretische Aspekte, in: Studien–Forschungsberichte–Kolloquien. Akademie der Wissenschaften der DDR/Zentralinstitut für Wirtschaftwissenschaften, 1/1987, S. 1ff.

[8] Vgl. K. Morgenstern, Milliardenetat für die Forschung, in: ND, 26. 1. 1988, S. 3.

[9] Vgl. Autorenkollektiv, Sozialistische Betriebswirtschaft–Industrie, (Hochschullehrbuch) Verlag Die Wirtschaft, Berlin 1986 und Manuskripte zur Neufassung von Autorenkollektiv: Die Ökonomie der betrieblichen Forschung und Entwicklung (Handbuch): Autorenkollektiv, Absatzwirtschaft der Kombinate und Betriebe, K. Matterne/S. Tannhäuser:, Die Grundmittelwirtschaft in der sozialistischen Industrie der DDR sowie E. Garbe/D. Graichen: Ökonomische Materialverwendung.
Diese im Verlag Die Wirtschaft erschienenen Monographien und Hand- bzw. Lehrbücher werden unter Einflußnahme des SBW-Rates weiterentwickelt.

[10] Vgl. P.-D. Kluge/A. Molitor/H. Wolf, Zur Neugestaltung des Studienplanes für die Hochschulausbildung der Ökonomen in der DDR, in: Wirtschaftswissenschaft 35 (1987) 9, S. 1281ff.

3. DISKUSSION

Gerd Friedrich

Aufgaben der Leitung beim Einsatz moderner Informationstechnik

In den vorliegenden Thesen werden die im Zusammenhang mit dem rasch voranschreitenden Einsatz moderner Informations- und Automatisierungstechnik zu lösenden Aufgaben der sozialistischen Betriebswirtschaft herausgearbeitet. In letzter Konsequenz geht es dabei um die Frage, wie wir die Entwicklung moderner Produktivkräfte im Reproduktionsprozeß der Kombinate und Betriebe ökonomisch beherrschen, sie in wachsende Effektivität umsetzen.

Ich möchte in meinem Diskussionsbeitrag an die Aussagen in der These 7, die sich mit Leitungsaufgaben und notwendigen Entscheidungen beim Einsatz von CAD/CAM-Lösungen beschäftigt, vor allem aber an These 14 anknüpfen, die den Veränderungen in der Betriebsorganisation bei rechnergestützter Betriebswirtschaft gewidmet ist.

Bevor ich aber auf einige mit dem Einsatz der modernen Informations- und Automatisierungstechnik im Zusammenhang stehende Aufgaben der Leitung in den Kombinaten und Betrieben eingehe, möchte ich noch eine Bemerkung zum Wesen rechnergestützter Betriebswirtschaft machen: Ich teile völlig die Auffassung von Helmut Koziolek, daß die neue Qualität der Betriebswirtschaft auf der engeren Verknüpfung von Leistungs-, Informations- und Leitungsprozessen basiert. Sie verändert die Systemeigenschaften: Prozesse werden erheblich umgestaltet und beschleunigt, die Reaktionsfähigkeit des Systems erhöht und jene Systemreserven, die unter bisherigen Bedingungen Voraussetzung für einen normalen Verlauf des Reproduktionsprozesses darstellen, können verringert werden. Diese Verknüpfung von Leistungs-, Informations- und Leitungsprozessen auf der Grundlage moderner Informations- und Kommunikationstechnik

- gibt neue ökonomische Möglichkeiten, Steigerung der Arbeitsproduktivität und höhere Flexibilität der Produktion miteinander zu verbinden;
- eröffnet ein bedeutendes Effektivitätspotential, insbesondere in der Vorbereitung und Erneuerung der Produktion sowie in der Beschleunigung des Reproduktionsprozesses;
- verkürzt Reaktionszeiten im Leitungssystem und gestattet es der Leitung, durch das sofortige Erkennen von Ausnahmesituationen mögliche ökonomische Verluste zu minimieren;
- schafft aber zugleich die Notwendigkeit der prinzipiellen Umgestaltung von Arbeitsabläufen und Organisationsstrukturen, insbesondere in der Richtung, die vorherrschende funktionale Arbeitsteilung in und zwischen den betriebswirtschaftlichen Fachbereichen durch erzeugnis- und prozeßbezogene Formen der Organisation und Leitung zu ergänzen.

Was das leitungsmäßige Herangehen betrifft, so treten hier drei Aufgaben besonders in den Vordergrund:

1. Die konzeptionelle Vorbereitung des Einsatzes von Automatisierungs- und Informationstechnik, die ihren Ausgangspunkt in der langfristigen Entwicklungsstrategie des Kombinates nimmt und schließlich in das Konzept des Kombinates bzw. Betriebes für den Einsatz dieser Technik einmündet. Im Zuge dieser Arbeiten müssen die Fragen nach den effektivitätsträchtigsten Einsatzfeldern dieser Technik in der jeweiligen Wirtschaftseinheit, nach der Integrationsfähigkeit und dem Integrationsgrad der anzusteuernden Lösungen, nach den vielfältigen objektiven und subjektiven Voraussetzungen für die Realisierung der ins Auge gefaßten Vorhaben beantwortet werden.

Die hierfür erforderlichen analytischen Vorarbeiten erfassen notwendigerweise den gesamten Reproduktionsprozeß, seine inhaltliche Gestaltung und seinen zeitlichen Verlauf sowie seine einzelnen Phasen. Ohne sorgfältige analytisch-konzeptionelle Arbeit ist ein konsequent ökonomisches Herangehen an den Einsatz dieser Technik nicht zu gewährleisten. Die Orientierung aller Vorarbeiten zum Einsatz der Technik vordergründig nicht am „technisch Machbaren“, sondern an den zu erwartenden ökonomischen Resultaten ist aber eine unabdingbare Voraussetzung zur Sicherung des notwendigen Leistungs- und Effektivitätszuwachses. Im Vordergrund stehen die ökonomischen Ziele, die überhaupt erst den Mitteleinsatz, der ja beträchtlich ist, rechtfertigen:

- Die Steigerung des Wirkungsgrades der lebendigen Arbeit,
- die Beschleunigung des gesamten Reproduktionsprozesses von der konstruktiven Vorbereitung der Produktion bis zur Auslieferung der Ware,
- die Verkürzung des Produktionszyklus und die Reduzierung der Bestände und Umlaufmittel,
- die Sicherung einer hohen Erzeugnisqualität, die sowohl Ergebnis als auch Voraussetzung automatisierter Fertigung ist,
- das Erreichen jener Flexibilität und Reaktionsfähigkeit im gesamten Reproduktionsprozeß, die den jeweiligen Marktbedingungen entspricht.

Während durch Insellösungen beim Einsatz arbeitsplatzbezogener Informationstechnik bereits bedeutende Resultate in der Steigerung der Arbeitsproduktivität erreicht wurden und noch erreicht werden können, sind alle genannten weiteren Effekte, insbesondere die Beschleunigung des Reproduktionsprozesses und die Erhöhung der Flexibilität, nicht oder doch nur sehr partiell über Insellösungen anzusteuern. Das sind im wahrsten Sinne des Wortes Systemeffekte: Das heißt, sie sind nur durch den integrierten Einsatz moderner Informationstechnik und entsprechender Veränderungen der Abläufe und ihrer Organisation zu erschließen.

Ansatzpunkte für komplexe Lösungen bzw. für ihre Integration in bereits bestehende Lösungen liefern:

- Die Analyse des Produktes und der Technologie unter dem Gesichtspunkt, wie zukünftig die Anwenderbedürfnisse in ihrer Vielfalt durch ein entsprechendes Sortiment von Finalerzeugnissen bei Optimierung des Einsatzes von Baugruppen und Einzelteilen kostengünstig zu befriedigen sind. Nur aus dieser Analyse heraus lassen sich Ansatzpunkte für Automatisierungslösungen und das Maß ihrer Flexibilität finden. Die Qualität der Erzeugnisstrategie bestimmt die ökonomisch wirksame Auslegung der flexiblen Automatisierung. Aber auch die Wirksamkeit durchgängiger CAD/CAM-Lösungen ist von der automatisierungsgerechten Konstruktion des Produkts und der konsequenten Standardisierung der Baugruppen und Einzelteile abhängig. Zweifellos liegt der Dreh- und Angelpunkt im Einsatz der modernen Informationstechnik in vielen Betrieben der verarbeitenden Industrie in der Auslegung der rechnergestützten Produktionsvorbereitung und der Automatisierung der Fertigungsprozesse sowie in ihrer wechselseitigen Verbindung. Der Leistungszuwachs entsteht in erster Linie über neue Erzeugnisse, die kundenwunschabhängig in großer Variationsbreite mit hoher Qualität bei kurzen Lieferfristen gefertigt und auf den Markt gebracht werden.
- Die Analyse des sachlichen und zeitlichen Verlaufs des Reproduktionsprozesses, insbesondere seiner „Schwachstellen". Das sind Engpässe in der Fertigung und im Durchlauf der Erzeugnisse, kostenaufwendige Prozesse in der Produktion und ihrer Vorbereitung, Zeitverläufe auf dem „kritischen Weg", die die Zeit des Gesamtverlaufes bestimmen und anderes mehr. Entscheidend ist, jene Ansatzpunkte zu finden, die eine höhere Qualität in der Kontinuität der Produktion, im Fluß der Materialien und des Produktes sichern. Damit werden in der Regel neue Fragen der Proportionalität, der Parallelität und des Produktionsrhythmus aufgeworfen – alles unter dem Gesichtspunkt, welche Reserven durch einen gut organisierten Einsatz der Informations- und Automatisierungstechnik sowie entsprechender Veränderungen in den Abläufen zu erschließen sind, um den gesamten Reproduktionsprozeß auf Beschleunigung und höhere Effektivität einzustellen.
- Die Analyse der Reaktionszeiten im Leitungssystem. Die Beschleunigung der Reproduktion erfordert zunehmend die Echtzeitsteuerung von Prozessen und es gilt, den Einsatz der Informationstechnik so vorzunehmen, daß operative Entscheidungen zum Ressourceneinsatz und zum Verlauf der Reproduktion durch entsprechende Informationsbereitstellung zeitgerecht abgesichert werden können. Der weitere Ausbau von rechnergestützten Systemen der Produktionsplanung und -steuerung bildet dabei einen besonderen Schwerpunkt. Diese Systeme bilden zugleich den Ausgangspunkt für neue Bedingungen der Informationsversorgung vieler betriebswirtschaftlicher Fachbereiche, für die Neugestaltung der gesamten Betriebsdatenerfassung.

Bereits in der Phase der konzeptionellen Vorbereitung des Einsatzes moderner Informationstechnik muß beachtet werden, daß das Kernstück integrierter Lösungen der Informationsverarbeitung die Datenbanken aller für die Fertigung relevanten Daten (erzeugnis-, prozeß- und arbeitsplatzbezogen) darstellen. Wenn heute so massiv die Forderung nach Vereinheitlichung der Primärorganisation gestellt wird, so ist das kein Selbstzweck, sondern es geht um jene notwendigen Maßnahmen, die erst einen rationellen Aufbau der Datenbanken und des Datenbankbetriebes ermöglichen, die es gestatten, den Informationsbedarf einer Vielzahl von Nutzern rationell zu decken.

Diese Datenbanken bilden die Basis für die darauf aufbauenden Informationssysteme der Betriebswirtschaft: Planung der Absatz-, Produktions- und Versorgungsprozesse im mittel- und kurzfristigen Bereich, operative Leitung und Steuerung dieser Prozesse, Kostenrechnung und Kontrolle des Planverlaufs. Entsprechendes Gewicht besitzen jene Teilsysteme (CAD/CAM, PPS), durch die die Stamm- und Bewegungsdaten erzeugt, die Datenbanken gespeist werden.
Über Datenbanken und Programmintegration erfolgt die Datenintegration der einzelnen betriebswirtschaftlichen Funktions- und Fachbereiche. Die entsprechenden Daten sind nun nicht einfach Hilfsmittel für die im Vordergrund stehende Anwendung, sie werden zu einem eigenständigen Organisationselement, multivalent nutzbar für verschiedene Fachbereiche. Der gleichzeitige Zugriff unterschiedlicher Fachbereiche auf die Daten ermöglicht die Entwicklung durchgängiger Ablaufkonzepte, erzeugnis- und prozeßbezogen, logistischer Konzepte für den Fluß der Produkte, Materialien und Informationen. Die Folge der Datenintegration ist das Zusammenwachsen der Funktionsbereiche, die gleiche Datenelemente verwenden, das heißt, sie bildet die Basis für die organisatorische Integration, die Straffung und Vereinfachung der Abläufe, die Umgruppierung von Funktionen und Tätigkeiten.

„Die Anwendung der CAD/CAM-Technik in Verbindung mit der flexiblen Automatisierung und der rechnergestützten Betriebswirtschaft wird bestimmend für die Ökonomie der Arbeit der Betriebe. Forschung und Entwicklung, Produktion und Absatz verschmelzen zu einem einheitlichen rechnergestützten Prozeß, dessen Kriterien in einem flexiblen Reagieren auf die rasch wechselnden Bedürfnisse der Anwender bei hoher Produktivität der Fertigung liegen."[1]

Was den Inhalt des hierfür notwendigen Gesamtkonzepts im Kombinat bzw. Betrieb betrifft, so kann ich mich kurz fassen, da es in der vorliegenden Literatur – und auch in den Thesen – hinreichend umrissen wird. Viel hängt davon ab, die Auswahl der einzusetzenden Technik nach betriebswirtschaftlichen Gesichtspunkten zu bestimmen, stets den Gesamtprozeß im Auge zu behalten und die Integrationsfähigkeit zu schaffender Teillösungen zu sichern, die Prioritäten und die Schrittfolge, die Stufen der Integration exakt festzulegen und die subjektiven Voraussetzungen (insbesondere Software-Potential und Kaderqualifizierung) frühzeitig zu schaffen.

2. Ein zweites bedeutendes Feld der leitungsmäßigen Sicherung rechnergestützter Betriebswirtschaft liegt in der Neugestaltung von Abläufen und ihrer Organisation

im Prozeß der Vorbereitung und des Einsatzes der Informations- und Automatisierungstechnik.

Das Gewicht dieser Aufgabe wird deutlich, wenn man sich vor Augen führt, daß eigene und internationale Erfahrungen besagen, daß nur ein Viertel des Effekts über die Technik selbst kommt, aber drei Viertel über die Gestaltung betriebswirtschaftlicher und organisatorischer Sachverhalte gesichert werden muß. Damit sind insbesondere Ansprüche an die Projektierung der Organisation verbunden. Zu den wichtigsten mit den Organisationsprojekten zu schaffenden Voraussetzungen für einen effektiven Einsatz der Informationstechnik gehören:

- Die einheitliche Gestaltung der Stoff- und Informationsflüsse und der ihnen zugeordneten Bearbeitungsaufgaben. Ein wesentliches Ziel ist die Vereinfachung, Entflechtung und Standardisierung betriebswirtschaftlicher Vorgänge als Voraussetzung für die Datenintegration. Notwendig ist die Gliederung der Prozesse in Grund- und Elementarfunktionen, ihre Zerlegung in einzelne Module, darauf aufbauend die Erarbeitung von Datenmodellen, Algorithmen für Prozeßabläufe und ihre Zuordnung zu den Funktionen.
- Die Datenintegration der Fachbereiche. Sie erfordert Entscheidungen zur Stammdatenorganisation, zur Gestaltung von Schlüsselsystemen, Formblättern und Belegen, zur Erfassung und Verknüpfung von Daten. Ziel ist, die Bedingungen für die Mehrfachnutzung zu sichern – dazu gehören z. B. die „einheitliche Sprache" für die Benennung von Baugruppen, Teilen und Materialien von der Konstruktion bis zur Materialversorgung. Es gilt, Schlüssel, Belege, Nomenklaturen so zu gestalten, daß sie im gesamten Reproduktionsprozeß durchgängig verwendet werden können. Damit werden zugleich bereits vorhandene Lösungen paßfähig gemacht und Voraussetzungen für die Definition der Eingabedaten, die Festlegung der Berechnungsvorschriften und der Ausgabedaten in den Datenverarbeitungsprojekten geschaffen.
- Die Festlegung der Arbeitsbeziehungen und Schnittstellen der einzelnen Arbeitsbereiche. Es gilt alles zu vermeiden, was „Umschlüsselungen", „Neuerhebungen" und „Umschreibearbeiten" verlangt – solche Übergänge führen zu erhöhtem Aufwand und schließen die Gefahr von Informationsverlusten und Fehlentscheidungen ein. Aber für die Datenintegration reicht die Paßfähigkeit an den Schnittstellen der Fachbereiche nicht aus, sie geht bis in die Datenstrukturen hinein, um eine einheitliche Programmbasis schaffen zu können.
- Regelungen zur Dateneingabe und Datenänderung, die die Datensicherheit und ihre Aktualität für alle Bereiche gewährleisten. Im engen Zusammenhang damit stehen Regelungen, um die technologischen und ökonomischen Daten selbst auf ein höheres Niveau zu bringen, das für eine automatisierte Informationsverarbeitung unabdingbar ist.

Die mit Organisationsprojekten fixierten Richtlinien zur Gestaltung der Informationen und des Informationsflusses bilden eine verbindliche Arbeitsgrundlage für die Kollektive zur Erarbeitung der Software und zur Erarbeitung der einzelnen technologischen und arbeitsorganisatorischen Lösungen in den Fachbereichen.

Ich bin auf diese Seite der organisatorischen Vorbereitung des Einsatzes moderner Informationstechnik deshalb näher eingegangen, weil die Vernachlässigung der organisatorischen Projektierung häufig dazu führt, einfach bisherige Arbeiten „auf den Rechner" zu nehmen, mit dem Ergebnis, daß nur ein kleiner Teil des möglichen Effektes im Einsatz der Informationstechnik realisiert wird.

Auch der Versuch, bei Vorhaben der flexiblen Automatisierung organisatorische Fragen im Nachhinein regeln zu wollen, hat zusätzliche Anlaufschwierigkeiten und Verluste zur Folge. Kompliziert und aufwendig wird es, wenn aus solchen Gründen die Veränderung bereits in die Praxis übergeführter Datenverarbeitungsprojekte und -programme notwendig wird. Gerade weil mit Datenverarbeitungsprogrammen und Software auch immer ein bestimmtes betriebswirtschaftliches Konzept realisiert wird, müssen sie Bestandteil übergreifender Organisationsprojekte sein, durch die die Arbeitsbeziehungen und Schnittstellen zu den verschiedenen Fachbereichen genau bestimmt werden, notwendige Vereinheitlichungen in der Primärorganisation festgelegt werden und anderes mehr.

3. Mit der Vorbereitung und dem Einsatz moderner Informations- und Automatisierungstechnik sind umfangreiche Aufgaben der Qualifizierung, der Gestaltung von Arbeitsinhalten und der Arbeitsorganisation verbunden. Es geht im Kern um die Frage, wie die Leitung die Arbeitskollektive auf die neue Technik vorbereitet, wie sie die Arbeit unter den neuen Bedingungen organisiert. An erster Stelle steht das Gewinnen und die Motivierung von Arbeitskräften aus dem eigenen Bereich für die Arbeit an der neuen Technik – sei es in den Vorhaben der flexiblen Automatisierung oder auch den rechnergestützten Arbeitsstationen in der technischen Vorbereitung, in anderen betriebswirtschaftlichen Fachbereichen, in der Leitung und Planung. Eine sorgfältige Einsatzvorbereitung, die getragen ist durch das Zusammenwirken von Vorbereitungs- und Anwenderkollektiven, die begleitet wird von umfangreichen Qualifizierungsmaßnahmen für die Lösung der neuen Arbeitsaufgaben, schafft günstige Voraussetzungen. In diesem Prozeß wächst das Interesse an der Arbeit unter den neuen Bedingungen, beginnen sich neue Denk- und Verhaltensweisen auszuprägen, die den neuen Arbeitsinhalten und technologischen Erfordernissen adäquat sind. Neue Formen der sozialistischen Gemeinschaftsarbeit entwickeln sich bei der Vorbereitung und Inbetriebnahme von Automatisierungsvorhaben, bei der Schaffung und Nutzung von Software, bei der Sicherung der erforderlichen Bedingungen für die Wartung und Instandhaltung dieser Technik.

Aufgabe der Leitung ist es, alle notwendigen Voraussetzungen für die Aus- und Weiterbildung zu schaffen. Dabei hat es sich bewährt, die Nutzung jener Möglichkeiten, die die Herstellung der Informations- und Automatisierungstechnik für die Aus- und Weiterbildung der Anwender bieten, zu verbinden mit betrieblichen Programmen, insbesondere des praktischen Trainings an der zu installierenden Technik. Von nicht zu unterschätzender Bedeutung ist auch das Lernen im Arbeitsprozeß selbst – bildet sich doch hier erst jene berufliche Meisterschaft heraus, die für die effektive Nutzung der Technik unerläßlich ist. Bei der inhaltlichen und methodischen Gestaltung der Weiterbildung sowie der Art und Weise der wechselseitigen Übermittlung von Erfahrungen zwischen den Vorbereitungs- und Anwenderkollektiven sollte dabei gezielt differenziert werden zwischen der Phase der Vorbereitung, dem Anfahrbetrieb und dem Dauerbetrieb der neuen Technik – hier treten jeweils unterschiedliche Aufgaben der Qualifizierung, des Lernens, des praktischen Trainings und der Weiterbildung in den Vordergrund.

Der politisch-soziale Aspekt in der Leitung gewinnt in all diesen Prozessen zunehmendes Gewicht: Die Einstellung zur Arbeit und zur neuen Technik wird zu einem ausschlaggebenden Faktor für hohe ökonomische Effektivität. Für den Leiter bedeutet das, daß seine erzieherische Einwirkung auf das Kollektiv besondere Bedeutung gewinnt. Es geht um die Festigung der Einstellung zur Arbeit, des Abbaus von Vorbehalten gegenüber der neuen Technik, um die Einstellung der Kader auf konkrete Veränderungen des Arbeitsinhalts und der Arbeitsanforderungen. Notwendig ist die genaue Kenntnis aller Komponenten, die das subjektive Leistungsverhalten der Werktätigen beeinflussen. In der Leitung von Kollektiven, insbesondere bei ihrer Neuformierung, müssen die Qualifikation, die Berufserfahrung und Lernbereitschaft jedes einzelnen, die subjektiven Einstellungen und Werte bis hin zu Charaktereigenschaften immer stärker beachtet werden.

Mit dem Einsatz der Informations- und Automatisierungstechnik entsteht ein weites Feld neuer Aufgaben für die wissenschaftliche Arbeitsorganisation: Wie verändern sich Charakter und Inhalt der Arbeit durch die neue Technologie? Wie entwickelt sich das Kooperationsverhalten der Menschen unter dem Einfluß der Automatisierung? Welche neuen Denk- und Verhaltensweisen ergeben sich?

Betrachtet man die Arbeitsanforderungen genauer, so zeigt sich neben der Notwendigkeit eines wesentlich tieferen Verständnisses für die Bedienung und Arbeitsweise der Informationstechnik vor allem, daß sich mit fortschreitender Automatisierung die Anforderungen mehr und mehr verlagern. An die Stelle der Virtuosität in der Ausführung bestimmter Arbeitsoperationen tritt die sichere Beherrschung ganzer Prozesse, von der Eingabe der Daten, dem Ingangsetzen des Prozesses, seiner Überwachung und Kontrolle bis zur Störungsbehebung.

Um Veränderungen in der Arbeitsorganisation vorausschauend festlegen zu können, progressive und anspruchsvolle Arbeitsinhalte zu gestalten, ist es erforderlich, in der Analyse der Prozesse bis auf die Arbeitsfunktionen (inhaltlich und zeitlich) und die Mensch-Maschine-Funktionsteilung zurückzugehen. Nur so wird es möglich, die Arbeitsteilung, die Zusammenlegung von Arbeitsfunktionen und den Arbeitsablauf optimal zu gestalten. Schließlich müssen in Abhängigkeit von den neuen Bedingungen zunehmender Kollektivität der Arbeit und des Einflusses des einzelnen auf die Arbeitsergebnisse leistungsgerechte Formen der Entlohnung in Anwendung gebracht werden.

Abschließend sei noch einmal betont: Der qualitative Wandel in der sozialistischen Betriebswirtschaft wird nicht zuletzt durch die mit dem Einsatz moderner Informationstechnik und fortschreitender Automatisierung verbundenen Veränderungen in Arbeitsinhalten, Arbeitsanforderungen und Arbeitsbedingungen bestimmt. Ausdrücklich wies Erich Honecker im Zusammenhang mit den Schlüsseltechnologien darauf hin, daß damit neue Voraussetzungen heranreifen, „die Stellung der Werktätigen im Produktionsprozeß zu verändern, ihnen interessante schöpferische Aufgaben zu übertragen, ihre Arbeitsbedingungen immer günstiger zu gestalten, wie das eines sozialistischen Betriebes würdig ist“[2].

Anmerkungen

1 G. Mittag, Die Arbeit der Partei zur Verwirklichung der vom XI. Parteitag der SED beschlossenen ökonomischen Strategie. Dietz Verlag, Berlin 1987, S. 35.

2 E. Honecker, Bericht des Zentralkomitees der SED an den XI. Parteitag der SED. Dietz Verlag, Berlin 1986, S. 49.

Harald Rost

Forschungskooperation zur Entwicklung von Software-Typlösungen für die rechnergestützte Kombinats- und Betriebsplanung

Unser heutiges Thema hat einen sehr engen Zusammenhang zu den Beschlüssen des XI. Parteitages der SED auf dem Gebiet der Leitung, Planung und wirtschaftlichen Rechnungsführung in der DDR. Auf der Grundlage des Prinzips des demokratischen Zentralismus wird unsere sozialistische Planwirtschaft in zwei Grundrichtungen weiterentwickelt und vervollkommnet:

1. Die zentrale staatliche Planung als Hauptinstrument des sozialistischen Staates für die planmäßige und proportionale Entwicklung der Volkswirtschaft wird weiter gestärkt. Die Autorität des Planes und seine Bilanziertheit sollen in allen Bereichen der Volkswirtschaft weiter erhöht werden. Zur zunehmend besseren Beherrschung der volkswirtschaftlichen Verflechtungen wird, gestützt auf die Erfahrungen, die in der chemischen Industrie und in der Metallurgie gesammelt wurden, ein durchgängiges rechnergestütztes Planungs- und Bilanzierungssystem aufgebaut.

2. Die Eigenverantwortung der Kombinate und Betriebe wird weiter erhöht, um die ihnen innenwohnenden Möglichkeiten zur umfassenden Intensivierung noch wirksamer zu erschließen. Dazu wird das Prinzip der Eigenerwirtschaftung der Mittel für die intensiv erweiterte Reproduktion schrittweise zur Anwendung gebracht.

Und wenn wir uns hier im Wissenschaftlichen Rat für die wirtschaftswissenschaftliche Forschung mit der weiteren Entwicklung der sozialistischen Betriebswirtschaft unter den Bedingungen der modernen Rechentechnik befassen, dann müssen wir unbedingt die Beziehungen im Blick haben, die den Betrieb unter unseren sozialistischen Produktionsverhältnissen mit der gesamten Volkswirtschaft verbinden. In der These 2 ist der notwendige Beitrag der Kombinate und Betriebe zur Erfüllung der volkswirtschaftlichen Aufgaben dargestellt und in den Thesen 10 und 14 ist von durchgängigen und zunehmend komplexen – den ganzen betrieblichen bzw. kombinatlichen Reproduktionsprozeß erfassenden rechnergestützten Lösungen die Rede. Ich möchte in diesem Zusammenhang hervorheben, daß diese höheren Anforderungen an die sozialistische Betriebswirtschaft vor allem auch aus den qualitativ neuen Anforderungen abzuleiten sind, die sich aus dem schrittweisen Übergang zur Anwendung des Prinzips der Eigenerwirtschaftung der Mittel ergeben. Bekanntlich gehen wir mit Beginn dieses Jahres einen ersten bedeutsamen Schritt in diese Richtung, in dem in den Kombinaten und Betrieben der Industrie und des Bauwesens etwa 20 % aller Investitionen und der gesamte Leistungsfonds für die Verbesserung der Arbeits- und Lebensbedingungen unter die Bedingungen der Eigenerwirtschaftung gestellt werden.

In 16 ausgewählten Kombinaten der Industrie werden weitergehende Schritte in Richtung umfassender Eigenerwirtschaftung vorbereitet.

In den Kombinaten und Betrieben ist das mit einem neuen Herangehen an die Leitung und Planung des komplexen Reproduktionsprozesses und an die Nutzung der Kategorien der wirtschaftlichen Rechnungsführung für die Verbesserung des Verhältnisses von Aufwand und Ergebnis verbunden. Da die eigenerwirtschafteten Fonds auf die Folgejahre übertragbar sind, gewinnt das vorausschauende ökonomische Denken und Rechnen eine viel größere Bedeutung als bisher. Die normative Abhängigkeit der Fondsbildung von der Erwirtschaftung des Gewinns und von den Amortisationen zwingt dazu, den gesamten Reproduktionsprozeß zu analysieren, zu intensivieren und zu beschleunigen, um die Quellen für die Fondsbildung in der notwendigen Weise zum Fließen zu bringen. Zugleich geht es darum, nach den effektivsten Lösungswegen für den Einsatz der eigenerwirtschafteten Fonds im eigenen Reproduktionsprozeß zu suchen, um aus jeder Mark eigenerwirtschafteter Mittel einen höchstmöglichen Effekt zu erzielen, der wiederum über einen entsprechenden Mehrgewinn der eignen Fondsbildung zugute kommt.

Auf dem 5. Plenum des ZK der SED wurde die Erwartung ausgesprochen, daß die mit der Eigenerwirtschaftung geschaffenen neuen Möglichkeiten des effektiven Wirtschaftens schöpferisch und ideenreich genutzt werden, um insbesondere das bedeutende wissenschaftlich-technische Potential und die Akkumulationskraft unseres Landes noch ergiebiger zu verwerten. Ich sehe darin vor allem auch einen Anspruch an die Qualifizierung der sozialistischen Betriebswirtschaft.

Ich möchte mich nun zu den Aufgaben äußern, die wir gemeinsam mit der ökonomischen Forschung und der Wirtschaftspraxis bei der durchgängigen Gestaltung der rechnergestützten Planung und Bilanzierung von der SPK über die Ministerien bis in die Kombinate lösen müssen:

Auf der Grundlage des demokratischen Zentralismus besteht die Aufgabe darin, rechnergestützte Lösungen für die Planung und Bilanzierung zu entwickeln und in großer Breite einzuführen, die auf allen Ebenen hohe Wirksamkeit erreichen. Die Durchsetzung der Effektivitätsmaßstäbe in der Volkswirtschaft stellt höhere Ansprüche an die vertikale und horizontale Koordinierung des Reproduktionsprozesses zwischen den Leitungsebenen sowie innerhalb und zwischen den Kombinaten. Deshalb ist es besonders wichtig, bei der Entwicklung von rechnergestützten Lösungen für die Kombinats- und Betriebsplanung von dem Prinzip der durchgängigen Anwendung auszugehen. So wie die Kombinate und Betriebe Teil der sozialistischen Volkswirtschaft sind, so ist auch die Kombinats- und Betriebsplanung Teil der volkswirtschaftlichen Gesamtplanung und Bilanzierung. Das muß bei den rechentechnischen Lösungen unbedingt beachtet werden!

Als erster bedeutsamer Schritt wurde zur immer besseren Beherrschung der volkswirtschaftlichen Verflechtungen durchgängig von der Staatlichen Plankommission über die Ministerien bis in die Kombinate ein rechnergestütztes Bilanzierungssystem aufgebaut und 1987 eingeführt. Insgesamt sind die SPK, alle bilanzverantwortlichen Ministerien sowie über 140 bilanzbeauftragte Kombinate in die durchgängige rechnergestützte Bilanzarbeit einbezogen. Über 3300 Bilanzen, darunter alle S- und M-Bilanzen, werden rechnergestützt bearbeitet. Damit ist eine erste Etappe abgeschlossen worden, in der es darum ging, Fortschritte bei der Erhöhung des qualitativen Niveaus der Bilanzarbeit zu erzielen und die aufwendigen Routinearbeiten des Bilanzierers zu rationalisieren. So wird es möglich, Bilanzentscheidungen entsprechend den volkswirtschaftlichen Erfordernissen zu qualifizieren. Auf die sich aus der Durchführung des Planes ergebenden Veränderungen kann wirksamer und operativer mit hoher Effektivität reagiert werden.

Damit beginnt sich eine qualitativ neue Stufe in der Entwicklung unseres Bilanzsystems herauszubilden. Die Erfahrungen fortgeschrittener Ministerien und Kombinate bestätigen, daß der mit der Einführung der durchgängigen rechnergestützten Bilanzierung eingeschlagene Weg richtig ist und sich bewährt. Gestützt auf die dabei gesammelten Erfahrungen werden diese neuen Schritte einer engen Verbindung unserer sozialistischen Planwirtschaft mit den Möglichkeiten der modernen Rechen- und Informationstechnik auf weitere volkswirtschaftliche Planungsgebiete sowie auf die gesamte Kombinats- und Betriebsplanung ausgedehnt. Für die Ausarbeitung des Volkswirtschaftsplanes 1989 wird für die Erarbeitung der ökonomischen Planinformationen vom Betrieb über das Kombinat bis in die zentralen Staatsorgane einheitlich und durchgängig das Projekt PLANAP10 eingesetzt. Diese vom Energiekombinat Cottbus erarbeitete Lösung wurde bereits bei der Planausarbeitung 1988 im Ministerium für Kohle und Energie und in den Ministerien der metallverarbeitenden Industrie erfolgreich erprobt. Als eine weitere durchgängige Lösung wird schrittweise der Investitionsplanerarbeitsplatz IPA eingeführt. Dieses Projekt beinhaltet die durchgängige rechnergestützte Planung, Bilanzierung und Kontrolle der Investitionsvorhaben anhand der Titellisten vom Kombinat über die Ministerien bis zur Staatlichen Plankommission. Damit werden neue Möglichkeiten zur flexiblen und operativen Arbeit mit den objektkonkreten Vorhabensdaten und damit zu der auf der 5. ZK-Tagung geforderten höheren Qualität der Leitung und Planung der Investitionen geschaffen.

Auf der Grundlage der Ausstattung mit leistungsfähiger Rechentechnik werden mit rechnergestützten Planerarbeitsplätzen die Voraussetzungen für eine wirksamere Planvorbereitung und für die Planung und Analyse des gesamten Reproduktionsprozesses und seiner einzelnen Phasen im Kombinat und Betrieb geschaffen.

Die Entwicklung einer rechnergestützten Kombinats- und Betriebsplanung wird so angelegt, daß sie unmittelbar mit der fortschreitenden Automatisierung der Produktions- und Leistungsprozesse verbunden wird und durchgängige Lösungen gewährleistet.

Die Gestaltung einer effektiven rechnergestützten Kombinats- und Betriebsplanung erfordert Software-Lösungen in hoher Qualität.

Für die Realisierung der damit verbundenen Aufgaben hat die Staatliche Plankommission mit der Technischen Hochschule „Carl Schorlemmer" Leuna–Merseburg 1986 einen Leistungsvertrag mit zunächst 5jähriger Laufzeit abgeschlossen. Er beinhaltet die Durchführung von Forschungs- und Projektierungsarbeiten zur Schaffung standardisierter Software-Typlösungen für die Planung der Betriebe und Kombinate im Fünfjahrplanzeitraum 1991 bis 1995. Auf der Grundlage dieses Leistungsvertrages werden diese Software-Typlösungen in enger Gemeinschaftsarbeit mit den Kombinaten und Betrieben sowie weiteren wissenschaftlichen Einrichtungen im Rahmen eines Staatsplanthemas entwickelt. Durch eigenständige Forschungs- und Projektierungsarbeiten an der TH „Carl Schorlemmer" und eine aktive Softwarekoordinierung wird die für multivalent nutzbare Grundtypen rechnergestützter Arbeitsplätze erforderliche Software bis 1989 entwickelt und erprobt. Die erprobten Software-Typlösungen sollen mit der Planungsordnung für den Zeitraum 1991–1995 den Kombinaten und Betrieben bereitgestellt werden. Die Erarbeitung von Software-Typlösungen für die Kombinats- und Betriebsplanung wird schwerpunktmäßig auf folgende 8 Planungsgebiete konzentriert:

- Ausarbeitung, Abrechnung, Analyse und Kontrolle des komplexen Planes der Kombinate und Betriebe,
- Leistungsbewertung und komplexer Leistungsvergleich,
- Planung der Produktion und des Leistungsvermögens,
- Planung von Wissenschaft und Technik,
- Planung der Grundfondsreproduktion,
- Planung des gesellschaftlichen Arbeitsvermögens,
- Absatzplanung,
- Planung der Finanzen und Kosten.

Die Software-Typlösungen für die hauptsächlich und durch die Planungsordnung und die Rahmenrichtlinie für die Betriebs- und Kombinatsplanung geregelten Planungsaufgaben sollen so gestaltet werden, daß sie mit geringem Anpassungsaufwand an die Kombinats- und Betriebsspezifik nachnutzbar und anwendbar sind. Ein solches Vorgehen ist volkswirtschaftlich effektiv. Es beruht auf der Nutzung der Vorzüge der sozialistischen Produktionsverhältnisse, sichert eine abgestimmte und einheitliche Arbeit und verhindert, daß sich jedes Kombinat seine eigene Softwarelösung für die Kombinats- und Betriebsplanung mit hohem Aufwand selbst erarbeitet.

Durch die zentrale Bereitstellung nachnutzungsfähiger Software-Typlösungen werden gegenüber der Eigenprojektierung Einsparungen an Projektierungsleistungen von 60 bis 80% erreicht. Mit den Software-Typlösungen soll eine bedeutende Rationalisierung der Planungsarbeiten verbunden werden. Bei der Erarbeitung der Plandokumente sind Zeiteinsparungen bis zu 50% möglich, die für tiefgründigere inhaltliche Arbeit, die bessere Beherrschung der wachsenden Verflechtungen und Kooperationsprobleme und vor allem für die

Erschließung von Leistungs- und Effektivitätsreserven und ihre Aufnahme in den Plan genutzt werden können. Durch die Gewährleistung komplexer Plan- und Bilanzrechnungen mit einer schnellen Auskunftsbereitschaft, durch rasche und tiefgründige Analyse der Planentwürfe und Leistungsangebote, durch die Anwendung von Variantenrechnungen sowie durch die Gewährleistung einer einheitlichen und widerspruchsfreien Informationsbasis werden die Software-Typlösungen einen wesentlichen Beitrag zur Qualifizierung der Kombinats- und Betriebsplanung und damit zur sozialistischen Betriebswirtschaft leisten. In unmittelbarer Verbindung mit CAD/CAM-Lösungen kann durch die rechnergestützte Planung und Bilanzierung der Kombinate und Betriebe eine solche ökonomische Durchdringung der Produktions- und Leistungsprozesse erreicht werden, die es ermöglicht, ihr Effektivitätspotential für die umfassende Intensivierung in neuer Qualität auszuschöpfen.

An der Realisierung dieser anspruchsvollen und volkswirtschaftlich bedeutsamen Aufgabe wird intensiv gearbeitet. Grundlage und Maßstab ist das im November 1986 unter Einbeziehung von Ministerien und Kombinaten bestätigte Gesamtpflichtenheft für diese Staatsplanaufgabe. In ihm sind die zu erreichenden Effekte, die Anforderungen an das wissenschaftlich-technische Niveau und an die Arbeitsweise konkret vorgegeben.

Aus dem im Pflichtenheft festgelegten umfangreichen Anforderungskatalog möchte ich als Beispiele nur folgende nennen:

- Die Software-Typlösung soll so angelegt werden, daß sie um künftige weitere inhaltliche Anforderungen ausbau- und erweiterungsfähig ist.
- Mit der Software-Typlösung soll eine Daten- und Programmschnittstelle bereitgestellt werden, die den Anschluß an vor- und nachgelagerte betriebsspezifische Arbeiten auf Basis des betrieblichen Informationssystems ermöglicht und unterstützt.
- Bei der Gestaltung der Software-Typlösung wird eine hohe Nutzerfreundlichkeit gewährleistet. Mit der bereitzustellenden Lösung werden die Anwendungsbedingungen so gestaltet, daß sich die Software-Typlösung effektiv in die Planungsarbeiten einordnet und die selbständige Arbeit der Planer mit der rechnergestützten Lösung ermöglicht.
- Die Erarbeitung der Software-Typlösungen wird mit einer effektiven Koordinierungstätigkeit verbunden. Es geht darum, eine wirksame Kooperation und Zusammenarbeit zu organisieren, mit der praktische Erfahrungen und vorliegende Ergebnisse weitgehend genutzt werden. Neben dem bereits erwähnten PLANAP 10 sind das u. a. solche Lösungen wie das Projekt Finanzbilanz des Rohrkombinates Riesa, die Projekte zur Pflichtenheftarbeit und zur Investitionsplanung des Manfeld-Kombinates, das Programm Preisänderungen des Kombinates Buna und die rechnergestützte Lösung für die Kapazitäts-, Material- und Kennziffernbilanzierung der Friedrich-Schiller-Universität Jena. Damit werden den Software-Typlösungen bewährte Projekte aus Kombinaten als Basislösungen zugrunde gelegt. So wird auch ein Beitrag zur Verallgemeinerung fortgeschrittener Erfahrungen und Organisationslösungen der sozialistischen Betriebswirtschaft geleistet. Das vorhandene Projektierungspotential soll durch gezielte Kooperation mit den Entwicklern der Basisprojekte und die Einbeziehung der für die Erprobung vorgesehenen Kombinate verstärkt und effektiv genutzt werden.
- Besonders wichtig ist es, die schrittweise Ausgestaltung der Software-Typlösungen in allen Arbeitsetappen mit der konzeptionellen Arbeit zur Vervollkommnung der betriebswirtschaftlichen Anwendungsbedingungen zu verbinden. Hierbei geht es um grundsätzliche Lösungen zur Sicherung einer automatisierungsgerechten Organisation und die Erarbeitung von Vorschlägen für die Gestaltung des inhaltlichen und organisatorischen Ablaufs der Planausarbeitung unter Nutzung rechnergestützter Typlösungen.

1987 wurden für die mit der Staatsplanaufgabe vorgesehenen acht Software-Typlösungen die Einzelpflichtenhefte erarbeitet und verteidigt. Sie wurden in Arbeitsgruppen gründlich vorbereitet. Dabei wurden Basislösungen ausgewählt, Informationsbeziehungen und Datenstrukturen analysiert und für eine einheitliche Lösung aufbereitet. In diesen Arbeitsprozeß waren Vertreter aus über 70 Kombinaten und zahlreichen wissenschaftlichen Einrichtungen einbezogen.

Gegenwärtig wird gestaffelt an der Erarbeitung der Projektkonzeptionen gearbeitet. Diese Etappe wird bis Mitte dieses Jahres mit der Erarbeitung der Lösungsentwürfe abgeschlossen. Das Schwergewicht liegt dabei auf der exakten Bestimmung der inhaltlichen Aufgabenstellung für die rechentechnische Realisierung. Für die wissenschaftliche Leitung dieser Arbeit wurden jeweils profilierte Wissenschaftlicher an die Spitze dieser Arbeitsgruppen gestellt, z. B. Prof. Dr. Schönknecht für die Absatzplanung bzw. Dr. Püschel für die Produktionsplanung.

Durch das engagierte Wirken des Themenverantwortlichen an der TH „Carl Schorlemmer", Prof. Dr. Holicki, und des für diese Aufgaben eingesetzten Kollektivs wurde ein Arbeitsstand erreicht, der den Zielstellungen des Gesamtpflichtenheftes bereits weitgehend entspricht. Die Zusammenarbeit zwischen der Staatlichen Plankommission, der Technischen Hochschule „Carl Schorlemmer" sowie den mitwirkenden Kombinaten und wissenschaftlichen Einrichtungen entwickelt sich gut. Der von der SED gewiesene Weg, gerade bei der Anwendung der modernen Rechentechnik durch Ausbau der Forschungskooperation mit Universitäten und Hochschulen wesentliche Fortschritte zu erreichen, wird hier praktisch verwirklicht.

Natürlich ist der bisherige Arbeitsprozeß nicht problem- und konfliktlos verlaufen. Noch sind wir mit dem erreichten Arbeitsstand nicht in allen Punkten zufrieden.

Ausgehend vom erreichten Arbeitsstand muß besondere Aufmerksamkeit darauf gerichtet werden, die Qualitätsanforderungen des Pflichtenheftes an die Software-Typlösungen in vollem Umfang zu gewährleisten. Nur höchste Qualität garantiert, daß die vorgesehene Breitenwirksamkeit erreicht wird. Das ist vor allem ein hoher Anspruch an die mit der wissenschaftlichen Leitung der Arbeitsgruppen beauftragten Wissenschaftler.

Die inhaltliche Ausgestaltung der Software-Typlösungen für die einzelnen Planungsgebiete steht jetzt im Mittelpunkt. Bei der Leitung der Staatsplanaufgabe durch die Technische Hochschule „Carl Schorlemmer" sollte dieser Frage besondere Aufmerksamkeit gewidmet werden. Ich würde es begrüßen, wenn die Erfordernisse und Ergebnisse dieser Forschungskooperation noch fester in das gesamte wissenschaftliche Leben an der TH integriert würden.

Die auf praktisch wirksame und unmittelbar verwertbare Ergebnisse orientierte Forschungskooperation stellt natürlich auch neue Anforderungen an die Forschungsorganisation. Besonders wichtig ist, daß die Forschungsarbeit sich in den Ergebnisformen und Terminstellungen den praktischen Erfordernissen anpaßt. Auch hier gilt, was in den Beschlüssen unserer Partei wiederholt postuliert wurde: Wir können uns das Tempo nicht aussuchen. Es geht darum, Zwischen- und Teilergebnisse schnell zur Anwendungsreife und zum Einsatz zu bringen.

Für die Realisierung dieser volkswirtschaftlich bedeutsamen Staatsplanaufgabe halte ich es auch für erforderlich, die Kooperationsfähigkeit und Kooperationsbereitschaft an der TH Leuna-Merseburg über Aufgabengebiete und Sektionsgrenzen hinaus noch stärker auszuprägen. Das stellt eine bedeutende Reserve dar, die wir gemeinsam noch besser ausschöpfen müssen. Zugleich gilt natürlich den Wissenschaftlern der TH Leuna-Merseburg – Prof. Sandmann, Prof. Schönknecht, Prof. Holicki und der Parteiorganisation der TH, die die Erfüllung dieses Staatsplanthemas unter Parteikontrolle stellt, unser Dank für das Engagement, für den Mut, für die Risikobereitschaft beim Herangehen an diese anspruchsvolle Arbeit.

Ich möchte abschließend meiner Gewißheit Ausdruck geben, daß wir mit der erfolgreichen Verwirklichung dieser Staatsplanaufgabe einen wichtigen Beitrag zur weiteren Vervollkommnung des bewährten Systems unserer sozialistischen Planwirtschaft leisten werden.

Gerhard Scholl

Zu Fragen des Anwendungsniveaus und der Effektivität komplexer durchgängiger CAD/CAM-Lösungen

Die weitere Veränderung der ökonomischen Struktur und der Abläufe durch die modernen Schlüsseltechnologien bezeichnete Erich Honecker in seinem Schlußwort auf der 5. Tagung des ZK der SED bekanntlich als das wichtigste Merkmal, um die Vorzüge des Sozialismus noch wirksamer für die Bewältigung der wissenschaftlich-technischen Revolution zu nutzen.

Das heißt die schrittweise Automatisierung ganzer Produktionsprozesse in Verbindung mit der Anwendung komplexer, durchgängiger CAD/CAM-Lösungen mit zu den Schlüsseltechnologien, mit deren Hilfe wir in der Lage sind, das qualitative und quantitative Wachstumstempo der Volkswirtschaft sowie die notwendige Effektivität und Flexibilität des Reproduktionsprozesses zu sichern, die wir für die erfolgreiche Weiterführung der Politik der Einheit von Wirtschafts- und Sozialpolitik benötigen. Das erreichten wir aber nur, wenn wir wirklich von Anfang an auf volkswirtschaftliche Effektivitätsergebnisse orientieren.

Um das zu sichern, tragen sowohl die Wissenschaftler, die auf dem Gebiet der Volkswirtschaftsplanung arbeiten, als auch diejenigen, die stärker die betriebswirtschaftlichen Fragen bearbeiten, eine gemeinsame Verantwortung. Das war der Grund, weshalb der Wissenschaftliche Rat für Fragen der weiteren Vervollkommnung von Planung und wirtschaftlicher Rechnungsführung im Oktober 1987 gemeinsam mit dem Wissenschaftlichen Rat für Fragen der Sozialistischen Betriebswirtschaft die Ausarbeitung „Erfahrungen und Aufgaben des schrittweisen Aufbaus komplexer, durchgängiger CAD/CAM-Lösungen und Anforderungen an die Leitung und Planung“ beraten haben.

Das reale Erreichen hoher ökonomischer Ergebnisse aus der inhaltlich zusammenhängenden Kette von Mikroelektronik – Rechentechnik – CAD/CAM-Stationen – flexible Automatisierung – automatisierter Betrieb erfordert die abgestimmte, gemeinsame Arbeit der zentralen Planungs- und Leitungsorgane mit den Kombinaten und Betrieben. Um das zu sichern, wurde vor einigen Jahren der Planteil „Beschleunigte Entwicklung und Anwendung der Mikroelektronik, CAD/CAM- und Rechentechnik“ eingeführt.

Unsere Erfahrungen aus Untersuchungen zum Anwendungsniveau und der Effektivität komplexer, durchgängiger CAD/CAM-Lösungen und der Lösung der damit verbundenen Einführungsprobleme – konzentriert auf drei Punkte – besagen:

1. Das Vorliegen einer langfristigen volkswirtschaftlich begründeten Gesamtkonzeption ist eine entscheidende Voraussetzung, um den Weg über notwendige Insellösungen zu komplexen CAD/CAM-Anwendungslösungen und der Rationalisierung des gesamten Produktions- und Leitungsprozesses effektiv und rationell zu gehen.

Diese Konzeption muß sich voll in die langfristige Wirtschaftsstrategie der Kombinate einordnen. Bewährt hat sich die Ausarbeitung einer gezielten Grundkonzeption des rechnergestützten Reproduktionsprozesses, die die Realisierungsschwerpunkte und -etappen enthält.

Sie muß die einzubeziehenden Leistungskomplexe, materiellen Erfordernisse und Bedingungen beinhalten sowie ständig ergänzt und weiterentwickelt werden.

Untersuchungen haben bestätigt, daß die Mehrzahl der Anwendungsbeispiele als komplexe, durchgängige Lösungen – natürlich bei unterschiedlichem Grad der Komplexität – durchgesetzt und zu solchen ergänzt werden konnten.

Das war möglich, weil sie aus CAD/CAM-Anwenderkonzeptionen abgeleitet wurden, die von vornherein den gesamten Reproduktionsprozeß der Betriebe und Kombinate von der Bedarfsermittlung über die Vorbereitung und Durchführung der Produktion bis zum Absatz als Grundlage hatten. Die CAD/CAM-Lösungen müssen also der betrieblichen bzw. kombinatlichen Zielstellung untergeordnet werden.

Die Untersuchungen verdeutlichen die Vielfalt der Wege beim Aufbau und der Nutzung der CAD/CAM-Technik und speziell auch von komplexen, durchgängigen Lösungen.

Im VEB Druckmaschinenwerk PLANETA wird durch den schrittweisen Aufbau eines komplex automatisierten Betriebes mit dem Übergang zur rechnerintegrierten Produktion (CIM) eine überdurchschnittliche Leistungssteigerung bei gleichzeitiger Erneuerung der Produktion von mehr als 50 % erreicht.

Es wurde nach einheitlichen Gesichtspunkten und Kennziffern eine strategische Konzeption bis zum Jahre 2000 erarbeitet, die ausgehend von den bestehenden Automatisierungslösungen und den neu zu schaffenden die Verbindung zur komplexen Lösung gewährleistet. Die Gesamtkonzeption und ihre Realisierung ist m. E. eine Beispiellösung für die Umsetzung in anderen Betrieben des Werkzeug- und Verarbeitungsmaschinenbaus.

Die Ausarbeitung derartiger Konzeptionen bzw. ihre ständige Vervollkommnung erfordert nach den Erfahrungen der untersuchten Betriebe und Kombinate die Überwindung der Grenzen der Fachbereichsgruppen und die Beseitigung jeglichen Ressortdenkens.

Wichtig ist hierbei die Stärkung der Vorbildwirkung des Stammbetriebes und das Engagement des jeweiligen Leiters. Die Erschließung der mit CAD/CAM verbundenen Möglichkeiten hinsichtlich real erreichbarer Effektivität stellt auch neue Anforderungen an die Leitung und Planung der Kooperationsbeziehungen. Insbesondere betrifft das die Präzision und Zuverlässigkeit der Kooperationsbeziehungen. Hierbei sind die Erkenntnisse der Logistik mit dem Ziel anzuwenden, den Materialfluß zwischen den Zulieferern und Abnehmern optimal zu gestalten, um die Flexibilität der Zulieferungen und Leistungen zu erhöhen und gleichzeitig die Lagerbestände zu senken. In diesem Zusammenhang kommt der rechnergestützten Einbeziehung der Kooperationspartner, also der Hauptzulieferer und der Hauptabnehmer, in CAD/CAM-Anwenderlösungen große Bedeutung zu. Gerade deshalb wird im Planteil „Beschleunigung der Entwicklung und Anwendung der Mikroelektronik, CAD/CAM- und Rechentechnik" die Einbeziehung der Kooperationspartner in die CAD/CAM-Anwenderlösungen gefordert. In fortgeschrittenen Kombinaten werden die CAD/CAM-Anwenderlösungen gemeinsam mit den Hauptzulieferern bereits vorbereitet und entwickelt. Das ist z. B. in einem Wirtschaftsvertrag zwischen dem Kombinat Kabelwerk Oberspree und dem VEB Chemische Werke Buna fixiert.

2. Zur vollen Ausschöpfung des Effektivitätspotentials ist bei der Vorbereitung und Anwendung der CAD/CAM-Lösungen konsequent von den volkswirtschaftlichen Maßstäben, Richtwerten und Kennziffern zur Erreichung einer hohen ökonomischen Effektivität auszugehen.

Die Erfahrungen zeigen, daß die Ziele dann erreicht werden, wenn eine gründliche Vorbereitung erfolgt, eine exakte Prozeßanalyse erarbeitet und die Einsatzschwerpunkte entsprechend ihrer Effektivitäts-Rangfolge bestimmt werden. Nur so ist es möglich, bereits mit den ersten Teillösungen einen bedeutenden Beitrag zur Leistungs- und Effektivitätsentwicklung der Volkswirtschaft realisieren zu können. Das erfordert die richtige Einordnung von Teillösungen und Ausbaustufen mit der Ausrichtung auf den Endausbau.

Die Schrittfolge von Einzellösungen zu komplexen CAD/CAM-Lösungen ist ein Weg, der für den einzelnen Betrieb und das einzelne Kombinat generell gegangen werden sollte. Die Einführung von CAD/CAM-Lösungen bedarf bei aller komplexen, gesamtkonzeptionellen Vorbereitung der systematischen Qualifizierung der Kader. Gleichzeitig ist zu beachten, daß die Realisierung komplexer CAD/CAM-Lösungen erhebliche Fondsvorschüsse bei Investitionen erfordert. Unter den Bedingungen der Eigenerwirtschaftung der Mittel ist es zumindest überlegenswert, über den Weg der Insellösungen die Mittel selbst zu erwirtschaften, die dann für die Realisierung der komplexen Lösung notwendig sind. Vielfach gibt es Diskussionen um die Effektivitätskriterien und -kennziffern. Ihre Nichteinhaltung liegt aber meist nicht an der Höhe der Kennziffern, sondern an der Qualität der Vorbereitung bei ihrer Erfüllung.

Es dürfen keine Abstriche von den Maßstäben, Richtwerten und Kennziffern zugelassen werden, weil sie den volkswirtschaftlichen Notwendigkeiten und – wie die Untersuchungen beweisen – zugleich den Möglichkeiten entsprechen.

Mit dem CAD/CAM-Vorhaben Computerzeichenzentrum und Konstruktionsarbeitsplatz für Leiterplattenschnittwerkzeuge wurden z. B. im VEB Elektrophysikalische Werke Neuruppin Voraussetzungen für ein komplexes System der gesamten auftragsbearbeitenden, produktionsvorbereitenden und -durchzuführenden Prozesse bis zum Absatz der Erzeugnisse geschaffen. Jeder dieser vielen Einzelschritte gründet sich dabei auf die Intensivierungskonzeption für die umfassende Anwendung der CAD/CAM-Technik bis zum Jahr 1990. Die ökonomischen Effekte sind überzeugend: Verkürzung der Konstruktionszeit von 10 auf 2 Wochen, Verkürzung der Fertigungszeit von 8 auf 3 Monate.

Als ein Indikator für die ökonomische Wirksamkeit wird die Verkürzung der Gesamtdurchlaufzeit angesehen und damit natürlich die Möglichkeiten zur Reduzierung von Umlaufmitteln.

Der Aufbau von CAD/CAM-Systemen und die gewonnenen Erfahrungen zeigen, daß es notwendig ist, einen Plan der Hauptaktivitäten bei der Vorbereitung und Realisierung von CAD/CAM-Lösungen auszuarbeiten. Dabei hat sich bewährt, von den Festlegungen zur Vorbereitung und Durchführung von Investitionsvorhaben sowie von der Nomenklatur der Arbeitsstufen und Leistungen des Planes Wissenschaft und Technik auszugehen. Dabei sind durchaus Überlappungen möglich und im Interesse der Ökonomie der Zeit auch notwendig.

In allen diesen Arbeitsetappen sind Effektivitätsüberlegungen zu berücksichtigen, die von Etappe zu Etappe präzisiert und immer exakter begründet werden müssen, aber nicht reduziert werden dürfen.

3. Die Schaffung komplexer, durchgängiger CAD/CAM-Lösungen erfordert die Durchsetzung der rechnergestützten Arbeitsweise in Leitung, Planung und Bilanzierung auf ständig höherem Niveau.

Das Kernstück bildet dabei gegenwärtig die durchgängige, rechnergestützte Bilanzierung. Sie gewährleistet über die Leitungs- und Planungsebenen Staatliche Plankommission–Ministerium–Kombinat–Betrieb, daß die erzeugniskonkrete Leitung und Planung der Produktion, des Exports, der Konsumtion sowie der anderen volkswirtschaftlichen Versorgungsaufgaben in voller Übereinstimmung mit den materiellen Bilanzen erfolgen kann.

Im Bereich des Ministeriums für Erzbergbau, Metallurgie und Kali wurde ein durchgängiges System der Weiterleitung von Bilanzdaten geschaffen, das mit der Produktionslenkung organisch verknüpft ist und die Verantwortung jeder Leitungsebene fordert und gewährleistet. Die Bilanzen können durch Ergänzungsprogramme mit verschiedenen Planteilen wie Produktionsplan, Exportplan, Verbrauch und Normvorrat über die Rechentechnik verbunden werden.

Die Kette Plan, Bilanz, Vertrag, Realisierung wird somit rechnergestützt geschlossen.

Mit der rechnergestützten, durchgängigen Bilanzierung wird es möglich, zentrale Bilanzierungsentscheidungen schneller unter Einbeziehung und Wahrnehmung der Verantwortung aller Ebenen durchzurechnen, in operative Entscheidungen zu hochaggregierten Bilanzen die Detailkenntnisse der Bilanzorgane einzubeziehen sowie diese schneller und direkter über den konkreten Bedarf und das verfügbare Aufkommen zu informieren. Die engen rechnergestützten vertikalen Verbindungen zwischen zentraler und betrieblicher Leitung dürfen aber nicht dazu führen, Entscheidungen auf höhere Ebenen zu ziehen oder auch von „unten“ nach „oben“ zu schieben.

Das bewährte Prinzip, daß die Leitungsebene entscheidet, die zur Lösung einer speziellen Aufgabenstellung die beste Sachkenntnis hat, gilt nach wie vor.

Die Durchsetzung der rechnergestützten Arbeitsweise ist insgesamt mit einer Vervollkommnung der Leitung und Organisation der gesamten Betriebswirtschaft verknüpft. Das trifft sowohl für die bilanzbeauftragten Betriebe und Kombinate als auch für andere Produzenten und Verbraucher und auch für die übergeordneten Organe zu.

Die weitere Vorbereitung und Durchführung der CAD/CAM-Systeme sowie der rechnergestützten Planung und Bilanzierung muß deshalb weiterhin eine echte Gemeinschaftsarbeit sein und bleiben.

Walter Siegert

Die Sicherung eines hohen Tempos der Kostensenkung und Gewinnerhöhung – eine Kernfrage der sozialistischen Betriebswirtschaft

Wir müssen davon ausgehen, daß Fortschritte in der Meisterung der sozialistischen Betriebswirtschaft in allen Kombinaten und Betrieben für die Verwirklichung der Beschlüsse der 5. Tagung des ZK der SED zur Erfüllung des Planes 1988 und darüber hinaus für die Effektivitätsentwicklung in diesem Fünfjahrplan ganz entscheidend sind. Deshalb begrüßen wir, daß sich der Wissenschaftliche Rat für die wirtschaftswissenschaftliche Forschung diesem Thema zuwendet.

Die Anstrengungen der Finanzorgane, überall kaufmännisches Rechnen mit einem entsprechenden Instrumentarium konsequenter zu verwirklichen und bei jeder Leitungsentscheidung Aufwand und Ergebnis zu optimieren, haben uns deutlich gemacht, daß das vor allem die Qualifizierung der Kostenrechnung, der Kostenvorschau und der Vor- und Nachkalkulation erfordert. Unsere Verantwortung besteht darin, die volkswirtschaftlich notwendige Kostensenkung 1988 und in den Folgejahren sicherzumachen. Das ist für die stabile Durchführung des Staatshaushaltes und die dazu notwendige Gewinnerwirtschaftung genauso bedeutsam wie für die konsequente Verwirklichung der Eigenerwirtschaftung der Mittel für die erweiterte Reproduktion in den Kombinaten und Betrieben.

Aus der Sicht dieser objektiven Notwendigkeiten sind die in den Thesen und im Referat enthaltenen Orientierungen und Vorschläge zur Entwicklung der sozialistischen Betriebswirtschaft unter den Bedingungen der umfassenden Nutzung der modernen Rechen- und Informationstechnik ein Beitrag, um in der Kernfrage der sozialistischen Betriebswirtschaft – Kostensenkung und Gewinnerhöhung – das notwendige Tempo sicherzustellen. Dabei möchte ich hervorheben, daß es darum geht, bei allen leitenden Kadern und überhaupt bei allen, die für diese Ausgabe Verantwortung tragen, die Haltung auszuprägen, daß die Rechentechnik nicht schlechthin ein Hilfsmittel zur Verbesserung des betriebswirtschaftlichen Instrumentariums ist, sondern moderne Rechen- und Informationstechniken qualitativ ganz neue Möglichkeiten eröffnen, um die vorausschauende Kostenrechnung in Verbindung mit dem Innovationsprozeß, dem Leistungsvergleich, den Variantenrechnungen usw. in einer Qualität, Aussage und in einem Tempo auszuarbeiten, wie das mit den herkömmlichen Mitteln überhaupt nicht möglich war.

Im Beitrag von Helmut Koziolek in der „Einheit“ 12/87 wird deshalb zurecht hervorgehoben, daß es bei der rechnergestützten Betriebswirtschaft um qualitative Veränderungen im Gesamtkonzept der Kosten- und Wertrechnung, des Leistungsvergleiches und der analytischen Arbeit geht und nicht nur um die „Überleitung“ der bisherigen Routine auf die Rechentechnik. Wir können aus unseren Untersuchungen bestätigen, daß der Zuwachs an Führungsqualität, der mit der rechnergestützten Betriebswirtschaft in bezug auf das tiefere Eindringen in die Kostendynamik, in Aufwand und Ergebnis des Erneuerungsprozesses usw. erreicht wurde, entscheidend zur stabilen Effektivitätsentwicklung in den betreffenden Kombinaten beigetragen hat. Zugleich zeigen unsere Untersuchungen aber auch, daß in einer Reihe von Kombinaten die Qualifizierung der Betriebswirtschaft nicht zielstrebig genug geleitet wird, obwohl die kadermäßige und technische Basis vorhanden ist.

Deshalb sollte überlegt werden, wie die vielfältigen wissenschaftlichen „Vorleistungen“ für das Instrumentarium moderner Betriebswirtschaft schnellstens breite Nutzanwendung finden kann und den Kombinaten zur Verfügung gestellt wird. Notwendig wäre dazu, daß mit Unterstützung der beteiligten Hochschuleinrichtungen und uns sowie im Zusammenwirken mit den Ministerien Führungsbeispiele geschaffen werden. Die notwendige Tempobeschleunigung im ökonomischen Wachstum und in der Senkung des Produktionsverbrauchs sowie der Kosten läßt uns einfach keine Zeit. Wir müssen rasch weitere Fortschritte in der Betriebswirtschaft durch inhaltliche Qualifizierung und umfassende rechnergestützte Gestaltung erreichen. Der dazu notwendige Qualifizierungs- und Lernprozeß – wie Helmut Koziolek in seinem Einheit-Beitrag, S. 1084, hervorhebt – muß nach einem klaren Gesamtkonzept organisiert werden. Das wird uns helfen, bedeutende ökonomische Reserven zu erschließen.

Wenn man unsere Erfahrungen und Einschätzungen zum Problem der Leitung der Kostenarbeit und -beeinflussung auf wenige Punkte bringt, dann ist folgendes hervorzuheben:

Erstens ist es notwendig, den Fondseinsatz für Wissenschaft und Technik sowie Investitionen und die vorausschauende Kostenplanung maßnahme- und erzeugnisbezogen besser zu leiten. Natürlich gibt es dazu Regelungen im Erneuerungspaß, im Pflichtenheft usw. Aber damit wird z. T. noch nicht ausreichend gearbeitet.

Wir brauchen Sicherheit, daß die vorausberechneten Material- und Energiekostensenkungen mit ausreichender Zuverlässigkeit begründet sind und auch tatsächlich erreicht werden. Dazu werden in den Thesen 7 und 8 Vorschläge unterbreitet, denen man nur zustimmen kann.

Es ist zu sichern, daß bei der Erarbeitung und Verteidigung des Erneuerungspasses und Pflichtenheftes, während des Ablaufes der wissenschaftlich-technischen Arbeit und in der Phase der Überleitung mit geeigneten Formen und Instrumenten der Betriebswirtschaft Aufwand und Ergebnis gründlich berechnet und kontrolliert werden. Die Vorkalkulation der Kosten und Preise muß zuverlässig sein.

Dieser Prozeß ist durch ein enges Verhältnis von Information–Leitung–Veränderung so zuverlässig zu führen, daß notwendige und im Pflichtenheft dokumentierte Effekte auch wirklich erreicht und möglichst überboten werden.

Wie die Einschätzung 1987 und auch schon 1988 zeigt, ist der Vorlauf an kostensenkenden Maßnahmen, ist die Kostensenkung erzeugniskonkret noch nicht voll abgesichert.

Zweitens ist es notwendig, die rechnergestützte Betriebswirtschaft auf die Sicherung einer hohen Produktionskontinuität einzustellen. Jetzt entstehen noch immer Verluste durch nicht kontinuierliche Produktion, fehlende Zulieferungen usw.

Eine Schlüsselfrage ist dabei, die Bestandswirtschaft und Bestandsökonomie sowie das System der Zulieferungen entschieden zu verbessern. Große Reserven können erschlossen werden, wenn es uns gelingt, daß der Leistungszuwachs mit sinkenden Beständen erreicht wird. Die mit Mehrbeständen verbundenen Verluste müssen beseitigt werden.

Drittens ist die rechnergestützte Betriebswirtschaft dafür zu nutzen, die Werktätigen überall noch besser in die Kostensenkung einzubeziehen. Das Haushaltsbuch und andere bewährte Formen der brigade- oder arbeitsplatzbezogenen Kostenvorgabe und -abrechnung sind leider noch nicht überall Praxis.

Aber die Kostensenkung muß adressiert und eine täglich meßbare Position im Kampf um die Plandurchführung sein. Rückstände sind meist nicht aufholbar. Das betrifft auch die Gütesicherung und die Verhinderung von Ausschuß und Nacharbeit. Das alles sind Fragen, die im Gesamtkonzept der rechnergestützten Betriebswirtschaft einen festen Platz haben müssen.

Ich möchte noch einmal hervorheben, daß durch die Anwendung der Schlüsseltechnologien enorme Möglichkeiten der weiteren Kostensenkung entstehen, aber die Umsetzung dieser Möglichkeiten in reale ökonomische Ergebnisse davon abhängt, wie wir diese Prozesse auch mit den Mitteln der rechnergestützten Betriebswirtschaft konkret und zielgerichtet leiten. Es ist deshalb notwendig, die Veränderungen in der Struktur und Dynamik der Kosten, die sich mit dem wachsenden Tempo der Erneuerung von Technologien und Erzeugnissen ergeben, exakt zu erfassen, zu analysieren und entsprechende Maßnahmen der Kostenbeeinflussung festzulegen. Dazu sind in These 12 des uns vorliegenden Materials zutreffende Arbeitsrichtungen genannt. Insbesondere die erzeugnisbezogene Beeinflussung der Kosten gewinnt erheblich an Bedeutung.

Untersuchungen in Kombinaten der metallverarbeitenden Industrie zeigen, daß die erzeugniskonkrete Kostenarbeit in der Leitungstätigkeit noch nicht die ihr zukommende Rolle spielt. Das betrifft die vorausschauende Kostenarbeit wie auch die laufende Konstenplanung, -beeinflussung, -kontrolle und -analyse.

Bei Entscheidungen über die Zielstellungen für Forschungsthemen, über das Produktionssortiment und die Exporttätigkeit werden die Kosten der Erzeugnisse und ihre Wirkung auf die Erreichung der geplanten Kosten je 100 Mark Warenproduktion und die Erwirtschaftung des geplanten Gewinns teilweise noch vernachlässigt, obwohl hier der Schlüssel zur Erreichung der geplanten Kostensenkung und zur konkreten Leitung der Kostenarbeit liegt.

Ich möchte dazu drei wichtige Erkenntnisse für die Qualifizierung der erzeugnisbezogenen Kostenarbeit darlegen.

Erstens: Die entscheidende Voraussetzung für eine erzeugniskonkrete Leitung der Kostenarbeit ist eine möglichst verursachungsgerechte Zurechnung der für die Produktion der Erzeugnisse tatsächlich angefallenen Kosten. Die Untersuchungen zeigen, daß diese verursachungsgerechte Zurechnung der Kosten zu den einzelnen Erzeugnissen in vielen Fällen noch nicht den Anforderungen und den neuen Bedingungen und Möglichkeiten entspricht.

Das läßt sich an zwei Problemkreisen demonstrieren:

- Bei den technologischen Kosten, die nicht direkt den Erzeugnissen zugerechnet werden können, muß bekanntlich die Zurechnung indirekt erfolgen. Sie werden seit jeher als Prozentsatz zum direkt zurechenbaren Grundlohn den Erzeugnissen zugeschlagen. Es zeigt sich aber, daß unter den Bedingungen der Anwendung moderner Technologien, insbesondere der anlagenintensiven und automatisierten Produktionen, der Grundlohn zunehmend schlechter eine verursachungsgerechte Zurechnung dieser Kosten sichern kann. Die Folge davon ist, daß die Kosten der Erzeugnisse falsch ausgewiesen werden.
  Untersuchungen im VEB Kraftfahrzeugwerk „Dr. Theodor Neubauer“ in Gotha führten zu dem Ergebnis, daß auf Erzeugnisse, die auf automatisierten Anlagen gefertigt wurden, durch die Anwendung der Zurechnungsbasis Grundlohn 74 % zu wenig Kosten verrechnet wurden.
- In einer Reihe von Betrieben werden die Gemeinkosten – also die Leitungs-, Beschaffungs- und Absatzkosten – undifferenziert bezogen auf den Grundlohn verrechnet. In jedem vierten der untersuchten Kombinate werden alle indirekten Kosten auf der Basis des Grundlohnes den Erzeugnissen zugerechnet.
  Auch eine solche undifferenzierte Verfahrensweise führt natürlich zu erheblichen Ungenauigkeiten im Ausweis der Kosten der einzelnen Erzeugnisse und bietet keine ausreichende Grundlage für konkrete Leitungsentscheidungen.

Zweitens: Als ein entscheidendes Problem zeigt sich in vielen Betrieben die Qualität der Nachkalkulation.

Nach Einschätzung der Kombinate wird ein bedeutender Anteil der Nachkalkulation nicht für Leitungsentscheidungen wirksam, weil die Ergebnisse teilweise erst drei bis sechs Monate nach Abschluß einer Serie oder eines Produktionsauftrages zur Verfügung stehen.

Für die operative erzeugnisbezogene Leitung der Kostenarbeit – das zeigen die Erfahrungen fortgeschrittener Betriebe – sind rechnergestützte Methoden zur Einflußnahme auf Kostenüberschreitungen bereits während der Produktion der beste Weg. Für die Anwendung dieser Methoden, wie sie mit der Normativkostenrechnung bzw. mit Elementen der Normativkostenrechnung entwickelt wurden, werden in den Kombinaten und Betrieben noch nicht zielstrebig genug entsprechende Voraussetzungen geschaffen.

Drittens: Eine Erkenntnis der Untersuchung ist, daß die Anwendung moderner rechnergestützter Verfahren der erzeugnisbezogenen Kostenrechnung hinter den neuen Anforderungen aus der Anwendung moderner Technologien zurückbleibt. Das betrifft

- die Einstellung der Kalkulationsverfahren auf die durch die Einführung von Schlüsseltechnologien veränderten Kostenstrukturen;
- die zügige Anwendung rechnergestützter Lösungen zur Erhöhung der Exaktheit und des Tempos der Kostenrechnung.

Die in einigen Betrieben erreichten Ergebnisse werden noch nicht mit ausreichender Konsequenz verallgemeinert. Das betrifft neben den bereits dargestellten Formen der Normativkostenrechnung insbesondere die Maschinenstundenkostenrechnung, die in anlagenintensiven und automatisierten Prozessen eine verursachungsgerechtere Zurechnung in indirekten technologischen Kosten auf die Erzeugnisse ermöglicht. Die nicht ausreichende Verallgemeinerung trifft auch auf die rechnergestützte Nachkalkulation zu, die mit geringem Verwaltungsaufwand bedeutend kurzfristiger die für Leitungsentscheidungen erforderlichen Informationen bereitstellt.

Es liegt auf der Hand, daß eine wichtige Schlußfolgerung darin bestehen muß, durch Schaffung von Anwendungsbeispielen solche modernen, den gegenwärtigen Erfordernissen entsprechende Kostenrechnungsmethoden wie die Normativkostenrechnung, die Maschinenstundenkostenrechnung und die rechnergestützte Nachkalkulation schnell zu verallgemeinern und in einem breiten Kreis von Betrieben praxiswirksam zu machen. Dazu werden gegenwärtig für die Kombinate und Betriebe der metallverarbeitenden Industrie entsprechende Maßnahmen vorbereitet.

Wir sind auch der Meinung, daß auf diesem Gebiet die Wissenschaftler der Hochschulen und Universitäten eine große Verantwortung für die Umsetzung theoretischer Erkenntnisse in die Praxis unserer Kombinate und Betriebe tragen.

Horst Trauer

Rechnergestützte sozialistische Betriebs- und Kombinatswirtschaft – Leitungserfahrungen bei der Realisierung einer durchgängig rechnergestützten Produktion in ausgewählten Beispielbetrieben der Industrie der DDR

Dem Beitrag liegen Erfahrungen zugrunde, die bei der Leitung des Prozesses zur Vorbereitung und Verwirklichung einer durchgängig rechnergestützten Produktion und damit bei der Verwirklichung der rechnergestützten Betriebs- und Kombinatswirtschaft in einigen Beispielbetrieben bzw. sogenannten Pilotobjekten gesammelt wurden. Dazu gehören beispielsweise der VEB Planeta Radebeul im VEB Kombinat Polygraph, der Stammbetrieb des VEB Kombinat „Fritz Heckert", der VEB Schraubenwerk Karl-Marx-Stadt im VEB Kombinat Wälzlager und Normteile, der VEB Pumpenfabrik Oschersleben im VEB Kombinat Pumpen und Verdichter.

Unsere Untersuchungen und der durchgeführte Erfahrungsaustausch mit leitenden Kadern in diesen Betrieben bestätigen zunächst zwei wichtige Erkenntnisse:

Erstens erfordert die Lösung einer solchen komplizierten und langfristigen Aufgabe das Engagement des Generaldirektors und Betriebsdirektors und eine dafür zu begeisternde Mannschaft (Fachdirektoren und Spezialisten) an der Spitze des Kombinates und der Betriebe, die rechtzeitige und gründliche Vorbereitung der Werktätigen auf diese Prozesse. Das betrifft die Gewinnung und Motivierung von Arbeitskräften, die Formierung leistungsfähiger Arbeitskollektive und verbesserte Arbeitsbedingungen ebenso wie die personen- und aufgabenbezogene Qualifizierung der Werktätigen auf die neuen anspruchsvollen Arbeitsaufgaben und Arbeitsinhalte, die einen völlig neuen Rang erhalten.

Zweitens kommt es darauf an, das Wechselverhältnis zwischen ökonomischen und technischen Aufgaben zu beherrschen. Der ökonomischen, der betriebswirtschaftlichen Aufgabenstellung kommt hierbei eine besondere Bedeutung zu, zumal die zu lösenden betriebswirtschaftlichen Aufgaben z. B. beim Aufbau von Datenbanken, von Leitungsinformationssystemen, lokaler Netze und bei der Veränderung der Betriebsorganisation oft viel komplizierter und aufwendiger sind als die zu lösenden technischen Aufgaben. Mitunter sind Kader in die Projektierung „perfekter technischer Systeme" verliebt und berücksichtigen unzureichend, daß höchste Ökonomie erreicht werden muß. Gleichzeitig ist zu beachten, daß mögliche technische Lösungen neue Anforderungen an die Ökonomie stellen und schließlich zu einer neuen Qualität ökonomischer und betriebswirtschaftlicher Abläufe führen.

Es ist nicht möglich, in einem solchen Diskussionsbeitrag ausführlich auf alle Leitungserfahrungen, die unter diesen Aspekten gewonnen werden, einzugehen.

Eine Reihe von Erfahrungen der untersuchten Betriebe bestätigen die theoretischen Erkenntnisse, die Koziolek und Friedrich in Vorträgen und Veröffentlichungen zur rechnergestützten Betriebs- und Kombinatswirtschaft wiederholt dargelegt haben.[1–3]

Ich möchte mich deshalb auf solche Erfahrungen konzentrieren, die das Verhältnis von Betriebs- und Kombinatswirtschaft im Prozeß der Vorbereitung und Realisierung einer durchgängig rechnergestützten Produktion beinhalten.

Folgende Leitungserfahrungen können hier verallgemeinert werden:

1. Zunehmend wird in den Kombinaten die Anwendung von Automatisierungs-, Informationstechnik genutzt, um die sozialistische Betriebswirtschaft zu einem Hauptgegenstand der Leitungstätigkeit zu machen und den Übergang zur rechnergestützten Betriebswirtschaft zu vollziehen. Die gesamte Leitungstätigkeit wird immer stärker auf die Steigerung der Arbeitsproduktivität, auf die Senkung des Aufwandes und die Erhöhung des Ertrages gerichtet. Der Betrieb steht hierbei im Mittelpunkt. Hier vollzieht sich die materielle Produktion und hier wird das Mehrprodukt geschaffen. Ein schnelles Reagieren auf dem Markt, auf Kundenwünsche, erfordert hohe Flexibilität in der Produktion, eine Fertigung, die produkt- und auftragsgerecht organisiert ist. Deshalb steht das Erzeugnis und seine ökonomische Fertigung im Zentrum der Betriebswirtschaft. Das erfordert ein technisch-technologisches Konzept der Erzeugnisgestaltung, welches ein hohes Maß an Variationsmöglichkeiten bietet und zugleich eine Ablaufstruktur im Produktionsprozeß, die kurze Durchlaufzeiten, niedrige Bestände und Fertigungskosten ermöglicht. Es geht um eine mit hoher Effektivität realisierte Produktivitätssteigerung, bezogen auf das Endprodukt.

Das zu erreichen, erfordert sowohl eine neue Qualität der Automtisierung und Modernisierung als auch der sozialistischen Betriebswirtschaft.

Eine solche zunehmend komplexe Automatisierung und die damit im Zusammenhang stehende Herausbildung einer rechnergestützten Betriebswirtschaft erfordern, die *Potenzen des Kombinates* gezielt zu nutzen.

Mit der Bildung und Festigung der Kombinate wurde eine moderne sozialistische Industrieproduktion organisiert und ein solches Wirtschaftspotential geschaffen, das jetzt ermöglicht, die Schlüsseltechnologien im Komplex zur Wirkung zu bringen. Das betrifft vor allem die Mikroelektronik und die auf ihr beruhende Automatisierungs- und Informationsverarbeitungstechnik. Damit wurden die Voraussetzungen für eine immer umfassendere Rechnerstützung betriebswirtschaftlicher Prozesse geschaffen. Der Einfluß des Kombinates als ökonomischer Gesamtorganismus auf die Entwicklung einer rechnergestützten Betriebswirtschaft ist deshalb von grundlegender Bedeutung.

Nach bisherigen Erfahrungen ergeben sich im Maßstab des Kombinates für die Herausbildung einer rechnergestützten Betriebswirtschaft folgende Leitungsschwerpunkte:

a) Die richtige Bestimmung der Rolle des *Gesamtkonzepts* und die Organisation der Arbeit mit dem Gesamtkonzept. Die Erfahrungen, insbesondere der untersuchten Betriebe, zeigen, daß es um ein Gesamtkonzept in Einheit von Modernisierung, Erneuerung und Automatisierung der Produktion sowie der Entwicklung einer rechnergestützten Betriebs- und Kombinatswirtschaft geht. Das Gesamtkonzept ist damit ein strategisches Konzept zur Intensivierung des Reproduktionsprozesses der Kombinate und Betriebe. Dieses strategische Konzept der Intensivierung stellt, ausgehend von der zum internationalen Niveau gemessenen Erzeugnis- und Absatzstrategie, die *Einheit von Modernisierung, Automatisierung und Rechnerstützung* her. In Zusammenhang mit der Aufgabenstellung zum Aufbau einer durchgehend rechnergestützten Produktion kristallisieren sich drei Richtungen in Realisierung des strategischen Gesamtkonzepts der Intensivierung in den Betrieben heraus:
   - Ökonomisch wirksame Modernisierungs- und Rationalisierungsmaßnahmen, die rechnergestützte kompatible Lösungen ermöglichen;
   - die Standortrationalisierung als wichtige Voraussetzung für die Automatisierung und Rechnerstützung durch Konzentration und Beseitigung noch vorhandener Produktionszersplitterung und unrationeller Kooperationsströme;
   - die Modernisierung durch einen „direkten Technologiesprung" des Übergangs zur durchgängigen rechnergestützten Produktion und zur Erschließung des Effektivitätspotentials in neuen Dimensionen.

   Ein solcher „Technologiesprung" ist zum Beispiel die flexible Automatisierung. Wie die Erfahrungen zeigen, ist hierbei nur dann höchste Ökonomie gewährleistet, wenn die ganze technologische Kette, d.h. auch die vor- und nachgelagerten Prozesse zur Produktionsautomatisierung, beachtet wird. Das beginnt beim automatisierungsgerechten und zugleich ökonomisierungsgerechten Konstruieren und geht weiter über die richtige Strukturierung des flexiblen Fertigungssystems. Zur technologischen Kette gehören auch die Automatisierung der Montage (50% der Aufwendung entstehen in der Montage) und die Automatisierung und Vereinheitlichung der Werkzeugwirtschaft.

   Das Gesamtkonzept entsteht als strategisches Grundsatzdokument auf Kombinatsebene (z.B. als Einheit von Veredelungs- und CAD/CAM-Konzeptionen) und muß entsprechend den sich ständig verändernden Bedingungen fortgeschrieben und untersetzt werden. Dieses Kombinatskonzept bildet die Grundlage für die betrieblichen Konzepte zur Herausbildung einer rechnergestützten Betriebswirtschaft.

b) Ausgehend vom strategischen Gesamtkonzept müssen bei der spezifischen Anwendung der Informations- und Kommunikationstechnik im Kombinat als Ganzes kombinatseinheitliche Prinziplösungen vorgesehen werden.

   Mit solchen Prinziplösungen wird nicht nur das erforderliche Maß an Einheitlichkeit gesichert. Möglich wird auch eine ökonomisch vorteilhafte Nachnutzung von Pilotlösungen in den übrigen Betrieben des Kombinates, wie z.B. durch das Kombinat Polygraph, das Kombinat „Fritz Heckert" u.a. Bewährt hat sich, wenn die Pilotlösung im Stammbetrieb geschaffen wird. Kombinatseinheitliche Prinziplösungen bedeuten eine Art *Kombinatsstandard* für die Rechnerstützung, d.h. die Elemente und Faktoren der rechnergestützten Betriebswirtschaft zu bestimmen, die unbedingt im Maßstab des Kombinates durchgesetzt werden müssen. Das betrifft u.a.
   - die kombinatseinheitliche Strategie für die Hard- und Software sowie für die Gestaltung der Kommunikationsnetze zur Sicherung der Kompatibilität im Maßstab des Kombinates;
   - den Aufbau von Kombinatssoftwarebanken und Regelungen zur unbedingten Nachnutzung entstandener Softwarelösungen innerhalb des Kombinates;
   - die Bestimmung des Maßes zur Vereinheitlichung der Primärorganisation (Primärdaten und Primärdokumente) unter Berücksichtigung der Gestaltung offener Systeme;
   - die einheitliche Bestimmung zur Betriebsdatenerfassung einschließlich der dazu erforderlichen Technik;
   - die Grundrichtung der erforderlichen Veränderung der Produktions-, Betriebs- und Kombinatsorganisation in Richtung einer prozeß- und produktbezogenen Organisation;
   - die Standards zum Aufbau eines übergeordneten Leitungsinformationssystems einschließlich der entsprechenden Datenbankorganisation sowie der Gestaltung rechnergestützter Leiterarbeitsplätze und ihre Vernetzung innerhalb des Kombinates und der Betriebe.

c) Das Kombinat als Gesamtorganismus entsprechend zu beachten, erfordert im Zusammenhang mit der Rechnerstützung auch, die Prozesse der Leitung und Planung so festzulegen, daß sie zunächst punktuell, aber im Maßstab des Kombinates rechnergestützt für alle Betriebe organisiert werden können. Das betrifft u.a.:
   - Die Elemente einer rechnergestützten Kombinatsplanung, insbesondere rechnergestützte Planansatz- und Variantenrechnungen zur Erschließung von Kombinatseffekten;
   - rechnergestützte Betriebsvergleiche innerhalb des Kombinates einschließlich entsprechender Rapportsysteme;
   - die rechnergestützte Bilanzierung;
   - rechnergestützte Arbeitsplätze zur genaueren, sicheren und schnelleren Beherrschung bestimmter Leitungsaufgaben und -funktionen, wie beispielsweise der Investitionen, der Kostenkalkulation und -abrechnung, den Plan Wissenschaft und Technik, die Grundfondsplanung u.a.

Es handelt sich hier um *Softwaretyplösungen*, die einheitlich für das gesamte Kombinat zu erarbeiten und durchzusetzen sind. Es zeigt sich somit, daß ein dynamisches Herangehen an das Verhältnis von rechnergestützter Betriebs- und Kombinatswirtschaft notwendig ist.

2. Eine weitere wichtige Leitungserfahrung ergibt sich in Beantwortung der Frage, wie in diesem komplizierten Prozeß der Verwirklichung einer durchgehend rechnergestützten Produktion ständig das Verhältnis von Aufwand und Ergebnis beherrscht und laufend verbessert werden kann.

Oder anders ausgedrückt: Was kostet ein durchgehend rechnergestützter Betrieb, wenn er fertig ist, wie ökonomisiert er sich in den einzelnen Ausbaustufen und in welchem Maße können einmalige Aufwendungen bei der Übertragung von Pilotlösungen auf die anderen Betriebe vermindert werden? Es kann nicht im nachhinein erst ermittelt werden, was alles gekostet hat. Notwendig ist vielmehr eine exakte Vorkalkulation vorzunehmen und für jede Ausbaustufe immer wieder neu zu rechnen. Die ökonomisch zu erreichenden Effekte zur Produktions- und Produktivitätssteigerung, zur Selbstkostensenkung, zur Reduzierung der Durchlaufzeiten und Umlaufmittel müssen ein ständig besseres Verhältnis von Aufwand und Ergebnis beinhalten. Es geht bei der sozialistischen Betriebs- und Kombinatswirtschaft vor allem darum, durch einen gezielten Einsatz von Automatisierungs-, Informations- und Kommunikationstechnik mit völlig neuer Qualität das Effektivitätspotential in neuen Dimensionen zu erschließen. Die Schwierigkeit der Aufgabe wird deutlich, wenn man berücksichtigt, daß die Vorkalkulation einen außerordentlich langfristigen Zeitraum erfaßt und nicht nur die einmaligen, sondern auch die ständig laufenden Aufwendungen für einen druchgängigen rechnergestützten Betrieb und seine ständige Verfügbarkeit zu berücksichtigen.

Eine Analyse von 12 Vorhaben der flexiblen Automatisierung (z.B. VEB NILES Stellantriebe Dresden, VEB Elektromotorenwerke Dessau, VEB ORSTA-Hydraulik, Stammbetrieb, VEB Hydraulik Rochlitz, VEB Getriebewerk Kirschau, VEB Druckmaschinenwerk Planeta-Radebeul und andere) weist darauf hin, daß es nicht immer durchgehend gelungen ist, das mit den Automatisiervorhaben erreichte internationale Spitzenniveau in der Technik auch in entsprechendes Spitzenniveau in der Ökonomie umzumünzen. Die an internationalen Normen gemessenen ökonomischen Werte hinsichtlich des Zuwachses an Warenproduktion, Gewinn und an Steigerung der Arbeitsproduktivität sowie an Einsparungen von Umlaufmitteln konnten bei einigen Vorhaben noch nicht voll erreicht werden. Die Ursachen sind vielschichtig wie: Unzureichendes eigenes Konzept der Automatisierung, ungenaue Bedarfseinschätzung, eine dieser komplexen Systemlösungen nicht entsprechende Anfahrkonzeption, Fragen der Vorbereitung und Qualifizierung der Werktätigen für die neue Technik, der Zuverlässigkeit der Automatisierungstechnik, der Mitwirkung der Anwender von Automatisierungstechnik sowie die Beherrschung der Durchgängigkeit der gesamten technologischen Kette von flexiblen Fertigungssystemen und der Schnittstellen zu den vor- und nachgelagerten Systemen (Forschung, Entwicklung, Absatz).

Noch nicht immer wird auch der Zusammenhang zwischen dem Automatisierungsvorhaben und der Ökonomie des gesamten Betriebes beachtet. Natürlich handelt es sich bei den flexiblen Fertigungssystemen um eine mehr oder weniger komplexe Automatisierungslösung von Leistungs-, Leitungs- und Informationsprozessen, um den Grundbaustein oder das Grundmodul der durchgängig rechnergestützten Fabrik. Aber es ist eben noch nicht die durchgehend rechnergestützte Produktion in ihrer letzten Ausbaustufe. Viele noch traditionell verlaufende betriebswirtschaftliche Vorgänge wirken auf die durch das Automatisierungsvorhaben erreichte ökonomische Effektivität. Entscheidend aber für die Gesamtökonomie ist, daß zunehmende Automatisierung und Rechnerstützung zu einer verbesserten Gesamtökonomie des ganzen Betriebes führen. Nur so wird es möglich, die Mittel für den Aufbau durchgängig rechnergestützter Produktionen und Betriebe selbst zu erwirtschaften und zugleich einen maximalen Beitrag zum Zuwachs an Nationaleinkommen zu leisten. Das wiederum ist eine Frage, die aus der Sicht des ganzen Kombinates und nicht nur einzelner Betriebe zu sehen ist. Die Betriebe sind dann an einer rechnergestützten Lösung interessiert, wenn sie sich für den Betrieb selbst sichtbar in der Effektivität niederschlägt. Wenn das nicht oder noch nicht möglich ist, aber diese Lösung eine große Bedeutung für das Kombinat hat, werden solche Lösungen aus zentralisierten Fonds des Kombinates finanziert. Die Kombinatswirtschaft beruht unter anderem auf der Verflechtung betrieblicher und zentralisierter Fonds und ermöglicht so ein im Interesse des gesamten Kombinates und seiner Betriebe liegenden schwerpunktmäßigen Einsatz dieser Fonds.

Um die Eigenerwirtschaftung rechnergestützter Lösungen und ein günstiges Verhältnis von Aufwand und Ergebnis in diesem Prozeß zu erzielen, ist es deshalb zweckmäßig, im Maßstab des Kombinates eine ökonomische Gesamtrechnung anzufertigen, um im vorhinein die durch die schrittweise sich vollziehende komplexe Automatisierung mögliche durchgehende Ökonomisierung des Reproduktionsprozesses und damit ein optimales Verhältnis von Aufwand und Ergebnis zu berechnen und auch zu sichern. Eine solche Gesamtrechnung berücksichtigt die Restriktionen, die in den einzelnen Ausbaustufen der Rechnerstützung hinsichtlich der vorhandenen und möglichen Investitionen, der Arbeitskräfte und ihrer Ausbildung- und Qualifizierungsmöglichkeiten sowie der materiellen Sicherung (Ausrüstung, Material) gegeben sind.

Eine solche Gesamtrechnung geht von der Tatsache aus, daß die rechnergestützte Betriebs- und Kombinatswirtschaft an die fortschreitende Modernisierung und Automatisierung gebunden ist.

3. Die rechnergestützte Betriebs- und Kombinatswirtschaft kann ohne eine gezielte Strukturierung und Profilierung des Reproduktionsprozesses des Kombinats nicht aufgebaut werden.

Wie General- und Betriebsdirektoren feststellen, muß das Konzept einer durchgehend rechnergestützten Produktion „machbar“ sein. Notwendig ist die Profilierung der Betriebe des Kombinats auf Erzeugnislinien und auf eine konsequent erzeugnis- oder produktbezogene Leitung. Nur so werden die notwendigen Bedingungen für eine schrittweise komplexe Automatisierung geschaffen. Gleichzeitig ist eine gezielte Profilierung der materiellen Struktur des Reproduktionsprozesses der Kombinate erforderlich, um eigene materielle Kapazitäten herauszubilden, die für den Aufbau einer durchgängig rechnergestützten Produktion und Betriebswirtschaft unerläßlich sind. Dabei handelt es sich zunehmend um den Aufbau eigener Kapazitäten für Mikroelektronik. Die Schaffung solcher Kapazitäten ist in der Notwendigkeit einer zunehmenden Verbreiterung bei der Anwendung mikroelektronischer Bauelemente und Schaltkreise begründet. An die Anpaßfähigkeit von Leiterplatten, Schaltkreisen und Steuerungen für eine wachsende Zahl spezifischer Anwendungsfälle werden ständig höhere Anforderungen gestellt. Die speziellen Produzenten von mikroelektronischen Erzeugnissen können trotz weiterer technischer Fortschritte bei den Entwurfs- und Produktionstechnologien nicht alle spezifischen Anwendungsfälle mit der erforderlichen Ökonomie und Effektivität befriedigen. Es vollzieht sich bei den Anwendern, bedingt durch die Verflechtung von Mikroelektronik, Mechanik und Rechentechnik u.a., eine zunehmende Integration der Elektronik mit Maschinen und Anlagen und damit eine sich vertiefende konstruktive und technologische Integration von mikroelektronischen Bauelementen und Gruppen in das Finalerzeugnis. Das sind Gründe, die zur Schaffung eigener Kapazitäten für Mikroelektronik bei den Anwendern zwingen, was aber nicht bedeuten kann, daß jedes Kombinat solche Kapazitäten z.B. speziell für Schaltkreisentwürfe und ihre Produktion aufbauen muß. Die Vorteile der gesellschaftlichen Arbeitsteilung müssen auch hier wirksam werden.

Ausgehend von einer klaren Arbeitsteilung zwischen der mikroelektronischen Industrie und den Anwendern ist es Aufgabe des Anwenders, auf der Grundlage exakter Analysen des vorhandenen und perspektivischen Erzeugnisprofils und der Technologien konkrete Konzeptionen zur Integration der Mikroelektronik in die Erzeugnisse und Fertigungstechnologien zu erarbeiten und den eigenen Produktionsanteil an diesen Kapazitäten zu bestimmen und zu schaffen. Das wiederum ist nur aus der Sicht des ganzen Kombinates und mit der Potenz des ökonomischen Gesamtorganismus Kombinat möglich. Ausgehend von der Spezifik des Reproduktionsprozesses handelt es sich hier erfahrungsgemäß um eigene Kapazitäten für Leiterplatten, kundenspezifische Schaltkreise bzw. Hybridschaltkreise (in einigen wenigen ausgewählten Kombinaten), erzeugnisspezifische Steuerungen, prozeßspezifische Meß- und Regeltechnik für eigene Softwareleistungen sowie für die Instandhaltung von Informations- und Kommunikationstechnik.

Auch für Ausrüstungsleistungen beim Aufbau flexibler Fertigungssysteme sind eigene Kapazitäten erforderlich. Die Erfahrungen zeigen, daß der Anwender von Automatisierungstechnik beim Aufbau flexibler Fertigungssysteme z.B. bis zu 40% Eigenleistung erbringen muß – ein Erfahrungswert, den man auch auf den Aufbau durchgängig rechnergestützter Produktion beziehen kann.

Ohne die Profilierung und Strukturierung des Kombinates und Herausbildung solcher Kapazitäten kann – das sind die praktischen Erfahrungen – die Entwicklung einer rechnergestützten Betriebs- und Kombinatswirtschaft nicht effektiv und rationell erfolgen.

4. Schließlich soll noch auf eine vierte Erfahrung hingewiesen werden.

Die Herausbildung einer rechnergestützten Betriebs- und Kombinatswirtschaft erfordert, das ökonomische Umfeld der Betriebe und Kombinate zu beachten und einzubeziehen. Das wird vor allem dann zwingend, wenn die Logistik in der Betriebs- und Kombinatswirtschaft zur Anwendung gelangen soll.

Konkret betrifft das einerseits die Marktbeziehungen, die Flexibilität und Reaktionsschnelligkeit hinsichtlich Auftragsabwicklung, Auftragseinsteuerung in die Produktion und Absatztätigkeit verlangen.

Andererseits ist die Beherrschung der mit dem Aufbau rechnergestützter Betriebs- und Kombinatswirtschaft neu entstehenden Fragen der Arbeitsteilung und damit verbundener Kooperations- und Zulieferprobleme notwendig. Ausgehend von internationalen Erkenntnissen spielt die Logistik eine ganz entscheidende Rolle. Dabei muß die logistische Kette sehr weit gespannt werden: Von der Endmontage im Betrieb zur Einsteuerung des Materials in die Produktion bis zur innerkombinatlichen Kooperation (in einigen Kombinaten werden bis zu 60% der wertmäßigen Kooperation abgewickelt) bis hin zur 2. und 3. Kooperationsstufe außerhalb des Kombinates. Es geht darum, produktionsorientierte Materialflußsysteme nach logistischen Prinzipien einzuführen. Das bedeutet aber auch, das ökonomische Umfeld insbesondere hinsichtlich der Arbeitsteilung und Kooperation neu zu durchdenken.

Neue Kooperationsketten müssen gestaltet, durchgerechnet und rechentechnisch verbunden werden und entsprechende Produktionslinien profiliert werden. Die Proportionen zwischen der Zuliefer- und Finalproduktion stellen sich neu, Standorte und Kooperationsströme müssen rationalisiert werden. Neue Fragen entstehen zum Bilanz- und Planungsmechanismus, zu den Bestellfristen, zu den Beziehungen zwischen Produktionsmittelhandel und Industrie usw. usf. Werden diese Probleme des ökonomischen Umfeldes im Zusammenhang mit dem Aufbau einer rechnergestützten Betriebs- und Kombinatswirtschaft nicht beachtet, wird es kaum möglich sein, solche wichtigen Fragen wie Zyklusverkürzung, Verkürzung der Durchlaufzeiten, Reduzierung der Umlaufmittel und Bestände auch nur annähernd entsprechend den Erfordernissen höchster Ökonomie zu lösen. Die effektive materiell-technische Sicherung der flexiblen Automatisierung hat z.B. auch Konsequenzen in bezug auf das System der Arbeitsteilung und Kooperation bei der Produktion der erforderlichen Module der Automatisierungstechnik. Neue Produktionslinien und Kooperationsketten und entsprechende volkswirtschaftliche Proportionen zwischen Zulieferer und Finalproduzent bilden sich heraus, so z.B. für

- numerische und nichtnumerische Steuerungstechnik,
- Roboter- und Handhabetechnik,
- automatisch arbeitende Transportsysteme zum Werkstück- und Werkzeugfluß zur Gewährleistung der peripheren Verkettung der Einzelmaschinen, Bearbeitungszentren und Fertigungszellen,
- neue Generationen von Rechen- und Automatisie-

rungsgeräten einschließlich peripherer Geräte und neuer meßtechnischer Geräte,
- modular aufgebaute flexible Automatisierungslösungen für Transport-, Umschlags- und Lagerprozesse und
- die arbeitsteilige Produktion flexibel automatisierter Montagesysteme.

Unsere Untersuchungen zeigen, daß es unbedingt notwendig ist, diese einzelnen Module der flexiblen Automatisierung mit wachsenden Seriengrößen zu produzieren und über die Stückzahleffekte Sprünge in der Effektivität und Arbeitsproduktivität zu erreichen. Das wird behindert, wenn z. B. der Werkzeugmaschinenbau auch solche Module selbst produzieren muß wie Waschmaschinen, Paletten, Roboter u. a. Die Untersuchungen verdeutlichen auch, daß die geplante Produktivitäts- und Effektivitätssteigerung durch flexible Automatisierung wesentlich davon abhängt, wie diese neuen Entwicklungstendenzen des wissenschaftlich-technischen Fortschritts durch eine auf die Systemlösung „flexible Automatisierung" gerichtete Leitung, Planung und Bilanzierung beachtet sowie durch entsprechende Profilierung und Spezialisierung von Betrieben berücksichtigt werden.

Solche volkswirtschaftlichen Prozesse und Entscheidungen beeinflussen entscheidend die Lösung der Aufgaben zur rechnergestützten Betriebs- und Kombinatswirtschaft.

Es ist eine wichtige Erfahrung der untersuchten Betriebe, daß im gleichen Maße, wie angestrengt im Betrieb und im Kombinat an der Herausbildung der rechnergestützten Betriebs- und Kombinatswirtschaft gearbeitet wird, entsprechende Voraussetzungen und Bedingungen im ökonomischen Umfeld der Betriebe und Kombinate geschaffen, also die Arbeitsteilung und die Kooperations- und Transportsysteme sowie die Leitung, Planung und wirtschaftliche Rechnungsführung auf diese Prozesse abgestimmt werden müssen. Rechnergestützte Betriebs- und Kombinatswirtschaft erfordert die Beherrschung der Proportionen und der Verflechtungen im Maßstab der Volkswirtschaft.

Abschließend sei darauf verwiesen, daß die bisherigen Erfahrungen in den untersuchten Betrieben zeigen, daß die Rechnerstützung nicht schlechthin nur Hilfsmittel ist. Sie führt zu einer neuen Qualität der Betriebs- und Kombinatswirtschaft und ist selbst Produktivkraft.

Anmerkungen

[1] Vgl. H. Koziolek, Betriebswirtschaft im System unserer sozialistischen Planwirtschaft, in: Einheit 12/1987, S. 1077 ff.
Vgl. G. Friedrich/H. Koziolek, Zum Einfluß der modernen Informationstechnologien auf die sozialistische Betriebswirtschaft, in: Wirtschaftswissenschaft 1/1987, S. 1 ff.
Vgl. G. Friedrich/H. Koziolek, Zum Einfluß der modernen Informationstechnologien auf die sozialistische Betriebswirtschaft, Akademie-Verlag, Berlin 1988.

Rudi Winter/Eberhard Ziegler

Erfahrungen und Aufgaben beim Übergang vom rechnergestützten zum rechnerintegrierten Reproduktionsprozeß im Stammbetrieb des VEB Werkzeugmaschinenkombinat „Fritz Heckert“ Karl-Marx-Stadt

1. Schlüsseltechnologien – neue Ansprüche an die Leitungstätigkeit in Kombinat und Betrieb

Als Industriekombinat sehen wir unsere wichtigste Aufgabe bei der Verwirklichung der Beschlüsse des XI. Parteitages der SED in der Organisierung einer hohen Leistungsentwicklung.

Unserer Leitungsarbeit liegen folgende Maßstäbe zugrunde:
- Sicherung einer täglichen, kontinuierlichen Planerfüllung und -übererfüllung,
- Erreichung hoher Zuwachsraten der Arbeitsproduktivität und Effektivität sowie der Produktion und des Exportes,
- Sicherung und Ausbau internationaler Positionen für Erzeugnisse, Technologien und Organisation.

Als prinzipielle Erkenntnis erfolgreicher Wirtschaftstätigkeit des Kombinates und des Stammbetriebes kann die Notwendigkeit der rechtzeitigen und langfristigen Fixierung der Erzeugnisstrategien herausgearbeitet werden.

Zur Erreichung konkurrenzfähiger marktbestimmender Erzeugnisse wurde in Auswertung internationaler Trends im Werkzeugmaschinenbau rechtzeitig auf Lösungen der flexiblen Automatisierung, als eine der bedeutenden Schlüssel- bzw. Hochtechnologien, orientiert.

Dabei kann der Stammbetrieb, als Pionier der flexiblen Automatisierung, auf jahrelange Erfahrungen beim praktischen Betrieb des Anfang der siebziger Jahre installierten flexiblen Maschinensystems Prisma 2 zurückgreifen.

Durch die Ergebnisse weiterer Schlüsseltechnologien wie Mikroelektronik, Meßtechnik, Robotertechnik und Rechentechnik gelang es, schrittweise das Erzeugnisprofil mehr und mehr auf folgende Lösungen der flexiblen Automatisierung für die prismatische Teilefertigung umzustellen:
- Werkzeugmaschinen mit mikroelektronischen Steuerungen,
- Werkzeugmaschinen mit NC-Steuerung (NCM),
- Bearbeitungszentren (BAZ), Fertigungszellen (FZ),
- flexible Maschinensysteme (FMS) sowie
- flexible Fertigungslinien (Taktstraßen, FFL).

Auch aus dieser neuen Generation flexibler Fertigungseinrichtungen wurde eine Vielzahl von diesen Erzeugnissen im Stammbetrieb selbst eingesetzt, so beispielsweise das flexible Maschinensystem FMS 1000, anläßlich des XI. Parteitages der SED. Ein solches System besteht z. B. aus
- Bearbeitungsstationen (BAZ, eigener Produktion mit Meß-, Werkstück- und Werkzeugwechseleinrichtungen für eine bedienarme Produktion),
- einer Wasch- und Kühlstation,
- Spannplätzen,
- Speicherplätzen,
- schienengebundenen Transportrobotern (STR), die mittels Maschinenpaletten eine automatisierte Ver- und Entsorgung der vorgenannten FMS-Bestandteile mit Werkstücken, Vorrichtungen und Werkzeugtürmen realisieren,
- einem automatisierten Hochregallager mit ca. 200 Lagerfächern,
- einer automatisierten externen Farbgebungsanlage,
- einer externen Werkzeugvoreinstellung,
- einem leitliniengesteuerten Transportroboter (LTR), der mittels Transportpaletten die vorgenannten FMS-Bestandteile automatisiert mit Werkstücken sowie Werkzeugen ver- und entsorgt,
- weiteren Ver- und Entsorgungseinrichtungen (Energie, Späne, Wasser).

Zur Lösung der Fertigungssteuerungsaufgaben wurden beim FMS 1000 zwei Prozeßrechner und weitere Rechentechnik sowie das Softwarepaket „MPS“ eingesetzt. So umfaßt z. B. das modulare Programmsystem (MPS) solche Softwarebestandteile, bezogen auf die jeweilige Rechentechnik, wie:

Leitrechner (K 1630)
- Arbeitsplatzgruppenbelegung mit Übernahme von APSK- und Fertigungsauftragsdaten aus dem Zentralrechner,
- NC-Steuerdatenverwaltung.

Steuerrechner (K 1630)
mit 11 angeschlossenen Bildschirmen (BDT K 8901)
- Bearbeitungsdisposition mit Arbeitsplatzbelegung,
- Arbeitsplatzsteuerung (DNC-Betrieb),
- Verwaltung der Vorrichtungen,
- Transport- und Lagerkoordinierung.

Bürocomputer 1 (UBT)
Steuerung des STR

Bürocomputer 2 (UBT)
Steuerung des LTR

Bürocomputer 3 (UBT)
Steuerung des Hochregallagers

Bürocomputer 4 (UBT)
Verwaltung der Werkzeuge

Die automatisierten Fertigungseinrichtungen des Stammbetriebes werden von 1986 bis 1990 wie folgt gesteigert:

- Bearbeitungszentren auf das 1,7fache,
- Fertigungszellen auf das 5,3fache,
- flexible Maschinensysteme auf das 15fache,
- kontinuierliche Produktion flexibler Taktstraßen.

Diese Erzeugnisse werden für die weitere Stärkung der materiell-technischen Basis unserer Republik und den Export bereitgestellt. Auf Basis dieser neuen Erzeugnislinie stellt sich das Kombinat „Fritz Heckert" und sein Stammbetrieb, mit rund 4000 Werktätigen und einer Jahresproduktion von mehr als 2500 Werkzeugmaschinen, den Anforderungen bei der Verwirklichung der Schlüsseltechnologie „flexible automatisierte Fertigungssysteme". Diese Erzeugnisstrategie beruht vor allem infolge des international hohen Tempos bei der Entwicklung und Überleitung neuer Erzeugnisse auf jährlichen Erneuerungsraten in Höhe von 35 bis 45 %.

Dabei sind solche Ansprüche wie ausgezeichnete Qualität, gute technische Parameter, hoher Gebrauchswert und hohe Effektivität wesentliche Voraussetzung für weltmarktfähige Erzeugnisse.

Weitere Ziele der Erzeugnisentwicklung wie:
- Erhöhung des Standardisierungsgrades und damit Verbesserung des Anteiles der Wiederholteilverwendung gegenüber dem Vorgängererzeugnis,
- Entwicklung von Baureihen nach einheitlichen Konstruktionsprinzipien,
- Berücksichtigung der Forderungen einer automatisierten Teilefertigung und Montage,
- Verringerung der Anzahl der Einzelteile sowie
- Standardisierung der Formelemente und der Kauf- und Normteile

stellen wichtige Faktoren für eine hohe Wirtschaftlichkeit sowie für die Überleitung neuer Erzeugnisse in die Produktion dar.

Eine Grunderkenntnis unserer Leitungstätigkeit besteht darin, daß in Einheit mit der Erzeugnisentwicklung das Niveau der Technologie (Fertigungsverfahren, -prozesse und -mittel) in Verbindung mit dem Niveau der Betriebsorganisation, auf Basis moderner Informationstechnik und -technologien entscheidend für das Leistungswachstum und damit für die Flexibilität und Effektivität eines Betriebes ist.

Die wissenschaftlich-technische Vorbereitung der Produktion beeinflußt bzw. bestimmt nach den Erfahrungen des Kombinates z. B.
- ca. 30–40 % der Erzeugnisqualität,
- ca. 60–70 % der Gesamtselbstkosten sowie
- ca. 50 % der Auftragsdurchlaufzeit.

Aus dieser Sicht wurde im Stammbetrieb im Zeitraum 1986/87, auf Basis zentraler Aufgabenstellungen, ein Konzept der ganzheitlichen Betriebsautomatisierung erarbeitet. Es umfaßt sowohl die Automatisierung der Produktionshaupt-, -neben und hilfsprozesse als auch die Automatisierung der Informationsverarbeitungsprozesse in der Produktionsvorbereitung und in der Realisierungsphase.

Ihm liegen Erkenntnisse aus folgenden Bereichen zugrunde:
- Studium der internationalen Literatur,
- Erfahrungen aus Dienstreisen und Erkenntnisse aus Bereichen fortgeschrittener, das Niveau bestimmender Werkzeugmaschinenbaubetriebe,
- eigene Forschungsarbeiten des Forschungszentrums des Kombintes, der TU Karl-Marx-Stadt und anderer Forschungseinrichtungen,
- eine Vielzahl von Praxiserfahrungen aus dem Stammbetrieb (zum Beispiel Erstanwender des R 300, Schaffung von über 1000 Programmen für ESER u. dez. Rechentechnik) und anderen Kombinatsbetrieben sowie fortgeschrittenen Anwendern von Rechentechnik und Datenverarbeitung der metallverarbeitenden Industrie und nicht zuletzt der erreichte Stand der Automatisierung.

Dieser Stand ist, wie an einem Beispiel verdeutlicht werden kann, wie folgt charakterisiert durch:

Teilefertigung (Fertigungsart = Serienfertigung, Fertigungsprinzip = gegenstandsspezialisiert, teilweise integriert)
- prozeßrechnergeführte Großstückfertigung mit Datenendplätzen (DEP) an den Fertigungsplätzen, mit automatisierter Transportdisposition des leitliniengesteuerten Transportsystems, teilautomatisiertem Produktionszwischenlager, automatisierter Informationsübergabe an die Instandhaltung bei Störungen sowie mit Führung einer ständigen Übersicht über die Teilepaletten und Fertigungsaufträge auf Basis der Fertigungsfortschrittsmeldungen mittels DEP;
- rechnergesteuertes Maschinensystem Prisma 2 für die Großstückfertigung;
- flexibles Maschinensystem FMS 1000 für die Bearbeitung prismatischer Großteile;
- flexibles Maschinensystem FMS P 500 für die Bearbeitung prismatischer Klein- und Mittelteile;
- NC-Maschinenanteil an der Gesamtzahl der eingesetzten Werkzeugmaschinen;
- Einsatz von prozeßflexiblen und prozeßspezifischen Industrierobotern;

Montage
- flexible Montage mit automatisiertem Zwischenlager zur Vorkomplettierung mit automatisierter Rollenbahn;
- Fließmontage.

TUL
- leitliniengesteuertes automatisiertes Transportsystem mit Zugfahrzeugen und Transportwagen für die mechanische Fertigung;
- Material und Fertigteile-Hochregallager und ESER-Rechner geführte Lagerverwaltung.

Informationsverarbeitung
- ESER-Rechnersystem mit direkt angeschlossenen Bildschirmen;
- grafische Arbeitsstationen für CAD-Arbeit mit entsprechender Software;
- PC/BC für kommerzielle Aufgaben mit entsprechender Software;
- Kleinrechnersysteme zur Rationalisierung der technologischen Vorbereitung (APSK-Ausarbeitung, NC-Programmierung);
- Programme für den Mensch-Maschine-Dialog;
- On-line-Rechnerkopplungen (z. B. PC 1715 mit ESER-Rechner);
- Datenfernverarbeitungslösungen (z. B. fernaufgestellte Bildschirmtechnik des ESER).

Rationalisierungsmittelbau
Eine Vielzahl rechnergestützter Lösungen zur Beherrschung der Planungs- und Steuerungsprozesse des Rationalisierungsmittelbaues auf Basis von BC- und PC-Technik.

Ausgehend vom erreichten Stand geht die Konzeption der komplexen Betriebsautomatisierung von folgenden Erkenntnissen aus:

1. Die komplexe Betriebsautomatisierung kann nur vom Betrieb selbst verwirklicht werden.
2. Wir haben 3 Etappen auf der Basis eines Struktur- und Ebenenkonzeptes konzipiert (1. Etappe bis 1990 = Automatisierung weiterer Abschnitte, 2. Etappe bis 1995 = Automatisierung von Bereichen, 3. Etappe bis zum Jahr 2000 = automatisierter Betrieb). Damit ist über eine längere Zeit ein differenziertes Automatisierungsniveau vorhanden.
3. Die komplexe Automatisierung ist der Schlüssel zu einer weiteren hohen Leistungsentwicklung.
4. Die Entwicklung des Betriebes wird beeinflußt von den verfügbaren Investitionen, dem vorhandenen Arbeitsvermögen und der Leistungskraft zur Refinanzierung der einzusetzenden Fonds.
5. Die erforderlichen betrieblichen Kapazitäten (zum Beispiel Softwareentwickler) können nur durch die Anwendung der Schwedter Initiative in Verbindung mit langfristigen Profilierungsmaßnahmen gewonnen werden.
6. Die Verwirklichung des Konzeptes erfordert eine umfassende Qualifizierung der Leiter und Werktätigen.
7. Unter voller Ausnutzung der Vorzüge des Sozialismus werden in die Realisierung der Konzeption erhebliche Kapazitäten der Universitäten, Hochschulen und Akademieinstitute einbezogen, die durch Koordinierungs- und Wirtschaftsvereinbarungen an konkrete Leistungen gebunden sind.

2. Das Konzept der ganzheitlichen Betriebsautomatisierung am Beispiel des Stammbetriebes

Definition
Aus den vorgenannten Erkenntnissen kann folgende Definition fixiert werden:

Das Konzept der rechnerintegrierten Fertigung (CIM = Computer Integrated Manufacturing) eines Maschinenbaubetriebes stellt den prinzipiellen Weg zur Leistungssteigerung auf Basis der schrittweisen ganzheitlichen Betriebsautomatisierung dar. Dieses Konzept muß damit einerseits alle Phasen des Reproduktionsprozesses des Kombinates und Betriebes (Produktionsvorbereitung, Produktionsdurchführung und Realisierung der hergestellten Erzeugnisse und Leistungen) sowie alle Elemente (die Arbeit, die Arbeitsgegenstände und -mittel) und ihr Zusammenwirken (Technologie, Organisation) beinhalten und andererseits die Verbindung des Betriebes zu seiner Umwelt (Zulieferindustrie, Kunden, Territorium u. a.) und damit zum gesellschaftlichen Reproduktionsproduktionsprozeß berücksichtigen.

Es wird verwirklicht durch die integrierte Anwendung der Schlüsseltechnologien, insbesondere „CAD/CAM“ und „flexible automatische Fertigungssysteme“, bei Beachtung der Einheit von Erzeugnisentwicklung, der Entwicklung des Niveaus von Technologie (Fertigungsverfahren, -prozesse und -mittel) und Betriebsorganisation (Aufbau- und Ablauforganisation) unter dem Aspekt der Automatisierung. Dabei sind die Stoff-, Energie- und Informationsflüsse für zusammenhängende technologische Prozesse zu standardisieren, zu automatisieren und zu integrieren.

Das Konzept wird mit und für den Menschen als Hauptproduktivkraft realisiert. Es ist in seinen Zielen auf die umfassende Leistungssteigerung durch die Erhöhung der Effektivität, Produktivität, Flexibilität, Kontinuität, Qualität sowie auf Zeitverkürzungen und damit auf die tägliche Planerfüllung und -übererfüllung gerichtet.

Allgemeine Aufgaben zur Verwirklichung des Konzeptes
Wesentliche Aufgaben zur Verwirklichung des Konzeptes sind:

- Die langfristige und ständige Qualifizierung der Leiter und Nutzer für die Automatisierung;
- die Reduzierung von Produktionsstufen durch Funktionsintegration;
- die Datenintegration von Prozeßabläufen der Produktionsvorbereitung, -durchführung und Realisierung durch Schaffung standardisierter Schnittstellen, bei Beachtung der Zusammenhänge zwischen den Reproduktionsphasen;
- die Schaffung einer Hierarchie von Informationsnetzen für den inner- und außerbetrieblichen Rechner- und Datenverbund, das sind LAN-Local Area Networks = Lokale Rechnernetze, WAN-Wide Area Networks = Weitverkehrs-Rechnernetze;
- der breite Einsatz, der auf der Mikroelektronik beruhenden Computertechnik sowie großer zentraler Bildschirmsysteme für alle Reproduktionsphasen;
- der weitere Einsatz von flexiblen Fertigungseinrichtungen (FMS, FZ, BAZ, NCM), die verbunden sind mit Systemen zum automatisierten Stoff- und Energiefluß (Roboter, automatisierte TUL-Systeme sowie weitere automatisierte Ver- und Entsorgungseinrichtung) in der Produktionsführung;
- die Speicherung aller betrieblich relevanten Daten in Datenbanken;
- die Schaffung und breite Anwendung integrationsfähiger, dialogorientierter Softwarelösungen für die automatisierte betriebliche Reproduktion.

Zur Produktionsvorbereitung bei der Sicherung der laufenden Produktion (materiell-technische Versorgung, technisch-technologische Betreuung) und Vorbereitung der künftigen Produktion (Forschung und Entwicklung neuer Erzeugnisse und Verfahren, Grundfondsreproduktion) gehören:

- CAE Computer Aided Ingeneering = rechnergestützter Produktentwurf;
- CAD-Computer Aided Design = rechnergestützte konstruktive Vorbereitung;

- CAP-Computer Aided Planning = rechnergestützte technologische Vorbereitung, Arbeitsplanung, NC-Programmierung, Grundfondswirtschaft sowie organisatorische Vorbereitung der Produktion;
- rechnergestützte Materialwirtschaft.

Zur Produktionsdurchführung bei der Gewährleistung der Herstellung der Erzeugnisse und Leistungen im Rahmen der Produktionshaupt-, Neben- und Hilfsprozesse gehören:
- PPS-rechnergestützte Produktionsplanung und -steuerung;
- CAM-Computer Aided Manufacturing = rechnergestützte Steuerung der automatisierten Fertigungseinrichtungen;
- rechnergestützte Energiewirtschaft;
- rechnergestützte TUL-Prozesse;
- rechnergestützte VWP- und Rationalisierungsmittelwirtschaft;
- CAR-Computer Aided Repair = rechnergestützte Instandhaltung.

Zur Realisierung der hergestellten Erzeugnisse und Leistungen bei der Sicherung eines kontinuierlichen Absatzes auf der Basis von Bedarfs- und Marktforschung, Abgabe von Angeboten und Abschluß von Verträgen, Absatzplanung, Bereitstellung und Versand sowie des Kundendienstes gehören:
- Rechnergestützte Absatzprozesse;
- CAS-Computer Aided Service = rechnergestützter Kundendienst.

Für alle Reproduktionsphasen sind weiterhin folgende Softwarelösungen erforderlich:
- CAO-Computer Aided Office = rechnergestützte Leitung und Organisation;
- REFÜSTA-rechnergestützte Abrechnung, Analyse und Kontrolle;
- CAQ-Computer Aided Quality = rechnergestützte Qualitätssicherung
- ES-Expertensysteme.

Die vorgenannten allgemeingültigen Aufgaben müssen durch die Schaffung neuer Konzepte der Betriebsstruktur und rechnerintegrierten Betriebsorganisation sowie neuer Lösungen zur Bestimmung der Ökonomie automatisierter Prozesse vervollständigt werden.

Betriebsstrukturierung – Modularisierung
– Voraussetzung für eine schrittweise Automatisierung

Ausgangspunkt der Überlegungen zur Beherrschung des differenzierten Automatisierungsniveaus war einerseits die Notwendigkeit der Erarbeitung eines allgemeingültigen, ausbaufähigen Struktur- und Ebenenkonzeptes und andererseits die Konzipierung von Automatisierungsmodulen in Anlehnung an das Baukastenprinzip.

Struktur- und Ebenenkonzept

Das Struktur- und Ebenenkonzept muß erstens die Hierarchiestufen der automatisierten Fertigungseinrichtungen wie NC-Maschinen (NCM), Bearbeitungszentren (BAZ), Fertigungszellen (FZ), Flexible Maschinensysteme (FMS) und das zeitweise weitere Vorhandensein nichtautomatisierter Fertigungseinrichtungen berücksichtigen. Für die Teilefertigung und Montage wurde deshalb die folgende Struktur festgelegt:

- Fertigungsplatz (umfaßt konv. AP, NCM, BAZ);
- Fertigungssystem 1. Ordnung (FS 1. Ordnung umfaßt mehrere Fertigungsplätze bzw. ein FMS);
- Fertigungssystem 2. Ordnung (FS 2. Ordnung umfaßt mehrere FS 1. Ordnung).

Zweitens muß die Ver- und Entsorgung der Fertigungseinrichtungen mit Arbeitsgegenständen (Material, Einzelteile, Kauf- und Normteile, Baugruppen) und mit weiteren Arbeitsmitteln (VWP, Informationen maschinenlesbar oder in Form von Papier, Energie, Wasser, Späne) Beachtung finden. Darauf aufbauend wurden die entsprechenden TUL- und Informationsschnittstellen den Fertigungssystemen zugeordnet.

Dabei ist bei der Zusammenfassung von Fertigungsplätzen zu FS 1. Ordnung und von FS 1. Ordnung zu FS 2. Ordnung auf eine maximale Autarkie durch einen maximalen Geschlossenheitsgrad der Stoff-, Energie- und Informationsflußsysteme zu achten.

Drittens muß der Zusammenhang von informationeller Ver- und Entsorgung der Fertigungssysteme sowie der leitungsseitigen Beherrschung des Reproduktionsprozesses Beachtung finden.

Deshalb wurde das Konzept wie folgt erweitert und eine Zuordnung der verschiedenen Gliederungsgesichtspunkte vorgenommen:

Ebene	Materielle Gliederung	Informationelle leitungsseitige Gliederung	Reprod. phase
0	alle AP der Realisierung	rechnergestützte Absatzprozesse	Realisierung
1	Fertigungsplatz	Anlagen- u. Gerätesteuerung	Prod.-durchführung
2	FS 1. Ordnung	Systemdisposition/-steuerung der FS 1. Ordnung	
3	FS 2. Ordnung	Systemdispos./-steuerung der FS 2. Ordnung	
4	Zusammenfassung der FS 2. Ordnung	Produktionsplanung und -steuerung für alle FS 2. Ordnung sowie – rechnergestützte Energiewirtsch., rechnergestützte TUL-Prozesse – rechnergestützte VWP- und Rationalisierungsmittelwirtsch. – rechnergestützte Instandhaltung	
5	alle Arbeitsplätze der Produktionsvorbereitung	– rechnergestützter Produktionsentwurf – rechnergestützte konstruktive Vorbereitung – rechnergestützte technologische Vorbereitung – rechnergestützte Materialwirtschaft	Prod.-vorbereitung
6	alle	Betriebsleitung	alle

Unter Betriebsleitung wird zugeordnet:
- Rechnergestützte Leitung und Organisation,
- rechnergestützte Abrechnung, Analyse und Kontrolle,
- rechnergestützte Qualitätssicherung,
- Expertensysteme.

Die Strukturierung der informationellen/leitungsseitigen Prozesse erfolgt auf Basis der neu festzulegenden betrieblichen Aufbau- und Ablauforganisation und wird verwirklicht durch die Schaffung von lokalen Rechner- und Datennetzen sowie den entsprechenden Leitungsverantwortlichkeiten (Betriebsdirektor, Fachdirektoren, Bereichsleiter usw.).

Mit diesem Struktur- und Ebenenkonzept ist es schrittweise möglich, von den heute vorherrschenden Automatisierungs-Inseln über automatisierte Abschnitte/Bereiche zum automatisierten Betrieb über die genannten drei Etappen zu kommen. Dabei werden Mischformen leitungsseitig und informationell beherrscht, da auch konventionelle Bearbeitungsprozesse voll integriert werden und bei Ablösung durch automatisierte Bearbeitungsprozesse die Struktur und Funktionsfähigkeit der Ebenen erhalten bleibt.

Realisierung von Automatisierungsmodulen und ihre Integration

Bezogen auf die beiden Hauptsäulen der Betriebsautomatisierung sind derzeit im Betriebskonzept folgende Automatisierungsmodule definiert:
- Automatisierung Produktionshaupt- und Hilfsprozeß mit Automatisierung der Teilefertigung, Automatisierung der Montageprozesse, Automatisierung der TUL-Prozesse, Automatisierung der Werkzeugwirtschaft, Automatisierung der Qualitätssicherung (CAQ).
  Sie werden materiell-technisch in der 1. Etappe durch den Einsatz weiterer flexibler Maschinensysteme für die prismatische, rotationssymmetrische Blech-Teilefertigung sowie weiterer automatisierter Fertigungseinrichtungen, TUL- und Meßtechnik untersetzt.
- Automatisierung der Informationsverarbeitungsprozesse mit Automatisierung der Leitungsprozesse (CAD), Automatisierung der Erzeugnisentwicklung und -konstruktion (CAE/CAD), Automatisierung der technologischen Vorbereitung der Produktion (CAP), Automatisierung der Materialwirtschaft, Automatisierung der Produktionsplanung und -steuerung (PPS/CAM), Automatisierung der Prozesse des Absatzes (CAS), Automatisierung der Abrechnung und Analyse (REFÜSTA) sowie Automatisierung des Rationalisierungsmittelbaues.

In jedem Automatisierungsmodul wird ein optimaler Automatisierungsgrad angestrebt. Im Bereich der Informationsverarbeitung wird das Prinzip des Mensch-Maschine-Dialoges zum vorherrschenden Arbeitsprinzip der Werktätigen. Dazu wird in der 1. Etappe eine Verdoppelung der eingesetzten CAD/CAM-Technik geplant. Wesentliche neue Softwarelösungen sind:
- Die volle Anwendung der grafischen Datenverarbeitung in Verbindung mit dem Aufbau eines zentralen Produktdatenspeichers im Bereich FuE;
- die breite Anwendung der maschinellen NC-Programmierung mittels 16-Bit-PC-Technik, in Verbindung mit dem Aufbau eines zentralen NC-Archivs;
- der Einsatz neuer Lösungen zur Fertigungssteuerung, insbesondere in neuen FMS;
- die dialogorientierte Materialdisposition;
- die Lösungen zur VWP-Wirtschaft sowie
- neue Lösungen des Absatzprozesses.

Die Verbindung zwischen den einzelnen Automatisierungsmodulen wird im materiellen Bereich durch die Stofffflußsysteme (TUL usw.) und im informationellen Bereich durch die Standardisierung und Realisierung von Schnittstellen (sogenannten CIM-Bridge) und durch Rechnernetze erreicht. Dabei sind solche Schnittstellen wie
- Geometriedaten der Zeichnung in Verbindung mit Entwurf von Arbeitsplänen, NC-Programmierung, Fertigung (CAE/CAD/CAP/CAM);
- Stücklistendaten in Verbindung mit Bedarfsermittlungsprozessen (CAD/PPS);
- Arbeitsplandaten in Verbindung mit NC-Programmierung, Bedarfsermittlung, Fertigungsauftragsführung sowie Fertigungsbelegedruck (CAP/PPS);
- NC-Programmdaten in Verbindung mit flexiblen Fertigungseinrichtungen (CAP/CAM),

um nur einige zu nennen, schrittweise zu schließen.
Dazu werden die Rechnernetze
- CAD-LAN (im Zeitraum 1988/89),
- CAP-LAN (im Zeitraum 1989/90),
- PPS/CAM-LAN (im Zeitraum 1990/91)

schrittweise verwirklicht.

Weiterhin werden direkte Rechnerkopplungen ESER-PC 1715 und ESER-EC 1834 realisiert.

Im Sinne erster Schritte für CIM-externe Betriebsschnittstellen ist der Aufbau umfassender Systeme rechnergestützter Qualitätsanalyse für Zulieferungen und ausgelieferte Erzeugnisse geplant.

Erhöhung des Niveaus der Betriebsorganisation

Die komplexe Betriebsautomatisierung stellt zugleich hohe Anforderungen an das Niveau der Betriebsorganisation. Neue Informationstechnik und neue Informationstechnologien werden dabei in ihrem Anteil an der Betriebsorganisation (EDV-Organisation) immer bedeutender. Dabei müssen beispielsweise beim CAD-Einsatz folgende Aspekte berücksichtigt werden:
- Hard- und Softwareaspekte,
- Arbeitsplatzaspekte,
- Anwendungsaspekte,
- Umfeldaspekte sowie
- Wirtschaftlichkeitsaspekte.

Bei der Einbindung von flexiblen Maschinensystemen in die betriebliche Umwelt müssen beispielsweise folgende organisatorische Problemkreise Beachtung finden:
- Leitungsorganisatorische Einordnung,
- konstruktive Vorbereitung,
- technologische Vorbereitung,
- organisatorische Vorbereitung,
- Planung, Steuerung,
- Abrechnung,
- Qualitätssicherung,
- VWP-Organisation,
- materiell-technische Ver- und Entsorgung.

Unsere Erfahrungen auf diesem Gebiet zeigen deutlich, daß neue Automatisierungstechnik und neue Softwarelösungen nur dann erfolgreich die bisherigen Arbeitsprozesse ablösen, wenn gleichzeitig mit der Investvorbereitung bzw. Projektierung die betriebsorganisatorischen Aufgaben gründlich bearbeitet werden.

Aber auch durch die konventionelle Aufbau- und Ablauforganisation können wichtige Leistungsreserven erschlossen werden, wie das nachfolgende Beispiel zeigt.

Für die Organisierung einer parallelen Arbeitsweise konnten am Beispiel der Organisationslösungen für Kundensonderausführungen viele Erfahrungen gewonnen werden. Sie beruht auf dem Prinzip der Etappenplanung des Entwicklungs- und Überleitungsprozesses, welches auf eine baugruppenweise Erarbeitung und Weiterbearbeitung durch die beteiligten Fachbereiche orientiert.

Damit gelingt es beispielsweise, Teile zu fertigen, wenn noch weitere Baugruppen konstruktiv/technologisch bearbeitet werden oder materialwirtschaftliche Aktivitäten für schwerbeschaffbare Materialien (Importe u. a.) einzuleiten, während noch entworfen wird.

Leitungssystem/Aufgaben zur Qualifizierung

Die Realisierung des Konzeptes erfolgt über 8 Einzelvorhaben mit einem Leitungssystem, welches unter Leitung des Generaldirektors und Betriebsdirektors die Automatisierung der Informationsverarbeitungsprozesse durch den Direktor für Org.- und DV und die Automatisierung der Produktionshaupt- und -hilfsprozesse durch den Direktor für Technologie und Rationalisierung mit speziellen Arbeitsgruppen sichert.

Die Arbeitsgruppenmitglieder wurden vom Generaldirektor berufen und führen ihre Beratungen monatlich durch. Gleichfalls erfolgt monatlich eine Berichterstattung der Leiter der Arbeitsgruppen im Rahmen der Leitungssitzungen.

Die Vorhaben werden durch Investvorhaben und F/E-Themen untersetzt. Für diese erfolgt ebenfalls eine Parteikontrolle und breite Diskussion im Rahmen der Schulen der sozialistischen Arbeit.

All diese Aufgaben können nur mit und durch die Werktätigen des Betriebes gelöst werden. Deshalb ist in der 1. Etappe mehr als eine Verdoppelung der Beschäftigten für CAD/CAM-Technik mit den entsprechenden Qualifizierungsmaßnahmen geplant.

Auf dem Gebiet der Automatisierung der Informationsverarbeitung sind insbesondere die eigenen Softwareentwicklungskapazitäten in allen Fachbereichen zielstrebig auf- und auszubauen.

Zur Unterstützung dieser Prozesse wird eine spezielle Fernstudienform für „Softwareingenieure“, seit 1984 für betriebliche Mitarbeiter an der Betriebsberufsschule (Außenstelle der Ing.-Schule Görlitz) realisiert. Damit stehen jeweils nach 3,5 Jahren ca. 20 Softwareingenieure zur Verfügung.

Anmerkungen

Folgende Literatur fand besondere Berücksichtigung:

G. Mittag, Spitzenleistungen in Wissenschaft und Produktion zum Wohle des Volkes, in: Neues Deutschland, 6. 10. 1986.

Autorenkollektiv, Sozialistische Betriebswirtschaft Industrie, Verlag Die Wirtschaft, Berlin 1986.

F. Schiffer/K.-H. Tempelhof, Fertigungsprozeßgestaltung im Maschinen- und Gerätebau, VEB Verlag Technik, Berlin 1985.

A.-W. Scheer, CIM-Computer Integreated Manufacturing, Der Computergesteuerte Industriebetrieb, Springer-Verlag, 1986.

G. Spur, Entwicklungstendenzen rechnerintegrierter Fabrikstrukturen in Europa, Material des internationalen Kongresses für Metallbearbeitung und Automatisierung 1985.

Lothar Bayer

Zur Ökonomisierung der wissenschaftlich-technischen und Marktarbeit durch Rechnerstützung

Das wichtigste Merkmal im Prozeß der noch wirksameren Nutzung der Vorzüge des Sozialismus für die Bewältigung der wissenschaftlich-technischen Revolution ist die weitere Veränderung der ökonomischen Struktur und der Abläufe durch die modernen Schlüsseltechnologien – das hob Erich Honecker in seinem Schlußwort auf der 5. Tagung des Zentralkomitees der SED hervor.[1] Ergebnisse und Fortschritte bei der umfassenden Intensivierung werden heute und in Zukunft in erster Linie von der ökonomischen Wirksamkeit der Entwicklung, Produktion sowie der breiten und komplexen Anwendung der Schlüsseltechnologien bestimmt.[2]

Dieser Gedanke wurde bereits mehrfach – in den Thesen, im Referat, in Diskussionsbeiträgen – unterstrichen. Ich möchte ihn noch einmal betonen und die Rolle moderner Rechen- und Informationstechnik hervorheben. Rechnerstützung ist dabei nicht schlechthin Hilfsmittel, sondern selbst Produktivkraft. Wirksame Produktivkraft wird sie allerdings erst, wenn sie mittels der sozialistischen Betriebswirtschaft und durch die Kollektive sinnvoll in Bewegung gesetzt ist und wenn ökonomischer Nutzen entsteht. Das Vorhandensein von Schlüsseltechnologien allein genügt noch nicht. Helmut Koziolek hebt in seinem Beitrag in der Einheit 12/87 die Einheit von Technik, Organisation und Betriebswirtschaft in Verbindung mit der Vervollkommnung der Leitung, Planung und wirtschaftlichen Rechnungsführung hervor.[3] Gerade dieser Zusammenhang ist meines Erachtens von prinzipieller Bedeutung. Um klug zu rechnen, ökonomische Ergebnisse zu bewerten, müssen die Meßinstrumente geschärft sein, deshalb also Industriepreis- und Agrarpreisveränderungen. Genaues Rechnen in der heutigen Betriebswirtschaft geht jedoch nicht mehr ohne moderne Rechentechnik.

Eine Reihe weiterer Prozesse verdeutlicht die Notwendigkeit, sozialistische Betriebswirtschaft mit moderner Rechen- und Informationstechnik zu betreiben. So ergeben sich mit dem Übergang zur umfassenden Intensivierung qualitativ neue Anforderungen an die Leitung der Wirtschaft. Wachstum aus Einsparung zu organisieren, verlangt ein anderes Herangehen als Wachstum aus „Zugängen". Das Wirksamwerden von Schlüsseltechnologien hat eine völlig veränderte Kostendynamik zur Folge und verlangt damit ein anderes Herangehen an die ökonomische Bewertung. Das heißt mit anderen Worten, wir müssen schneller zu hohen Stückzahlen kommen sowie das Verhältnis von Marktperioden und Anlaufverhalten optimal gestalten.

Wachsende nationale und internationale Verflechtungen bringen erhebliche ökonomische Vorteile, aber auch höhere Risiken und eine größere Sensibilität für die Volkswirtschaft, die Betriebe und Kombinate mit sich. Einerseits zwingt die ökonomische Verwertung der mit den Schlüsseltechnologien verbundenen hohen Vorleistungsaufwendungen zur internationalen Arbeitsteilung, andererseits ergeben sich höhere Anforderungen an Termintreue, Exaktheit und Qualität. Mit der Einführung des Prinzips der Eigenerwirtschaftung der Mittel in den Kombinaten wird die Notwendigkeit verstärkt, vorausschauend die materiellen und finanziellen Prozesse der Reproduktion zu ermitteln und auf deren optimalen Verlauf Einfluß zu nehmen.

Darin – und weitere Aspekte ließen sich aufzählen – bestehen m. E. wichtige Herausforderungen an die sozialistische Betriebswirtschaft und die umfassende Nutzung moderner Rechentechnik. Exaktes, schnelles Rechnen, ein tagfertiger Überblick, die „Durchsicht" komplizierter betriebswirtschaftlicher Zusammenhänge erlangen zunehmendes Gewicht. Das alles – ob Materiallogistik oder Ausnutzung der Grundfonds – führt nur dann zu ökonomischen Effekten, wenn zugleich ökonomische Interessen berührt werden, ihnen entsprochen wird. Stets müssen also betriebswirtschaftliche Fragen im engeren Sinne und Fragen der Leitung, Planung und wirtschaftlichen Rechnungsführung in ihrem Zusammenhang gelöst werden.

Eine noch so gute Materiallogistik führt nur dann zu den notwendigen ökonomischen Resultaten, wenn Betriebe und Kombinate auch ökonomisch voll daran interessiert sind und nicht andere Bewertungskriterien eine höhere Rangigkeit besitzen.
Ich möchte mich zu zwei ausgewählten Fragen äußern, die zur sozialistischen Betriebswirtschaft gehören bzw. sie tangieren.

Erstens: Die Ökonomisierung der wissenschaftlich-technischen Arbeit verlangt unausweichlich ein höheres Maß an Rechnerstützung. Wenn wir es heute mit einer Beschleunigung des Erneuerungsprozesses zu tun haben, die größer als in der Vergangenheit ist, wenn sich Marktperioden auf die Hälfte verkürzen, wenn der Vorleistungsaufwand in der Hälfte der Zeit zu verwerten ist und wenn das Verhältnis von Aufwand und Ergebnis damit zu verbessern ist, dann müssen wir in dieser besonders entscheidenden Phase des Reprodultionsprozesses wirksamer werden. Zweifellos verdeutlichen die erreichten Ergebnisse bei der Verkürzung des Gesamtzyklus und insbesondere der Überleitung, daß hier Fortschritte erreicht wurden. So hat sich – wie Untersuchungen im Forschungsinstitut des Ministeriums für Wissenschaft und Technik und andere Analysen zeigen – die Dauer von der angewandten Forschung bis zur Produktionseinführung heute im Vergleich zu Anfang der 80er Jahre auf zirka 2/3 verkürzt. Verkürzt wurde auch die Dauer der Grundlagenforschung. Zusammen mit der Vorbereitung auf das Pflichtenheft, mit der Einführungszeit bis zu stabiler Serienproduktion und mit der Markteinführungszeit vergehen jedoch weitere Zeiträume. Betrachtet man aber die Gesamtdauer, so wird deutlich, daß wir – gemessen an internationalen Maßstäben – bei einer Reihe von Erzeugnissen noch einiges aufzuholen haben.

In der Zeitverkürzung liegen entscheidende ökonomische Effekte. Rechtzeitiges Erscheinen bringt uns mögliche Extragewinne, jede Verzögerung dagegen Preiseinbußen auf den Außenmärkten. Die erreichten Effekte durch die Rechnerstützung in der Produktionsvorbereitung sind jedoch noch nicht die erreichbaren. Offensichtlich sind noch größere Effekte bei der Freisetzung bzw. Gewinnung von Arbeitskräften bei der Verkürzung der Projektierungszeiten u. a. m. möglich. Deshalb ist es notwendig, daß das ökonomische Projekt für Automatisierungsvorhaben die notwendigen Arbeitsproduktivitätssteigerungen, Selbstkostensenkungen und Materialeinsparungen vorsehen muß. Und dort, wo diese Automatisierungsvorhaben eingeführt werden, gilt es, die geplanten ökonomischen Wirkungen zu erreichen.

Wenn man die Entwicklung des gesellschaftlichen Arbeitsvermögens in unserem Lande berücksichtigt, so ist es um so dringlicher, die Anzahl der vorwiegend manuell tätigen Produktionsarbeiter bedeutend „zurückzufahren".

Die höhere ökonomische Wirksamkeit durch die Rechnerstützung in der Produktionsvorbereitung ergibt sich also auch aus der Notwendigkeit, mit dem verfügbaren Potential für Leitung und Planung auszukommen und in der Perspektive werden wir sicher auch in den wissenschaftlich-technischen Bereichen nicht daran vorbeikommen. Bereits heute haben einige Kombinate den Plan für das F/E-Potential nicht erreicht. Um so dringlicher ist die Produktivitätssteigerung durch Rechnerstützung. Die Ausstattung mit Rechentechnik ist in den letzten Jahren bedeutend gestiegen. Ende 1987 waren in der gesamten Volkswirtschaft 43700 CAD/CAM-Stationen und Systeme im Einsatz. Dabei liegt die Einsatzdichte dieser Systeme in den Kombinaten des Maschinenbaus und der Elektrotechnik/Elektronik über dem Durchschnitt der Volkswirtschaft.

Entsprechend den Beschlüssen des XI. Parteitages der SED wird sich der Ausstattungsgrad bis 1990 weiter bedeutend erhöhen, also das Tempo des Einsatzes in den nächsten Jahren zunehmen. Entscheidend wird es jetzt sein, daß daraus hoher ökonomischer Nutzen entspringt. Nach unseren Untersuchungen und Erkenntnissen sind folgende Faktoren der Nutzung der Rechen- und Informationstechnik für die ökonomische Wirksamkeit von Wissenschaft und Technik ausschlaggebend:

1. Eine gründliche Auswahl der mit Rechen- und Informationstechnik zu bewältigenden Arbeiten. Vorrangig geht es hier um solche Tätigkeiten wie die technische und technologische Dokumentation, die Konstruktion und Projektierung sowie die Rationalisierung der Leitungs- und Verwaltungsarbeit. Nach vorliegenden Einschätzungen hat sich der Aufwand auf diesem Gebiet, z. B. bei Wissenschaft und Technik, bedeutend erhöht. Das ist bei der zunehmenden Kompliziertheit der Aufgaben sowohl objektiv als auch subjektiv bedingt.

2. Mit dem Einsatz der Schlüsseltechnologien vollziehen sich auch tiefgreifende Veränderungen im Anforderungsprofil der Beschäftigten. Internationale Erfahrungen lassen auch für uns den Schluß zu, daß in 8 bis 10 Jahren fast die Hälfte aller Arbeitsplätze von der Informationsverarbeitung beeinflußt wird und wesentliche Lebensbereiche davon betroffen sein werden. Allein durch die Anwendung der CAD/CAM-Technik rechnen wir in diesem Fünfjahrplan mit veränderten bzw. neuen Arbeitsbedingungen von 300000 bis 500000 Werktätigen, davon die Hälfte in den produktionsvorbereitenden Bereichen. Da insbesondere Arbeitsplätze mit geringen Qualifikationsforderungen eingespart werden, kommt es bei den Arbeitsplatzanforderungen zu einer Verschiebung in Richtung eines höheren Qualifikationsniveaus. Deshalb sind die Werktätigen auf die neue Technik umfassend vorzubereiten, für die neuen Aufgaben zu begeistern und zu befähigen. Das Tempo der Aus- und Weiterbildung ist zu beschleunigen und das Niveau zu erhöhen. Analysen machen deutlich: Die Anzahl der planmäßig auszubildenden Kader ist zu erhöhen. Die Kaderauswahl ist gründlicher vorzunehmen. Die Ausbildung von kombinats- bzw. betriebseigenen Kräften für die Wartung und Reparatur ist unerläßlich geworden.

3. Die Komplexität und Durchgängigkeit der Leitung und Planung des gesamten Reproduktionsprozesses, insbesondere die Verbindung von rechnergestützter Produktionsvorbereitung mit dem rechnergestützten Fertigungsprozeß ist zu erhöhen. Dabei geht es um eine komplexere Bearbeitung der Neuerungsprozesse von der Forschung und Entwicklung bis zum Absatz – bei einer wesentlichen Erhöhung der Verantwortung aller Bereiche, insbesondere der ökonomischen Bereiche für diese Prozesse. Darin ist auch eine wichtige Funktion des Erneuerungspasses zu sehen. Es kommt nunmehr darauf an, ihn noch besser für die Ökonomisierung des gesamten Erneuerungsprozesses zu nutzen. Dazu ist dem Auftrag des Generaldirektors zur Pflichtenheftvorbereitung eine größere Aufmerksamkeit zu schenken. Dieser Teil I des Erneuerungspasses verlangt einen qualitativ neuen Schritt der Aufgabenvorbereitung. Mit dem Nutzungskonzept ist eine effektive Verwertung der wissenschaftlich-technischen Ergebnisse durch Produktion und Absatz zu gewährleisten. Insgesamt ist es erforderlich, das gesamte betriebswirtschaftliche und leitungsorganisatorische Umfeld auf eine höhere ökonomische Wirksamkeit und die Beschleunigung der Erneuerungsprozesse im Kombinat einzustellen. Die Nutzung der modernen Rechentechnik für die Qualifizierung der Leitung und Planung von Wissenschaft und Technik unterstützt die Arbeit der Leiter u. a. in folgenden Richtungen:

- Vorbereitung ökonomisch begründeter Leitungsentscheidungen für die Planansätze und wissenschaftlich-technischen Aufgaben;
- Bewertung der ökonomischen Wirksamkeit von Wissenschaft und Technik;
- materialökonomischer Einsatz der Fonds und Ressourcen;
- Einflußnahme auf die Produktion und den Export neuer Erzeugnisse und

- Einflußnahme auf die Sicherung einer engen Verbindung von Wissenschaft und Technik und Investitionen sowie auf die Einhaltung der geplanten Investitionen und des Kapazitätszuwachses neuer Erzeugnisse.

Von Bedeutung ist in diesem Zusammenhang das Gesamtkonzept der durchgängigen Leitung und Planung des Prozeßgebietes Wissenschaft und Technik durch den Wissenschaftsplanerarbeitsplatz zu seiner Verknüpfung von Investitionsplaner-, Bilanzierer-, Materialplaner- und Außenwirtschaftsplanerarbeitsplatz. Aufmerksamkeit verdient in diesem Zusammenhang eine unter der Leitung des ZSW gemeinsam mit Vertretern von Kombinaten erarbeitete kombinatsspezifische Softwarelösung zur Qualifizierung des Entscheidungsprozesses für wissenschaftlich-technische Aufgaben unter Berücksichtigung der Arbeit mit dem Erneuerungspaß und dem Pflichtenheft. Mit dem „EMOPASS" können wichtige Effektivitätskennziffern zu den Aufgaben des Planes Wissenschaft und Technik, in ihren gegenseitigen Verflechtungsbeziehungen von der Eröffnungsverteidigung bis zur Abrechnung der Ergebnisse im 2. Folgejahr nach Produktionseinführung berechnet, erfaßt und ausgewertet werden. Die Arbeit daran erfolgt auf der Basis weniger, vorhandener Daten.

Er unterstützt damit den Entscheidungsprozeß der Leiter zur Auswahl ökonomisch begründeter Varianten bzw. zur ökonomischen Bewertung von wissenschaftlich-technischen Aufgaben.

Mit dem Programm ist es möglich, die Entwicklung wichtiger ökonomischer Kennziffern des abzulösenden und neuen Erzeugnisses darzustellen. Über ein Recherchemenü können frei wählbare ökonomische Kennziffern betriebs- oder kombinatsbezogen über Bildschirm und Druck abgerufen werden.

Die neue Qualität dieses Projektes besteht darin, daß es nicht nur Daten erfaßt und auswertet, sondern ökonomische Eingangsgrößen entsprechend ihren Verflechtungsbeziehungen berechnet und deren Einfluß auf wichtige ökonomische Entscheidungskriterien ausweist. Es ist möglich, weiterhin Änderungen in Eröffnungs- und Abschlußverteidigungen kurzfristig in ihren Auswirkungen auf die Gesamtökonomie zu berechnen und zu prüfen. Im März 1988 wird der „EMOPASS" in allem Kombinaten des Ministeriumsbereiches Schwermaschinen- und Anlagenbau eingeführt und steht zur Nachnutzung zur Verfügung.

In diesem Zusammenhang ein Wort in eigener Sache, d.h. zur Forschungsarbeit von uns Wirtschaftswissenschaftlern. Es ist zum gegenwärtigen Zeitpunkt kein Zufall, daß die Forderungen nach Leitungsinstrumenten zur komplexen Bewertung der Effektivität der Schlüsseltechnologien und damit auch zu einer funktionsfähigen rechnergestützten Betriebswirtschaft steigen. Meines Erachtens steht gegenwärtig noch die Planung und Abrechnung der Effektivität einzelner Schlüsseltechnologien zu sehr im Vordergrund. Ihre Wirkungen widerspiegeln sich jedoch nur in den Gesamtergebnissen des Reproduktionsprozesses. Zunehmend geht es bei der Anwendung der Schlüsseltechnologien um den gesamten Reproduktionsprozeß und nicht mehr nur um einzelne Vorhaben. Damit wachsen auch die Anforderungen an eine betriebswirtschaftliche Bewertung und Messung. Betrachten wir die gegenwärtige Effektivitätsrechnung von F/E-Aufgaben und Investitionen, so bewerten wir einen einheitlichen Neuerungsprozeß mit unterschiedlichen Entscheidungskriterien und Bewertungsmaßstäben, z.B. Wiedererwirtschaftungsdauer und Rückflußdauer. In diesem Zusammenhang gewinnen die Erkenntnisse der Marxschen Reproduktionstheorie zur komplexen Ökonomie der gesellschaftlichen Arbeitsaufwendungen an Bedeutung, wo der gesellschaftliche Gesamtaufwand in den Mittelpunkt der Betrachtung gestellt wird, das heißt die lebendige und vergegenständlichte Arbeit, sowie der einmalige und laufende Aufwand unter Beachtung des Zeitfaktors. Neue betriebswirtschaftliche Überlegungen sind zum Verhältnis der beschleunigten Erneuerung der Produktion in Wirkung auf die Verkürzung der Marktperioden, auf den Generationswechsel und die Anlaufphasen neuer Erzeugnisse, Verfahren und Technologien sowie zur Ökonomie der lebendigen Arbeit bei der Automatisierung der Produktion notwendig.

Zweitens: Es sind noch einige wenige Bemerkungen zur Markteinführung zu machen. Mit der Markteinführung beginnt der Prozeß, durch den das Geld zurückfließen muß. Hier erweist sich, in welcher Höhe und mit welchem Tempo die bis dahin verausgabten finanziellen und materiellen Mittel zurückfließen, der Reproduktionskreislauf also geschlossen wird. Mit der wachsenden Erneuerungsrate ist in der Leitungstätigkeit die Rolle der Markteinführung weiter gewachsen. Auch nach internationalen Einschätzungen ist Markteinführung mit hohen finanziellen Aufwendungen verbunden. Analysen verdeutlichen, daß auf den Prozeß der Markteinführung 25 % des Zeitaufwandes und 45 % der Kosten des gesamten Erneuerungsprozesses entfallen.

Entscheidend ist der optimale Zeitpunkt des Markteintritts. Die erforderlichen steigenden Fondsvorschüsse sind in Zukunft vor allem dann aufzubringen, wenn es gelingt, Produkte und Leistungen in einem solchen Umfang vor anderen Produzenten zu verkaufen, daß eine maximale Ausschöpfung des möglichen Absatzzeitraumes oder auch der Marktperiode möglich ist. Gerade der Zeitpunkt des Markteintrittes erweist sich immer mehr als neuralgischer Punkt für hohe Effekte. Er kann bei Spitzenleistungen nur zu Beginn einer neuen Marktperiode liegen. Je später der Markteintritt, desto kürzer die mögliche Verkaufszeit und um so mehr wächst das Risiko, so daß der Fondsvorschuß nicht mehr voll zurückfließt. Ich erinnere hier an die Marxsche Feststellung: „Jede neue Erfindung, welche es ermöglicht, in einer Stunde zu produzieren, was bisher in zwei Stunden produziert wurde, entwertet alle gleichartigen Produkte, die sich auf dem Markt befinden."[4]

Natürlich muß mancher Erstanbieter das „Lehrgeld für alle bezahlen". Entscheidend ist jedoch, daß wenn man Erstanbieter ist, das Erzeugnis bei hoher konstruktiver Sicherheit, guter Qualität, reibungsloser Ersatzteilversorgung längerfristig auf dem Markt bleibt. Der Erfolg auf dem Markt bei neuen Erzeugnissen hängt natürlich nicht nur vom Niveau und der Qualität des Entwicklungsprozesses und des Erzeugnisses selbst ab. Eine eigenständige Funktion hat gerade die Markteinführung. Die Information potentieller Anwender über die

Einsatzmöglichkeiten und Vorzüge der neuen Erzeugnisse und Verfahren, ein hohes Niveau der Serviceleistungen gerade bei der Einführung neuer Erzeugnisse entscheidet selbst mit über den Erfolg der Markteinführung.

Wichtig ist ein reibungsloses Zusammenwirken von Konstruktionsprozeß und Markteinführung.

Als Kriterien eines marktgerechten Servicekonzeptes, z. B. beim Export von Erzeugnissen der Informationsverarbeitung, haben sich bewährt:

- Langzeitorientierte Funktionssicherheit, wartungs- und verschleißarme Konstruktion, geringer Justageaufwand, zeiteffektive Austauschbarkeit von Baugruppen und Einzelteilen;
- Einhaltung internationaler branchenspezifischer technischer Vorschriften;
- Einsatz von international kompatiblen elektronischen und elektrischen Komponenten;
- ein dem internationalen Niveau entsprechender Einsatz von Meß- und Prüfmitteln.

Auch das wird rationell nur mittels Rechnerstützung machbar. Ein weiterer wichtiger Aspekt der Markteinführung ist die Beziehung zwischen Marktanteilen und Effektivität. Es zeigt sich, Anbieter mit hohem Marktanteil realisieren in der Regel höhere Preise. Natürlich gilt es, in bezug auf die Erreichung hoher Marktanteile anspruchsvolle und zugleich reale Ziele zu stellen. Eine vorrangige Orientierung auf Marktnischen wird diesem Grundgedanken nicht gerecht. Dabei sind Marktnischen nicht gleichzusetzen mit hochspezialisierten Anbietern, die ein Monopol besitzen und über Marktkonditionen bestimmen. Die Markteinführung und ihre Vorbereitung ist also inhaltlich und zeitlich untrennbar mit dem Prozeß der Erzeugnisentwicklung verflochten. Einerseits führen die Vorbereitung und Markteinführung selbst zu weiteren Erkenntnissen bezüglich des Bedarfs, der Anwenderwünsche und der Realisierungsbedingungen, andererseits müssen die Kader in den Entwicklungsbereichen daran interessiert sein, ihre Arbeitsergebnisse möglichst frühzeitig auf dem Markt, beim potentiellen Anwender zu testen, um jederzeit eine bedarfsgerechte Entwicklung der Erzeugnisse und ihre zügige Markteinführung zu sichern.

Wie Erfahrungen einer Reihe von Kombinaten zeigen, kommt es darauf an,

- die Kader in Forschung und Entwicklung stärker in die Verteidigung ihrer Ergebnisse auf dem Markt einzubeziehen. Dem dient die Praxis, Exponate auf Messen selbst vorzustellen und an Kundenverhandlungen aktiv teilzunehmen, um die Vorteile der Neuentwicklung mit Fachkompetenz darstellen zu können;
- die Ergebnisse der Bewährung auf dem Markt zum Ausgangspunkt für die ständige Analyse und kritische Auseinandersetzung mit ungenügendem Marktverhalten bei neuen Erzeugnissen und ihren Ursachen vor allem in den F/E- und Absatzbereichen zu machen.

Entscheidend für das ökonomische Ergebnis bei neuen Erzeugnissen und Verfahren auf den Märkten sind vor allem zwei grundlegende Richtungen der Markteinführung:

1. Eine qualifizierte Anwenderberatung, eine überzeugende Verkaufsargumentation, die Vorbereitung des Service – also alle Prozesse, die auf die Realisierung des Gebrauchswertes orientieren – gewinnen wachsende Bedeutung. Mit dem Verkauf von Schlüsseltechnologien, von immer komplizierteren Komplexen wird es notwendig, den Anwender, den Kunden selbst mit einzubeziehen. Das setzt die Ausbildung und Formierung von technisch versierten Absatzkadern voraus und schließt Fremdsprachenwissen der Kader ein und nicht zuletzt die Rechnerstützung selbst.

2. Die kommerzielle Seite im engeren Sinne spielt bei der Markteinführung eine zunehmend dominierende Rolle. Während in den 50er und 60er Jahren solche Marktfaktoren wie Preise, Kurse, Zinsen relativ stabil waren (und Preise sich vor allem durch veränderte Gebrauchswerte veränderten), haben wir es heute auf den internationalen Märkten mit einer grundlegend neuen Situation zu tun. Die Marktkonditionen verändern sich heute oft täglich, und beeinflussen damit den Wert des in der Produktionsvorbereitung und in der Produktion entwickelten bzw. geschaffenen Produkts. Daraus ergeben sich neue Ansprüche und eine höhere Qualität an die kommerzielle Arbeit sowohl bei der unmittelbaren Markteinführung selbst als auch bei der strategischen Arbeit sowie bei der Bestimmung der zu erwartenden Valutaerlöse in den Pflichtenheften und Erneuerungspässen. Eine möglichst exakte Kenntnis der Prozesse, eine möglichst genaue Vorauseinschätzung von Entwicklungen auf diesem Gebiet, ein rechtzeitiges Reagieren verhindert Effektivitätsverluste und ermöglicht die Realisierung marktgerechter Preise.

Unkenntnis, Fehleinschätzungen, zu langsames Reagieren auf diesen Gebieten kann uns Verluste bringen. Und auch hier ist ein entscheidender Ansatzpunkt für die Nutzung der Rechentechnik sowohl für Marktinformationssysteme, wie sie sich derzeit in vielen Kombinaten herausbilden, als auch für Effektivitätsberechnungen von der strategischen Arbeit bis zur Preisverhandlung.

Abschließend will ich auf eine m. E. generelle betriebswirtschaftliche Erfahrung bei der Rechnerunterstützung hinweisen. Manches Modell wird von der Praxis noch nicht „angenommen", weil es angeblich „nicht geht". Hier haben wir es offensichtlich mit zwei Problemen zu tun. Einmal müssen in der betrieblichen Praxis Voraussetzungen geschaffen werden, daß mit Modellen gearbeitet werden kann. Es geht nicht an, den Rechner nur für bisherige – manuell ausgeübte – Arbeiten einzusetzen. Andererseits müssen Modelle bzw. Programme naturlich nutzerfreundlich sein, müssen Erfordernisse der Praxis berücksichtigen.

Anmerkungen

1 E. Honecker, Schlußwort auf der 5. Tagung des ZK der SED. Dietz Verlag, Berlin 1987.

2 Vgl. G. Mittag, 5. Tagung der Volkskammer der DDR., in: ND 19./20. 12. 1987, S. 6.

3 Vgl. H. Koziolek, Betriebswirtschaft im System unserer sozialistischen Planwirtschaft, in: Einheit 12/1987, S. 1077 ff.

4 K. Marx, Das Elend der Philosophie, in: Marx/Engels, Werke, Bd. 4, Berlin 1969, S. 94.

Franz Pleschak/Reinhard Mattern

Zum Erzeugnisbezug und der Ausnutzung der CAD/CAM-Datenbasis in der sozialistischen Betriebswirtschaft

Die Schlüsseltechnologien eröffnen neue Wege und Möglichkeiten, den wachsenden Anforderungen an den Effektivitäts- und Leistungszuwachs der Kombinate und Betriebe zu entsprechen. Mit der Kombination und Konzentration von CAD/CAM, flexibler Fertigungstechnik und rechnergestützten Lösungen für die Betriebswirtschaft in komplexen Vorhaben werden die Intensivierung in allen Phasen des Reproduktionsprozesses vertieft, der Gesamtzyklus Wissenschaft–Technik–Produktion–Absatz beschleunigt und die Bedingungen für einen hohen Effektivitätszuwachs geschaffen. Zwar existieren diese neuen Technologien auch autonom, der hauptsächliche Effektivitätszuwachs resultiert jedoch aus der nur bei komplexen Vorhaben zustandekommenden Durchgängigkeit der ökonomischen Wirkungen von der Produktionsvorbereitung über die Produktionsdurchführung bis zum Absatz der Erzeugnisse. Komplexe Vorhaben erfordern im Interesse der vollen Ausnutzung des Effektivitätspotentials der Schlüsseltechnologien umfangreiche Veränderungen im Reproduktionsprozeß. Dazu gehören: Die automatisierungsgerechte Strukturierung und Gestaltung der Erzeugnisse, die Modernisierung der Grundmittel, die Anfertigung erzeugnis- und technologiespezifischer Lösungen im Rationalisierungsmittelbau, die Nachnutzung und Anpassung sowie die Eigenproduktion von Software, die Aufbereitung und Systematisierung der Daten sowie die Schaffung der zentral und dezentral verfügbaren Datenbasis, die Neuorganisation des Prozeßablaufs und der Aufbaustruktur, die Gestaltung der Arbeitsbedingungen und -inhalte, die Bildung und Qualifikation der Menschen, die Enwicklung der sozialen Beziehungen und der Persönlichkeiten.

Das gesamte Wirtschaften in den Kombinaten und Betrieben muß demnach auf diese neuen Technologien eingestellt werden. Die sozialistische Betriebswirtschaft hat das volle reale Wirksamwerden des Effektivitätspotentials der Schlüsseltechnologien zu gewährleisten, deren Einführung voranzutreiben und sie ist dabei selbst entsprechend den veränderten Bedingungen umzugestalten.

Die hohe Komplexität der mit den Schlüsseltechnologien verbundenen Neuerungsprozesse verlangt ein hohes Niveau der analytisch und langfristig-konzeptionellen Vorbereitung. In ihrem Mittelpunkt müssen die zu produzierenden und zu verkaufenden Erzeugnisse stehen. Durch Bedüfnis-, Bedarfs- und Marktforschung, durch Analyse der Absatzerfordernisse und Absatzerfahrungen sind die Erzeugnis- und Leistungsstruktur als Ganzes sowie die Ziele für komplexe Anwenderlösungen, für Sortimente und für einzelne Erzeugnisse zu konzipieren. Hieraus ergeben sich die Konsequenzen für die Technologie- und die daraus abgeleitete Grundfondserneuerung. Die Beherrschung der Komplexität aller auf das Sortiment und das Erzeugnis gerichteten Neuerungsprozesse ist eine wichtige Bedingung hoher Effektivität. So müssen beispielsweise die Schwerpunkte, Richtungen und Ziele der Automatisierung aus dem jeweiligen Erzeugnislebenszyklus und der Einordnung des Erzeugnisses in die Enwicklungslinie des technisch-ökonomischen Niveaus abgeleitet werden. Aus dem Übergang zu neuen Erzeugnisprinzipien ergeben sich Schlußfolgerungen bezüglich der notwendigen Flexibilität der Grundmittel, der möglichen Nutzungsdauer der Fertigungstechnik und der zu schaffenden Kapazitäten. Werden diese Zusammenhänge ungenügend beachtet, dann wird im allgemeinen das Effektivitätspotential der Technologien nicht voll ausgenutzt.

Auch aus der Sicht der Gestaltung des Reproduktionsprozesses muß das Erzeugnis mehr in den Blickpunkt der Betriebswirtschaft gestellt werden. Letztlich müssen sich alle Teilaspekte der Ökonomie (z.B. in Form der Grundfondsökonomie, der Materialökonomie, der Ökonomie der Produktionsvorbereitung) in höherer Erzeuniseffektivität ausdrücken, ansonsten bleiben sie Selbstzweck. In der Entwicklung der mit dem abzusetzenden Erzeugnis verbundenen Wert- und Effektivitätskennziffern drücken sich die Bemühungen um Aufwandssenkung, Qualitätserhöhung und Veredlung, Zeitdauerverkürzung und Erhöhung der Reaktionsfähigkeit konzentriert aus. Das verlangt, neue Erzeugnisse integriert technisch-ökonomisch zu gestalten, die Entwicklungsarbeiten ökonomisch zu fundieren, die Entwicklungsergebnisse ökonomich zu bewerten und auf der Grundlage interdisziplinärer Arbeit technisch-ökonomische Modelle, komplexe Bewertungsalgorithmen und Entscheidungskriterien bereitzustellen. Ingenieurökonomisch ausgebildete Kader sind dafür eine wichtige Voraussetzung. Die Zusammenhänge zwischen naturwissenschaftlich-technischen und ökonomischen Parametern und Prozessen sind aufzudecken und effektivitätsorientierte technische Lösungen zu verwirklichen. Bei auftragsorientierter Produktion sind geschlossene betriebswirtschaftliche Lösungen für produktionsvorbereitende und produktionsdurchführende Prozesse anzustreben. In Verbindung mit den dabei entstehenden Prozeßstrukturen ist die Herausbildung neuer Organisationslösungen zu durchdenken.

Die Ausgestaltung der sozialistischen Betriebswirtschaft und ihre Wirkungsweise wird maßgeblich vom Erzeugnistyp, dem Charakter der für das Erzeugnis erforderlichen technologischen Prozesse, der Stellung der Erzeugnisse im Prozeß der Bedürfnisbefriedigung und im volkswirtschaftlichen Reproduktionsprozeß, dem Aggregationsgrad und der Anwendungsbreite der Erzeugnisse, der Fertigungsart und der Betriebsgröße beeinflußt. Diese spezifischen Reproduktionsbedingungen bestimmen die Arbeitsteilung und Prozeßstruktur im Betrieb, die Entscheidungssituationen und -kriterien, die Leitungsorganisation, die Ausprägung der Kostenrechnung u. a. m. Die tiefere Hinwendung der Betriebswirtschaft zu den aus dem jeweiligen Zweig bzw. Betriebstyp entstehenden spezifischen Problemen ist vor allem im Interesse einer höheren Praxiswirksamkeit notwendig. Die sich mit der konzipierten ingenieurökonomischen Ausbildung vertiefende Profilierung der betriebswirtschaftlichen Sektionen auf bestimmte Zweige wird diesen Prozeß unterstützen.

Zu einem weiteren Aspekt. Die auf das Erzeugnis bezogene Datenbasis ist Kristallisationspunkt für die Herausbildung der rechnergestützten Betriebwirtschaft. Zwar sind rechnergestützte betriebswirtschaftliche Lösungen bereits möglich, wenn das technologische Niveau produktionsvorbereitender und produktionsdurchführender Prozesse noch gering ist, sie erreichen ihre volle Wirksamkeit jedoch erst, wenn auf eine entwickelte CAD/CAM-Datenbasis zurückgegriffen werden kann. Die CAD/CAM-Datenbasis ist Grundlage für die Integration von Aufgabengebieten und für CIM-Strukturen.

Im VEB Kombinat Umformtechnik „Herbert Warnke“ Erfurt wurde folgender Stand erreicht:

Die in Entwicklung befindliche geometrieorientierte CAD/CAM-Datenbasis (Zeichnungen, Standards, Erzeugnisdokumentationen, Berechnungsgrundlagen, Konstruktionsrichtlinien) ermöglicht die geometrische Modellierung von Umformmaschinen, die effektive Speicherung, den interaktiven Zugriff sowie die konstruktiv-technologische mehrstufige Verwertung dieser Informationen. Die technisch-organisatorische CAD/CAM-Datenbasis umfaßt eine Stücklistendatenbank mit 250000 Datensätzen zur Definition von Einzelteilen, Baugruppen und Erzeugnissen sowie 400000 Struktursätzen zur Definition ihrer Verwendung, einen Arbeitsplanspeicher für 170000 Arbeitspläne und einen Speicher zur flexiblen Produktionsprozeßsteuerung mit Daten für 150000 Teile und 1 Million Arbeitsgängen. Dezentral erfolgt am Bürocomputer-Mehrplatzsystem die Erfassung der Auftrags-, Gegenstands- und Strukturdaten der Konstruktionsstückliste und an 30 Arbeitsstationen in der Technologie die Erarbeitung und Aktualisierung der Arbeitspläne. Diese Daten werden zentral gespeichert und für die Dialogarbeit, für die Bestimmung von Aufwandsnormativen, für die Erarbeitung von Fertigungsauftragsdaten und für die Fertigungssteuerung genutzt. Die flexible Ferigungssteuerung schließt die Datenerfassung und -verwaltung in variablen Daten- und Dateistrukturen, ESER- und PC-Programme sowie interaktive menüorientierte Abfrage- und Eingriffssysteme auf Basis lokaler Netze ein.

Auf dieser Datenbasis aufbauend können bisher getrennt durchgeführte Aufgaben integriert werden. Die Entwicklung geht dabei über folgende Stufen:

- Einführung durchgängiger objektbezogener (teile- bzw. teileklassenbezogener) rechnerunterstützter Lösungen für die konstruktiv-technologische Vorbereitung,
- Einsatz flexibel automatisierter Fertigungstechnik und flexibler integrierter Fertigungssysteme,
- Verknüpfung der CAD/CAM-Lösungen und der Steuerung der Fertigungssysteme,
- Integration der CAD/CAM-Datenbasis für alle Teileklassen mit dem System der Planung und Steuerung der Produktion.

In Verbindung damit existiert im Umformkombinat u. a. folgende Datenbasis:

- Ein Normativspeicher mit 2500 Belastungsnormativen zum Zwecke der Optimierung der zeitlichen Verteilung des Produktionssortiments auf kürzere Zeiträume und der Kapazitätsbilanzierung,
- eine Datenbasis für 6000 Arbeitskräfte mit 1,5 Millionen Datensätzen für Stammdaten und 1,0 Million Datensätzen für die Lohn- und Gehaltsrechnung,
- eine Datenbasis für 27000 Grundmittel, 45000 Materialstammdaten, 25000 artikelorientierte Bestandsdaten, 30000 Datensätze für Materialbewegungen und 450 Materialverbrauchsnormen.
- eine Datenbasis für die Veränderung der Normzeiten in den Arbeitsplänen durch Rationalisierungsmaßnahmen (etwa 400000 Veränderungen).

Durch die Verbindung der CAD/CAM-Datenbasis mit diesen betriebswirtschaftlichen Daten lassen sich viele betriebswirtschaftliche Aufgaben, wie Arbeits- und Maschinenzeitbilanzierung, Auslastungsrechnung, Bestandsoptimierung usw., rechnerunterstützt lösen.

Diese Daten stehen gleichzeitig für die Erhöhung des Niveaus der Entscheidungsfindung in der Produktionsvorbereitung zur Verfügung. Damit ist ein wichtiger Schritt zur rechnerintegrierten Vorbereitung und Durchführung der Produktion vollzogen. In Verbindung mit der Datenerfassungstechnik bei flexibel automatisierten Fertigungssystemen können Abrechnung und Kontrolle integriert werden. Die geschaffene Datenbasis steht schließlich für rechnerunterstützte Leitungsprozesse und Planungsabläufe zur Verfügung. Die Datenintegration ist Grundlage für die Funktionsintegration und die sich daraus ableitende Strukturintegration. Die Ausführungen belegen, daß die Erarbeitung und Einführung komplexer rechnerintegrierter Vorhaben in Abhängigkeit von den Zielen und Bedingungen in Entwicklungsstufen vor sich geht. Die partiellen Lösungen sind als Bausteine komplexer Vorhaben zu erarbeiten. Dazu müssen sie aus einem geschlossenen Gesamtkonzept abgeleitet werden und durch modulare Gestaltung an Schnittstellen erweiterungs- und integrationsfähig sein. Bei einem solchen Vorgehen lassen sich uneffektive Insellösungen, die für Erweiterungen nicht paßfähig sind, verhindern.

Die Einsatzvorbereitung rechnerunterstützter Lösungen für betriebswirtschaftliche Aufgabengebiete erfordert:

– Gliederung des Prozesses in Grund- und Elementarfunktionen

Die Zerlegung der informationellen Prozesse führt zu Modulen, die durch abgegrenzte, nicht weiter sinnvoll auflösbare Elementarfunktionen charakterisiert sind. Gleichzeitig wird damit die Prozeßstruktur vervollkommnet.

– Erarbeitung des Datenmodells

Es wird ein datenorientiertes Abbild der informationellen Prozesse erarbeitet und der Zusammenhang zwischen den Daten ermittelt. Die Beziehungsstrukturen ergeben sich aus den Prozeßabläufen und Entscheidungssituationen. Die Erarbeitung des Datenmodells trägt zur Erhöhung der Ordnung in den Beziehungsstrukturen bei.

– Zuordnung der Daten zu den Funktionen
Es wird festgelegt, welche Daten für die Lösung einer Funktion erforderlich sind und welche Daten im Ergebnis der Informationstransformation entstehen. Damit lassen sich die Anforderungen an die innere Struktur der Daten präzisieren; es wird sichtbar, welche Daten bei welchen Funktionen gemeinsam genutzt werden und aus welchen Vorschriften und Regeln die Informationstransformation vor sich geht.

– Bildung von Integrationsketten
Es werden Funktionen in Ketten integriert, die auf eine gemeinsame Datenbasis zurückgreifen und zwischen denen intensive informationelle Verflechtungen bestehen. Mit der bereichsübergreifenden Koordinierung der Funktionen werden die Grundlagen für die Neugestaltung betriebswirtschaftlicher Abläufe geschaffen. Es wird das zusammengeführt, was durch die Ausnutzung der gemeinsamen Datenbasis zusammengehört und komplex entschieden werden kann und muß. Es entstehen dadurch objektbezogene Prozeßabläufe, die durch die Bilanzierung in den Dateien der Datenbank gesamtbetrieblich eingeordnet werden.

Typische Linien für die Daten- und Funktionsintegration in rechnergestützten Lösungen sind
- die Verbindung von rechnerunterstützter maßnahmebezogener und betrieblicher Planung von Wissenschaft und Technik,
- die durchgängige rechnerunterstützte auftragsbezogene Vorbereitung und Durchführung der Produktion,
- die Verbindung von Planung und Steuerung der Produktion,
- die Verbindung von rechnerunterstützter Fertigungsvorbereitung und Prozeßführung,
- die Integration von Produktionsvorbereitung, Material- und Lagerwirtschaft.

Die Erarbeitung derartiger Lösungen ist mit der Klassifizierung und Systematisierung der betrieblichen Prozesse verbunden.

– Schaffung der Programmbasis
Von den Möglichkeiten der Algorithmierbarkeit und Programmierbarkeit ausgehend ist zu entscheiden, welche Funktionen rechnerintern, im Mensch-Maschine-Dialog oder außerhalb der rechnerunterstützten Arbeit gelöst werden. Grundlage für die Programmerarbeitung sind die betriebswirtschaftichen Theorien und Gesetzmäßigkeiten. Vielfach sind diese erst so aufzubereiten und zu vertiefen, daß rechnerunterstützte Arbeit möglich wird. Durch Abbau ungerechtfertigter Organisationsunterschiede, durch Anwendung einheitlicher theoretischer Konzepte und ihre Fixierung in Gesetzen, Organisationsanweisungen und Vorschriften wird das Anwendungsfeld multivalent nutzbarer Software erweitert.

Zu den Bausteinen des modular aufgebauten Programmsystems gehören auch rechnergestützte Lösungen für betriebswirtschaftliche Methoden und Modelle, z. B. für die Bewertung, Prognosearbeit, statistische Auswertungen, Bilanzierungs- und Ausgleichsrechnungen, Ablaufplanungen und Organisationsaufgaben. Datenbank und Methodenbank müssen verknüpfbar sein.

– Konzipierung der Rechentechnik
Der Mensch-Maschine-Dialog in Verbindung mit der arbeitsplatznahen, dezentralen Rechentechnik führt zur Neugestaltung betrieblicher Abläufe. Je nach der Entscheidungssituation werden Verarbeitungsprozesse sofort, in bestimmten Rhythmen oder zu bestimmten Planungszeitpunkten ausgelöst. Die Verfügbarkeit über die Dateien des Reproduktionsprozesses gestatten die bewußte Variantenkonzipierung, die Vervollkommnung der Bewertung und Entscheidungsfindung und die Erhöhung der Komplexität der Entscheidungskriterien. Mit der Funktionsintegration ergeben sich neue Anforderungsbilder an den Betriebswirtschaftler, den Konstrukteur, Technologen und Projektanten.

Unter den Bedingungen partiell bzw. völlig verteilter Datenverarbeitungssysteme ist festzulegen, welche betriebswirtschaftlichen Funktionen auf welcher Rechnerebene gelöst werden und welche Konsequenzen sich daraus für die Zentralisierung bzw. Dezentralisierung von Entscheidungen ergeben. In Verbindung mit der Kopplung von dezentraler und zentraler Rechentechnik ist festzulegen, welche Funktionen im Stapelbetrieb und welche im Dialogbetrieb zu lösen sind. Für die Wirksamkeit verteilter Datenverarbeitungssysteme ist die einheitliche Gestaltung der Software im Kombinat Voraussetzung. Unterschiedliche Herangehensweise an die Softwareentwicklung in den Kombinatsbetrieben und unterschiedliche Interpretationen betriebswirtschaftlicher Gesetzmäßigkeiten erschweren den Aufbau verteilter Datenverarbeitungssysteme.

Claus Friedrich

CAD/CAM-Anwendungen in der Schuhindustrie am Beispiel des Systems GRAFIS[1]

1. GRAFIS ist eine eigenständige CAD/CAM-Systementwicklung der Schuhindustrie der DDR. Sie beginnt, die Fertigungsvorbereitung, Fertigung und Organisation des Reproduktionsprozesses im Kombinat Schuhe nachhaltig zu verändern. Ausdruck dessen sind die bereits erfolgten Anwendungen in ca. 30 Betrieben der Schuhindustrie und anderen Industriezweigen der DDR für die Nähautomatisierung, den Bau von Rationalisierungsmitteln, komplizierten Spritzguß- und Umformwerkzeugen. Ausdruck dessen ist auch die spürbare Identifikation der Werktätigen des Industriezweiges mit den neuen Methoden, Verfahren und Lösungen.
2. Im internationalen Vergleich erweist sich GRAFIS als leistungsfähiges CAD/CAM-System, das das Niveau mitbestimmt. Drei leistungsbestimmende Merkmale sind für das System kennzeichnend:
- Die Komplexität der Anwendungsmöglichkeiten und ihre Durchgängigkeit von der konstruktiven und technologischen Fertigungsvorbereitung bis zur automatisierten Fertigung für 2D- und 3D-Probleme;
- die Tatsache, daß es von Anbeginn als 3D-System konzipiert wurde:
- GRAFIS ist als offenes System nutzbar. Die Anwender können damit eigene Problemlösungen mit hoher Nutzerfreundlichkeit schaffen.

3. Entscheidende Voraussetzungen und Bedingungen für die erfolgreiche Entwicklung und produktionswirksame Einführung des Systems waren:
- Die sich aus den Erfordernissen des Industriezweiges Schuhe ableitende, durch die Kombinatsleitung mit persönlicher Identifikation des Generaldirektors geförderte und ständig präzisierte langfristige wissenschaftlich-technische Zielstellung.
- Das Vorhandensein von Kadern, die mit Hartnäckigkeit, Enthusiasmus und Vorausschau die abgesteckten Ziele verfolgten, die über die Fähigkeit der Integration der verschiedensten Fachgebiete (Mathematik, Physik, Maschinenbau, Ökonomie, Schuhtechnologie usw.) verfügten, gepaart mit langjährigen Erfahrungen im Industriezweig.
- Die enge Kooperation mit anderen wissenschaftlich-technischen Einrichtungen und die Gewinnung wichtiger Partner in gesellschaftlichen und staatlichen Institutionen für die tragende Idee.
- Die rechtzeitige Profilierung der für die effektive Anwendung notwendigen Leitungs- und Produktionsstrukturen im Betriebs- und/oder Kombinatsmaßstab.

4. In seiner praktischen Anwendung wird GRAFIS repräsentiert durch
- Rechnerhard- und -software,
- betriebsorganisatorische Anweisungen, technologische und Verfahrensdokumente (Standards) u. a.,
- automatisierte Fertigungstechnik mit angepaßten Vorrichtungen, Werkzeugen, Hilfsmitteln u. a.,
- qualifizierte, eingearbeitete Erzeugnisentwickler, Konstrukteure, Technologen und Facharbeiter mit zusätzlichem Wissen, Erfahrungen und Fertigkeiten.

Nur in der komplexen Wirkung dieser Elemente ergeben sich die angestrebten Effekte in der Praxis. Die Umsetzung oder nur die Betonung eines der Elemente, bedeutet Verzicht auf Erfolg. Diese komplexe Betrachtung ist notwendig und gilt auch für andere rechnerunterstützte Systeme, sofern sie als durchgängige Systeme konzipiert sind und auch als solche genutzt werden sollen.
Sie müssen integrierter Bestandteil des Reproduktionsprozesses des Betriebes oder Kombinates sein.
5. GRAFIS realisiert u. a. folgende Funktionen:
- Farbiges Design von 2D-Objektflächen,
- 2D/3D-Darstellung und -Konstruktion von Schuhteilen, Spritzguß-, Gieß- und Umformwerkzeugen,
- 2D-Schnittbild-Generierung für Zuschnittprozesse,
- Generierung der Steuerinformationen für Fräs-, Näh- und Laser-Bearbeitungsprozesse,
- Erstellung technologischer Unterlagen,
- DNC-Steuerung,
- 2D- und 3D-rechnergestützte Objektmessung und -kontrolle,
- Visualisierung von 3D-Objekten mittels Flächenmodellen (Software der Technischen Universität Dresden).

Auf Basis dieser Funktionen existieren u. a. durchgängige CAD/CAM-Lösungen für:
- Nähautomatisierung,
- Leistenkonstruktion,
- Fertigung von Metalleisten für Direktanspritzwerkzeuge,
- Fertigung von Werkzeugen für die Herstellung von Schuhskeletteilen mittels Ur- und Umformverfahren,
- Fertigung von Kontrollschablonen.

6. Die Gradationsaufgaben der Schuhindustrie lassen sich auf drei Methoden zurückführen:
- Methode der sich überlagernden Normalgradation,
- Methode der Gradation mit konstantem Abstand,
- Methode der Bereichsgradation.

In Ergänzung zu diesen Methoden sind die GRAFIS-Befehlsworte

Q:QV (Vektortransformation) und
Q:PQP (Stützpunkttransformation)

zur Ausgleichung von Übergängen zwischen verschiedenen Gradationsbereichen und

SPRUNG

zur Korrektur der Sprengungskurve von Leisten erforderlich. Diese rechnerunterstützten Gradationsmethoden sind leistungsstärker als konventionelle und gewährleisten das durchgängige 3D/2D-Konzept des Systems GRAFIS.

7. Die Methoden der rechnerunterstützten Gradation sind notwendige Voraussetzung zur Wahrung des Prinzips:
„Konstruieren in einer Größe und rechnerunterstützte Fertigung in allen Größen".
Sie sind jedoch keine hinreichende Voraussetzung, denn Systemstruktur, Aufbau und Eigenschaften der Befehlsworte, Systemorganisation u. a. m. müssen darauf abgestimmt sein. Die Arbeit mit Elementfeldern, die Gleichberechtigung von Stapel- und Dialogbetrieb, die Gewährleistung zum Beispiel der Kollisionsfreiheit beim Fräsen größenabhängiger Konturen u. v. a. m. haben grundsätzliche Bedeutung für die durchgängige Anwendung der Gradation im System.
Gradationsverfahren und System bilden somit eine Einheit.

8. GRAFIS ist ein in sich geschlossenes, praktikables System mit guten Portabilitätseigenschaften. Seine Software ist überschaubar strukturiert und ausbaufähig. Es kann vom Nutzer selbst erweitert und an nutzereigene Problemlösungen angepaßt werden.
Erreicht werden diese Eigenschaften u. a. durch folgende Festlegungen zur Softwarestruktur und -organisation:

8.1. Die Software des Systems ist modular strukturiert. Die im Hauptspeicher resistenten Wurzelmodule realisieren die Ablaufsteuerung, sichern den Informationsaustausch zum Betriebssystem, die Programm- und Datenverwaltung sowie Fehlermeldung und -behandlung. Zu ihnen gehören Unterprogramme, die von den Überlagerungsmodulen oft genutzt werden, und der Fachspracheninterpreter. Nur die Wurzelmodule sind stark hardware- und betriebssystemabhängig.

8.2. Jedes der Überlagerungsmodule realisiert ein oder mehrere Befehlsworte des Systems GRAFIS. Bei Aufruf in einer GRAFIS-Befehlszeile werden sie aktiviert und abgearbeitet.

8.3. Der Informationsaustausch zwischen Wurzel- und Überlagerungsmodulen erfolgt über wenige definierte Schnittstellen. Schnittstellen zwischen Überlagerungsmodulen gibt es nicht. Informationen können über die Datenbasis, die Wurzelmodule oder dort vereinbarte Fenster ausgetauscht werden. Die Überlagerungsmodule sind in FORTRAN realisiert, die Wurzelmodule in FORTRAN und ASSEMBLER.

8.4. Mit seiner Anmeldung wird jedem Nutzer ein Datenpool bereitgestellt. Der Nutzer kann jederzeit Daten externer Dateien – auch selektiv – dorthin laden oder Daten auf externe Dateien von dort auslagern. Rechenoperationen werden nur mit Elementen des Datenpools durchgeführt. Die Ergebnisse werden wieder in ihm abgelegt.

8.5. GRAFIS arbeitet mit einer begrenzten Menge an Elementtypen, deren Strukturen fest vereinbart sind. Jedem Element – gekennzeichnet durch Typ und Nummer – können Attribute zugeordnet werden, die aus Attributnummer (Schlüsselnummer) und einer endlichen Anzahl Werte und/oder Textzeichen bestehen. Attribute sind zum Beispiel

- Farbe, Linientyp, Linienbreite für die Elementdarstellung,
- Bezeichner, Kommentare,
- technologische Werte für die Elementbearbeitung,
- Verweise über die Zugehörigkeit eines GRAFIS-Elementes zu übergeordneten Strukturen,
- Position, Größe, Schrifttyp von Texten u. v. a. m.

Die Attribute sind an das jeweilige GRAFIS-Element gebunden und werden bei Speicheroperationen wie dieses behandelt.

8.6. Ein wichtiges GRAFIS-Element ist das der Menge. Eine Menge MEi ist definiert durch mindestens eine Angabe der Art:
Element (TYP, NR) mit Attribut ... gehört zur Menge MEi
Element (TYP, NR) mit Attribut ... gehört nicht zur Menge MEi
Diese Zuordnung erfolgt unabhängig davon, ob ein Element bereits vorhanden ist oder nicht. Die Mengendefinition ist somit dynamisch. Der Mengen-Zugehörigkeitstest für ein Element erfolgt in bezug auf den aktuellen Datenstand.

8.7. Der Begriff der Menge wird in GRAFIS in vielfacher Weise genutzt, so zum Beispiel

- als Filter für die Elementdarstellung und -identifikation und für die Zuordnung von Elementen zu Kommunikationsfenstern bei der interaktiven grafischen Arbeit,
- bei Anweisung von Such- und Sortieroperationen zur Definition von Relationen und Suchbereichen,
- zur Definition und Manipulation übergeordneter Strukturen.

8.8. Die Schichtenarchitektur der GRAFIS-Software entspricht im wesentlichen internationalen Tendenzen. In GRAFIS wird jedoch künftig die obere Schicht, bestehend aus Anwender-Software-komponenten (Verfahrenssoftware), verstärkt ausgebaut. Es sind in der Fachsprache GRAFIS geschriebene Quellenprogramme. Auf sie kann durch RUFE-Anweisungen aus anderen Quellenprogrammen oder aus dem Dialog zugegriffen werden. Sie sind „Makros" komplexer Problemlösungen.

8.9. Zum Konzept gehört auch, daß GRAFIS über Befehlsworte für Ablaufsteuerung, Dialog- und Dateiarbeit verfügt, wie zum Beispiel:

- Anweisungen zur Bildung von Laufzyklen,
- Anweisungen für logische Verzweigungen,
- Rufanweisungen, um aus einem Quellenprogramm oder dem Dialog jedes andere Quellenprogramm aufrufen zu können,
- Anweisungen zur Dateiarbeit,
- Anweisungen zur Textverarbeitung mit der Möglichkeit zur Gestaltung von Texten und Tabellen beliebiger Art,
- Anweisungen zur Gestaltung von Bildschirm-Dialogmasken.

8.10. Die Entwicklung der Verfahrenssoftware für komplexe, durchgängige Problemstellungen ist Schwerpunkt der Überleitungsaufgaben und soll von dafür spezialisierten Technologen, Konstrukteuren, Erzeugnisentwicklern und teilweise von den Nutzern selbst durchgeführt werden. Neben der inhaltlichen Problemlösung muß auch hierbei auf gute Strukturierung der Software, verständliche und ästhetisch schöne Menügestaltung und Dialogführung, hohe Softwarestabilität und Selbst erklärbarkeit geachtet werden.

9. Die Hauptlinien der weiteren Entwicklung und Nutzung des Systems GRAFIS sind:

- Der Aufbau einer einheitlichen Daten- und Methodenbasis für ein größeres lokales Netz unter Einbeziehung von ökonomischer Datenverarbeitung, DNC-Betriebsweise und rechnerunterstützter Fertigungskontrolle.
- Die Vervollkommnung der Möglichkeiten des Designs von 3D-Objekten in der Einheit von Ästhetik, Funktionalität und effektiver Fertigung bei gleichzeitig stärkerer Nutzung wissensbasierender Methoden.
- Die Vervollkommnung vorhandener und die Schaffung neuer durchgängiger Lösungen der rechnergestützten konstruktiven und technologischen Fertigungsvorbereitung und Fertigung bis zur Gestaltung hochautomatisierter CAD/CAM-Anwendungslösungen mit der Zielstellung der Schaffung rechnerintegrierter Fertigungsabschnitte (CIM).

Anmerkung

[1] Vgl. hierzu auch Dissertation des Vortragenden zum Thema: „Ausgewählte Ergebnisse der Entwicklung und Anwendung des CAD/CAM-Systems GRAFIS“ – eingereicht am 10. 10. 1987 an der Technischen Universität Dresden, Fakultät Maschinenwesen.

Klaus Mätzig

Kostenarbeit unter den Bedingungen der Automatisierung

Es steht außer Zweifel, daß durch die Automatisierung von Produktions- bzw. Leistungs- sowie Leitungs- und Informationsprozessen im Verbund mit weiteren Schlüsseltechnologien beträchtliche Potentiale der Kostensenkung erschlossen werden können und müssen.

Gleichermaßen unbestritten ist, daß speziell die verschiedenen Entwicklungsstufen flexibler Automatisierung und Fertigung sowohl auf die Kostensenkung gerichtet sind, als auch auf eine größere Reaktionsfähigkeit, Flexibilität und Disponibilität bei sich kurzfristig ändernden Markt- und Bedarfsbedingungen, spezifischen Kundenforderungen usw. usf.[1]

Die durch Automatisierung bewirkte Aufwands- und Kostenentwicklung ist zudem ein in sich sehr widerspruchsvoller Prozeß. Obwohl hierzu insgesamt noch keine hinreichenden empirischen Aussagen vorliegen, ist doch bereits jetzt folgendes mit relativer Sicherheit erkennbar:[2]

(Flexible) Automatisierung ist mit teils erheblichem einmaligem Aufwand bzw. Fondsvorschuß verbunden. Zugleich verändern sich die Kostenstrukturen. Typisch ist insbesondere eine Zunahme der grundmittelabhängigen Kosten (Abschreibungen, Instandhaltungskosten, Werkzeugkosten, Energiekosten) bei gleichzeitiger Reduzierung des Aufwands an lebendiger Arbeit und der darauf beruhenden Lohn- und lohnabhängigen Kosten.

Beide hier genannten Entwicklungstendenzen sind andererseits jedoch auch durch Gegenläufigkeiten charakterisiert, z.B. sinkende Flächenkosten; partielle Lohnkostenerhöhung durch höhere Qualifizierung u.a.m. Besonders hervorzuheben ist indessen, daß mit zunehmender Technisierung, mit wachsender Komplexität der Automatisierung die Möglichkeiten einer adäquaten „Kompensation" steigender grundmittelabhängiger Kosten durch sinkende lohnabhängige Kosten immer geringer werden. Bereits jetzt beträgt in vielen Betrieben der Anteil der Lohn- und lohnabhängigen Kosten weniger als 20% an den Gesamtkosten. Wesentliche Möglichkeiten der Kostensenkung müssen deshalb aus dem „Umfeld der Automatisierungslösung" erschlossen werden. Ein besonderer Schwerpunkt liegt hierbei auf der integrativen Verbindung von Automatisierung, Produkt- und Technologieerneuerung sowie auf der Erschließung der in der Organisation und Leitung der Produktion liegenden Potentiale.[3]

Die letztliche, tatsächliche Wirksamkeit von Automatisierungslösungen wird schließlich maßgeblich durch eine ökonomisch begründete qualitative und quantitative Auslegung bzw. Dimensionierung und Strukturierung der Automatisierungslösungen sowie deren zeitliche, leistungsmäßige und qualitative Nutzung bestimmt.

Hieraus folgt: Nur wenn es gelingt, die Automatisierung sinnvoll in die vor- und nachgelagerten Prozesse zu integrieren, kann ihr (potentieller) Nutzen auch realisiert werden.

Mit anderen Worten: Die Automatisierung schafft wohl entsprechende Voraussetzungen und Potentiale für eine Aufwands- und Kostensenkung, diese Voraussetzungen und Potentiale müssen indessen durch eine gezielte Kostenarbeit im weitesten Sinne des Wortes „realisierungsfähig" gemacht werden.

Die Automatisierung „ersetzt" nicht die Kostenarbeit, sie setzt sie vielmehr in neuer Form und Qualität voraus. In Verbindung mit einer rechnergestützten Produktionsvorbereitung, -lenkung und -kontrolle, mit der Installierung von Prozeßdatenerfassungs- und -meßsystemen, mit der Schaffung einer einheitlichen Datenbasis, mit einer sinnvollen Verbindung zentraler und dezentraler Rechentechnik u.a.m. werden hierzu gleichzeitig entsprechende Bedingungen geschaffen.

Die Kostenarbeit selbst bedarf vor allem in zwei Richtungen einer Qualifizierung:

1. Sie ist in einer „objektbezogenen Auslegung" als Entscheidungshilfe für die konzeptionelle Vorbereitung von Automatisierungs- und anderen Rationalisierungsvorhaben zu profilieren. Hierzu zählen insbesondere Prozeßanalysen zur Bestimmung und Erschließung von Kostensenkungspotentialen sowie Varianten- und Optimierungsrechnungen zur quantitativ und qualitativ sinnvollen Dimensionierung von Automatisierungslösungen und ihrer richtigen Einordnung in den gesamten betrieblichen Reproduktionsprozeß. Dies korrespondiert in starkem Maße mit der von Langendorf und Nick erhobenen Forderung nach einer „aktiven Nutzensprojektierung", d.h. „einer Vorgehensweise, die die Effektivitätswirkungen in ihrem Entstehen erfaßt, mit ihren wesentlichen Voraussetzungen abbildet, sozusagen modelliert und mit Hilfe moderner Rechentechnik simuliert."[4] Es versteht sich von selbst, daß diese Art Kostenarbeit somit direkt in umfassende Effektivitätsrechnungen für Automatisierungs- und Rationalisierungsvorhaben eingeordnet werden muß. Im weiteren Sinne zählt hierzu auch die Ermittlung von Preis- und Kostenvorgaben für neue Erzeugnisse.

2. Verbesserungsbedürftig – bei Anerkennung der bisherigen Bemühungen – ist zum anderen die „klassische" kostenträger-, kostenstellen- und betriebsbezogene Kostenplanung, -abrechnung und -analyse.

So ist z.B. – ohne Anspruch auf Vollständigkeit erheben zu wollen – die bisherige Kostenrechnung vor allem durch folgende Mängel gekennzeichnet:

Erstens sind ihre Ergebnisse in der Regel nicht zeitig genug verfügbar bzw. werden notwendige kostenrechnerische Leistungen, z.B. Vor- und Nachkalkulation, überhaupt nicht oder in nur unzureichendem Maße erbracht. Die Arbeit mit den Kosten im Entscheidungsprozeß wird hierdurch stark beeinträchtigt. Dies wird auch durch die bisherigen Formen EDV-gestützter Kostenrechnung im Stapelverfahren nicht wesentlich verbessert.

Zweitens entbehren die ausgewiesenen Ergebnisse der Kostenrechnung in vielen Fällen einer hinreichenden Exaktheit und Genauigkeit. Das gilt sowohl für die Kostenträgerstück- und -zeitrechnung als auch für die Kostenstellenrechnung, vor allem in der Einheit als Kostenstellen- und Leistungsrechnung. So wird z. B. vielfach nach wie vor ein erheblicher Teil der Energiekosten, deren Senkung ein besonderes wirtschaftspolitisches Anliegen ist, den verursachenden Kostenstellen durch bloße „Umlage" zugeordnet, da es noch immer an geeigneten Meßvorrichtungen mangelt. Es lassen sich auch vielfältige Beweise anführen, daß die sogenannten indirekten Kosten überwiegend noch immer auf der Basis „Grundlohn" den verursachenden Kostenträgern zugerechnet werden, obwohl gerade mit zunehmender Automatisierung diese Basis absolut und relativ abnimmt, die indirekt zuzurechnenden Kosten dagegen zumindest relativ, bezogen auf einzelne Kostenarten und -komplexe jedoch sogar absolut abnehmen.

Drittens mangelt es der Kostenrechnung und ihren Ergebnisformen an einer ausreichenden Differenziertheit. Ausdruck hierfür ist u. a. eine zum Teil zu grobe, der Kostenverursachung und -beeinflussung nicht oder nicht mehr genügende Kostenstellenbildung. Zu nennen sind des weiteren zu vereinfachte Verfahren der indirekten Kostenzurechnung sowie der Kostenspaltung in fixe und variable Kosten.

Viertens schließlich ist nachweisbar, daß in noch zu geringem Maße „systemimmanent" mit Kostennormen und Plankosten gearbeitet wird. Somit können Kostenabweichungen nur bedingt zeitnahe und verursachungsbezogen erfaßt, analysiert und in den Kontroll- und Entscheidungsprozeß einbezogen werden. Das beeinträchtigt darüber hinaus sowohl die notwendige Kurzfristigkeit als auch Aussagekraft von Nachkalkulationen.

Dem steht entgegen, daß in den letzten drei Jahrzehnten durchaus eine Reihe theoretischer Vorleistungen zur zweckmäßigsten Gestaltung und wirksamen Nutzung der Kostenrechnung erbracht wurden. Genannt seien hier nur die Arbeiten zur Normativkostenrechnung, zur Normierung indirekter technologischer Kosten sowie Gemeinkosten, zur Verbindung von Kostenstellen- und Leistungsrechnung und nicht zuletzt zur Kostenzurechnung. Eine Reihe der dabei erzielten Ergebnisse hat auch Eingang in entsprechende Rechtsgrundlagen gefunden. Diese über eine lange Zeit bestehende Schere zwischen theoretischer Erkenntnis einerseits und praktischer Umsetzung andererseits ist vielerlei Ursachen geschuldet, u. a. auch einer zeitweiligen Unterschätzung der Notwendigkeit und möglichen Entscheidungsrelevanz der Arbeit mit den Kosten. Zu nennen ist indessen auch ein gewisses Beharren auf althergebrachten Traditionen, z. B. der Zuschlagsbasis „direkt zurechenbarer Grundlohn". Offenkundig fehlte und fehlt in vielen Fällen bisher jedoch auch die notwendige zweig- oder branchenbezogene Anpassung neuer Lösungsansätze und Regelungen, insbesondere jedoch die dafür erforderliche rechentechnische und organisatorische Basis. So bedarf beispielsweise speziell die Normativkostenrechnung eines exakt organisierten, zuverlässigen Datenflusses. Eine hinreichend genau begründete Kostennormierung und -zurechnung insbesondere der sogenannten indirekten Kosten wiederum setzt eine tiefgründige Analyse der differenzierten Felder der Kostenabhängigkeiten voraus.

Gleiches gilt für die entscheidungsbezogene Anwendung von Teilkostenrechnungen u. a. m.

Somit bietet erst die nunmehr bereits verfügbare oder zu schaffende neue Automatisierungs- und Informationsverarbeitungstechnik hinreichende Möglichkeiten, diese Schere zu schließen. Doch auch dafür bedarf es entsprechender theoretischer, organisatorischer und auch materiell-technischer Vorleistungen. Zu nennen sind insbesondere

- die Wahl und zweckmäßigste Kopplung zentraler und dezentraler Rechentechnik;
- die Prüfung, Entwicklung und Anpassung geeigneter Software;
- die Installierung und kostenrechnerische Nutzbarmachung von Prozeßdatenerfassungs- und Meßeinrichtungen in direkter Verbindung mit der Konzipierung und Inbetriebnahme von Automatisierungslösungen sowie
- die Schaffung eines einheitlichen Primärdatensystems.

Gleichermaßen jedoch sind – fußend auf dem bereits erreichten Erkenntnisstand – die theoretischen Grundlagen der Kostenplanung, -abrechnung und -analyse zu vervollkommnen.

Hierfür sind durch die neue Automatisierungs- und Informationsverarbeitungstechnik selbst, in gleicher Weise jedoch durch neue Bedingungen und Erfordernisse der Leitung, Planung und wirtschaftlichen Rechnungsführung die Akzente gesetzt.

Schwerpunktmäßig zu bearbeiten sind insbesondere folgende Problemkreise (auch hier ohne Anspruch auf Vollständigkeit):

- Begriff und Inhalt der Kosten;[5]
- Kostenabhängigkeiten bzw. Kosteneinflußfaktoren und deren Konsequenzen für eine entscheidungsorientierte Kostenrechnung und -analyse (eine Positionierung zum Problemkreis „Vollkosten"- und/oder „Teilkostenrechnungen" inbegriffen);
- Möglichkeiten und Realisierungsformen einer Neugliederung der Kostenkomplexe, die in noch stärkerem Maße den Erfordernissen und Konsequenzen der Intensivierung gerecht wird;
- Erhöhung der Kalkulationsgenauigkeit der Kosten durch Ausweitung direkter sowie differenzierter und zugleich „bedingungsgerechtere" Formen indirekter Kostenzurechnung, bei gleichzeitiger Überprüfung des Kostenträgerbegriffes;
- Anliegen, Abläufe, Gestaltungs- bzw. Realisierungsformen von Vor-, Normativ- und Nachkalkulationen sowie
- Möglichkeiten/Realisierungsformen einer kontroll- und entscheidungsgerechten Gewinnung und Aufbereitung von Kostendaten.

Im Ergebnis dessen ist insbesondere die Wiederspiegelung der Prozeßentwicklung, vor allem der wissenschaftlich-technischen Veränderungsprozesse, durch Kostenplanung, -abrechnung und -analyse zu verbessern.

In Verbindung damit ist zugleich eine wirksamere Kontrolle und Beeinflussung der Kosten je Erzeugniseinheit sowie der Gesamtkosten zu gewährleisten und sind Kostenplanung, Kostenrechnung und Kostenanalyse sowohl zu rationalisieren als auch zu beschleunigen. Der Schwerpunkt liegt hierbei eindeutig auf einer Verbesserung des Aussagegehalts und der Entscheidungsorientiertheit der Kostenplanung, -abrechnung und -analyse.

Mit dem zentralen Forschungsthema „Vervollkommnung der Kostenarbeit und innerbetrieblichen wirtschaftlichen Rechnungsführung unter den Bedingungen der Automatisierung“ soll ein Beitrag zur Lösung o. g. Probleme und Aufgaben erbracht werden. Erste Ergebnisse hierzu wurden teils bereits publiziert und der Wirtschaftspraxis zur Verfügung gestellt, sollen insbesondere jedoch anläßlich der Wissenschaftlichen Tage der Hochschule für Ökonomie „Bruno Leuschner“ Berlin in einer gemeinsamen internationalen Arbeitskonferenz der Sektionen SBW der Hochschule für Ökonomie Berlin sowie der Wilhelm-Pieck-Universität Rostock im Oktober 1988 zur Diskussion gestellt und verteidigt werden.

Anmerkungen

[1] Vgl. dazu u. a. G. Langendorf/H. Nick, Flexible Automatisierung und Entwicklung qualitativ neuer Züge der materiell-technischen Basis, in: Wirtschaftswissenschaft 35 (1987) 12, S. 1781 ff.

[2] Vgl. hierzu u. a. Autorenkollektiv, Ökonomie der Automatisierung; Verlag Die Wirtschaft, Berlin 1985.

[3] Vgl. dazu auch H. Koziolek, Betriebswirtschaft im System unserer sozialistischen Planwirtschaft, in: Einheit 12/1987, S. 1085.

[4] Langendorf/Nick, a. a. O., S. 1792.

[5] Die Notwendigkeit dessen ergibt sich sowohl aus bereits praktizierten bzw. absehbaren neuen Formen der materiellen Stimulierung der Betriebskollektive in Verbindung mit der Weiterentwicklung der wirtschaftlichen Rechnungsführung als auch einer stärkeren Berücksichtigung „externer“ (außerbetrieblicher) Faktoren der Kostenentstehung und -verursachung (z. B. Umweltbelastung/Umwelterhaltung).

Klaus Mütze/Martin Schilling

Rechnergestützte Arbeitsweisen im Kombinat VEB Carl Zeiss JENA bei der Anwendung der Mikroelektronik

Die positive Bilanz des Kombinates VEB Carl Zeiss JENA für das Planjahr 1987 ist untrennbar verbunden mit den Ergebnissen bei der Entwicklung und Anwendung von Hochtechnologien. Aus der Arbeit zur Mikroelektronik sind folgende Erkenntnisse und Schlußfolgerungen hervorzuheben:

1. Auf der Basis der strukturpolitischen, volkswirtschaftlichen Maßnahmen unserer Partei und Regierung zur Mikroelektronik wurden im Kombinat Carl Zeiss Jena wichtige Betriebe und Forschungspotentiale der Mikroelektronik zusammengeführt. Ergebnis dieser Zusammenführung ist eine starke Beschleunigung der volkswirtschaftlichen bedeutenden Arbeiten zur Mikroelektronik im Niveau der Höchstintegration.

2. Die bisherigen Ergebnisse brachten erneut die Erfahrung, daß echte Durchbrüche in Wissenschaft, Technik und Produktion eine Konzentration auf die strategisch wichtigsten Aufgaben erfordert.

3. Die Mikroelektronik nimmt in Gegenwart und Zukunft eine Schlüsselfunktion für nahezu alle Industriebereiche der Volkswirtschaft ein. In unserem Kombinat ist diese Schlüsselstellung in Kopplung mit anderen Hochtechnologien bereits heute deutlich zu erkennen, das gilt z. B. für die Bereitstellung neuer Werkstoffe für den Elektronikmaschinenbau ebenso wie für neue CAD/CAM-Beziehungen zwischen Konstruktion, Technologie, Produktion und Qualitätssicherung.

4. Die grundlegenden politischen Entscheidungen zur weiteren stabilen ökonomischen Entwicklung der DDR erfordern eine langfristige Erweiterung der mikroelektronischen Basis und deren Wirkung auf die Steigerung der volkswirtschaftlichen Leistungskraft. Das Kombinat VEB Carl Zeiss JENA stellt sich diesen Aufgaben mit dem Schwerpunkt Mikroelektronik-Höchstintegration in ihrer vollen Tragweite.

Es ist eine der wichtigsten Aufgaben, die Mikroelektronik als Quelle der Steigerung der Arbeitsproduktivität zu nutzen und auszubauen. Der umfassende Einsatz der Rechentechnik ist eine Grundlinie der Anwendung der Mikroelektronik im Kombinat VEB Carl Zeiss JENA.

Der Einsatz moderner Rechentechnik ist ein objektives Erfordernis. Er entscheidet letztlich über das Wachstum der Arbeitsproduktivität und die Konkurrenzfähigkeit unserer Erzeugnisse. Die Frage, ob Rechentechnik in unseren Prozessen einzusetzen ist, ist entschieden, jetzt steht die Frage nach dem wie. Die Entwicklung des Kombinates VEB Carl Zeiss JENA war und ist immer eng mit der Entwicklung der Rechentechnik verbunden. Bereits 1955 wurde zur Optikmodellierung die elektronische Rechenmaschine OPREMA eingesetzt. War in den 60er und 70er Jahren die Optikmodellierung das dominierende Einsatzgebiet der Rechentechnik, wird Rechentechnik heute in allen Phasen des Reproduktionsprozesses in breiter Basis eingesetzt. Durch sie wurden und werden erhebliche Effektivitätsreserven erschlossen. Das erfordert eine möglichst sinnvolle Systemgestaltung von Technik, Organisation und Betriebswirtschaft in Übereinstimmung mit Maßnahmen zur Vervollkommnung der Leitung, Planung und wirtschaftlichen Rechnungsführung.

An dieser Stelle sei auf eine Besonderheit des wissenschaftlichen Gerätebaus, dessen Vertreter das KCZ ist, hingewiesen:

Erzeugnisse und Leistungen des wissenschaftlichen Gerätebaus stehen an der vordersten Front der Aneignung und Beschleunigung des wissenschaftlich-technischen Fortschritts. Sie erfordern hohe geistige Investitionen und letztlich hohe Erneuerungsraten der Produktion.

Insgesamt werden im Kombinat VEB Carl Zeiss JENA ca. 1000 Haupterzeugnisse produziert, die Produktion des Kombinates ist sowohl durch Großserienfertigung (z. B. Kameras, Schaltkreise) als durch Mittel- und Kleinserienfertigung (z. B. Mikroskope), aber auch durch Atelierfertigung (Großplanetarien) gekennzeichnet.

Dabei ist eine Vielfalt von Größen zu beherrschen, was sich in einer erforderlichen Vielzahl von Lösungen niederschlägt. Das sei durch folgende verallgemeinerte Klassen von Erzeugnissen des Kombinates belegt:

- Ausrüstungen des Elektronikmaschinenbaus (Strukturerzeugung, -übertragung, -herstellung, -kontrolle),
- mikroelektronische Bauelemente (Vollkundenschaltkreise, anwendungsspezifische Schaltkreise),
- Feinmeßtechnik (hochgenaue Erfassung von Länge, Winkel sowie 2- und 3-dimensionaler Gebilde),
- Analysenmeßtechnik (Stoffzusammensetzung und deren Analytik).

Aus diesen Besonderheiten des wissenschaftlichen Gerätebaus leitet sich als Ziel des Rechnereinsatzes ab, daß eine neue Stufe der Automatisierung erreicht werden muß, die darin besteht, daß die Informationsprozesse selbst Gegenstand der Automatisierung werden. Diese neue Qualität ist gekennzeichnet durch die technische und organisatorische Verknüpfung von Informationsfluß, Materialfluß und Maschinenbelegung (rechnerintegrierte Produktion = CIM).

Basis für die Vorbereitung und Einführung rechnergestützter Produktion ist eine solide CAD-Lösung in der Einheit

- leistungsfähiger Hardware,
- leistungsfähiger Datenbanksysteme,
- effektiver Methoden, d. h. Anwendersysteme.

Im Jenaer Forschungszentrum unseres Kombinates

wurde folgende Herangehensweise für die Hardwarekonzeption gewählt:
1. Einrichtung bzw. weiterer Ausbau der zentralen Rechnerstation mit großer Speicherkapazität mit Schwerpunkt 32-bit-Rechentechnik;
2. Einrichtung eines Nutzerpools, d. h. Zentralisierung leistungsfähiger Peripherie mit Anwendungsschwerpunkt 3-D-Aufgaben;
3. Ausrüstung der Arbeitsplätze mit Arbeitsplatzrechentechnik (16-bit-PC's und 2-D-Arbeitsstationen).

Auf dem Gebiet der Software ist es eine wichtige Erfahrung, daß in der konkreten Anpassung von Programmsystemen ein Schlüssel zur Effektivität liegt. Ein einzelnes Kombinat ist nicht in der Lage, für alle Belange Programme selbst zu entwickeln.

Eine vorbereitende und die CAD-Installierung begleitende Maßnahme muß die Systematisierung und Standardisierung des Produktionsspektrums sein. Ohne Produktionssystematisierung wird der CAD-Einsatz unwirtschaftlich. Im KCZ werden aufgrund dieser Tatsache in Zusammenarbeit mit der Friedrich-Schiller-Universität Jena Untersuchungen zur „Multivalenz wissenschaftlich-technischer Lösungen und konstruktiv-technologischen Ähnlichkeiten" durchgeführt. Die Notwendigkeit dieser Untersuchungen resultiert aus dem Widerspruch zwischen notwendiger Sortimentserweiterung durch differenzierte Anwendererfordernisse und dem Erreichen einer hohen Effektivität der Produktion. Zielrichtungen dabei sind:
- Einsparung nichtschöpferischer Doppelarbeit,
- Neu- und Weiterentwicklung von Einzelteilen,
- Gezielte Neuentwicklung von
  - Typenzeichen,
  - Baukastenentwicklung,
  - Modulen.

Ein inhaltliches Problem bei der Einführung der CAD-Arbeit im wissenschaftlichen Gerätebau besteht darin, daß nicht jede Konstruktionsaufgabe durch bekannte Wirkprinzipien oder vorhandene Teile lösbar ist. Insbesondere dadurch kommt die informationsverarbeitende Seite dieses Prozesses zum Tragen. Wenn wir davon ausgehen, daß ca. 25 % der Arbeitszeit eines Konstrukteurs für die Informationsbeschaffung aus Unterlagen aufgewendet wird und innovative Lösungen nur durch intensives Know-how-Studium entstehen, wird die Notwendigkeit des Beherrschens umfangreicher Informationen deutlich. Informationsspeicherung, -identifizierung, -klassifizierung und der gezielte Zugriff zu Informationen sind in der Informationstechnik neue Wege, die verstärkt und konsequent gegangen werden müssen.

Es ist eine unzulässige Vergeudung von gesellschaftlichem Arbeitsvermögen, wenn vorhandene moderne Rechentechnik für diese Belange nicht genutzt wird.

Die Vorbereitung der neuen Etappe der Automatisierung/CIM-Einführung im wissenschaftlichen Gerätebau erfolgt in zwei Etappen:
1. Realisierung von Teillösungen in allen Etappen des Reproduktionsprozesses,
2. Ausweitung der Teilsysteme zu einem Gesamtsystem.

Bei der Einführung der CAD-Systeme ist deshalb die spätere Integration zu beachten, d. h. daß die CAD-Systeme folgenden Ansprüchen genügen müssen:
- funktionierende NC-Schnittstellen,
- klar definierte Datenstruktur,
- einfach zu handhabende Datenschnittstellen,
- einfache Eigenprogrammierbarkeit,
- Erweiterbarkeit,
- unkomplizierte Bedienung und damit leicht verständliche Bedienanleitung.

Wird dies nicht beachtet, bleibt die ökonomische Wirkung von Teillösungen begrenzt.

Die Integration der Teillösungen erfordern entsprechend dem komplexen Charakter der CAD/CAM-Anwendung durchgreifende organisatorische Veränderungen. Mit dem Einsatz der Arbeitsplatztechnik steigt der Integrationsgrad der automatisierten Informationsverarbeitung. Mehr als 50 % der Aufwände entfallen auf die Veränderung der Arbeits- und Betriebsorganisation und der Vereinheitlichung der Primärorganisation. Das ist ein sehr weites Feld, auf dem es noch viele Erfahrungen zu sammeln gilt. Das gilt z. B. für Auswirkungen
- auf den F/E- und Überleitungsprozeß,
- auf die Gestaltung von Arbeitszeitregimes zur effektiven Auslastung der leistungsfähigen Technik,
- neue Arbeitsteilung Rechner–Mensch,
- Gestaltung von Zeichnungen.

Der fortgeschrittenste Stand beim Einsatz der Rechentechnik wurde im Kombinat VEB Carl Zeiss JENA bei der Entwicklung und Produktion mikroelektronischer Bauelemente erreicht.

Die hohen Integrationsgrade von Schaltkreisen und die zur Realisierung notwendigen Technologien sind ohne den Einsatz der Rechentechnik nicht beherrschbar. So wurde durch den Einsatz eines neuen VLSI-Entwurfssystems bei der Schaltkreisentwicklung ein Tempogewinn erreicht, der sich in einer Erhöhung der Arbeitsproduktivität um mehr als 1000 % im Vergleich zum Stand 1984 widerspiegelt. Während 1984 pro Entwerfer und Tag im Dresdner Forschungszentrum 6–10 Funktionselemente realisiert wurden, sind es 1988 70 bis 90. Gleichzeitig konnten die Entwurfsfehler auf weniger als einen pro erstentworfenen Schaltkreis reduziert werden. Die Bedeutung fehlerfreier Erstentwürfe läßt sich daran ablesen, daß jeder Entwurfsfehler in der Vergangenheit rund ein halbes Jahr Entwicklungszeit kostete. Dieses neue VLSI-Entwurfssystem ist eine der Voraussetzungen für den erreichten deutlichen Tempogewinn bei der Realisierung von Schaltkreisen im Niveau der Höchstintegration.

Ein weiterer Aspekt für die Einführung der Rechentechnik in der Mikroelektronik-Produktion ist, daß mit dem Vordringen in höhere Technologieniveaus und damit zum Beherrschen immer feiner werdender Strukturen das Beherrschen der Reinraumtechnik immer mehr an Bedeutung gewinnt. Im Sinne einer hohen Gutausbeute ist es deshalb notwendig, den Menschen als Hauptkontaminationsquelle im Reinraum durch technische Systeme geringer Partikelgenerationen zu ersetzen. Daraus leitet sich die Notwendigkeit des Einsatzes von CAM-Komponenten bei der Produktion höchstintegrierter mikroelektronischer Bauelemente ab.

Inwieweit die CAD-Technologie ihrer dominierenden Rolle innerhalb eines Gesamtprozesses gerecht wird, verdeutlichen anwendungsspezifische Schaltkreise (ASIC's).

ASIC's sind Schaltkreise, die der Anwender für sein spezielles Problem, auf Basis vorgegebener Entwurfswerkzeuge, selbst auslegt. Im Kombinat VEB Carl Zeiss JENA werden für zwei Arten ASIC's, Gate-Array's und Standardzellen, die Entwurfswerkzeuge entwickelt sowie auf Basis des durchgeführten Entwurfs durch den Hardware-Entwickler des Partnerkombinates/-betriebes gefertigt. Mit den anwendungsspezifischen Schaltkreisen wurde eine spezifische CAD-Technologie geschaffen, die die Schnittstelle Anwender – Schaltkreishersteller beherrschbar macht und gleichzeitig eine CAD-Schnittstelle unseres Kombinates zu Partnerkombinaten der Volkswirtschaft darstellt.

Der Einsatz der Rechentechnik ist eine Grundlinie des Kombinates VEB Carl Zeiss JENA zur Steigerung der Arbeitsproduktivität. Die weiteren Grundlinien sind:
- Einsatz flexibler Fertigungssysteme,
- Integration der Mikroelektronik in Erzeugnisse und Rationalisierungsmittel,
- Rationalisierung von Leitung und Verwaltung,
- Modernisierung, Intensivierung und Spezialisierung der Mikroelektronikproduktion.

Ines Kolditz

Überlegungen zur Bewertung flexibler Automatisierungslösungen

Entsprechend den volkswirtschaftlichen Erfordernissen, gilt es verstärkt die Schlüsseltechnologien ökonomisch zu verwerten. Die Projektierung und Realisierung flexibler Automatisierungslösungen hat wesentlichen Einfluß dabei auf das ökonomische Wachstumstempo. Vor der Theorie steht die Aufgabe, Möglichkeiten und Wege zum Effektivitätsnachweis, besonders aber zur aktiven Effektivitätsbeeinflussung zu erarbeiten und in die Praxis überzuleiten. An dieser Aufgabe arbeitet die Sektion SBW der HfÖ-Berlin seit mehreren Jahren.

Der vorzustellende Beitrag verfolgt das Ziel, zu diesem Problemkreis einige Ansatzpunkte darzulegen, die bei der Projektierung und Realisierung flexibler Automatisierungslösungen nicht immer die notwendige Aufmerksamkeit finden.

Das betrifft solche Fragen, wie:

1. Die Strukturierung der Systemlösungen ist nicht umfassend zielgerecht, d. h. es treten Über- oder Unterdimensionierungen auf, flexiblen Zielen kann nicht entsprochen werden und die komplexen Ziele werden nicht realisiert.

Als Hauptursachen sind dabei zu nennen:
- Unsolide, oberflächliche Zielermittlung,
- die Flexibilität und Komplexität der Ziele wird zu wenig beachtet,
- flexible Lösungen werden zu wenig auf die zu realisierenden Ziele zugeschnitten.

2. Proportionalität und innere Geschlossenheit der Systeme ist ungenügend, d. h. die unzureichende Abgestimmtheit des Leistungsvermögens der Systemelemente führt zu erheblichen Disproportionen und somit zu geringen Auslastungsgraden.

3. Die Nutzung vorhandener Bedingungen sowie die Schaffung notwendiger neuer Bedingungen ist oftmals unzureichend. Hauptproblem ist dabei die Einordnung in die vor- und nachgelagerten Prozesse, die verstärkte Nutzung vorhandener Bedingungen im Sinne der Erschließung von Reserven und damit der Senkung des einmaligen Aufwandes. Weiterhin werden bestimmte Bedingungen nicht rechtzeitig geschaffen und stören den Anlauf.

Offensichtlich können beträchtliche Effektivitätsreserven erschlossen werden, wenn der Prozeß der Projektierung, Gestaltung und des Aufbaus derartiger Systeme besser beherrscht wird.

Die Untersuchungen zeigten, daß mit dem Aufbau und der Gestaltung entschieden wird über
- das erreichbare Leistungspotential,
- die Höhe, Struktur und zeitlichen Erfordernisse der Investitionen,
- die Höhe wichtiger Kosten, wie Abschreibungen, Instandhaltungskosten, Energiekosten u. a.,
- wichtige soziale Effekte, wie Arbeits- und Lebensbedingungen, die Arbeitsinhalte u. a.

Gleichzeitig haben die Strukturen viele indirekte ökonomische Wirkungen, die über die Nutzung auftreten wie z. B.
- erreichbare Mehrproduktion und Leistungszuwachs,
- relative und absolute Kostensenkung,
- die Qualitätsproduktion,
- die gewonnenen Arbeitskräfte,
- die realisierten sozialen Effekte.

Daraus ergibt sich die Notwendigkeit, die Effektivität des Prozesses der Projektierung und des Aufbaus der automatisierten Lösungen zu erhöhen. Dazu ist es erforderlich, die zu gestaltenden Systeme
1. inhaltlich zu durchdringen,
2. meß- und bewertbar zu machen und
3. Schlußfolgerungen und Entscheidungen für eine hocheffektive Strukturgestaltung abzuleiten.

Die inhaltliche Durchdringung, Messung und Bewertung sowie die Schaffung von Entscheidungshilfen, eines Meß- und Bewertungsalgorithmus stellen die drei Schwerpunkte dar, auf die unsere Arbeiten orientieren.

Zu 1.

Es ist notwendig, die Strukturen in ihrer ganzen Komplexität, als Einheit von technisch-technologischen und sozialökonomischen Aspekten zu erkennen und zu betrachten.

Dazu wurden die Systeme
- funktionsorientiert in die einzelnen Teilsysteme, wie Bearbeitungssystem, Material- u. Informationsflußsystem, Ver- und Entsorgungssystem usw. und
- systemorientiert in die Elemente AM, AK und AG sowie Technologie und Organisation

zerlegt.

Auf dieser Basis erfolgte die Ermittlung der für die Teilsysteme der Struktur sowie der Elemente relevanten Meßkriterien.

Zu 2.

Für die Messung und Bewertung war es erforderlich
- die Meß- und Bewertungsobjekte für Strukturen flexibler Automatisierungslösungen abzuleiten und
- die Ziele der Messung und Bewertung festzulegen.

Als Meß- und Bewertungsobjekte wurden bestimmt:
- Die Struktur des Systems als Ganzes, der Teilsysteme und Elemente,
- die mit der Automatisierungslösung zu realisierenden Ziele,
- die für den Aufbau notwendigen und vorhandenen Bedingungen.

Das heißt, die Analysen, Messungen und Bewertungen erfassen auch das Umfeld in Form der Ziele und wichtiger Bedingungen.

Die Messung und Bewertung verfolgt die Ziele:
- Das Strukturniveau für das Gesamtsystem und die Teilsysteme nachzuweisen,
- die Schwachstellen und Reserven im System aufzuzeigen,
- Grundlagen für operative Entscheidungen und strategische Linien abzuleiten.

Im wesentlichen geht es
- für vorhandene Systemlösungen, für die korrigierende Gestaltung um
  - den Nachweis von Schwachstellen und Reserven,
  - die Erarbeitung von Ansätzen zur Vervollkommnung der Strukturen;
- für noch zu realisierende Strukturen, für die projektierende Gestaltung um
  - die Verhinderung von Projektierungsfehlern,
  - das Erreichen komplexer Ziele,
  - die Sicherung der Effektivität.

Zu 3.

Der als Entscheidungshilfe erarbeitete Meß- und Bewertungsalgorithmus umfaßt entsprechend der dargestellten Systembetrachtung folgende Teilschritte:
- Die Analyse der Ziele (technologische, soziale, ökonomische), der Bedingungen und der konkreten Struktur (einschließlich der Systemkonfiguration);
- die Messung
  - der Ziele, die die Ermittlung der Zielgrößen und der Zieladäquatheit beinhaltet, wobei die Zieladäquatheit ausweist, in welchem Grad bestimmte Ziele potentiell durch die Struktur, durch ihr Leistungsvermögen gesichert werden können,
  - der Struktur über Kennziffern wie Zuverlässigkeit, Leistungsproportionalität, Kapazität, Integrationsgrad sowie spezielle Kennziffern der Elemente,
  - der Bedingungen wie z. B. über die Verfügbarkeit von Investitionen, Grundfonds, spezielle Arbeitskräfte und Qualifikationsniveau;
- die Bewertung auf der Basis von Bewertungsmaßstäben, die auf der Grundlage volkswirtschaftlicher Zielstellungen, praktischer Erfahrungen sowie internationaler Bestwerte erarbeitet wurden und
- die aus den Bewertungsergebnissen abzuleitenden Schlußfolgerungen.

Der Meß- und Bewertungsansatz umfaßt somit die Messung und Bewertung der genannten Objekte sowie wichtiger Relationen zwischen Systemstruktur und Umfeld, wie
- die Ziele-Strukturrelation (über die Zieladäquatheit),
- die Bedingungs-Strukturrelation (über die Bedingungsgerechtheit),
- die Ziel-Bedingungsrelation.

Daraus ergeben sich für die komplexe Messung und Bewertung eine Vielzahl von Einzeluntersuchungen, die künftig nur noch rechnergestützt realisierbar sind.

In Abhängigkeit von der konkreten Aufgabenstellung und dem Ziel der Messung und Bewertung müssen jedoch nicht alle Einzelbewertungen durchgeführt werden.

So kann zum Beispiel das Strukturniveau auf der Basis der Ermittlung und Bewertung der Ziele (Objektivität der gestellten Ziele) und der Zieladäquatheit eingeschätzt werden.

Gilt es dann Schwachstellen und Reserven nachzuweisen, so orientiert sich das insbesondere auf die Bewertung der Teilsysteme und Elemente sowie auf Messung und Bewertung der Bedingungsgerechtheit.

Gestützt auf das Systemherangehen ist es somit möglich, eine gezielte Ursache- und Wirkungsforschung zu erreichen, das heißt es wird möglich, aus der Niveaueinschätzung heraus zu den Schwachstellen und Reserven vorzudringen.

In der Praxis wurde der Bewertungsansatz an Beispiellösungen erprobt.

Als wesentliche Ergebnisse sind zu nennen:
- Die Messung und Bewertung von vorhandenen Strukturen und Strukturen in der Projektierung wird möglich,
- über die Zieladäquatheit kann das Niveau der Automatisierungslösung eingeschätzt und der Vergleich zwischen verschiedenen Varianten bzw. Einsatzfällen vorgenommen werden,
- exakter Nachweis von Reserven und Schwachstellen in der Struktur sowie bei den Bedingungen,
- es können Fehler bereits in der Phase der Projektierung erkannt und verhindert und somit eine zielgerechtere Projektierung gesichert werden.

Damit wird es möglich, gegenwärtig bestehende Probleme, wie eingangs dargestellt, besser zu beherrschen.

Claudia Siegert

Zur Bewertung komplexer Automatisierungslösungen im Stadium der konzeptionellen Vorbereitung[1]

Der sich gegenwärtig vollziehende Prozeß der Automatisierung erfaßt nicht mehr nur die bisher im Mittelpunkt von Rationalisierungsbestrebungen stehende Teilefertigung. Er trägt insbesondere auch zur Flexibilisierung der Montage bei. In immer stärkerem Maße werden auch die betriebswirtschaftlichen Leistungs- und Leitungsprozesse zu Bestandteilen automatisierter Prozesse – nicht wie in der Vergangenheit als Gegenstand einer relativ isolierten Bearbeitung auf Zentralrechnern, sondern prozeßnah und in enger Verknüpfung mit den Teilprozessen des Stoffflusses. Bisher realisierte dezentrale Insellösungen verschmelzen zu vernetzten Systemen. Das langfristige Ziel ist der flexibel automatisierte, durchgängig rechnerintegrierte Industriebetrieb – häufig auch als CIM-Betrieb bezeichnet. CIM als strategisches Konzept einer zunehmend komplexen, rechnerintegrierten Leitung, Planung, Steuerung, Kontrolle und Abrechnung des betrieblichen Reproduktionsprozesses bietet in wachsendem Maße die Möglichkeit, das Effektivitätspotential der modernen Technik komplex zu erschließen.

Diese Integration rechnergestützter betrieblicher Teilprozesse zu durchgängigen Lösungen wird sich in mehreren aufeinander aufbauenden Etappen vollziehen – die Gestaltung von CIM-Betrieben ist eine Aufgabe, deren Konzipierung und Realisierung mit einem Zeithorizont von etwa 10 bis 15 Jahren erfolgen muß. Fortgeschrittene Maschinenbaubetriebe der DDR haben diese Entwicklung in Angriff genommen.

Der Beitrag der Sozialistischen Betriebswirtschaft beim Aufbau komplexer und flexibler Automatisierungslösungen besteht zum einen in der rechnergestützten Gestaltung betriebswirtschaftlicher Leistungsprozesse. Zum anderen ist ein effektiver Ablauf des Reproduktionsprozesses zu sichern – eine Aufgabe, die mit Bewertungsprozessen verbunden ist. Dabei erfordert das qualitativ höhere Niveau der Automatisierungslösungen zwingend eine Weiterentwicklung der Effektivitätsbewertung. In den Prozeß der konzeptionellen Vorbereitung und Gestaltung ebenso wie in die laufende Nutzung komplexer Automatisierungsvorhaben ist die ökonomische Bewertung in unterschiedlicher Komplexität und mit unterschiedlichem Zeithorizont eingeordnet. Sie dient einmal als Entscheidungshilfe bei der Auswahl möglicher Realisierungsvarianten. Gleichzeitig ist die Bewertung auch ein Instrument zur Durchsetzung und Sicherung des notwendigen wissenschaftlich-technischen, organisatorisch-informationellen, ökonomischen und sozialen Niveaus betrieblicher Prozesse und nimmt somit Einfluß auf den volkswirtschaftlich erforderlichen Leistungs- und Effektivitätszuwachs der Wirtschaftseinheit. Eine Funktion der ökonomischen Bewertung ist es, die wachsende Komplexität der automatisierten Systeme und des auf sie wirkenden Bedingungsgefüges widerzuspiegeln. Der Denkansatz für eine komplexe Bewertung darf daher nicht vom einzelnen Vorhaben ausgehen, sondern er muß Systemlösungen und deren Auswirkungen auf den Betrieb zum Inhalt haben. Die Automatisierung ist durch solche Kriterien zu beschreiben, die die Systemveränderung bzw. die neue Qualität der Leistungsergebnisse des Systems charakterisieren. Die ausschließlich vorhabenbezogene Bewertung wird dieser Forderung nicht gerecht, sie muß sich in die nächsthöhere Systemebene einordnen. Gleichzeitig muß die Bewertung jedoch hinreichend transparent und handhabbar sein – eine Eigenschaft, die mit wachsender Kennziffernvielfalt abnimmt. Um diese unterschiedlichen Anforderungen an Aggregation und Zeithorizont zu berücksichtigen, wurde für die ökonomische Bewertung komplexer Automatisierungsvorhaben ein Vierebenenkonzept vorgeschlagen[2]. Es enthält

(1) ein ökonomisches Strategiemodell (für die ökonomische Bewertung der strategischen Gestaltung von CIM-Strukturen),
(2) ein Modell der komplexen Effektivitätsbewertung (Betriebsmodell),
(3) die ökonomische Bewertung von Vorhaben,
(4) die ökonomische Bewertung laufender Prozesse (Teilprozeßmodelle).

Mit der Auflösung der Modellebenen von (1) nach (4) verringert sich auch deren Zeithorizont. Das ökonomische Strategiemodell wird geprägt durch langfristige volkswirtschaftliche Vorhaben sowie durch kombinatliche bzw. betriebliche Konzeptionen (Intensivierungskonzeption, langfristige Entwicklungskonzeption, Veredlungskonzeption, CIM-Konzeption). Um eine konkrete Einflußnahme auf die Teilvorhaben zur Realisierung des Zielzustandes CIM-System zu ermöglichen, ist diese erste Modellebene durch ein Betriebsmodell zu untersetzen, das das Gesamtsystem in seinen wesentlichen Teilen widerspiegelt. Als zweckmäßig erweist sich hier eine Untergliederung nach Kostenstellen bzw. Kostenstellengruppen. Dieses Betriebsmodell stellt sich als Einheit von Modellen der technisch-technologischen, organisatorisch-informationellen und sozialen Prozeßgestaltung dar, mit dem Ziel, eine komplexe ökonomische Bewertung der Teilmodelle vorzunehmen. Diese beiden Modellebenen beschreiben den Betrieb als Gesamtsystem, während auf den zwei unteren Ebenen Teilmodelle für einzelne Vorhaben bzw. betriebliche Prozesse geschaffen werden. Auf der Modellebene der ökonomischen Bewertung von Vorhaben wird Bezug genommen auf einzelne Investitionsvorhaben, Rationalisierungsmaßnahmen sowie Forschungs- und Entwicklungsaufgaben, die zur Realisierung des CIM-Systems beitragen. Für die konzeptionelle Vorbereitung von Automatisierungslösungen sind die Ebenen (1) bis (3) bedeutsam. Demgegenüber stellt die vierte Modellebene einen qualitativ verschiedenen Untersuchungsgegenstand dar. Hier wird – einen bestimmten Entwicklungsstand des CIM-Systems vorausgesetzt – die Ausnutzung seiner Effekte bezogen auf einen konkreten Teilprozeß (z. B. einen Fertigungsauftrag) betrachtet.

Die folgenden Ausführungen sollen sich insbesondere auf die erste Modellebene – das ökonomische Strategiemodell – konzentrieren. Der zunehmend flexibel automatisierte betriebliche Reproduktionsprozeß ist durch eine Reihe grundlegender Kriterien zu charakterisieren, die seine neuen Systemeigenschaften kennzeichnen.

Dies sind vor allem:

1. Erhöhung der Flexibilität und Reaktionsfähigkeit
   - installierte Flexibilität der materiell-technischen Basis,
   - Flexibilität des Organisationssystems,
   - Disponibilität der Arbeitskräfte,
   - Reaktionsfähigkeit des betrieblichen Reproduktionsprozesses.
2. Erhöhung der Produktivität
   - Arbeitsproduktivität,
   - Leistungsfähigkeit der materiell-technischen Basis,
   - Kapazität.
3. Erhöhung der Qualität
   - Qualität der Komponenten des Reproduktionsprozesses,
   - Qualität der Erzeugnisse.

Zu untersetzen sind diese drei grundlegenden Kriterien durch Wirkungsbedingungen sowie durch Kennziffernkomplexe, die die ökonomischen Ergebnisse im System beschreiben. In ihrer Gesamtheit sind die Kriterien auf die Steigerung der Effektivität des betrieblichen Reproduktionsprozesses gerichtet, d. h. in letzter Konsequenz auf eine Maximierung des Gewinnzuwachses als Zielfunktion. Dabei ist zu berücksichtigen, daß das ökonomische Strategiemodell ein beschreibendes Modell darstellt. Die untersetzenden Teilkriterien sind zwar zum größten Teil quantifizierbar, ihr kausaler Zusammenhang zur Zielfunktion „maximaler Gewinnzuwachs" kann jedoch häufig nur qualitativ beschrieben werden.

Die Möglichkeit einer exakten Quantifizierung besteht erst auf der Ebene des Betriebsmodells – durch die Modellierung technisch-technologischer, stofflicher und informationeller Funktionsketten innerhalb des Gesamtsystems Betrieb sowie durch die Widerspiegelung ihrer Effekte in ökonomischen Wirkungsketten sind ökonomische Ergebnisse meßbar, zugleich erfolgt eine Rückkopplung zum Strategiemodell. Das Kriterium der Flexibilität und Reaktionsfähigkeit ist eines der wichtigsten zur Charakteristik der qualitativ neuen Merkmale von Automatisierungslösungen. Es steht in unmittelbarem Zusammenhang zur Sicherung der Innovationsfähigkeit eines Betriebes – d. h. zu seinem Vermögen, auf Entwicklungstendenzen von Wissenschaft und Technik zu reagieren bzw. diese aktiv zu bestimmen.

Unter Flexibilität verstehen wir erstens die Fähigkeit von Systemen und Systemelementen, auf stochastische innere und äußere Einflüsse so zu reagieren, daß die Folgen von Veränderungen oder Störungen minimal gehalten werden und damit ein stabiler Vollzug des Reproduktionsprozesses ermöglicht wird. Das bedeutet letztlich, daß bei teilweise veränderten Reproduktionsbedingungen das planmäßige Produktionsergebnis gesichert wird.

Zweitens bedeutet Flexibilität die Fähigkeit, mit im Prinzip gleichen Ressourcen ein verändertes Produktionsergebnis (z. B. eine veränderte Gebrauchswertstruktur) zu erzielen. Voraussetzungen für einen flexiblen Reproduktionsprozeß sind

- die installierte Flexibilität der materiell-technischen Basis,
- die Flexibilität des Organisationssystems (im umfassenden Sinne – d. h. einschließlich der Flexibilität der arbeitsteiligen Beziehungen) sowie
- die Disponibilität der Arbeitskräfte.

Während die Flexibilität also die Fähigkeit zur Aktion und Reaktion im Inneren eines Systems beschreibt, kann Reaktionsfähigkeit als nach außen – d. h. auf den Markt oder auf Zulieferer – gerichtete Tätigkeit verstanden werden. Reaktionsfähigkeit nach außen hat die Flexibilität aller innerbetrieblichen prozeßbestimmenden Komponenten zur Voraussetzung.

Zum Zwecke der ökonomischen Bewertung sind als nächster Schritt die Bedingungen herauszuarbeiten, unter denen die Flexibilität und Reaktionsfähigkeit des betrieblichen Reproduktionsprozesses wirksam wird. Aus diesen Wirkungsbedingungen können ökonomische Kennziffern abgeleitet werden, die die Ergebniswirksamkeit der Flexibilität und Reaktionsfähigkeit beschreiben.

Dieses Vorgehen soll am Beispiel eines Teilkriteriums – der Flexibilität des Organisationssystems – verdeutlicht werden (Tabelle).

In gleicher Weise kann bei der Darstellung der ökonomischen Effekte der anderen genannten Kriterien verfahren werden. Komplex und flexibel automatisierte Systeme bieten die Möglichkeit, neue Quellen der Produktivitätserhöhung im gesamten betrieblichen Reproduktionsprozeß zu erschließen. Die durch die Automatisierung bewirkte Vergrößerung des produktiven Potentials erfordert zwingend dessen maximale Ausnutzung. Erst die Schaffung durchgängiger Lösungen sichert auch die Durchgängigkeit der Effektivitätswirkung auf das Leistungsergebnis des Betriebes. Nur dadurch wird gewährleistet, daß z. B. die mit einer erhöhten Leistungsfähigkeit der Technik verbundene Senkung der Bearbeitungszeit in einem Fertigungsabschnitt nicht nur zu einer Verringerung der Durchlaufzeit in diesem Abschnitt, sondern auch zu einer Verkürzung der gesamten Auftragsdurchlaufzeit beiträgt.

Bedingt durch den notwendigen schrittweisen Aufbau automatisierter Systeme hoher Komplexität ist jedoch eine proportionale Produktivitätserhöhung im gesamten technologischen Prozeß kaum möglich – ein ausgeglichenes Produktivitäts- und Kapazitätsniveau kann vielmehr erst über einen längeren Zeitraum hinweg geschaffen werden.

Die Erhöhung der Produktivität ist jedoch an bestimmte Voraussetzungen gebunden. So erfordert z. B. eine hohe Kapazitätsausnutzung bei gleichzeitiger Verkürzung der Durchlaufzeit die Abkehr von bisher genutzten Organisationskonzepten und die Nutzung von Simulationsmodellen zur Ermittlung eines Optimums

Tab.: Wirkungsbedingungen und ökonomische Ergebnisse der Flexibilität des Organisationssystems

Wirkungsbedingungen	ökonomische Ergebnisse
– Komplexität der organisatorischen Prozesse · automatisierte Prozeßverknüpfung zu technologischen und informationellen Funktionsketten (z. B. über TUL-Prozesse) · Verknüpfung automatisierter und konventioneller Prozesse · optimale Schnittstellengestaltung zur Sicherung der Prozeßdurchgängigkeit – Sicherung der Innovationsfähigkeit des gesamten betrieblichen Reproduktionsprozesses – prozeßbezogene aufbauorganisatorische Lösungen – flexible (rechnergestützte, netzplanorientierte) Haupttermin- und technologische Durchlaufplanung – gleitende Produktionsplanung und -steuerung – automatisierte Informationsverarbeitung in Leitung, Planung, Kontrolle, Abrechnung – Prozeßsimulation – logistische Systeme für Beschaffung und Absatz	– Erhöhung der Kontinuität der Produktion – Verkürzung der Auftragsdurchlaufzeit – Reduzierung der Umlaufmittelbindung – Verbesserung der Kapazitätsausnutzung – Verkürzung der Reaktionszeit auf Auftragsänderungen, Neu- u. Weiterentwicklungen, Erzeugnismodifikationen – Erhöhung des Automatisierungsgrades in Leitung, Planung, Steuerung, Kontrolle, Abrechnung *Kennziffernwirksamkeit* – Durchlaufzeitverkürzung – Selbstkostensenkung – EBE-Zuwachs

beider Größen. Insofern durchdringen sich die Kriterien zur Charakteristik automatisierter Systeme wechselseitig.

Qualitätserhöhung – als letztes der drei angeführten Kriterien – ist in zweifacher Hinsicht zu verstehen, bezogen auf die Reproduzierbarkeit der Produktionsbedingungen und bezogen auf das Ergebnis der Produktion. Mit dem Übergang zu einer höheren Stufe der Automatisierung ergeben sich auch neue Bedingungen für die Qualität der Komponenten des Reproduktionsprozesses. Insbesondere werden neue Anforderungen an die Speicherung, Übertragung und Nutzung von Informationen gestellt. Die Verknüpfung bestehender Insellösungen und der Aufbau durchgängiger Informationssysteme geschieht ebenfalls schrittweise. Dabei ist davon auszugehen, daß auch ein relativ hoch entwickeltes CIM-Konzept nicht den gesamten betrieblichen Reproduktionsprozeß in allen seinen Teilen erfassen wird. Aus beiden Sachverhalten resultiert die eminente Bedeutung der Schnittstellengestaltung – vor allem zwischen automatisierten und konventionellen Prozessen, um auch hier die notwendige Prozeßdurchgängigkeit zu sichern.

Weiterhin ist für das Ziel der einmaligen Speicherung und mehrfachen Auswertung der Daten, das mit dem Aufbau rechnerintegrierter Systeme verfolgt wird, ein hohes Niveau des Änderungsdienstes entscheidend, um die Nutzung jeweils aktueller Daten zu gewährleisten.

Anmerkungen

[1] Der vorliegende Beitrag faßt bisherige Ergebnisse eines interdisziplinären Forschungskollektivs an der Karl-Marx-Universität Leipzig, Sektion Wirtschaftswissenschaften, zum Thema „Methodische Grundlagen und Modelle zur ökonomischen Bewertung und rationellen Leitungsorganisation durchgängig rechnergestützter Lösungen im VEB Kombinat Polygraph ‚Werner Lamberz' Leipzig" zusammen.

[2] Vgl. H. Schneider
Thesen zum Entwurf „Methodische Empfehlungen zur Ermittlung der ökonomischen Effektivität von Vorhaben der flexiblen Automatisierung". Karl-Marx-Universität Leipzig, Sektion Wirtschaftswissenschaften, WB Sozialistische Betriebswirtschaft, März 1987 (unveröffentlicht).

Jörg Bräunig

Die Neugestaltung der Arbeit auf dem Gebiet der Kosten und Preise – Bestandteil der neuen Qualität der sozialistischen Betriebswirtschaft

Im Ergebnis der Politik der Hauptaufgabe in ihrer Einheit von Wirtschafts- und Sozialpolitik, insbesondere in der immer wirksameren Nutzung der Errungenschaften der wissenschaftlich-technischen Revolution für die weitere solide und dynamische ökonomische Entwicklung unserer Volkswirtschaft, vollzog sich in den letzten Jahren der grundlegende Übergang zu einer höheren Qualität des sozialistischen Wirtschaftens, zur umfassenden Intensivierung auf lange Sicht. In diesem Prozeß ist die wissenschaftlich-technische Revolution selbst in eine neue Etappe eingetreten, wodurch eine weitere Potenzierung der technischen Möglichkeiten zu verzeichnen ist.

Neben den hohen Anforderungen an die wissenschaftlich-technische Meisterung dieser Veränderungen gilt es, entsprechend den Schwerpunkten der ökonomischen Strategie des XI. Parteitages der SED, die Wechselbeziehungen zwischen Technik, Ökonomie und Gesellschaft unter diesen neuen Bedingungen wissenschaftlich begründet herauszuarbeiten und produktivitätsfördernd in der betriebswirtschaftlichen Praxis umzusetzen.

Die Fragen der ökonomischen Bewertung, Stimulierung und Verteilung nehmen in diesem Zusammenhang eine Schlüsselstellung für das effektive Funktionieren der sozialistischen Planwirtschaft ein. Ökonomisch begründete Kosten und Preise sind für die Förderung einer effektiven Erneuerung der Produktion von besonderer Bedeutung. Mit der Zielstellung „Höhere Wachstumsraten im ökonomischen Ergebnis als im Tempo der Erneuerung selbst“ gilt es, die Kosten und die nationalen sowie internationalen Preise als einen wesentlichen Ausgangspunkt für die Entscheidungsfindung in Forschung und Entwicklung heranzuziehen. Gleichzeitig sind Grundrichtungen für die ökonomisch ergiebige Verwertung der Ergebnisse aus Forschung und Entwicklung aus diesen Wertkennziffern abzuleiten. Daraus resultieren hohe Anforderungen an die Aussagefähigkeiten von Kosten und Preisen. Exakte Kostenrechnung und richtige Preisbildung in der Vorausschau wie auch in der Vor- und Nachkalkulation stellen eine Grundvoraussetzung für die umfassende Intensivierung auf Dauer dar.

Der Zyklus Wissenschaft–Technik–Produktion–Absatz ist Merkmal und Quelle der umfassenden Intensivierung. Als eine besondere Betonung ergibt sich in der praktischen Gestaltung dieses Zyklus in den Kombinaten und Betrieben der Prozeßcharakter der Kosten- und Preisarbeit sowie der Zeitfaktor für die Kostenrechnung und die Preisbildung. Dabei geht es nicht nur um die Zeitbezogenheit von Kosten und Preisen im Prozeß der Erzeugnisentwicklung und -erneuerung, sondern zugleich um die Beschleunigung dieser Prozesse auch durch die Vorverlagerung des Wirkzeitpunktes der Kosten und Preise. Dieser Fakt läßt sich aus der praktischen Arbeit mit voraussichtlichen Industrie- und Valutapreisen sowie mit Kosten- und Preisobergrenzen ableiten. Dabei kommt es auf eine hohe Treffgenauigkeit der Aussagen an.

Die Konzipierung von Lösungsansätzen zur weiteren Vervollkommnung der Kosten- und Preisarbeit ist ein komplizierter und vielschichtiger Prozeß, der gekennzeichnet ist von einer außerordentlichen Tiefe und Breite der Problemstellungen, der Notwendigkeit zur Koordinierung mit vor- und nachgelagerten betriebswirtschaftlichen Arbeitsprozessen und eines stärkeren Zeitbezuges. Als eine wesentliche Grundvoraussetzung für eine neue Qualität der Arbeit auf dem Gebiet der Kosten und Preise in den Kombinaten und Betrieben zeichnet sich die Realisierung von durchgängigen, in sich geschlossenen Arbeitsabläufen ab. Ich meine damit, daß die einzelnen Aktivitäten in der Kosten- und Preisarbeit nicht losgelöst voneinander bearbeitet werden dürfen, sondern daß hier – beginnend mit der konzeptionellen Arbeit über die Festlegung von Zielstellungen für die Forschung und Entwicklung bis zur Realisierung der Preise und der Auswertung der Istkosten der Produktion – eine untrennbare Einheit besteht. Wie Untersuchungen gezeigt haben, besitzen gerade die Kombinate und Betriebe gut funktionierende Instrumentarien zur ökonomischen Einschätzung der weiteren Entwicklung, der Planung als auch der Abrechnung, mit denen es gelingt, eine durchgängige Kosten- und Preisarbeit durchzusetzen.

Zur Bewältigung des Gesamtspektrums der Arbeit auf dem Gebiet von Kosten und Preisen hat es sich andererseits als vorteilhaft erwiesen, wenn eine Zerlegung in voneinander abgestimmten Bausteinen (Modulen) erfolgt. Ausgangspunkt für die Abhebung von sinnvoll aufgeteilten und mehrseitig nutzbaren Bausteinen ist die Übersicht zu allen Aktivitäten im Rahmen der Kosten- und Preisarbeit und ihrer wechselseitigen Beziehungen untereinander. Eine entscheidende Problemstellung ist dabei die Frage nach der Möglichkeit der Modellierung der komplexen Kosten- und Preisarbeit, also die Frage nach dem Inhalt, der Abgrenzung, den Relationen oder besser nach dem System der komplexen Kosten- und Preisarbeit in den Kombinaten und Betrieben.

Damit werden Maßstäbe geprägt, die in solchen Charakteristika wie Dynamik, Komplexität und Variation der Einflußfaktoren auf die ökonomische Bewertung zum Ausdruck kommen. Deshalb ist es notwendig, auf dem Gebiet der Kosten und Preise von der formalen Berechnung zur aktiven Arbeit mit diesen ökonomischen Kategorien überzugehen. Dieser Schritt beinhaltet unter anderem:

1. Systematisierung und teilweise Neuordnung der Primärorganisation, optimale Strukturierung der Aufgabenkomplexe im Rahmen der Aufbauorganisation und Ausprägung einer rationellen Ablauforganisation unter Nutzung moderner Formen der Datenerfassung, -bereitstellung, -übertragung und -verarbeitung.

Auf einen Punkt gebracht geht es dabei insbesondere um das Bestreben, einen gut gegliederten und zweckbestimmten Aufbau sowie die Gestaltung des rationellen Ablaufes des Gesamtgeschehens auf dem Gebiet der Kosten und Preise zu sichern. Ausgehend von der Gesamtaufgabe spielen dabei solche Fragen wie Aufgabenteilung (z.B. Erarbeitung einer Kostenkonzeption, Aufstellen einer Preisanalyse), Organisation des Prozeßablaufes (Verknüpfung einzelner Aufgabengebiete, wie beispielsweise Ermittlung des voraussichtlichen Valutapreises und die Ableitung von Kosten- und Preisobergrenzen bei Exporterzeugnissen) und der Informationsbeziehungen sowie die Qualifizierung von Basisunterlagen, wie beispielsweise Schlüsselsystematiken, eine entscheidende Rolle.

2. Tiefgreifendere Koordinierung der Kosten- und Preisarbeit mit anderen betriebswirtschaftlichen Aufgabenkomplexen, z.B. mit Absatz einschließlich Außenhandel oder mit dem System von Rechnungsführung und Statistik.

3. Aktive Forschung zu Tendenzen der nationalen und internationalen Aufwandsentwicklung und Ableitung von Notwendigkeiten für die eigene Kosten- und Preisentwicklung.

4. Die konzeptionelle Arbeit mit Kosten und Preisen als Leitungsinstrument weiter auszuprägen und noch enger mit der Aufwandsforschung zu verbinden.

5. Exakte Vor- und Nachkalkulation sowie Fortschreibung dieser Berechnungen bei entsprechenden Veränderungen im betrieblichen Reproduktionsprozeß.

6. Vorausschaurechnungen auf der Grundlage wirklichkeitsnaher Kosten- und Preismodelle, die der Dynamik dieser Kategorien durch entsprechende beherrschbare Freiheitsgrade Rechnung trägt.

7. Erhöhung der Treffgenauigkeit der Vorausschaurechnungen durch die Einbeziehung mehrerer Varianten und „Von-bis-Toleranzen".

Dabei gilt es, bewährte Instrumente und Methoden der Kosten- und Preisarbeit, wie beispielsweise Kostenarten-, Kostenstellen- und Kostenträgerrechnung, noch zwingender anzuwenden. Daraus resultiert das Problem der Beherrschbarkeit des breiten Spektrums der komplexen Kosten- und Preisarbeit unter Beachtung der entsprechenden Organisations-, Daten- und Entscheidungszusammenhänge auf der Ebene der Kombinate und Betriebe sowie der Volkswirtschaft insgesamt, also der gesamten Breite wechselseitiger Beziehungen zwischen betriebs- und volkswirtschaftlichen Aufgabengebieten.

Auf dem XI. Parteitag der SED wurde die Bedeutung der Informatik für die weitere Gestaltung des gut funktionierenden Systems der Leitung, Planung und wirtschaftlichen Rechnungsführung deutlich akzentuiert. Die umfassende Nutzung der Informationstechnik bietet die Möglichkeiten zur Bewältigung der neuen und höheren Ansprüche an die Kosten- und Preisarbeit als integrierter Bestandteil der sozialistischen Betriebswirtschaft.

Der Schritt zur rechnergestützten Kosten- und Preisarbeit beinhaltet nicht die Übertragung bisheriger Arbeitsabläufe auf die Technik, sondern stellt uns vor die Aufgabe, den Kreis von der Schlüsseltechnologie zur höheren Ökonomie zu schließen. Karl Marx betonte: „Wie die Ware selbst Einheit von Gebrauchswert und Wert, muß ihr Produktionsprozeß Einheit von Arbeitsprozeß und Wertbildungsprozeß sein."[1] Es besteht demnach ein objektives Erfordernis der Anpassung des Niveaus der Kosten- und Preisarbeit an den Stand und die weiteren Veränderungen des Reproduktionsprozesses im Kombinat bzw. Betrieb. In den folgenden Ausführungen möchte ich auf einige Aspekte näher eingehen, ausgehend von in dem Thesenmaterial aufgezeigten Problemstellungen zu Kosten und Preisen.

1. Der Schritt zur Neugestaltung und weiteren Vervollkommnung der Arbeit auf dem Gebiet der Kosten und Preise zwingt dazu, die Informationsbeziehungen als Arbeitsprozesse zu betrachten und zu gestalten sowie die Anwendung der Rechentechnik auf spezifische Arbeitsplätze und spezielle Arbeitsprozesse auszurichten. Deshalb ist es erforderlich, im Gesamtkonzept zur neuen Qualität der sozialistischen Betriebswirtschaft der Gestaltung von Informationssystemen breiten Raum zu geben. Das verbietet zeitlose und beziehungslose Behandlung der Kosten- und Preisarbeit, wie das verschiedentlich noch anzutreffen ist.

2. Die Korrelation zwischen den Wertkategorien Preis, Kosten und Gewinn bedarf nicht zuletzt unter dem Aspekt der Stärkung der Eigenerwirtschaftung der Mittel in ihrer praktischen Umsetzung im Kombinat bzw. Betrieb und in der wissenschaftlichen Arbeit einer höheren Aufmerksamkeit. Wie Untersuchungen zeigen, führt die immer breitere Anwendung der Schlüsseltechnologien auf dem Gebiet der Kosten zu grundlegenden Veränderungen vor allem hinsichtlich der Kostenstruktur und der Kostendynamik. Gleichzeitig wurde in diesen Untersuchungen deutlich, daß der derzeitige Grad der Flexibilität moderner Fertigungssysteme den funktionalen Zusammenhang zwischen Kosten und Stückzahlen lediglich in bestimmtem Umfange modifiziert, aber nicht aufhebt.

3. Es besteht eine enge Wechselbeziehung zwischen internationalen Werten und Preisen und dem nationalen Wert- und Preisgefüge. Deshalb sind internationale Wert-Preis-Veränderungen für Waren und Leistungen wie auch Entwicklungen von Währungskursen noch stärker ins Bewußtsein der Kosten- und Preisarbeit in den Kombinaten zu rücken. Die damit im Zusammenhang stehenden Problemstellungen sind keine primären Fragen der Außenwirtschaft allein, sondern berühren nachhaltig das gesamte Spektrum der sozialistischen Betriebswirtschaft. Zur Sicherung hoher Wachstumsraten in den ökonomischen Ergebnissen ist ein stärkeres „Denken nach außen" dringend erforderlich. In Analysen zur Außenwirtschaftstätigkeit der Kombinate wurde deutlich, daß die Preisforschung einer weiteren Qualifizierung bedarf, insbesondere auch unter stärkerer Einbeziehung von Veränderungen bei Währungskursen und Zinsen. Dabei kommt es insbesondere auf die leitergerechte Aufbereitung von Informationen und die

Minimierung von Informationsdefiziten durch eine qualifiziertere Auswertung und Aufbereitung aller verfügbarer Quellen und auf die Einbeziehung weiterer Informationsmöglichkeiten an.

4. Im Komplex der Effektivitätsrechnungen der Außenwirtschaft und gleichermaßen auch der Betriebswirtschaft sind die nationalen Kosten und Preise sowie die erzielbaren Valutapreise Dreh- und Angelpunkt. Für eine rechtzeitige Entscheidungsfindung bei der Auswahl einer effektiven Produktions- und Außenhandelsstruktur der Kombinate werden hohe Anforderungen an die Vorausschaurechnungen der Kosten und der nationalen wie auch internationalen Preise gestellt. Der entscheidende Ausgangspunkt ist dabei die Bestimmung des voraussichtlichen Valutapreises. Es ist notwendig, diesen Preis neben beispielsweise dem Limitpreis als eine eigenständige Preisart anzuerkennen. Dabei ist zu beachten, daß die Vorausschaurechnung von internationalen Preisen in zweifacher Bestimmung risikobehaftet ist, als Preisrisiko einschließlich Entwicklung von Kursen und Zinsen sowie durch subjektive Fragen. Durch die weitere Kompensierung des Informationsdefizites, u. a. durch rechnergestützte Marktinformationsmodelle und kompromißlose Weltstandsvergleiche in der Einheit von wissenschaftlich-technischem, marktökonomischem sowie Preis- und Effektivitätsvergleich gilt es, die Arbeit mit voraussichtlichen Valutapreisen weiter zu objektivieren, was sich in der Erhöhung der Treffgenauigkeit niederschlagen muß. Dem Preisrisiko ist durch die Arbeit mit Preistoleranzen (Von-Bis-Spannen), Beachtung von Waren- und Marktbesonderheiten sowie aktuellen Kurs- und Zinsentwicklungen u. ä. stärker Rechnung zu tragen. In diesem Zusammenhang wird deutlich, daß in der praktischen betriebswirtschaftlichen Arbeit die Dynamik der Wertkategorien anzuerkennen ist und eine entsprechend rationelle Form der Fortschreibung der Bestimmung dieser Kategorien durch geeignete rechnergestützte Lösungen zur Anwendung kommt.

Gegenwärtig findet eine Reihe von rechnergestützten Lösungen zur Qualifizierung der Arbeit auf dem Gebiet der Kosten und Preise ihre praktische Anwendung. In Auswertung von Beispielen aus dem Bereich der metallverarbeitenden Industrie können meines Erachtens folgende Verallgemeinerungen zu den Schwerpunkten im Prozeß der Integration der modernen Rechen- und Informationstechnik in die Kosten- und Preisarbeit der Kombinate und Betriebe sowie deren Koordinierung mit anderen Arbeitssystemen der sozialistischen Betriebswirtschaft getroffen werden:

1. Prozeßanalyse:
   - Technologische und organisatorische Charakterisierung des Reproduktionsprozesses des Kombinates bzw. Betriebes und Ableitung von Spezifika für die Kosten- und Preisarbeit. Dabei sind unter anderem solche Merkmale wie Betriebsgröße, Fertigungsart, Produktions- und Exportstruktur u. a. einzubeziehen;
   - Formulierung der Zielfunktion(en) für die entsprechenden Aufgabengebiete der Kosten- und Preisarbeit auf der Grundlage der abgeleiteten Spezifika;
   - Setzen der Bedingungen und Entscheidungsvariablen; im wesentlichen geht es dabei beispielsweise um solche Fragen, wie die Bestimmung von überbetrieblichen Kosten- und Preisnormativen.
2. Modellierung des Prozesses:
   - Abgrenzung des Integrationsfeldes (Welches konkrete Aufgabengebiet der Kosten- und Preisarbeit soll Gegenstand der Programmierung sein?);
   - Zerlegung der Komplexfunktionen in Funktionen mit unterschiedlichen Aggregationsstufen (Abhebung von abgeleiteten Teilaufgaben);
   - Aufhebung der fließenden Grenzen zwischen den Aufgabenfeldern durch Definition von Schnittstellen und Funktionszuordnung (exakte Definition des Umfanges der einzelnen Teilaufgaben).
3. Strukturierung der Informationsbeziehungen:
   - Modellierung der im Integrationsfeld internen Informationsbeziehungen und ggf. Rückkopplung zur Modellierung des Prozesses bei nicht sinnvoll durchführbarer interner Informationsstrukturierung unter Beachtung von externen Aufgabenfeldern;
   - Modellierung externer Informationsbeziehungen zum Integrationsfeld unter Einbeziehung und Qualifizierung bestehender Organisations-, Daten- und Entscheidungszusammenhänge.

   Auf einen Punkt gebracht umfaßt dieser Schwerpunkt die Abklärung aller Problemkreise des Informationsaustausches zwischen einzelnen Aufgabengebieten der komplexen Kosten- und Preisarbeit wie auch Fragestellungen der Informationsgewinnung bzw. -bereitstellung aus bzw. für technisch-technologische und betriebswirtschaftliche Datenspeicher oder der volkswirtschaftlichen Berichterstattung.
4. Gestaltung der funktions-, stufen- und bereichsbezogenen Integrationsketten auf der Grundlage der organisations-, daten- und entscheidungsorientierten Abbildung der übergreifenden Prozeßabläufe. Im Kern werden dabei alle wechselseitigen Beziehungen zwischen einzelnen Aufgaben der komplexen Kosten- und Preisarbeit untereinander wie auch zu übergreifenden betriebswirtschaftlichen Aufgabenstellungen herausgearbeitet. So lassen sich beispielsweise enge inhaltliche Verbindungen zwischen Kostenrechnung, Preisbildung und Finanzrechnung herleiten. Diese relativ selbständigen Aufgabenkomplexe stehen in direkter Beziehung zueinander, sie sind als integrierte Kette faßbar.
5. Auswahl der rechnerinternen, -unterstützten (Mensch-Maschine-Dialog) und sonstigen, durch Abstimmung mit betrieblichen Fachbereichen sowie Entscheidungsprozessen zu lösenden Aufgaben.
6. Konzipierung der Rechentechnik, Formulierung der Anforderungen an die Hardware.
7. Algorithmierung unter Anwendung von Typalgorithmen und bei Durchsetzung eines modularen Aufbaus zur Gewährleistung der Flexibilität und Rationalität der zu entwickelnden Software.
8. Auswahl der Programmierbasis (Standardsoftware, Datenbanksysteme u. a.).

9. Rechentechnische Umsetzung der formalisierten Aufgabenstellungen der Kosten- und Preisarbeit, Integration in bestehende betriebswirtschaftliche Softwarelösungen und Nachweis der Anwendbarkeit.
10. Überleitung in die Praxis, Service und Ableitung von neuen Schritten zur rechnergestützten Arbeit.

Der unmittelbaren Einbeziehung der Rechentechnik in die Preisarbeit in Abhängigkeit vom Umfang sind eine Reihe von Untersuchungen und Abklärungen vorangestellt. Die Programmierung verläuft um so problem- und fehlerloser, je mehr es gelingt die inhaltlichen Prozeßabläufe entsprechend aufzubereiten.

Anmerkung

[1] K. Marx, Das Kapital, Erster Band, in: Marx/Engels Werke, Dietz Verlag, Berlin 1977, S. 201.

Anke Schimschar

Die Entwicklung der Kostenrechnung unter den Bedingungen der Automatisierung des Produktionsprozesses

Die ökonomische Strategie zielt auf die entscheidende Erhöhung der Effektivität auf dem Weg der umfassenden Intensivierung der Produktion durch die Anwendung von Wissenschaft und Technik, insbesondere durch die breite Anwendung der Schlüsseltechnologien.[1]

Mit der Schaffung von 60 flexiblen Fertigungsabschnitten und 35 komplexen Automatisierungsvorhaben werden Beispiele für den qualitativen Wandel im technologischen Niveau der Produktion in unserer Volkswirtschaft verwirklicht.[2]

Besonders für den Maschinenbau der DDR ist die flexible Automatisierung von Bedeutung, weil sie bei kleineren und mittleren Serien eine hohe Bedarfsdeckung, ein schnelles Reagieren auf neue Marktbedingungen und die Produktion eines sehr breiten Sortimentes sowie hohe Stückzahlen ermöglicht.

Die Nutzung des der flexiblen Automatisierung innewohnenden Effektivitätspotentials erfordert die Anwendung objektiver ökonomischer Kriterien als Maßstab ihrer Durchsetzung, denn die Ökonomie als Ausgangspunkt ist sowohl für den wirtschaftlichen als auch den technologischen Fortschritt ausschlaggebend.

Dabei wird die Senkung der Kosten immer mehr zu einer Wachstumsquelle von hoher Bedeutung. In ihrer Eigenschaft als Kategorie der wirtschaftlichen Rechnungsführung sind die Kosten der Gradmesser der Einsparung betrieblicher Aufwendungen.

Voraussetzung ist die Gestaltung der Kostenrechnung zu einem effektiven Instrument der Wirtschaftsleitung der Betriebe und Kombinate, das zunehmend den Informationsbedarf deckt, der aus dem Prozeß der schnellen wissenschaftlich-technischen Entwicklung sowie aus der grundsätzlichen Veränderung im materiellen und informationellen Bereich der Produktion resultiert.

Diese Veränderungen des Zusammenwirkens der Elemente in den Phasen des Reproduktionsprozesses der Kombinate und Betriebe auf einem völlig neuen Niveau werden mit Maßnahmen der weiteren Vervollkommnung der Leitung, Planung und wirtschaftlichen Rechnungsführung verbunden.

In diesem Zusammenhang wird folgende Forderung erhoben: „Die Generaldirektoren der Kombinate und die Direktoren der Betriebe haben zu gewährleisten, daß die Kostenartenrechnung, die Kostenstellenrechnung und die Kostenträgerrechnung als wirksame Leitungs- und Kontrollinstrumente für den Kampf um die Senkung des Aufwandes gestaltet und genutzt werden."[3]

Um dieser Forderung gerecht zu werden, sind die Auswirkungen der fortschreitenden Automatisierung auf die betriebliche Kostenrechnung zu analysieren und Maßnahmen zu bestimmen, die den Funktionen der Kostenrechnung auch in der Zukunft zukommt.

Voraussetzung ist die Qualifizierung der Abrechnung der Kosten, die sich über die Kostenarten-, Kostenstellen- und Kostenträgerrechnung erstreckt.

Kostenverursachung und Kostenrechnung sind dabei die zentralen objektiven Probleme der Kostenrechnung, die immer besser beherrscht werden müssen. Davon ausgehend lassen sich folgende Feststellungen treffen:

1. Die Vertiefung der allgemeinen Kenntnisse über die Gesetzmäßigkeiten der Kostenentwicklung und ihrer inneren Dynamik infolge der qualitativen Veränderungen in der Struktur der Elemente des Arbeitsprozesses ist zu sichern. Das Kriterium der Einheit ihrer Planung, Abrechnung und Analyse gewinnt unter den Forderungen der Ökonomie der Zeit wesentliche Bedeutung.

2. Bei der Kostenerfassung und Kostenzurechnung verlagert sich das Schwergewicht von den direkt zurechenbaren auf die indirekt zurechenbaren Kostenarten. Dazu sind die Kostenarten- und Kostenstellengliederungen zu überdenken.

3. Der Aufwand und die Verfahrensweise für die Ermittlung der Zuschlagsbasen und Zuschlagssätze in der heterogenen auftragsgebundenen Produktion des Schwermaschinen- und Anlagenbaus verändert sich.

4. Die Kostenstellen-Leistungsrechnung ist in vollem Umfang durchzusetzen. Das heißt, daß für alle Kostenstellen des Produktionshauptprozesses die Einheit von Leistungsstelle und Kapazitätsbilanzierungseinheit herzustellen ist, so daß die Kostenstelle auch als Kalkulationsbereich fungieren kann.[4]

5. Die weitere Erhöhung der Qualität und Quantität der Vor- und Nachkalkulation als Grundlage zur Bestimmung und Kontrolle der Wirtschaftlichkeit der Betriebe gewinnt zunehmend an Bedeutung und verlangt sowohl den verstärkten Einsatz der Rechentechnik als auch die enge Verbindung von technisch-technologischen und ökonomischen Daten.

6. Die Konzentration der wertmäßigen Widerspiegelung der materiellen Seite des Reproduktionsprozesses in ihrer jetzigen Form ausschließlich in den Struktureinheiten Ökonomie (Planung) und Hauptbuchhhalter (Erfassung, Abrechnung, Analyse) erweist sich nicht mehr als ausreichend.

Unter diesen Prämissen ist es erforderlich, neue Anforderungen an die Kostenkalkulation, als wesentliche Funktion der Kostenrechnung, zu stellen, die gewährleisten, daß jeder Kostenstelle (Verantwortungsbereich) und jedem Kostenträger (Erzeugnis, Auftrag) die Kosten zugeordnet werden, die am entsprechenden Ort für die Schaffung des jeweiligen Produktes verursacht werden. Da der Maschinenbau durch einen heterogenen Fertigungsprozeß, eine uneinheitliche heterogene Leistung und die heterogene Gliederung des arbeitsteiligen Prozesses gekennzeichnet ist, findet die Zuschlagskalkulation Anwendung. In der Regel betrifft das komplizierte, aus vielen Einzelteilen und Baugruppen zusammengesetzte Erzeugnisse, die in Einzel- und Serienfertigung produziert werden. Die gegenwärtig gesetzlich vorgeschriebene und im traditionellen Maschinenbaubetrieb praktizierte Zuschlagskalkulation basiert auf einer direkten, weil meßbaren Zurechnung der mit Primärdokumenten für den jeweiligen Auftrag belegten Kosten (Leistungslohnschein, Materialentnahmeschein) auf die Kostenträger in der Kostenstelle und einer anteiligen Zurechnung der indirekten technologischen Kosten (Abschreibungen, Reparaturen, Werkzeuge u. a.) sowie der Beschaffungs-, Leitungs- und Absatzkosten. Im Prozeß der gegenwärtigen Automatisierung sind jedoch qualitative Veränderungen eingetreten, die im wesentlichen wie folgt zusammenzufassen sind:

- Hoher Grundmittelbestand und Grundmittelbindung,
- hoher Flexibilitätsgrad und
- Veränderung der Rolle des Menschen im Arbeitsprozeß.

Mit der Niveauerhöhung des Fertigungsprozesses verändert sich die Zurechenbarkeit der Kosten sowie der Kalkulationsbestandteile. Wesentlich ist in diesem Zusammenhang das Sinken des Anteils der direkt zurechenbaren Kosten aufgrund der Umwandlung der leistungsabhängigen in zeitabhängige Grundlöhne. Der Lohn des Produktionsgrundarbeiters ist nicht mehr von der Anzahl der bearbeiteten Erzeugnisse abhängig, sondern von der Laufzeit der von ihm betreuten Anlagen.

Parallel zur Senkung der Grundlohnkosten erhöht sich der Anteil der indirekten technologischen Kosten durch den Prozeß der Automatisierung der Produktion infolge der Zunahme der maschinen- und anlagenabhängigen Kosten im Verhältnis zu den Lohnkosten. Dadurch kann die Zurechnung der indirekten Kosten nicht mehr in der erforderlichen Qualität durchgeführt werden. Die Existenz sehr hoher Zuschlagssätze vervielfacht die bereits in der Basis Grundlohn enthaltenen Fehler.

Durchgeführte Untersuchungen in Magdeburger Kombinaten ergaben, daß sich die Zuschlagssätze für indirekte technologische Kosten und Betriebsleitungskosten in den letzten Jahren im Durchschnitt verdoppelt haben und Größenordnungen von mehr als 2000% erreichen. Die Spitze liegt gegenwärtig bei 12000%.

Für die in den Kombinaten entstandenen flexiblen automatisierten Fertigungssystemen wurden Werte zwischen 2500 und 5000% ermittelt. Bei der vorgesehenen Automatisierung der Produktion bis 1990 ist mit einem weiteren Anstieg der Zuschlagssätze zu rechnen, wenn weiterhin auf der Basis Grundlohn kalkuliert wird. Die Konsequenzen, die sich aus den qualitativen und quantitativen Veränderungen im Verhältnis von lebendiger und vergegenständlichter Arbeit ergeben, wurden von Marx so charakterisiert:

„In dem Maße aber, wie die große Industrie sich entwickelt, wird die Schöpfung des wirklichen Reichtums weniger von der Arbeitszeit und dem Quantum an aufgewendeter Arbeit abhängig, als von der Macht der Agentien, die während der Arbeitszeit in Bewegung gesetzt werden...

Sobald die Arbeit in unmittelbarer Form aufgehört hat, die große Quelle des Reichtums zu sein, hört und muß aufhören, die Arbeitszeit sein Maß zu sein und daher Tauschwert das Maß des Gebrauchswertes."[5]

Neben dem Verrechnungsaspekt ist auch der Kontrollfunktion der Kosten Rechnung zu tragen. Durch hohe Zuschlagssätze wird die Verschleierung der Kostenverursachung begünstigt. Wird für größere Bereiche undifferenziert mit einem hohen Lohnzuschlagssatz gearbeitet, kommt es zu weiteren Kostenverschiebungen. Aus allen diesen Gründen verliert der Grundlohn als Zuschlagsbasis an Bedeutung.

Gleiches trifft auch für die andere direkt zu verrechnende Kostenart der technologischen Kosten, das Grundmaterial, zu. Hier liegen die Ursachen aber in der bestehenden Organisationsform der betrieblichen Abrechnung begründet. Insbesondere im Schwermaschinen- und Anlagenbau (Einzel- und Kleinserienfertigung) werden die Bestellung und Lieferung auftragsbezogen bzw. bezogen auf den Kostenträger abgerechnet, da das Material entsprechend der Durchlauforganisation auftragsbezogen und nicht kostenstellenbezogen bereitgestellt wird.

Die bisher dargelegte Problematik der Kostenrechnung hatte die Betrachtung der direkten technologischen Kosten zum Inhalt. Wird nun die Entwicklung der Kostenarten – die eigentlichen Kalkulationselemente – insgesamt unter Berücksichtigung des Automatisierungsprozesses untersucht, so ergibt sich folgende prinzipielle Entwicklung:

- Der hohe Bedarf an Investitionsmitteln für Automatisierungsvorhaben, der sich aus der Anlagenkomplexität und einer neuen Preisebene dieser dem wissenschaftlich-technischen Höchststand entsprechenden Grundmitteln ergibt, führt unter Beachtung der wachsenden Abschreibungssätze zu hohen Kosten für den Verschleiß (Abschreibungen).
  Die Kostenart „Verbrauch von Arbeitsmitteln" hat eine steigende Tendenz.
- Der spezifische Verbrauch von Grundmaterial muß sinken, da die automatisierten Anlagen optimale technologische Bedingungen bieten und moderne Werkzeugmaschinentechnik in Verbindung mit entsprechender Meßtechnik zum Einsatz kommt. Gleichzeitig fallen geringere Ausschußkosten an.
  Diese Tendenz verstärkt sich in dem Maße, wie der Einsatz automatisierter Anlagen mit der Einführung und Produktion neuer Generationen von Erzeugnissen verbunden ist, die sich u. a. durch eine erhebliche Reduzierung der Materialintensität auszeichnen.
- Auf den Verbrauch von Hilfsmaterial besteht nur eine geringe Wirkung. Eine Ausnahme wird, aus vorwiegend preislichen Gründen, der Verbrauch von Material für die Instandhaltung der entsprechenden Anlagen sein. Er wird ansteigen.
  Auf den Energieverbrauch wird es aufgrund der modernen Technik und der an anderer Stelle möglichen und bereits eingeleiteten Maßnahmen der rationellen Energieanwendung keine größeren Auswirkungen geben.

- Die bereits genannten Grundlohnkosten weisen aus zwei Gründen eine stark fallende Tendenz auf. Mit der Automatisierung sind erhebliche absolute Einsparungen von erstens Produktionsgrundarbeitsplätzen und zweitens von Produktionsgrundarbeitszeit verbunden. Als Gründe seien nur der Einsatz von Industrierobotern und die Mehrmaschinenbedienung genannt.
- Die Hilfslöhne werden sich einerseits zum Beispiel durch die Automatisierung des innerbetrieblichen Transports und des Lagerwesens verringern, andererseits jedoch durch neue Arbeiten wie zum Beispiel die Überwachung und Instandhaltung automatisierter Anlagen erhöhen. Eine leicht steigende Tendenz dieser Kostenart wird die Folge sein.
- Der Verbrauch produktiver Leistungen, speziell der fremden Kooperationsleistungen, steigt aufgrund der sich vertiefenden Arbeitsteilung. Dieser Sachverhalt gewinnt an Bedeutung durch die Notwendigkeit einer hohen Auslastung der automatisierten Anlagen und deren hoher Produktivität. Diese Entwicklung wirkt ebenfalls grundlohnsenkend.
- Die Kosten für die Produktionsvorbereitung steigen kontinuierlich und auch schneller. Hier sei nur bemerkt, daß die automatisierte Produktion auch einen höheren Organisationsaufwand zur Folge hat.

Zusammenfassend ist darauf hinzuweisen, daß die als steigend charakterisierten Kostenarten durch die mit der Automatisierung verbundenen wesentlichen Produktionserhöhungen in jedem Fall sinkende Einheitskosten ergeben müssen.

Gleichzeitig ist die Tendenz der Zunahme des Anteils der maschinenabhängigen Kosten an den Gesamtkosten zu erkennen.

Zur Lösung der bisher umrissenen Problemkreise wird sowohl in der Theorie als auch verstärkt in der Praxis auf die Maschinenstundenkostenrechnung orientiert.

Bereits Ende der 60er Jahre und zu Beginn der 70er Jahre haben bekannte Wirtschaftswissenschaftler der DDR das theoretische Fundament zur Vervollkommnung der Zuschlagskalkulation durch die Einbeziehung der Maschinenstundenkostenrechnung gelegt. Zur allgemeinen Arbeit in den Betrieben fehlte jedoch eine Vielzahl praktischer Voraussetzungen, die jetzt, wenn nicht schon geschehen, geschaffen werden müssen. Positiv wirkt hier die zunehmend breite Anwendung der Rechentechnik zur Erfassung, Aggregation und Auswertung von benötigten Primärdaten.

Bei der Bildung eines Maschinenstundenkostensatzes (MSKS) werden technisch vergleichbare Maschinen zu Maschinengruppen zusammengefaßt und als Kostenstelle behandelt. Es können auch Einzelmaschinen als selbständige Kostenstelle abgerechnet werden, wie zum Beispiel im VEB SKET Magdeburg bei den numerisch gesteuerten Maschinen, deren Bruttowert bis zu 12 Millionen Mark reicht. In diesem Kombinat wird für fünf Kostenstellen mit dem MSKS gearbeitet. Die Auswahl wurde so getroffen, daß damit 77,5 % aller CNC-Technik des Stammwerkes erfaßt sind.

In den MSKS sind die Kosten für:
- Abschreibungen,
- Energie,
- Reparaturen,
- Schmier- und Reinigungsmittel,
- Arbeitsschutzmittel,
- geringwertige und schnellverschleißende Arbeitsmittel,
- Umbauten und in Anspruch genommenen Raum.

Wenn die Löhne der an den Maschinen tätigen Grundarbeiter in den MSKS einbezogen werden – ihre Abhängigkeit von der Maschinenlaufzeit wurde bereits erläutert –, dann sind die Abteilungsleitungskosten, die Betriebsleitungskosten und der Beitrag für gesellschaftliche Fonds ebenfalls auf Maschinenarbeitsplätze umzulegen, und es entstehen MSKS auf Basis der Verarbeitungskosten.

Es ist aber nicht sinnvoll, die Bildung der MSKS ausschließlich von der Höhe der prozentualen Zuschlagssätze für indirekte technologische Kosten und für die Gemeinkosten abhängig zu machen. Dann würde nicht berücksichtigt, ob es sich um neue, produktive Anlagen mit einem noch hohen Nettowert oder um alte Maschinen handelt.

Durch hohe Reparaturkosten bei veralteten Maschinen werden ebenfalls hohe Zuschlagssätze erreicht.

Mit der Anwendung des MSKS steigt die Aussagekraft der Kostenrechnung durch eine Kostenzurechnung entsprechend der Kostenverursachung.

Gleichzeitig erfolgt eine Qualifizierung der Abrechnung und Kontrolle des Reproduktionsprozesses zur Sicherung der Kontinuität, Planmäßigkeit und Proportionalität und es werden entscheidende Grundlagen zur Weiterentwicklung der Kostenrechnung als Leitungsinstrument gelegt.

Anmerkungen

[1] Vgl. E. Honecker: Bericht des Zentralkomitees der Sozialistischen Einheitspartei Deutschlands an den XI. Parteitag der SED, Dietz Verlag, Berlin 1986, S. 28.

[2] Vgl. W. Stoph: Zur Direktive des XI. Parteitag der SED zum Fünfjahrplan für die Entwicklung der Volkswirtschaft der DDR in den Jahren 1986–1990, Dietz-Verlag, Berlin 1986, S. 15.

[3] Verordnung über die weitere Vervollkommnung der wirtschaftlichen Rechnungsführung auf der Grundlage des Planes, Gesetzblatt Teil I Nr. 3, 1982, § 12 (1).

[4] Vgl. G. Fraas: Kostenverursachung und Kostenzurechnung, Verlag Die Wirtschaft, Berlin 1981, S. 80.

[5] K. Marx: Grundrisse der Politischen Ökonomie, Berlin 1953, S. 592.

Peter Kohlert

Bedarfs- und exportmarktorientierte Leitung des betrieblichen Reproduktionsprozesses und rechnergestützte Arbeit im Absatz

Die Leitung eines Kombinates muß auf einem durchgängigen und einheitlichen Leitungskonzept beruhen, das den gesamten Reproduktionsprozeß erfaßt und ihn konsequent auf die Realisierungsbedingungen einstellt. Die sozialistische Betriebswirtschaft erfährt eine immer stärkere bedarfs- und exportorientierte Ausrichtung, die die Entwicklung der Bedürfnisse, des Bedarfes und die Erfordernisse des Exportes zum Ausgangspunkt des Reproduktionsprozesses nimmt und sich nicht primär an den Erfordernissen des Produktionsprozesses orientiert.

Diesem Anliegen entspricht die Schaffung auch einer bedarfs- und exportmarktorientierten Leitung des Reproduktionsprozesses. Diese muß mit der Ausrichtung und einheitlichen Leitung aller Reproduktionsphasen auf folgende Ziele ausgerichtet werden:

- Rechtzeitige und umfassende Berücksichtigung der Bedürfnisentwicklung und umfassende Berücksichtigung der Bedürfnisentwicklung im Inland und von Außenhandelserfordernissen in der Erzeugnisarbeit. Ausgangspunkt für jede Erzeugnisentwicklung und für die Gestaltung einer konkurrenzfähigen Produktion ist eine ständige Orientierung am Inlandsbedarf und an den Exportmöglichkeiten im Rahmen einer langfristigen Strategie des Kombinates. Grundlage für die Erhöhung der Exportkraft der Kombinate bilden stabile Exportlinien mit Erzeugnissen und Erzeugnissortimenten, die den Anforderungen der Abnehmer entsprechen und mit den internationalen Innovationsraten übereinstimmen.
- Entwicklung einer leistungs- und konkurrenzfähigen Marktarbeit zur effektiven Realisierung der Erzeugnisse auf den Märkten. Die Profilierung einer abnehmergerechten Marktarbeit ist eingeordnet in die komplexe Leitung aller Prozesse von der Erzeugnisentwicklung, einer quantitäts- und qualitätsgerechten Produktion über einen effektiven Transport bis zum verkaufsfördernden Design. Leistungsfähige Marktarbeit basiert auf einem entsprechenden Leistungsangebot auch aller Vertragspartner in der Kooperationskette.
- Umfassende Beachtung des Zeitfaktors. Bei der einheitlichen Konzipierung von Erzeugnis- und Marktarbeit unter dem Zeitaspekt geht es um eine wesentliche Verkürzung des Zeitraumes von der Idee zum Verkauf und um die Auswahl des richtigen Zeitpunktes für den Markteintritt des Erzeugnisses. Gleichzeitig ist zu sichern, daß mit dem Markteintritt eine weitgehende Bedarfsdeckung in Qualität und Quantität im Inland und ein entsprechender Marktanteil beim Export erreicht wird.

Eine solche bedarfs- und exportmarktorientierte Leitung steht nicht neben dem sonstigen Leitungssystem des Kombinates, ist nichts künstlich Geschaffenes, sondern vielmehr ein Leitungssystem, das sichert, daß alle Leitungsentscheidungen stets im Rahmen der Veredlungsstrategie und der Anforderungen der Märkte getroffen werden. Selbstverständlich beschränkt sich eine exportmarktorientierte Leitung nicht auf den zugeordneten Außenhandelsbetrieb bzw. die Außenhandelsfirma. Ihre Profilierung erfordert einen Komplex von Maßnahmen der Vervollkommnung, wie z. B.

- der Planung auf zentraler und betrieblicher Ebene,
- der Vervollkommnung der wirtschaftlichen Rechnungsführung,
- der Leitungsorganisation in den Kombinaten und im Außenhandel, insbesondere durch Anwendung rechnergestützter Lösungen.

Die bedarfs- und exportmarktorientierte Leitung des Reproduktionsprozesses entspricht gleichzeitig den Erfordernissen der Beschleunigung des Kreislaufs der Fonds, wobei davon auszugehen ist, daß der Kreislauf erst mit dem Rückfluß der finanziellen Mittel aus Inlands- und Exportabsatz abgeschlossen ist.

Rechnergestützte Konstruktionen, Technologien und Produktion auf Basis von CAD/CAM-Systemen, wie sie derzeit in der betrieblichen Praxis immer mehr an Bedeutung gewinnen, sind eine grundlegende Voraussetzung für effektive Produktion zur Befriedigung der dynamisch wachsenden Bedürfnisse. Automatisierungseffekte in der rechnergestützten Produktionsvorbereitung und -durchführung werden jedoch nicht zwangsläufig beim Absatz wirksam. Sie werden erst mit dem Verkauf der Erzeugnisse auf den Märkten ökonomisch realisiert und müssen sich in hoher Exporteffektivität, gemessen in Exportvolumen und -rentabilität, Devisenerlös sowie in Produktivitäts- und Gewinnsteigerung zeigen, d. h. der potentielle ökonomische Nutzen von Automatisierungslösungen ist absatzseitig voll zu erschließen und zur Wirksamkeit zu bringen.

Automatisierte Produktionsvorbereitung, Produktion und Absatzprozesse sind deshalb von den Realisierungserfordernissen her in ein strategisches Gesamtkonzept zu bringen. Ausgehend davon gilt es:

- Die Leistungsprozesse der Absatzwirtschaft so zu gestalten und zu vollziehen, daß sie zu einem effektiven Verkauf der automatisiert hergestellten Erzeugnisse führen;
- die Absatzprozesse selbst zu rationalisieren, um flexibel im Reproduktionsprozeß und auf den Märkten arbeiten zu können.

Die Effektivitätspotenzen der Automatisierung lassen sich nur unter Einbeziehung des gesamten Reproduktionsprozesses erschließen. Anstelle der bisherigen Steuerung von Einzelprozessen ist ein verknüpftes System zu schaffen. Der Trend ist in komplexen Lösungen automatisierter Produktion bei automatisierter Informationsverarbeitung zu sehen.

Mit dieser Entwicklung zu komplexen Automatisierungslösungen sind Modifizierungen in den Leistungsprozessen der Absatzwirtschaft verbunden:

- Die bei der Automatisierung erreichbare größere Durchgängigkeit und Beschleunigung des Materialflusses in allen seinen Etappen führt zu engerem Zusammenschluß von Materialversorgungs-, Produktions-, Montage- und materiellen Absatzprozessen.
- Gleichzeitig erhält die Absatzvorbereitung in den verschiedenen Entscheidungs- und Prozeßebenen der Automatisierungslösungen größeres Gewicht hinsichtlich der absatzwirtschaftlichen Einflußnahme zur Durchsetzung von Realisierungserfordernissen mit dem Ziel marktfähiger Erzeugnisse und Sortimente und der Sicherung rationeller Absatzprozesse auf der Grundlage einer zweckmäßigen Absatzorganisation.

Eine bedarfs- und exportmarktorientierte Leitung stellt somit neue und hohe Anforderungen an die Anwendung moderner Informationstechnik im Interesse einer hohen Effektivität auch aller beteiligten Kooperationspartner sowie Abnehmer im Inland und im Ausland. Die Nutzung der neuen Formen der Automatisierung mit rascher Steigerung der Arbeitsproduktivität und hoher Qualität der Erzeugnisse erfordert eine Beschleunigung der Reaktionsfähigkeit des Lieferers sowie die Minimierung der Reaktionszeit als Kriterium der Weltmarktfähigkeit jedes Partners. Mit der komplexen Absatzvorbereitung unter Einsatz der rechnergestützten Planung, der Bildschirmtechnik und des Dialogsystems, der Datenfernübertragung sowie der Arbeit mit Bürocomputern muß in der Planung und Realisierung von Absatz und Export der Kombinate und Betriebe dem Anspruchsniveau der sozialistischen Kooperationspartner sowie auch der nichtsozialistischen Märkte entsprochen werden.

Das Anliegen ist es daher, qualitative Effekte, wie Verkürzung von Fristen, Einhaltung kurzfristiger Termine, hohe Aktualität und damit Aussagewert von Marktdaten u.a., zur Wirkung zu bringen. Wichtige nächste Schritte zur Schaffung von komplexen Automatisierungslösungen sind

- die qualitative Weiterentwicklung rechnergestützter Angebotsarbeit und deren Kopplung zur rechnergestützten Produktionsvorbereitung und -durchführung sowie
- die Entwicklung der rechnergestützten Ersatzteilwirtschaft in Verbindung mit Lagerhaltung und Produktionssteigerung zur Sicherung eines effektiven Kundendienstes.

Die Rationalisierung des Leitungs- und Entscheidungsprozesses zur Absatzvorbereitung und -durchführung erfordert die durchgängige Nutzung der Informationstechnik sowohl für die Datenaufbereitung und -speicherung, als auch für die Simulation komplizierter absatzwirtschaftlicher Prozesse. Dazu sind absatzorganisatorische Voraussetzungen zu schaffen, um EDV-würdige und EDV-fähige Arbeitsplätze zu gestalten.

Um in der Angebotserarbeitung schnell und flexibel auf Veränderungen des Bedarfes reagieren und den Inhalt von Angeboten speziellen Kundenwünschen anpassen zu können sowie Zeit- und Informationsverluste zu vermeiden, müssen der wachsende, ständig wechselnde Datenanfall und Informationsbedarf rechentechnisch bearbeitet sowie wesentliche Schritte der Angebotsbearbeitung durchlaufen werden:

- Die Nutzung leistungsfähiger Rechentechnik und spezieller Anwenderprogramme im Prozeß der Angebotserarbeitung führt zur Erhöhung der Reaktionsfähigkeit auf Bedarfsveränderungen durch flexible Angebotserarbeitung und ermöglicht durch Angebotsvarianten die aktive Einflußnahme auf den Bedarf.
- Die laufende Registrierung von Angeboten, die zu Verträgen führen, ermöglicht darüber hinaus die ständige Abrufbarkeit aktueller Angaben über den Bedarf an Erzeugnissen und Leistungen als grundlegende Planungsgröße für die Vorbereitung und Durchführung der Produktion und damit für den effektiven Produktions- und Absatzplan.
- Der bei bisher manueller Erarbeitung von Angeboten benötigte hohe Zeit- und Kostenaufwand wird entscheidend gesenkt.

Absatzorganisatorische Maßnahmen des Einsatzes von Rechentechnik in der Absatzdurchführung können folgendermaßen geordnet werden:

- Es muß der für die Absatzdurchführung inhaltlich konkrete Prozeßverlauf einschließlich seiner Probleme aufgenommen und es müssen die vorhandenen Arbeitsplätze und ihre Einordnung in die Aufbauorganisation dargestellt werden.
- Jeder Arbeitsplatz der Absatzdurchführung muß aufgegliedert werden nach
  - Beschreibung und Gliederung aller Aufgaben, personelle Besetzung des Arbeitsplatzes, räumliche Anordnung des Arbeitsplatzes, Arbeitsteilung zwischen den Arbeitsplätzen und dem Zeitregime;
  - Ein- und Ausgangsdatenträger (Belege);
  - Speicherdatenträger (Karteien u. a.).

  Jeder Datenträger des Arbeitsplatzes muß analysiert werden nach Absender bzw. Empfänger (Ein- und Ausgangsdaten), Form der Übergabe bzw. der Speicherung der Daten, Inhalt und Aufbau der Datenträger sowie Datenmenge der Ein- und Ausgangsdaten pro Zeiteinheit bzw. der Speicherdaten.

Gabriele Theuner

Zur Entwicklung rechnergestützter Lösungen für die Vorbereitung und Erarbeitung von Angeboten

1. Absatzorientierte ökonomische Zielstellung

Die Erhöhung der Außenhandelseffektivität, als ein Schwerpunkt der ökonomischen Strategie mit dem Blick auf das Jahr 2000, bedeutet in erster Linie, mit Hilfe von Spitzenerzeugnissen auf internationalen Märkten Extragewinn zu erzielen und dieses Spitzenniveau zu halten, da der Surplusprofit (Extragewinn) wegfällt, „sobald sich die exponentielle Produktionsweise verallgemeinert oder von noch mehr entwickelter überflügelt wird"[1].

Die Kollektive in Forschung und Entwicklung stehen mit Beginn der Entwicklung von Spitzenerzeugnissen im Prozeß der komplexen Produktionsvorbereitung vor der Aufgabe, ausgehend von den eigenen Reproduktionsbedingungen, sowohl eine effektive Herstellung des neuen Erzeugnisses im voraus zu sichern, als auch durch die Kenntnis der spezifischen Anwenderbedürfnisse und -forderungen sowie deren Entwicklungstendenzen auf dem internationalen und nationalen Markt den Absatz durch eine hohe Anwendereffektivität zu fördern.

Entsprechend den wachsenden Anforderungen der Außenmärkte erhöht sich das Leistungsangebot der Kombinate und Betriebe, erweitert sich der Erzeugnisbegriff besonders in Verbindung mit wissenschaftlich-technischen Leistungen, mit Erzeugnissystemen und mit zusätzlichen Leistungen, die aus dem Anlagencharakter der Erzeugnisse resultieren. Dieses wachsende Leistungsspektrum schlägt sich unmittelbar in den Ansprüchen an die Angebotstätigkeit, in ihrer Funktion des ersten kaufentscheidenden Kundenkontakts, nieder. Der Einsatz der modernen Rechentechnik ermöglicht die Erarbeitung niveauvoller Angebote, erhöht die Konkurrenzfähigkeit der exportierenden Kombinate auf internationalen Märkten.

Analysen des Angebotsprozesses in Kombinaten des Schwermaschinen- und Anlagenbaus zeigten, daß die unverzügliche Einführung der durchgängigen rechnerunterstützten Angebotserarbeitung für Kombinate mit Exportverpflichtungen aus folgenden Gründen von größter Bedeutung ist[2]: Erstens ist durch die verstärkte konkurrenzbedingte Tendenz der Zunahme kundenspezifisch anzubietender Erzeugnisse/Anlagen, der zunehmenden Vielfalt der Anwenderforderungen und der Komplexität der Leistungsangebote, die Flexibilität des Reproduktionsprozesses der Kombinate und Zulieferer (Kooperationspartner) den verschärften Absatzbedingungen anzupassen.

Zweitens steigt der Aufwand für Varianten-, Anpassungs- und Neukonstruktion bereits in der Angebotsprojektierung, da der Anteil technischer Spezifikationen sinkt, der sich auf bereits realisierte Erzeugnisse/Anlagenlösungen (Serienprogramme) stützen kann.

Der Erarbeitungsaufwand steigt insbesondere durch:
- Die Besonderheit der Problemstellung des Anfragers (Grad der Ähnlichkeit des Problems zu bereits grundsätzlichen gelösten Problemstellungen bzw. zu bereits angebotenen oder realisierten ähnlichen Lösungen);
- den Detailliertheitsgrad der Problembeschreibung (durch Kundenanfrage vorgegeben);
- den Aufwand für Rückfragen zur Klärung der Problemstellung;
- die Verkürzung der Bearbeitungszeit und
- die Flexibilitätsanforderungen an das Produktionsprogramm.

Drittens sind die Anforderungen an die steigende Qualität des Angebotes im verfügbaren Zeitraum kaum noch manuell zu bewältigen. Das betrifft vor allem
- die Zeichnungserstellung einschließlich des Layout entsprechend der Kundenspezifik;
- das Anbieten umfangreicher, mit dem beteiligten potentiellen Vertragspartner abgestimmten und gesicherten Service- und Dienstleistungen;
- das Durchführen von Nutzensberechnungen für den konkreten Anfrager;
- die Variabilität bei Verhandlungen mit dem potentiellen Kunden zur weiteren Anpassung an die spezifischen Anwenderforderungen, einschließlich des Vorschlages effektiverer Lösungen für das Kundenproblem.

Viertens erfordert die zeitliche Beschleunigung der Angebotserarbeitung aufgrund immer höherer internationaler Maßstäbe an das Tempo der Angebotserarbeitung (teilweise schon Angebotsabgabe nach einigen Tagen bzw. innerhalb der international vorherrschenden Erarbeitungsfrist von ca. 3 Wochen) dringend den Einsatz moderner Rechentechnik.

Der Zeitfaktor spielt in zweierlei Hinsicht eine große Rolle. Zum einen bei der unverzüglichen Ausarbeitung attraktiver Angebote für neue Spitzenerzeugnisse zu Beginn ihres Markteintritts und zum anderen bei dem schnellen Reagieren auf Kundenwünsche für bereits auf dem Markt befindliche Erzeugnisse.

Fünftens ist die Forderung nach enger Zusammenarbeit aller Bereiche innerhalb des Kombinates sowie des Kombinates mit dem Außenhandel zur Erarbeitung konkurrenzfähiger Angebote gerade durch den Rechnereinsatz konsequent zu verwirklichen. Der Aufbau effektiver gesamtbetrieblicher Datenstrukturen, eines mit dem Außenhandelsbetrieb gemeinsam aufzubauendes und zu nutzendes Marktinformationssystem, fördern und fordern eine Umgestaltung relativ starrer betrieblicher Organisationsformen, eine dynamische Verbindung zwischen den Phasen des Reproduktionsprozesses.

Sollen die mit der rechnergestützten Angebotserarbeitung verbundenen ökonomischen Effekte erreicht werden, ist neben der rechnergestützten Projektierung (als Kernstück) auch das Umfeld zu gestalten.

Das betrifft z. B. folgende Aufgaben:

- Bewertung und Auftragswahrscheinlichkeit,
- Ermittlung der zu erwartenden Anwendereffektivität,
- Nutzung einer Datenbank für bereits erarbeitete Prinziplösungen,
- Bewertung der Anwenderforderungen nach ihrer Erfüllbarkeit,
- Durchführung der Anlagenpreiskalkulation sowie
- Verfolgung, Abrechnung und Auswertung der Angebotsarbeit.

Eine rechnergestützte automatische Angebotserstellung liegt dann vor, wenn die vollständige Bearbeitung von Angeboten in einem in sich geschlossenen Datenverarbeitungsverfahren stattfindet. Das betrifft sowohl Tätigkeiten der Lösungsermittlung als auch die Erstellung und Ausgabe der Lösungsdarstellung in Form von vollständigen Angebotsunterlagen. Geht man von den Zielstellungen der qualitativen Verbesserung sowie der erheblichen Verkürzung der Zeitdauer für die Erarbeitung eines verbindlichen Angebotes aus, reichen die Prozesse besonders der Vorbereitung der Angebotserarbeitung sowie der Erarbeitung des kommerziellen Angebotsteiles über den eigentlichen CAD/CAM-Prozeß hinaus und sind der „Computer Aided Engineering" (CAE) zuzuordnen.

Aus der Zuordnung der international verwendeten Termini zu den einzelnen Teilaufgaben für die Beschreibung eines technischen Objektes wird ersichtlich, daß die technische Spezifikation des Angebotes jedoch integrierter Bestandteil eines CAD/CAM-Systems (als komplexe Softwarelösungen bezeichnet, die die in den Bereichen der konstruktiven und technologischen Vorbereitung und der Fertigung in Beziehung stehenden informationellen Prozesse verwirklichen) ist.

Dominiert auch der Anteil der Rechnernutzung für den technischen Teil des Angebotes gegenüber dem für den kommerziellen Teil, so sind doch beide Bestandteile zur Sicherung einer durchgängig rechnerunterstützten Angebotserarbeitung zu qualifizieren.

2. Ökonomische Entscheidungen zur Vorbereitung der Angebotserarbeitung

Das erfolgreiche Anbieten von Anlagen mit einer gegenwärtig hohen Anwendereffektivität erfordert, in Abhängigkeit von den sich (oft kurzfristig) verändernden internationalen Marktbedingungen und dem wissenschaftlich-technischen Fortschritt, kundenspezifisch die Effektivität ständig neu zu verwirklichen. Dieser Entscheidungsprozeß, unter Zugrundelegen des allgemeinen Prozeßmodells der Angebotserarbeitung, läßt sich in zwei Entscheidungsetappen untergliedern:

1. Etappe: Entscheidung über die Erteilung des Auftrages zur Erarbeitung eines Angebots auf Basis einer Anfrage und über die Angebotsform:

2. Etappe: Entscheidung zur Anwendereffektivität während der Angebotserarbeitung.

Erste Entscheidungen über die Erarbeitung eines Angebots, einschließlich der zu wählenden Angebotsform oder über die Erteilung einer Absage an den Anfrager, beeinflussen bereits wesentlich die Effektivität der Angebotsarbeit. Diese Entscheidungen werden mit dem Ziel getroffen, unter Voraussetzung einer hohen Auftragswahrscheinlichkeit eine hersteller- und anwenderseitig effektive Problemlösung potentiellen Kunden anzubieten. Bei sehr geringer Auftragswahrscheinlichkeit wird auch durch die Erteilung einer Absage an den Anfrager erheblicher Projektierungsaufwand gespart. Die Entscheidungen werden immer wichtiger, da *erstens* der Selbstkostenanteil der Konstruktion und der Projektierung an den Gesamtselbstkosten für kundenwunschorientierte Erzeugnisse/Anlagen bedeutend ansteigt; *zweitens* schlägt sich dieser erhebliche Projektierungsaufwand prozentual auf die erfolgreich erarbeiteten Angebote (erhaltener Aufträge) nieder bzw. geht in die Gemeinkosten des Anlagenherstellers ein. Das Konzentrieren auf die Erarbeitung kundenspezifischer Angebote mit erkennbaren Erfolgschancen ist notwendig, um bei Vorliegen oft mehrerer Konkurrenzangebote den Auftrag zu erhalten.

Internationalen Untersuchungen zufolge lagen bei 512 erfaßten Käufern in der Investgüterindustrie durchschnittlich 2,7 Angebote vor.[3]

Eine fundierte Entscheidungsfindung über die Erarbeitung eines Angebotes führt im Ergebnis zu einer Verbesserung der Angebotsrate, d. h. des Verhältnisses von abgegebenen Angeboten zu erhaltenen Aufträgen.

Den effektiven Einsatz der verfügbaren Kapazität und damit der Erhöhung der Angebotsrate unterstützen *drittens* eine gezielte Anwendung der unterschiedlichen Angebotsformen und eine rechtzeitige Entscheidung über die Erarbeitung eines Angebotes bzw. zur Absage an den Anfrager.

International vorherrschende Angebotsformen sind das Informations-, Standard- und kundenspezifische Angebot. Da sie sich durch eine eindeutige Differenzierung hinsichtlich ihres Informationsgehaltes und damit ihres Erarbeitungsaufwandes unterscheiden, hat die Auswahl der richtigen Angebotsform für die konkrete Anfrage des potentiellen Kunden Einfluß auf die Effektivität des Angebotsprozesses.

Die Untersuchungen zeigen *viertens*, daß diese angebotsvorbereitenden Entscheidungen in den Kombinaten und Betrieben der Anlagenindustrie nicht mit Hilfe einheitlicher Bewertungskriterien getroffen werden. Die Auswahl unterschiedlicher Angebotsformen wird noch nicht zielgerichtet, kundenbezogen, nach der Auftragswahrscheinlichkeit bewertet, vorgenommen. Mit wachsender Komplexität der zu beachtenden Entscheidungskriterien wird aber eine ökonomische Bewertung vor Beginn der Angebotserarbeitung immer zwingender notwendig. Damit ist auch die Einbeziehung von kompetenten Mitarbeitern besonders aus den Bereichen Absatz und Projektierung sowie aus dem Außenhandel zur Entscheidungsfindung zu sichern.

3. Aufgaben der ökonomischen Bewertung zur Vorbereitung und Erarbeitung von Angeboten

In der *ersten* Entscheidungsetappe ist eine Bewertung vorzunehmen hinsichtlich

- der Erteilung des Auftrages zur Angebotserarbeitung bzw. einer Absage an den Anfrager sowie
- der Auswahl einer auf den konkreten Anfrager bezogenen geeigneten Angebotsform.

Durch die komplexe Bewertung der Auftragswahrscheinlichkeit sollen die o.g. Entscheidungen vor der Erteilung des Auftrages zur Angebotserarbeitung getroffen werden. Die Auftragswahrscheinlichkeit ergibt sich aus der Bewertung der Anfrage- und Kaufmotivation sowie den aus der Anfrage hervorgehenden Anwenderforderungen.

Die Analyse der Anfragemotivation soll eine erste Einordnung der mit der Anfrage verbundenen wahrscheinlichen Zielstellung

- des Kaufes einer Anlage auf der Grundlage eines Angebotes,
- der Auswahl des attraktivsten Angebotes aus mehreren Angeboten verschiedener Hersteller,
- einer allgemeinen Information ohne momentane Kaufabsichten und
- der Verhandlungen mit einem Konkurrenzhersteller

ermöglichen.

Die Bewertungskriterien der Anfragemotivation sind

- der Kundenkontakt,
- die Konkurrenzsituation auf dem Zielmarkt und
- die Anfragetätigkeit des potentiellen Kunden.

Das geplante Investitionsvorhaben eines Anfragers charakterisiert die *Kaufmotivation*. Investitionsvorhaben können im wesentlichen Neu-, Ersatz- und/oder Erweiterungsinvestitionen sein. Je nach Art der Investition bestehen unterschiedliche Ausgangspunkte für die Kompatibilität einer Anlage. Der Bestellumfang wird ebenfalls durch das Investitionsvorhaben bestimmt.

Die Kaufmotivation wird charakterisiert durch

- die Kaufstabilität,
- den Bestellumfang und
- die Marktposition des Anfragers.

Ausgehend von dem prinzipiellen Grundaufbau rechnerunterstützter Angebotserarbeitung[4] sind die Werte für die Bewertungskriterien der Anfrage- und Kaufmotivation im wesentlichen enthalten in

- der Kundendatei,
- der Konkurrenzdatei und
- der Datei der Erzeugnismerkmale.

Die Bewertungskriterien zur Anfragemotivation und zur Kaufmotivation lassen sich im wesentlichen aus der Kundendatei entnehmen für

- den Kundenkontakt,
- die Anfragetätigkeit des potentiellen Kunden,
- die Kompatibilität der Anlagen und
- die Marktposition des Anfragers.

Die Konkurrenzdatei wird vorwiegend benötigt für

- die Konkurrenzsituation auf dem Zielmarkt,
- die Kompatibilität, wenn Anfrager bisher Anlagen von Konkurrenzunternehmen nutzte.

Die Datei der Erzeugnismerkmale gibt im Zusammenhang mit

- den Anwenderforderungen aus der Anfrage den Erfüllungsgrad der Forderungen mit vorhandenen Anwenderlösungen an,
- der Konkurrenzdatei Aufschluß über die Konkurrenzfähigkeit des eigenen Kombinates gegenüber den weltmarktbestimmenden Anlagenanbietern,
- einer Datei für vorhandene Problemlösungen alle erarbeiteten Angebote an, die Anwenderforderungen erfüllen.

Abhängig von der kombinatsspezifischen rechnerunterstützten Projektierungslösung eignen sich z. B. die Programmiersprachen FORTRAN und TURBO-PASCAL. Analog zu bereits bewährten Programmen für Weltstandsvergleiche und marktökonomische Vergleiche läßt sich Standardsoftware wie REDABAS und BASIC nutzen.

Für die erste Grobeinschätzung der Erfüllbarkeit der Anwenderforderungen durch den Hersteller gemeinsam mit dem Außenhandelsbetrieb dienen vorrangig Informationen über

- die aktuelle Auftragslage des Kombinates/Betriebes (Auftragsdatei),
- die vorhandene Kapazität zur Realisierung, einschließlich Zulieferer (mit Gegenstands-, Stücklisten-, Arbeitsplan-, Arbeitsplatz-, Materialstamm-, Materialbestell-, Materialbestandsdaten, Richtwerten, Gesamtdurchlaufplan-, Objektfristen-, Erzeugnisdispositionsdaten, Baugruppen- und Teildispositionsdaten, Belastungs-, Hauptfristenplan- und Fertigungsauftragsdaten) sowie
- die vorhandenen Anlagenvarianten (Datei für Erzeugnismerkmale und Erzeugnisbaukasten, Gegenstandsdaten)[5].

Dabei ist die Anwendung einer Checkliste mit den aufgeführten Anwenderforderungen lt. Anfrage mit einer ja/nein-Entscheidung am effektivsten und ausreichend aussagefähig.

Der Bewertungsprozeß in der *zweiten* Entscheidungsetappe dient der Auswahl der hersteller- und anwenderseitigen effektivsten Anlagenvariante. Er ist ein komplexer, iterativer Prozeß, der vor allem zum Ausdruck kommt durch

- die Komplexität der Anlagen selbst,
- die Vielfalt der Anwenderforderungen und
- die Beeinflussung des gesamten Reproduktionsprozesses beim Hersteller.

Iterativen Charakter nimmt der Entscheidungsprozeß für eine Anlagenvariante durch das Vergleichen der Kundenforderungen mit Parametern mehrerer Anlagenvarianten, mit denen mehrerer Teilanlagen eines daraufhin ausgewählten Anlagentypes und gegebenenfalls mit Einzelmaschinen und Baugruppen an.

Bei der Erarbeitung eines Angebotes können auf der Grundlage des Informationsgehaltes einer Anfrage 2 Ausgangssituationen vorliegen:

a) Das Kundenproblem ist vorrangig als Lösungsvorgabe in der Anfrage dargestellt (z. B. festgelegtes Arbeitsprinzip bzw. Angaben zur technischen Spezifikation) und

b) die Problembeschreibung bezieht sich auf die geforderte Teil- und Gesamtfunktion der Anlage ohne Lösungsvorgabe.

Enthält die Anfrage bereits eine Lösungsvorgabe, kann analog dem Vorgehen für den Weltstandsvergleich die Bewertung der Anwenderforderungen vorgenommen werden. In Nachnutzung bereits vorhandener rechnerunterstützter Lösungen für den Weltstandsvergleich ist sie mit geringem Aufwand durch den Projektanten auf dem Rechner abzuarbeiten.

Ist die Problembeschreibung in einer Anfrage auf die geforderte Teil- und Gesamtfunktion einer Anlage ohne Lösungsvorgabe beschränkt, sind erstens die Anwenderforderungen hieraus abzuleiten. Das setzt primär die Kenntnis

- der Anwendungsbedingungen (einschl. der Länderspezifik) für die technisch-technologische Gestaltung der Anlage,
- der Länder- und Kundenspezifik für die bautechnische Gestaltung,
- des Konkurrenzniveaus für die Preisforderungen und
- der politischen, länder- und kundenspezifischen sowie konkurrenzbedingten Restriktionen

voraus.

Zweitens lassen sich mit Hilfe der eingeschätzten Anwenderforderungen die verschiedenen Anlagenvarianten hinsichtlich ihres Erfüllungsgrades vergleichen. Zur Vereinfachung und Systematisierung der ökonomischen Bewertung anwenderorientierter Angebotserarbeitung wurde nach drei in engem Zusammenhang stehenden ökonomischen Hauptkriterien aufgegliedert, nach der Zeit, der Qualität und dem Aufwand.

Zur Einschätzung und Auswahl einer optimalen Anlagenvariante für den potentiellen Kunden wurden diesen Hauptkriterien für die anwenderorientierte Angebotserarbeitung ausgewählte wesentliche Informationskomplexe zugeordnet, die hiermit verbundenen Bewertungskriterien und Methoden ihrer Ermittlung zusammengestellt. Die für den Anfrager hierdurch eingeschätzten optimalen Parameter nach Zeit, Qualität und Aufwand stellen den Sollwert dar, dem die Parameter der verschiedenen Anlagenvarianten gegenübergestellt werden können.

4. Schlußfolgerungen

Analysen zum internationalen und nationalen Entwicklungsstand der Einbeziehung der Angebotsarbeit in durchgängig komplexe CAD/CAM- bzw. CAE-Lösungen zeigen, daß derzeitig vielfältige Konzepte für die rechnerunterstützte Projektierung erarbeitet werden, aber bisher nur Insellösungen für ausgewählte Einzelanlagen existieren.

Für die Verkaufsfähigkeit von Anlagen (Zeit, Qualität der Angebotserarbeitung), für das Rufbild des Herstellers, ist es jedoch von wesentlichem Vorteil, wenn das Angebot rechnerunterstützt erstellt wird.

Es ist unbedingt notwendig, daß die Kombinate und Betriebe der Anlagenindustrie mit hohen Exportverpflichtungen die Voraussetzungen auch mit sehr hohem Aufwand für die rechentechnische Erschließung der Projektierungsprozesse als Bestandteil ihrer CAD/CAM-Vorhaben in kürzester Zeit schaffen.

Neben der rechnerunterstützten Angebotsprojektierung sind zur Sicherung eines durchgängigen Effektivitätswachstums auch kommerzielle Prozesse und die angebotsvorbereitenden Prozesse in rechentechnische Lösungen einzubeziehen.

In der Konzipierung praktischer Lösungen fanden diese Prozesse außer der Nutzung von Textbausteinen für den Angebotstext bisher kaum Beachtung.

Das bedeutet für die weitere Gestaltung der rechnerunterstützten Betriebswirtschaft, die Prozesse der Produktionsvorbereitung und der Absatzvorbereitung nicht als aufeinanderfolgende Prozesse zu betrachten, sondern sie als zeitlich und inhaltlich miteinander verbundene Prozesse zu gestalten. Davon muß auch bei der Erarbeitung rechnerunterstützter Lösungen für die Angebotserarbeitung ausgegangen werden, mit dem Ziel der multivalenten Nutzung einer einheitlichen betrieblichen Datenbasis.

Anmerkungen

1 K. Marx, Das Kapital, Dritter Band, in: Marx/Engels, Werke, Bd. 25, Dietz Verlag, Berlin 1979, S. 657.

2 Karl Marx stellte fest, daß sich die ökonomischen Epochen nicht danach unterscheiden was, sondern wie es gemacht wird, mit welchen Arbeitsmitteln. Vgl. Marx/Engels, Werke, Bd. 23, Dietz Verlag, Berlin 1956–1968, S. 194f.

3 G. Theuner, Anwenderorientierte Entscheidungen im Projektierungsprozeß unter besonderer Berücksichtigung der Angebotserarbeitung in der Anlagenindustrie. Studie, Technische Universität Dresden 1987.

4 Autorenkollektiv, CAD/CAM – Schlüsseltechnologie als Intensivierungsfaktor. Verlag Die Wirtschaft, Berlin 1987, S. 32ff.

5 Vgl. Anm. 4.

Babette Simon

Rationalisierung der Absatz- und Exporttätigkeit im VEB Chemische Werke Buna unter Nutzung eines PC 1715

Durch die Abteilung Absatzkoordinierung des VEB Chemische Werke Buna sind alle Planungs- und Abrechnungsaufgaben zu lösen, die mit der Realisierung der Warenproduktion von jährlich mehr als 8 Milliarden Mark verbunden sind. Dies betrifft sowohl den Stammbetrieb als auch das Kombinat als Ganzes. Der zeitliche Arbeitsablauf ist dadurch gekennzeichnet, daß in den Monaten Juli/August bei der Erarbeitung des Planentwurfes, in Vorbereitung der Leipziger Messen und an den Monats- und Quartalsenden starke Arbeitsspitzen zu bewältigen sind.

Die Planungs- und Abrechnungsaufgaben wurden ursprünglich alle manuell gelöst, sind aber zum größten Teil eindeutig algorithmierbar. Überwiegend handelt es sich um Aufgaben, die sich in einem festgelegten Rhythmus wiederholen, wie z. B.

- die Erarbeitung des Planentwurfs und der staatlichen Auflage entsprechend Planungsmethodik,
- die Ersttagseinschätzung des Exportergebnisses,
- die Exportkassenplanung,
- die Dekadenplanung,
- Protokollierung,
- Exportabrechnung und -berichterstattung,
- Jahres-, Quartals- und Monatsplanung (Lieferprogramm),
- Erarbeitung von Lieferplänen und Bilanzabrechnungen,
- Preisanalysen.

Die Planungs- und Abrechnungsergebnisse sind überwiegend sehr kurzfristig und in hoher Qualität auszufertigen. Sie werden unmittelbar verwendet für die zentrale Berichterstattung an das Ministerium für Chemie, die Staatliche Zentralverwaltung für Statistik und andere sowie für die Abrechnung des Exportwettbewerbs, der Leistungskennziffern für die Kollektive und Leiter und die Leistungsbewertung.

Diese Angaben sollten mit Hilfe eines Personalcomputers vom Typ PC 1715 rationalisiert werden und als Dialoglösung am Arbeitsplatz angesiedelt werden.

Das Projektantenkollektiv bestand aus drei Diplomanden der Sektion Wirtschaftswissenschaften der TH „Carl Schorlemmer" Leuna-Merseburg, die von einigen Studenten des 3. und 1. Studienjahres unterstützt wurden, und stand unter Leitung von Dr. Zvacek vom Wissenschaftsbereich Datenverarbeitung.

Ausgangspunkt der Arbeit für den Entwurf der Dialoglösung war die Analyse der in der Abteilung vorliegenden Arbeitsabläufe. Es wurde ein Überblick über die vorhandenen Arbeitsplätze, deren Aufgaben, die bearbeiteten Daten und über die informationellen Beziehungen zwischen den Arbeitsplätzen gewonnen.

Die zu erarbeitende Lösung wurde detailliert abgegrenzt, die zu unterstützenden Aufgaben und die davon berührten Arbeitsplätze festgelegt.

Der anschließende Projektierungsprozeß war am zeitaufwendigsten. Die o. g. Aufgaben wurden schrittweise auf den Rechner übertragen, und so konnte eine Vielzahl umfangreicher Schreibarbeiten entfallen.

Für die Projektierung selbst erwies sich sowohl die Arbeit im Projektantenkollektiv als auch die enge Zusammenarbeit mit den späteren Nutzern als überaus wichtig. Da nach dem Prinzip des Prototyping projektiert wurde (hierunter versteht man den zyklischen Prozeß der Herstellung einer lauffähigen Lösung, deren Vorstellen und Diskussion beim Anwender und die Veränderung der Lösungsvariante nach dessen Wunsch), ergab sich der enge Kontakt zum Anwenderkollektiv von selbst; wir erreichten, daß das Projekt dem Anwenderwunsch entspricht und in der Praxis tatsächlich angewendet wird. Außerdem konnte durch die Nutzung dieses Projektierungsprinzips auch eine große Anzahl inhaltlicher Fehler des Projekts von vornherein vermieden werden.

Vor der Einführung des Projekts in die Praxis wurde mit den Nutzern ein Lehrgang durchgeführt, in dem die selbständige Bedienung des Dialogprojekts erprobt wurde.

Seit Mai 1987 werden die vorhin genannten Aufgaben der Abteilung Absatzkoordinierung rechnergestützt durchgeführt. Ein besonderer Erfolg war für uns die Rechnernutzung für den Planentwurf 1988. Die methodischen Erfahrungen, die im Projektierungsprozeß gesammelt wurden, fanden Niederschlag in einer Diplomarbeit.[1]

Sie beinhaltet auch nachnutzbare Programme und -bausteine. Die Haupteffekte, die mit dem Einsatz des Personalcomputers verbunden sind, bestehen in der Abteilung Absatzkoordinierung auf den Gebieten Absatz und Export vor allem in

- der Erhöhung des Niveaus der Vertragsgestaltung und Realisierungskontrolle als Voraussetzung für eine dekadengerechte Sicherung des Absatzes;
- der Schaffung qualifizierter Entscheidungshilfen für die Optimierung der Absatzprozesse sowie die Senkung nichtplanbarer Kosten;
- der Möglichkeit der kurzfristigen Ausfertigung aussagefähiger Analysen über die Absatztätigkeit des Kombinates, z. B. nach Zeiträumen, Struktureinheiten, Wirtschaftsgebieten u. a. m. als Grundlage für Rapporte, Zuarbeiten an andere Struktureinheiten oder als Unterlage zur Abwehr von Sanktionsentscheidungen;
- der Sicherung der Einheit von materieller und finanzieller Planung sowie der besseren Durchsetzung der Einheit von Plan und Bilanzvertrag;

- den besseren Arbeits- und Lebensbedingungen durch schrittweise Ablösung der gesamten Routineberechnungen und der damit in Zusammenhang stehenden umfangreichen Schreibarbeiten.

Das Projekt wurde u. a. auf einer KDT-Tagung und zentralen Studentenkonferenzen vorgestellt und ist bereits mehrmals bei wahlobligatorischen Lehrveranstaltungen im Rahmen der Weiterbildungslehrgänge für Leitungskader am ISW vorgestellt und diskutiert worden. Als Ergebnis dessen wurden Teile des Projekts zur Nachnutzung angefordert.

Das Projekt ist jedoch noch nicht voll nachnutzungsfähig und wird deshalb jetzt, wiederum von Studenten, überarbeitet.

Das Ziel besteht in der Erarbeitung einer für die chemische Industrie einheitlichen Lösung zur Ausarbeitung des Planentwurfs, die auch die Datenübergabe Kombinat–Ministerium in maschinenlesbarer Form umfaßt.

Anmerkung

[1] Vgl. B. Simon: Methodische Erfahrungen bei der Erarbeitung von Projekten für den PC-Einsatz bei der Leitung von Absatz und Export im Chemiekombinat, Diplomarbeit, Technische Hochschule „Carl Schorlemmer" Leuna-Merseburg 1987.

Runald Vogel

Ergebnisse und Erfahrungen bei der Durchsetzung der rechnergestützten Arbeit im VEB Kombinat Leuna-Werke „Walter Ulbricht"

Auf der Beratung des Sektretariats des ZK der SED mit den 1. Sekretären der Kreisleitungen im Februar 1987 stellte Erich Honecker die Aufgabe, mit der wachsenden Dynamik der Produktivkräfte Schritt zu halten und im Wettlauf mit der Zeit an wichtigen Punkten Vorsprung zu erzielen. Es geht dabei um eine neue Qualität ökonomischen Wachstums, die insbesondere durch immer bessere Nutzung der Ergebnisse der Wissenschaft in der Produktion charakterisiert ist. Insbesondere auf dem Gebiet der beschleunigten Entwicklung und der breiten Anwendung der Schlüsseltechnologien fällt die Entscheidung über den weiteren Zuwachs an ökonomischer Kraft.

In unserem Kombinat steht die Aufgabe, die rechnergestützte Arbeit mittels zentraler Rechentechnik, dezentraler Datentechnik und Prozeßautomatisierung in breitem Maße effektiv durchzusetzen. Dabei gilt es, vorrangig die Arbeitsprozesse zu rationalisieren und Arbeitskräfte bzw. Arbeitszeit einzusparen sowie die Zielstellung der Wettbewerbskollektive des Kombinates zu verwirklichen, kontinuierlich die Produktion bei sinkendem Aufwand an Energieträgern zu steigern. In zunehmendem Maße werden wir zur Sicherung hoher energieökonomischer Effekte zielgerichtet die Schlüsseltechnologien einsetzen.

Aufbauend auf den Erfahrungen der langjährigen EDV-Anwendung wurden im Kombinat zielstrebig in breitem Maße rechnergestützte Arbeitsplätze geschaffen. Waren die ersten Einsatzfälle dezentraler Datentechnik durch weitsichtiges Engagement einzelner gekennzeichnet, so ist insbesondere nach der Konferenz zur rechnergestützten Arbeit in Leuna im Jahr 1985 ein beschleunigtes, planmäßiges Vorgehen in allen Betriebs- und Fachdirektionen festzustellen. Was wurde dabei bisher erreicht?

- In allen Fach- und Betriebsdirektionen, d.h. im gesamten Reproduktionsprozeß des Kombinates wurden in bedeutendem Umfang Geräte der dezentralen Datentechnik eingesetzt;
- zur Einsatzvorbereitung und zur Nutzung der Geräte der dezentralen Datentechnik wurden weit über tausend Kader qualifiziert;
- mit dieser Rechentechnik wurden Arbeitsplätze bzw. Arbeitszeit in Höhe von durchschnittlich 1,8 VBE pro Gerät eingespart, ein beachtlicher Gewinnzuwachs und eine Rückflußdauer von 1,35 Jahren erzielt;
- die zentrale Rechentechnik wurde auf der Grundlage des Einsatzes von EDVA ES-1056 erneuert und damit die Voraussetzungen geschaffen, die zentralen Rechenanlagen für rechnergestützte Arbeitsplätze verfügbar zu machen;
- Datenfernverarbeitungslösungen zur Nutzung der zentralen Rechentechnik für dezentrale rechnergestützte Bearbeitung, zur operativen Lenkung der Produktion, zur Projektierung sowie zur Entwicklung von EDV-Programmen wurden realisiert.

Die bisher erreichten Ergebnisse und Erfahrungen bei der Schaffung rechnergestützter Arbeitsplätze im Kombinat bestätigen unsere Grundorientierung, daß die erforderliche Breite für den Einsatz der dezentralen Datentechnik nur zu realisieren ist, wenn die Einsatzvorbereitung vom Anwender selbst vorgenommen wird und die Anwender bei der Lösung ihrer Aufgaben der Einsatzvorbereitung und des Betreibens dieser Technik wirksame Anleitung und Unterstützung durch spezialisierte Struktureinheiten, wie das ORZ, erhalten.

Es muß aber gleichzeitig festgestellt werden, daß die bisherigen Ergebnisse der Schaffung rechnergestützter Arbeitsplätze im wesentlichen durch partielle, auf eine bestimmte Tätigkeit bezogene Anwendungsprojekte erzielt wurden. Es kommt nun in der nächsten Etappe darauf an, durchgängig rechnergestützte Lösungen für die Arbeitsprozesse des Kombinates zu gestalten und zu verwirklichen.

Mit der Realisierung durchgängig rechnergestützter Lösungen in den Prozessen der Planung, operativen Lenkung und Durchführung sowie Abrechnung, Analyse und Kontrolle wollen wir weitere bedeutende Effektivitätsreserven erschließen, die sich daraus ergeben, den Kreislauf der intensiv erweiterten Reproduktion in allen seinen Phasen besser beherrschbar zu machen und zu beschleunigen. Das Erschließen dieser Effektivitätsreserven mittels der modernen zentralen Rechentechnik erfordert gründliche Untersuchungen für eine sinnvolle und effektive Systemgestaltung in der Einheit von Betriebswirtschaft, Technik und Organisation bei gleichzeitiger Vervollkommnung der Leitung, Planung und wirtschaftlichen Rechnungsführung.

Die wichtigste Aufgabe der weiteren Einsatzvorbereitung der vorgesehenen CAD/CAM-Technik ist die Entwicklung solcher betriebswirtschaftlicher Lösungen, die eine neue höhere Qualität und Effektivität der Ablauforganisation der betreffenden Arbeitsprozesse gewährleisten. Zu prüfen sind dabei die bisherigen Arbeitsabläufe, die organisatorischen Regelungen der Übergabe bzw. Übernahme von Belegen und Informationen zwischen den Struktureinheiten innerhalb des Kombinates sowie zu Institutionen und anderen Kombinaten und Betrieben.

Durch gründliche Analysen am Anfang der Entwicklungsarbeiten sind die bisherigen Schwachstellen zu bestimmen und die Schwerpunkte und Eckpfeiler der künftigen Ablauforganisation herauszuarbeiten. Die Ablauforganisation der Leitungsprozesse der Leuna-Werke wurde in den zurückliegenden Jahrzehnten schrittweise vervollkommnet und weiterentwickelt. Dabei spielte der Einsatz der elektronischen Datenverarbeitung in den letzten 20 Jahren eine wesentliche Rolle. Der Einsatz der zentralen EDVA, jetzt auf der Basis der beiden Rechenanlagen ES-1056, erfolgt grundsätzlich für Aufgaben des gesamten Reproduktionsprozesses im Kombinat. Das seit 1968 schrittweise eingeführte integrierte Datenverarbeitungssystem für die Planung, Lenkung und Abrechnung des Reproduktionsprozesses bewirkte eine deutliche Weiterentwicklung der sozialistischen Betriebswirtschaft in Leuna. Schrittweise erfolgt die Ergänzung durch dezentrale Anwendungslösungen der Rechentechnik mit dem Ergebnis des Erreichens weiterer beträchtlicher ökonomischer Effekte. Gute Ergebnisse sind u. a. auf den Gebieten der Material- und Lagerwirtschaft und der Werkspedition zu verzeichnen. Wie bereits begonnen, wird die Kopplung von zentraler Rechentechnik mit den Geräten der dezentralen Datentechnik vorgenommen. Dadurch sowie durch den massenhaften Einsatz von Geräten der dezentralen Datentechnik ergeben sich für die Struktureinheiten des Kombinates völlig neue Möglichkeiten der Rationalisierung ihrer Aufgaben zur Planung, operativen Lenkung und Durchführung sowie Abrechnung und Analyse der betriebswirtschaftlichen Prozesse.

Die jetzt anstehende Etappe der Vervollkommnung und Weiterentwicklung der Ablauforganisation ist von besonderer Bedeutung, da

- der gesamte Reproduktionsprozeß des Kombinates komplex einbezogen werden muß;
- mit der nun zur Verfügung stehenden modernen Rechentechnik eine völlig neue Qualität in der Ablauforganisation erreichbar ist, indem die Grenzen der Struktureinheiten überschritten werden können und müssen.

Die Entwicklung und Realisierung durchgängig rechnergestützter Prozesse ist unter Leitung des für den jeweiligen Prozeß zuständigen Fachbereiches der betreffenden Fachdirektion in Wahrnehmung der Prozeßverantwortung durchzuführen. Entsprechend dem gegenwärtigen Erkenntnisstand werden für 21 Prozesse durchgängig rechnergestützte Lösungen entwickelt. Die Betriebsdirektionen des Leuna-Kombinates besitzen zur Planung, operativen Lenkung und Durchführung sowie zur Abrechnung ihrer Produktionsprozesse nebst notwendiger Hilfsprozesse etwa gleiche betriebswirtschaftliche Aufgaben, die übereinstimmend durch rechnergestützte betriebswirtschaftliche Lösungen rationalisiert werden müssen. Mit der Erarbeitung der organisatorischen und rechentechnischen Anwendungslösungen für die 21 definierten Prozesse erfolgt dies für alle Betriebsdirektionen sowie für die betreffenden Fachdirektionen einheitlich. Die mehrfache Erarbeitung von Anwendersoftware für gleichen sachlichen Inhalt in verschiedenen Struktureinheiten muß damit ausgeschlossen werden.

Für folgende Prozesse werden durchgängig rechnergestützte Anwenderlösungen erarbeitet:

- Unter Leitung von Fachbereichen der Fachdirektion Produktion für die operative Lenkung der Produktion, für die Qualitätskontrolle der Produktion und für die Revision überwachungspflichtiger Anlagen und Aggregate;
- unter Leitung von Fachbereichen der Fachdirektion Ökonomie für die Produktions-, Kosten- und Kapazitätsplanung und für arbeitsökonomische Aufgaben, einschließlich WAO, Arbeitshygiene und Arbeitsnormung;
- unter Leitung von Fachbereichen der Fachdirektion Technik für die Technologie der Instandhaltung, für die Planung und Bilanzierung der Instandhaltungsleistungen und für die Auswertung des Störgeschehens und der technischen Diagnostik;
- unter Leitung von Fachbereichen und Fachdirektionen Investitionen für die Investitionsplanung und -berichterstattung und für Projektierung und Konstruktion;
- unter Leitung von Fachbereichen der Fachdirektion Forschung für verfahrenstechnische Berechnungen und Versuchsdatenauswertung, für Stoffdatenberechnung, für die Realisierung des Informationssystems Wissenschaft und Technik, für die Planung, Durchführung und Abrechnung des Planes Wissenschaft und Technik sowie für die Planung, Durchführung und Abrechnung des Neuererwesens;
- unter Leitung der Fachdirektion Beschaffung und Absatz für die Planung und Bereitstellung des Hilfsmaterials;
- unter Leitung der Fachdirektion Kader und Bildung für Kaderauswahl und Personalstatistik;
- unter Leitung der Fachdirektion Kultur- und Sozialwesen für die Planung, Durchführung und Abrechnung der Maßnahmen zur Verbesserung der Arbeits- und Lebensbedingungen im Kombinat;
- unter Leitung von Fachbereichen des Hauptbuchhalters für die Kosten- und Finanzrechnung und für die Arbeitskräfterechnung.

Darüber hinaus ist die Erarbeitung von bereichsspezifischer Anwendersoftware, die interne Abläufe der einzelnen Betriebs- und Fachdirektionen rationalisiert, vorgesehen.

Die Entwicklung der durchgängig rechnergestützten Lösungen für die gesamten Prozesse erfolgt in sachgebietsorientierten Arbeitsgruppen, die durch den jeweiligen Fachbereich geleitet werden und in denen alle betreffenden Struktureinheiten aus den Betriebs- und Fachdirektionen aktiv und konstruktiv mitarbeiten. Es wird eine arbeitsteilige Erarbeitung der Anwendersoftware innerhalb dieser Arbeitsgruppen angestrebt.

Durch die konsequente Wahrnehmung ihrer Prozeßverantwortung haben die Fachbereiche darüber zu entscheiden, wie der von ihnen zu leitende Prozeß rechnergestützt rationalisiert wird. Der prozeßverantwortliche Fachbereich ist zuständig für die sachlich richtige und rationelle Gestaltung der Ablauforganisation seiner durchgängigen Prozesse. Dazu ist er berechtigt, sachliche Anweisungen zu erteilen und deren Einhaltung bzw. Realisierung zu kontrollieren.

Aufgaben bei der Entwicklung durchgängig rechnergestützter Lösungen sind:

1. Analyse der derzeitigen fachlich-inhaltlichen Ablauforganisation und Festlegung künftiger organisatorischer Regelungen zur Gestaltung des jeweiligen Prozesses unter den Bedingungen des Einsatzes moderner Rechentechnik. Dabei sind für die Herausarbeitung und die Begründung der erforderlichen Veränderungen in der Ablauforganisation Prozeßanalysen, Informations-

flußanalysen, Niveauvergleiche und andere Methoden und Hilfsmittel anzuwenden.

2. Herausarbeitung der Integrationsbeziehungen zu angrenzenden Prozessen. Dabei sind die zu übernehmenden sowie die zu übergebenden Informationen zu ermitteln. Es ist eine einheitliche Datenbasis zu schaffen. Die in Datenbanken und anderen Datenbasen gespeicherten Stamm- und Bewegungsdaten sind maximal zu nutzen. Bei der Abstimmung der Integrationsbeziehungen zwischen den Prozessen sind durch die Arbeitsgruppen die organisatorischen fachlich-inhaltlichen und rechentechnischen Schnittstellen festzulegen.

3. Herausarbeitung der Erfordernisse der Nutzung von Daten der zentralen Rechentechnik für dezentrale Rechnerlösungen bzw. Ergänzung zentraler Anwenderlösungen und damit Gestaltung der Rechnerkopplungen in dem jeweiligen Prozeß bzw. zwischen den Prozessen.

4. Erarbeitung effektiver betriebswirtschaftlicher Lösungen, die eine einheitliche, durchgängige, rechnergestützte Bearbeitung der Aufgaben im jeweiligen Prozeß sichern. Die multivalente Nutzung der erarbeiteten Software ist in allen betreffenden Struktureinheiten durchzusetzen.

5. Vervollkommnung der Organisation der Prozesse entsprechend den Entwicklungsstufen der rechnergestützten Arbeit und Einleiten der notwendigen Veränderungen in der Ablauforganisation.

6. Integration der rechnergestützten betriebswirtschaftlichen Abläufe in die volkswirtschaftliche Ablauforganisation und damit Gestaltung überbetrieblicher Datenübertragungen bzw. Datenträgeraustausche.

Die Erschließung weiterer Effektivitätsreserven durch den Einsatz der modernen Rechentechnik ist ein Grund für die neue Etappe bei der Durchsetzung der rechnergestützten Arbeit im Kombinat, die insbesondere durch die Realisierung durchgängig rechnergestützter Lösungen für die Arbeitsprozesse charakterisiert ist.

Ein weiterer, aber ebenso wichtiger Grund ist die Durchsetzung einer einheitlichen betriebswirtschaftlichen und rechentechnischen Strategie bei dieser komplexen Aufgabe. Die Verwirklichung der Kombinatszielstellungen bei der Durchsetzung der rechnergestützten Arbeit wird durch folgende Maßnahmen realisiert:

1. Durch den Fachdirektor für Ökonomie werden in Wahrnehmung seiner Stabsfunktion für die Führung und Anleitung der Anwender von zentraler Rechentechnik und dezentraler Datentechnik im Kombinat planmäßig Beratungen und Rapporte mit den für die einzelnen Prozesse verantwortlichen Fachdirektoren bzw. Fachbereichsleitern durchgeführt.

Dabei stehen im Vordergrund:

- Ableitung der Schwerpunkte der rechnergestützten Arbeit aus den Erfordernissen des Effektivitäts- und Leistungszuwachses des Kombinates und Durchsetzung der sich daraus ergebenden Orientierungen in den einzelnen sachgebietsorientierten Arbeitsgruppen für die Gestaltung der durchgängig rechnergestützten Lösungen;
- Kontrolle einer planmäßigen Entwicklung der rechnergestützten Lösungen und einer rationellen und qualifizierten Arbeitsweise der Arbeitsgruppen;
- Sicherung der schrittweisen Realisierung eines integrierten Systems der rechnergestützten Arbeitsprozesse des Kombinates.

2. Durch das ORZ werden die Leiter der 21 sachgebietsorientierten Arbeitsgruppen regelmäßig zur Gewährleistung einer einheitlichen und rationellen Vorgehensweise bei der Einsatzvorbereitung der Rechentechnik angeleitet.

Dabei stehen im Vordergrund:

- Hard- und softwareseitige Orientierung der Anwender mit dem Ziel, eine einheitliche Strategie beim Einsatz der Geräte der dezentralen Datentechnik und bei der Softwareentwicklung im Kombinat zu verwirklichen;
- Entwicklung und Durchsetzung einheitlicher methodischer Regelungen für die Einsatzvorbereitung der Rechentechnik;
- Auswahl und Festlegung der Basissoftware;
- Sicherung der multivalenten Nutzung der Anwendersoftware, insbesondere über die konsequente Nutzung der Software-Datenbank des Kombinates.

Einen Schwerpunkt bei der Durchsetzung rechnergestützter Arbeit im Kombinat bilden die Aufgaben zur Gewährleistung von Ordnung, Sicherheit und Geheimnisschutz bei der Anwendung der EDV. Sie sind eine ständige Leitungsaufgabe sowohl bei der Entwicklung der rechnergestützten Anwenderlösungen als auch bei der Abarbeitung von EDV-Projekten und -Programmen. Dies erfolgt seit vielen Jahren bei der Nutzung der zentralen Rechentechnik im ORZ und nun auch beim Einsatz von Geräten der dezentralen Datentechnik im Kombinat. In Umsetzung der diesbezüglichen Rechtsvorschriften wurden die erforderlichen Regelungen in Leuna erlassen und in Kombinatsanweisungen bzw. Organisationsanweisungen festgelegt.

Über den erreichten Stand haben wir vor der zentralen Arbeitsgruppe zur Koordinierung und Einleitung von Maßnahmen zur Gewährleistung von Sicherheit, Ordnung und Geheimnisschutz bei der Datenverarbeitung unter Leitung des Stellvertreters des Ministers für Wissenschaft und Technik im Jahr 1985 in Berlin und im Jahr 1986 in Leuna berichtet.

In Auswertung dieser Berichterstattungen wurde festgelegt, die in Leuna erarbeiteten Erkenntnisse und Erfahrungen bei Aus- und Weiterbildungsveranstaltungen für Leiter von Einrichtungen der Datenverarbeitung, die von der Hochschule für Ökonomie durchgeführt werden, weiter zu vermitteln.

Hartmut May

Rechnergestützte Planung und Berichterstattung im Investitionsprozeß

Die Beschlüsse des XI. Parteitages unserer Partei haben die Bedeutung der Ergebnisse der Investitionsprozesse für die stabile und dynamische Entwicklung unserer Volkswirtschaft besonders hervorgehoben. Die 5. Tagung des ZK unserer Partei unterstrich auf der Grundlage einer tiefgreifenden Bilanz diese Anforderungen und hat besonders die Leitungsprozesse als Schlüsselglied bei der Erreichung der notwendigen grundlegenden Veränderungen herausgearbeitet.

Im VEB Kombinat Leuna-Werke „Walter Ulbricht" werden die Aufgaben der Vorbereitung und stabsmäßigen Leitung der Investaufgaben von der Fachdirektion für Investitionen wahrgenommen. Beginnend mit dem Plan der Vorbereitung und auf der Grundlage der 5-Jahrplan-Konzeption über die wissenschaftlich-technische Bearbeitung der Auftrags- bzw. Ausführungsdokumente bis hin zur Jahresplanung der Investitionen sowie den notwendigen Bilanzierungs-, Berichterstattungs- und Abrechnungsaufgaben werden wichtige Etappen des Investitionsprozesses bearbeitet. Eine Analyse dieser Aufgaben läßt sehr schnell den zentralen Stellenwert der Informationsverarbeitung und Informationsauswertung erkennen. Aufbauend auf dieser Erkenntnis wurde bereits Ende der 70er Jahre begonnen, die Möglichkeiten der Elektronischen Datenverarbeitung für die Qualifizierung der Leitungs- und damit Entscheidungsprozesse zu nutzen. Im Rahmen der zwischen den Chemiekombinaten organisierten R40-Kooperation wurde begonnen, die Planungs- und Abrechnungsprozesse zu rationalisieren. Der sehr hohe Aufwand für das erforderliche Ausfüllen der Primärdatenträger, das Ablochen und die Korrekturarbeiten und die wegen des hohen Rechenzeitbedarfes nur monatlich einmal mögliche Stapelverarbeitung hatten zur Folge, daß die Ergebnisse wegen ungenügender Aktualität für die stabsmäßige Leitung der Investitionsprozesse nur sehr eingeschränkt verwendbar waren.

Die fleißige Arbeit unserer Werktätigen unter der klugen und umsichtigen Führung der Partei der Arbeiterklasse ermöglichte es, in den 80er Jahren eine neue Generation der Rechentechnik für die Volkswirtschaft zur Verfügung zu stellen. Im Jahre 1983 begannen wir mit der Einsatzvorbereitung von dezentraler, arbeitsplatznaher Rechentechnik für die Investitionsplanung und -berichterstattung. Dabei waren die Vorbehalte, resultierend aus den Erfahrungen der R 40-Stapelverarbeitung, zu berücksichtigen und deshalb insbesondere durch schnelle und überzeugende Ergebnisse an ausgewählten Beispielen zu überwinden.

Es haben sich folgende Arbeitsschwerpunkte bewährt:

- Einsatz und Qualifizierung eines verantwortlichen Leiters für die Koordinierung der Bearbeitung und für die inhaltliche Softwarevorbereitung;
- Nutzung aller gesellschaftlichen Gremien zur ideologischen Vorbereitung des Einsatzes;
- umfassende Informationsanalyse unter Beachtung des Informationsbedarfes in den einzelnen Leitungsebenen;
- schrittweise Qualifizierung der Bediener, Nutzer und der Leitungskräfte als komplexe Maßnahme.

So war es möglich, zwei Tage nach Installation des ersten Bürocomputers die Integration der ersten Arbeitsergebnisse in den Arbeitsprozess zu vollziehen. Die Vorteile der neuen Technik waren für jeden sichtbar und die Anstrengungen wurden in den einzelnen Arbeitskollektiven erhöht, sich noch besser auf weitere Einsatzgebiete vorzubereiten. Die sehr schnelle Bereitstellung weiterer Büro- und Personalcomputer für unser Kombinat im Ergebnis vielfältiger Initiativen, ausgehend von der Verpflichtung der Sömmerdaer Büromaschinenwerker, waren eine wichtige Grundlage für das Engagement bei der weiteren Qualifizierung der Einsatzvorbereitung.

Damit wurden immer neue Bausteine des Investprozesses rechentechnisch erschlossen, wie:

- Materielle und finanzielle Investitionsplanung,
- Terminkontrolle für Grundmittelkreditverträge,
- dialogorientierte Bearbeitung der Formblätter und durchgängiger Datenaustausch von den Betriebsdirektionen über das wirtschaftsleitende Organ bis zum Ministerium für Chemische Industrie und zur Staatlichen Plankommission – wird jetzt in den Investplanerarbeitsplatz integriert –,
- materielle Istrechnung einschließlich Datenaustausch im Kombinat,
- Fondseinsatzrechnung,
- Plan der Vorbereitung,
- Eigenleistungsbilanzierung und -istrechnung,
- Verwaltung und maximale Auslastung der zentralen Baustelleneinrichtungen,
- elektronische Textverarbeitung mittels Textbausteinen.

Mit dieser quantitativen Anreicherung von Wissen und Können auf dem Gebiet rechnergestützter Arbeit entwickelten sich neue Denkgewohnheiten der betreffenden Kombinatsangehörigen. Die anfangs erarbeiteten Insellösungen verlangten nach einer Verkettung. Damit wuchs der Wunsch und die Forderung nach durchgängigen Lösungen.

Die erforderliche Komplexität dieser Lösungen wird auch in den einzelnen Ebenen des Leitungsprozesses deutlich:

- Am Arbeitsplatz in der Forderung nach Einbeziehung von Informationen benachbarter Arbeitsbereiche;
- am Leiterarbeitsplatz in der Forderung nach durchgängig einheitlicher Verwendung aktueller Daten in

Übereinstimmung mit der hohen Dynamik der Kennziffernarbeit;
- im Kombinatsmaßstab in der Forderung nach einheitlicher Aufbereitung und Verarbeitung von Vorhabenkennziffern in den Bereichen der
  - Fachdirektion für Investitionen,
  - der Abteilung Kombinatsentwicklung,
  - der Fachdirektion Ökonomie,
  - dem Hauptbuchhalterbereich,
  - der Investabteilung in der Betriebsdirektion;
- im volkswirtschaftlichen Maßstab die Forderung nach durchgängiger Datenaufbereitung und Datenverdichtung sowie Datenauswertung
  - in der Zusammenarbeit mit den Ministerien und der Staatlichen Plankommission,
  - in der Zusammenarbeit mit der Staatlichen Zentralverwaltung für Statistik,
  - in der Zusammenarbeit mit der Staatsbank der DDR,
  - in der Zusammenarbeit mit anderen Kombinaten, die als Bilanzorgan für die einzelnen Fondsbereiche fungieren.

Hierbei ist festzustellen, daß diese neuen qualitativen Forderungen dem zeitbezogenen Entwicklungsstand entsprechen.

Wie haben wir uns nun auf diese neuen Anforderungen eingestellt und welchen Arbeitsstand haben wir erreicht?

Der zunehmende Fonds an zu integrierenden Daten und die steigende Vernetzung der Informationsbeziehungen erforderte einen Ausbau der Hardwarebasis. Die voneinander getrennt arbeitenden Büro- und Personalcomputer galt es zu verbinden. Wir stellten uns die Aufgabe zur Entwicklung eines komplexen integrierten Bürosystems mit den Komponenten
- Datenverarbeitung, gestützt auf Datenbanken,
- leitergerechtes Informationssystem „Investitionen",
- Bürotechnik,
- systeminterne Telekommunikation.

Das aufgebaute System stützt sich hardwareseitig auf einen terminalorientierten Basisrechner A 6402 mit einem sternförmigen Verbund von Büro- und Personalcomputern sowie Terminals K 8911. Dabei können die Büro- und Personalcomputer wahlweise als Terminals des Basis-Rechners oder selbständige Systeme arbeiten.

Im Rahmen der komplexen Leitung und Koordinierung der vielfältigen Aktivitäten in allen Kollektiven zur Intensivierung der rechnergestützten Arbeit im Kombinat durch das Organisations- und Rechenzentrum in der Fachdirektion Ökonomie unseres Kombinates war es möglich
- eine einheitliche bzw. kompatible Hardwarebasis zu schaffen,
- einheitliche bzw. kompatible Betriebs- und Datenbanksysteme einzuführen,
- das vorhandene Telefonnetz für die Datenfernübertragung im Stammbetrieb zu nutzen.

Wir können heute einschätzen, daß sich die Textverarbeitungssysteme zur Abwicklung des Schriftverkehrs durchgesetzt haben. Immerhin ergab die Schriftgutanalyse einen Wiederholungsgrad von über 65 % und damit die Möglichkeit umfassender Nutzung von Textbausteinen.

Die gegenwärtige Arbeitsphase beim Auf- und Ausbau unseres komplexen integrierten Bürosystems wird bestimmt durch den schrittweisen Aufbau des leitergerechten Informationssystems „Investitionen".

Im Mittelpunkt unserer Überlegungen stehen hierbei
- die logische Abgrenzung und der Aufbau der Dateien mit Zuordnung zu den Arbeitsbereichen unter Verwendung differenzierter Zugriffs- und Manipulationsrechte:
- die Erarbeitung einer dialog- und menüorientierten Führung durch die Informationsangebote;
- die Schaffung von Möglichkeiten des Aufbaus von persönlichen Dateien an den einzelnen Arbeitsplätzen.

Die verfügbaren Dateien werden dabei von den jeweils verantwortlichen Mitarbeitern an ihren Arbeitsplätzen mit den aktuellen Daten gespeichert. Damit ist gewährleistet, daß die Arbeitsergebnisse aus
- den monatlich abgerechneten Istwerten der Planerfüllung,
- den Abstimmungen mit den Bilanzorganen und deren Einarbeitung in die Fondseinsatzrechnungen,
- der Zusammenstellung der Vorhabenkennziffern aus den Bestätigungsdokumenten,
- den Vertragsbeziehungen,
- den Bilanzentscheidungen zum Einsatz der kombinatseigenen Kapazitäten des Rationalisierungsmitteleigenbaues,
- den sonstigen zentralen Berichterstattungen

ständig aktuell für alle Arbeitsplätze verfügbar sind.

Die Ergebnisse, die in den vergangenen Wochen erzielt wurden, machen deutlich, wie wichtig es ist, daß die jeweiligen Kollektivleiter aktiv und mit eigenen kreativen Vorschlägen den Prozeß leiten. Dabei nutzen wir auch die Einführung der Produktivlöhne zur Stimulierung. Es kommt darauf an, daß jeder seine Aufgaben bei der Nutzung der Datenbank genau kennt und exakt wahrnimmt.

Das von uns aufgebaute Leitungsinformationssystem zielt auf eine hohe Akzeptanz durch die Nutzer. Diese wiederum fördern wir ganz entscheidend durch einen aktiven Dialog mit dem Rechner, indem jeder Nutzer auf der Grundlage der angebotenen Menüs seine ganz spezifischen Informationen auswählen kann.

In enger Zusammenarbeit mit der Martin-Luther-Universität Halle haben wir jetzt die Reaktions- bzw. Antwortzeiten des Rechners entscheidend verkürzt. Es ist gelungen, die im Rahmen der Softwareerarbeitung erreichten Zwischenergebnisse unmittelbar für den Nutzer am Terminal zu erschließen und damit auch eine schnelle und direkte Kopplung zwischen Softwareerarbeitung und Nutzer zu sichern.

Damit sind folgende Vorteile zu nutzen:
1. Der Nutzer „erlebt" direkt einzelne Entwicklungsetappen der Softwareerarbeitung.
2. Der Programmierer kann sehr schnell die Akzeptanz der erarbeiteten Lösung prüfen.
3. Zwischen Nutzer und Programmierer kommt es zu weniger „Verständnisproblemen", da beide unmittelbar in die Lösungsfindung integriert sind.

Durch die Integration der rechnergestützten Arbeit ist es möglich, die Dateneingabe und Datenaktualisierung zum festen Bestandteil der Arbeit zu entwickeln.

Das ist eine wesentliche Voraussetzung für die ständige Erhöhung der Akzeptanz. Wir können heute einschätzen, daß durch den Einsatz dezentraler Rechentechnik am Arbeitsplatz bereits wichtige Effekte erschlossen werden konnten.

Dazu zählen z. B.:

- Die umfassende Nutzung der Textverarbeitung setzt durch die Rationalisierung von Routinearbeiten im Bürobereich Arbeitskräfte für andere Aufgaben frei.
- Die rechnergestützte Investplanung und -berichterstattung erhöht die Aktualität der Planungsdokumente und qualifiziert die Entscheidungsprozesse.
- Das aufzubauende Leitungsinformationssystem fördert die interdisziplinäre Zusammenarbeit und damit die Komplexität der Entscheidungsprozesse.
- Die dezentrale Rechentechnik befreit den Investingenieur von Routinearbeit und ermöglicht die stärkere Einbeziehung in die kreativen Prozesse der Investvorbereitung und Investrealisierung.

Worin sehen wir unsere nächsten Aufgaben?

Im Rahmen des in unserem Kombinat im Auftrag der Bezirksleitung der SED Halle eingerichteten Konsultationsstützpunkte haben wir mit zahlreichen Betrieben den unmittelbaren Erfahrungsaustausch begonnen. Dabei wurde das große Interesse sichtbar und die Notwendigkeit der Lösung anstehender Aufgaben durch den verstärkten Einsatz moderner Rechentechnik unterstrichen. Es wurde aber auch in Diskussionen deutlich, daß wir den Informationsfluß aus den Betrieben und Kombinaten in die Zentrale (d. h. Ministerien und Staatliche Plankommission) keine „Einbahnstraße“ ist. So wie die Informationen der Kombinate verdichtet auf Datenträgern dem zentralen Staatsapparat zugehen, so ist nach der zentralen Entscheidung diese auf Datenträgern den Kombinaten wieder verfügbar zu machen. Die unter Leitung der Staatlichen Plankommission begonnene Arbeit an dem Investplanerarbeitungsplatz zeigt, daß weitere Probleme einer Lösung zugeführt werden müssen.

Die stürmische Entwicklung der Rechentechnik in unserer Republik hat zu unterschiedlicher Hardwareausstattung in den Betrieben geführt. Diese dezentrale arbeitsplatzorientierte Rechentechnik muß im Ergebnis immer eine Datei erzeugen, die von den zentralen Großrechnern verarbeitet werden kann. Die Lösung kann nach unserer Meinung über die disziplinierte Anwendung von ASCII-Dateien erfolgen. Das trifft auch für den Informationsrücklauf zu.

Bei der Zusammenstellung und Verdichtung der Informationen sollte z. B. auch die „Intelligenz“ der Rechentechnik durch die in die Software eingearbeiteten Logiktests genutzt werden.

Die Fehlerquote beim Ausfüllen der Formblätter kann damit entscheidend gesenkt werden. Die Anwendung der maschinenlesbaren Datenträger erfordert, insbesondere im Rahmen der Berichterstattung, exakte Regelungen zur Autorisierung der übermittelten Informationen und deren prüfbare sowie fälschungssichere Archivierung. Hier ist besondere Sorgfalt erforderlich, um die Effekte nicht gleich wieder zu schmälern. Die Berichterstattung auf maschinenlesbaren Datenträgern stellt neue Anforderungen an die Zentralverwaltung für Statistik.

Wir sind uns bewußt, daß wir mit dem erreichten Stand der rechnergestützten Arbeit auf dem Investgebiet noch viele Aufgaben zu lösen haben. Die dabei erreichten Ergebnisse werden Ingenieurkapazitäten freisetzen, die für inhaltliche Arbeit, in enger Kooperation mit den am Investprozeß Beteiligten, notwendig ist.

Günter Trepte/Hardy Leutholf/Frieder Stein/
Hannes Thieme-Schneider

Rechnergestützte Lösungen für die Erhöhung des Niveaus der volkswirtschaftlichen Bilanzierung

Die Erzeugnisbilanzierung ist eine typische Aufgabe im Kreuzungsfeld Sozialistischer Betriebswirtschaft und Sozialistischer Volkswirtschaft. Mit Hilfe der Erzeugnisbilanzen werden kombinats- und zweigüberschreitende erzeugniskonkrete Proportionen erfaßt, planmäßig gestaltet, realisiert, abgerechnet und kontrolliert. Als bilanzierende und bilanzbeauftragte Organe tragen die Kombinate und ihre Betriebe volkswirtschaftliche Verantwortung. Durch den Bilanzierungsprozeß werden die Reproduktionsprozesse verschiedener Betriebe als Objekte der Planung miteinander verknüpft.

Bilanzentscheidungen sollen in zunehmendem Maße die den erzeugniskonkreten Proportionen innewohnenden Effektivitätspotenzen erschließen. Die Möglichkeiten zur Einflußnahme auf Prozesse der Materialökonomie, der Höherveredlung der Rohstoffe und Energieträger, der ökonomischen Bestandswirtschaft und nicht zuletzt der effektiven Grundmittelauslastung und Grundfondsreproduktion durch den Bilanzierungsprozeß sowie durch Bilanzentscheidungen ist inzwischen unbestritten. In Kenntnis verschiedener Diskussionen um die Funktion der Erzeugnisbilanzierung im sozialistischen Wirtschaftsmechanismus ist hervorzuheben, daß diese Effektivitätspotenzen nicht vordringlich durch operative Eingriffe in den Reproduktionsprozeß, sondern zunehmend durch langfristig-strategische Bilanzentscheidungen erschlossen werden müssen. Dabei geht es vor allem um die Gestaltung der strukturbestimmenden erzeugniskonkreten Proportionen.

Diese Umwälzungen auf dem Gebiet der Arbeitsaufgaben, der Qualitätsansprüche im Arbeitsbereich der MAK-Bilanzierung sind ohne Einsatz der Schlüsseltechnologien, insbesondere arbeitsplatzgebundener Rechentechnik, nicht zu bewältigen:

1. Im Bilanzierungsprozeß wurden bis in die jüngste Zeit in großem Maße Routinearbeiten (Erfassung, Sortierung, Aggregation, Selektion und Transport teilweise umfangreicher Datenmengen) manuell realisiert. Für die Realisierung der oben skizzierten qualitativ neuen Aufgabenstellungen benötigt der Bilanzierer vor allem Zeit. Durch die Lösungen des rechnergestützten Bilanziererarbeitsplatzes werden Routinearbeiten in zunehmendem Maße durch den Computer übernommen und die notwendige freie Arbeitszeit geschaffen.

2. Mit den im Bilanzierungsprozeß vorhandenen Informationen kann dem neuen Qualitätsanspruch an Bilanzentscheidungen nicht entsprochen werden. Der Bilanzierer benötigt spezifische rechnergestützt bereitgestellte Informationen, die z.B. die erzeugniskonkreten Verflechtungen transparent machen und Bilanzentscheidungen aus der Kenntnis ihrer Wirkungen auf volkswirtschaftliche Verflechtungen ermöglichen.

3. Effektivitätspotenzen liegen auch in der Verkürzung des Reaktionsvermögens auf außenwirtschaftliche oder auf Veränderungen im nationalen Proportionsgefüge. Rechnergestützte Arbeit ermöglicht – jeweils auf Basis aktueller Datenbestände – kurzfristig alternative Entscheidungsvarianten zu simulieren und Vorzugsvarianten zu bestimmen.

4. Die Arbeitsinhalte der im Bilanzierungsprozeß Tätigen sind somit gegenwärtig einem beträchtlichen Wandel unterworfen. Neben dem Anspruch, die moderne arbeitsplatzgebundene Rechentechnik zu beherrschen, muß der Bilanzierer Qualifikationsvoraussetzungen für die Lösung der inhaltlichen Aufgaben besitzen. An der Technischen Hochschule „Carl Schorlemmer" Leuna–Merseburg, Sektion Wirtschaftswissenschaften lösen wir beide Aufgaben für den Industriebereich Chemische Industrie über ein System von Weiterbildungsmaßnahmen einschließlich eines – bisher in der DDR nur in Merseburg durchgeführten – Postgradualstudiums „MAK-Bilanzierung".

Zu einzelnen Aufgabenkomplexen der rechnergestützten Bilanzierung:

1. Rechnergestützter Bilanziererarbeitsplatz

Die Analyse des Bilanzierungsprozesses ergab eine Reihe von Ansatzpunkten für den Rechnereinsatz:
- Vor der Ausarbeitung einer Bilanz sind umfangreiche Daten aufzubereiten. Dieser Arbeitsprozeß und die Übernahme der Ergebnisse in den Bilanzentwurf erfolgen überwiegend manuell.
- Zur manuellen formblattgebundenen Ausarbeitung und Fortschreibung einer Bilanz wird ein relativ großer Arbeitszeitfonds benötigt. Das Ergebnis ist häufig fehlerhaft. Die hauptsächlichen Fehlerursachen sind Nomenklaturfehler, Rechenfehler, fehlerhafte Korrespondenzen, Übertragungsfehler und Ablochfehler. Zwischen Bilanzentwurf, übergebenem Formblatt und maschinenlesbarem Datenträger besteht keine vollständige Übereinstimmung.
- Die Weiterverarbeitung der Daten rechtskräftiger Bilanzen erfolgt manuell.
- Am Standort der zentralen MAK-Bilanz-Datenbank führt die mit der Stapelverarbeitung verbundene lange Reaktionszeit zwischen Auftragserteilung und Vorliegen des Ergebnisses zu langen Bearbeitungszeiten bei der Aktualisierung der Bilanzen und zur Verzögerung der Entscheidungen.

Für die angestrebte Lösung wurden folgende Ziele gestellt:
- Es ist ein Informationsverarbeitungsverfahren für einen Dialogarbeitsplatz zur rechnergestützten MAK-Bilanzierung zu entwickeln und in die Praxis überzuleiten.
- Es ist die technische Basis für die Nutzung des Pro-

grammpaketes direkt am Arbeitsplatz des Bilanzierers aufzubauen.
- Die Mitarbeiter der Bilanzorgane sind zu befähigen, den Dialogarbeitsplatz zur Rationalisierung ihrer eigenen Arbeitsprozesse anzuwenden.
- Es ist ein Verfahren zum wechselseitigen Austausch von Bilanzen im aktuellen Bearbeitungsstand mit Hilfe des Datenträgers „Diskette" einerseits zwischen zentraler MAK-Bilanz-Datenbank und Bilanziererarbeitsplatz und andererseits zwischen den Bilanziererarbeitsplätzen untereinander zu entwickeln sowie für die Datenversorgung und -entsorgung anzuwenden.

ABILA ist ein Paket von Computerprogrammen und Organisationslösungen zur Nutzung des Bürocomputers BC5120/5130 bei Einsatz des Betriebssystems SIOS und der dafür zur Verfügung stehenden systemnahen Software. Zwischenzeitlich wurde der Bilanziererarbeitsplatz unter Nutzung eines CPM-compatiblen Betriebssystems in Verbindung mit dem Softwarewerkzeug REDABAS unter Beibehaltung des Gesamtkonzeptes durch das Rechenzentrum der Staatlichen Plankommission unter der Bezeichnung BILAP weiterentwickelt und 1987 durchgängig in der Industrie der DDR eingeführt.

Mit dem Projektteil „Vorbereitung der Bilanzdateien" werden die sogenannten Bilanzgerüste – das sind die vorgeschriebenen MAK-Formblätter mit der Zeilen- und Spaltenstruktur des Basisjahres – ESER-seitig vorbereitet und in ABILA bzw. BILAP übernommen.

Der Projektteil „Entwurf von Bilanzen" ist ein zentraler Komplex des Bilanziererarbeitsplatzes. Damit werden Bilanzentwürfe im Ergebnis umfangreicher rechnergestützter Vorbereitungsarbeiten ausgearbeitet. Insbesondere die teilweise umfangreichen Pakete verbraucherseitiger Bilanzinformationen werden dabei verarbeitet. Bei der Herstellung von Bilanzentwürfen sind bereits Projektteile zur Kontrolle und Korrektur der Bilanzen integriert. Sie fußen auf den Prinzipien der inneren Bilanzlogik, der Gleichheit der Bilanz- sowie der Zwischensummen. Die Herstellung der logischen Integrität der Bilanz erfolgt auf der Grundlage gespeicherter Algorithmen automatisch bzw. der Bilanzierer wird im Dialog auf vorliegende Fehler oder Defekte hingewiesen.

Weiterhin werden mit den Mitteln des Bilanziererarbeitsplatzes folgende Arbeitsaufgaben rechnergestützt gelöst:
- Bearbeitung der Importanträge,
- Einarbeitung neuer Entscheidungen in eine Bilanz,
- Bearbeitung von Sortiments- und Kombinatsbilanzen,
- Aus- und Bearbeitung von Kurzbilanzen,
- Auswertungsrechnungen über eine Gruppe von Bilanzen hinweg (Export-/Import-Gesamtübersichten),
- Erarbeitung von Lieferplänen,
- Ausfertigung der Fondsmitteilungen zur Information der Fondsträger.

2. Rechnergestützte Verflechtungsrechnungen

Bilanzentscheidungen zu einer MAK-Bilanz haben Wirkungen auf den Stofffluß (in der Kooperationskette) vor- und nachgelagerter Bilanzpositionen. In kompliziert verflochtenen Produktionssystemen – wie in der chemischen Industrie – sind diese Wirkungsketten nicht überschaubar und Systemwirkungen von Bilanzentscheidungen nur rechnergestützt simulierbar.

Basis der Durchführung rechnergestützter Verflechtungsrechnungen ist eine „Verflechtungsdatenbank", die alle technisch-ökonomischen Daten des Verflechtungsbereiches enthält.

Bei ihrer Nutzung werden rechnergestützte Verflechtungsrechnungen nach dem Prinzip der Prozeßkettenanalyse durchgeführt. Nach diesem Konzept „baut" der Bilanzierer die Prozeßkette verflochtener Bilanzen im Dialog mit dem Computer auf, d. h. er grenzt den Verflechtungsbereich selbständig – entsprechend der gegebenen Arbeitsaufgabe – ein. Weiterhin berechnet er in der Prozeßkette die qualitativen Auswirkungen von Bilanzentscheidungen auf im Stofffluß vor- oder/und nachgelagerter Bilanzen. Dabei ist er in der Lage, die jeweiligen Kurzbilanzen aufzurufen, zu verändern und somit die Wirkungen in der Verflechtungskette unter ökonomischen Aspekten zu gestalten.

Andererseits werden Verflechtungsrechnungen unter Anwendung des Matrizenkalküls ebenfalls zur Koordinierung durch den Stofffluß verflochtener MAK-Bilanzen genutzt. Die Matrizenmodelle werden auch aus der genannten Verflechtungsdatenbank generiert. Die Bilanzkoordinierung wird auf der Grundlage der sogenannten „Koeffizienten des vollen Materialverbrauches" (die man durch Inversion der Matrix der direkten Materialverbrauchskoeffizienten erhält) durchgeführt. Die abschließenden Arbeiten sind gegenwärtig darauf gerichtet, diese nutzerfreundlichen Konzepte für Verflechtungsrechnungen mit dem Bilanziererarbeitsplatz zu koppeln.

3. Durchgängig rechnergestütztes System der MAK-Bilanzierung und die Verbindung von rechnergestützter Planung und Bilanzierung

Der Prozeß der Erarbeitung, Durchführung, Abrechnung und Kontrolle der MAK-Bilanzen ist gleichermaßen durch
- die differenzierte Bilanzverantwortung (S-, M-, C- und D-Bilanzen) und das Zusammenwirken von Bilanzorganen, bilanzbeauftragten und bilanzbestätigenden Organen,
- das Zusammenwirken von Organen verschiedener Leitungsebenen in bezug auf die Bearbeitung einer MAK-Bilanz als Bestandteil des iterativen Prozesses der Planerarbeitung und der Planrealisierung und
- das Zusammenwirken verschiedener Partner auf einer horizontalen Leitungsebene (Kombinate, Fondsträger, Lieferbereiche usw.)

charakterisiert.

Der Bilanzierungsprozeß ist damit zugleich als arbeitsteiliger und als kooperativer, d. h. als Informationsfluß- und Informationsverarbeitungsprozeß bestimmbar, der nach den Erfordernissen des Prinzips des demokratischen Zentralismus gestaltet ist. Unabhängig vom Aggregationsgrad der Informationen, den ihre Bearbeitung im Bilanzierungsprozeß auf der jeweiligen Leitungsebene erfordert, basiert die Realisierung aller Bilanzierungsaufgaben auf einem einheitlichen System von Primärinformationen. Der Bilanzierungsprozeß als iterativer Informationsaustausch- und Informationsverarbeitungsprozeß bietet, da er sowohl die Arbeitsaufgaben verschiedener Leitungsebenen als auch von Organen einer Leitungsebene verknüpft, günstige Voraussetzungen für die Gestaltung eines durchgängig rechnergestützten Systems der MAK-Bilanzierung und der Sammlung erster diesbezüglicher Erfahrungen.

Primärinformationen werden als System verteilter Datenbanken abgelegt und aktualisiert. Dies ermöglicht den kurzfristigen Zugriff durch alle am Bilanzierungsprozeß beteiligten Organe. Die Bereitstellung der Informationen erfolgt nach systeminterner Verarbeitung entsprechend den Bedürfnissen der Nutzer (Aggregation von Informationen, Ausarbeitung von Querschnittsübersichten usw.). Alle Informationsbeziehungen bei der Ausarbeitung, Durchführung, Abrechnung und Kontrolle der Bilanzen werden unter Nutzung der technischen Möglichkeiten der Datenfernverarbeitung und der Telekommunikation realisiert.

Die Verwirklichung derartiger Lösungen wird nicht nur zu erheblichen Zeiteinsparungen bei der Lösung der Aufgaben, sondern auch zu einer deutlichen Erhöhung der Flexibilität und des Reaktionsvermögens der Bilanzierung führen. Weitreichende Konsequenzen müssen für die Aufbau- und Ablauforganisation des Bilanzierungsprozesses und für die konkrete Anwendung des Prinzips des demokratischen Zentralismus im Bilanzierungsprozeß gezogen werden.

Der Erarbeitungsprozeß der Fünfjahr- und Jahrespläne ist inhaltlich mit dem der MAK-Bilanzen und der Aufbau- und Ablauforganisation eng verknüpft. Diese Verbindung von Planungs- und Bilanzierungsprozeß ist planmethodisch geregelt. Die durchgängig rechnergestützte Bilanzierung bliebe – selbst bei der Dimension dieses Vorhabens – eine Insellösung, würde nicht vom Ansatz her diese Verbindung als komplex realisierte rechnergestützte Arbeit konzipiert.

Grundlage der Kopplung rechnergestützter Planung und Bilanzierung ist die Analyse der Informationsbeziehungen in diesem Prozeß nach dem sachlich-inhaltlichen, dem aufbau- und dem ablauforganisatorischen Aspekt. Dieses Informationsflußmodell erfaßt und klassifiziert sowohl teilweise planmethodisch geregelte als auch darüber hinausgehende Informationsbeziehungen. Die vorgesehenen rechnergestützten Lösungen sollen nicht lediglich traditionelle Prozeßabläufe umfassen, sondern Möglichkeiten zur Verbesserung des Bilanzierungsprozesses erschließen.

Horst Böse

Ergebnisse und Erfahrungen der rechnergestützten verfahrenstechnischen Arbeit für die Intensivierung der Produktionsprozesse

Eine wichtige Aufgabe der Forschung im Kombinat ist es, die Intensivierung der Produktionsprozesse zu beschleunigen und das technologische und ökonomische Niveau der Intensivierungsmaßnahmen zu erhöhen. Insbesondere gilt es, bei hoher Qualität der Forschungsarbeiten die Bearbeitungs- und Überleitungszeiten zu verringern. Dazu ist es u. a. erforderlich, verstärkt moderne Forschungsmethoden, die eine leistungsfähige Rechentechnik und experimentelle Basis voraussetzen, anzuwenden.

Die Anwendung der elektronischen Datenverarbeitung für verfahrenstechnische Berechnungen und bei der Erarbeitung von Verfahrensunterlagen für neue und weiterentwickelte Verfahren hat im Leuna-Kombinat eine langjährige Tradition. Anfang der sechziger Jahre wurden bereits mit dem ZRA1 Destillationskolonnen und heterogen-katalytische Reaktoren berechnet. Bis 1985 stand die Nutzung zentraler Rechentechnik in Form des Stapelbetriebes im Vordergrund. Der zu diesem Zeitpunkt erreichte Entwicklungsstand kann wie folgt charakterisiert werden: Es wurde eine Programmbibliothek mit ca. 350 Programmen zur Stoffdatenmodellierung und für verfahrenstechnische Berechnungen geschaffen. Sie beinhaltet auch komplexe Programmsysteme auf ausgewählten thermodynamischen, verfahrenstechnischen und technologischen Gebieten.

Es kann eingeschätzt werden, daß die immer effektivere und systematische Anwendung der EDV zu einer beträchtlichen Rationalisierung der verfahrenstechnischen Themenbearbeitung selbst, vor allem aber zu apparativen und technologischen Lösungen mit hohen ökonomischen Effekten führte, die mit der herkömmlichen Arbeitsweise nicht erreichbar waren.

Zwei Beispiele sollen das belegen:

1. Im Ergebnis verfahrenstechnischer Untersuchungen zur Senkung des Energieverbrauchs in der Rohöldestillation auf der Basis von Prozeßanalysen, Meßfahrten und Variantenuntersuchungen mit den erwähnten komplexen Rechenprogrammen wurden Vorschläge zur Veränderung von Prozeßbedingungen sowie zur Technologie abgeleitet, die zu einem Nutzen von mehreren Millionen Mark im Jahr führen.

2. Die Anwendung des Programmpaketes „Mehrstoffdestillation" auf die Luftzerlegung führte zu technologischen Lösungen, die ohne zusätzlichen energetischen Aufwand eine Verdopplung der Argonkonzentration in der Argonfraktion der Luftzerlegungsanlagen ermöglichen.

Auf der Grundlage dieser Erfahrungen und Ergebnisse sowie der internationalen Entwicklungstendenzen hat die Einführung der rechnergestützten Forschungsarbeit besondere Bedeutung. In Vorbereitung des XI. Parteitages der SED wurde deshalb begonnen, wie vom Generaldirektor des Kombinates, Erich Müller, auf dem XI. Parteitag dargelegt wurde, rechnergestützte Arbeitsplätze für den Verfahrenstechniker und Technologen sowie für die Stoffdatenermittlung zu schaffen.

Auf der Grundlage leistungsfähiger Hardware wurden und werden eigene Software entwickelt und Datenbanken aufgebaut, die eine weitgehend durchgängig rechnergestützte Arbeit von Laborversuchen bis zur Dokumentation der Verfahrensunterlagen, dem Ergebnis der Forschung, das an die Projektierung übergeben wird, ermöglichen. Die Analyse der Bearbeitungsschritte des Verfahrenstechnikers im Rahmen von Prozeßanalysen und Verfahrensentwicklungen ergab, daß sie in 11 Arbeitsetappen zusammengefaßt werden können. Sie umfassen alle Bearbeitungsphasen, beginnend von der Literatur- und Patentauswertung über die Stoffdatenermittlung, die Konzipierung der Technologie und der Automatisierungsstruktur bis hin zur Erarbeitung der Apparateblätter und der Zusammenstellung der Verfahrensunterlagen. Weiterhin zeigte diese Analyse, daß auf Grund des hohen Informationsbedarfs des Verfahrensingenieurs, des beträchtlichen Anteils an Routinearbeit und vieler iterativ abzuarbeitender Arbeitsschritte bedeutende Ziele mit der Einführung rechnergestützter Arbeitsplätze erreicht werden konnten, wie:

- Einsparung von Arbeitszeit bei der Themenbearbeitung, Verkürzung des Bearbeitungszeitraumes;
- kostengünstigere technologische und verfahrenstechnische Lösungen;
- höhere Flexibilität bei der Bearbeitung kurzfristiger Aufgaben;
- Abbau von Niveauunterschieden bei der verfahrenstechnischen Themenbearbeitung;
- Verringerung des Risikos bei der Maßstabsübertragung u. a.

Die zur Schaffung dieser rechnergestützten Arbeitsplätze erforderlichen Arbeiten sind im Kombinat in das Objekt „Einsatz der dezentralen Datentechnik zur Vorbereitung der Produktion im Forschungsprozeß 1986 bis 1990" eingeordnet.

Dazu gehören solche Teilobjekte:

- Verfahrenstechnik,
- Versuchsdatenauswertung,
- Stoffdaten,
- Informationssysteme für Wissenschaft und Technik,
- Planung und Verwaltung bei der Realisierung des Planes Wissenschaft und Technik.

Die Bearbeitung dieser komplexen Aufgabenstellung erfolgt im Rahmen von speziellen Forschungsthemen zur Softwareentwicklung, die z. T. Staatsplanthemen sind.

Weiterhin erwies es sich als zweckmäßig und effektiv, eine komplexe und langfristige Forschungskooperation mit der TH „Carl Schorlemmer“ Leuna-Merseburg aufzunehmen.

Schwerpunkte dieser Zusammenarbeit sind gegenwärtig:

- Simulation verfahrenstechnischer Systeme,
- thermische Verfahrenstechnik,
- mathematische Statistik und numerische Methoden,
- Datenbankarbeit,
- Stoffdatenbereitstellung und -berechnung.

Im Zusammenhang mit den damaligen Arbeiten zur Entwicklung einer komplexen Anwendersoftware zeigte es sich, daß das kommerzielle Angebot an Betriebssystem- und Basissoftware den Erfordernissen für eine breite Nutzung im gesamten Kombinat nicht entsprach.

Gemeinsam mit dem Rechenzentrum des Kombinates wurden Vereinbarungen mit der MLU Halle, Sektion Wirtschaftswissenschaften abgeschlossen, mit dem Ziel, ein modernes und leistungsfähiges Betriebs- und Datenbankbetriebssystem einzuführen, auf dessen Basis sowohl Groß- als auch Kleinrechner und Personalcomputer mit einer einheitlichen Schnittstelle arbeiten können. Im Ergebnis der Zusammenarbeit wird ggw. ein derartiges Betriebssystem schrittweise eingeführt und mit Erfolg angewandt. Mit den Arbeiten zur Schaffung dieser rechnergestützten Arbeitsplätze konnte im Februar 1986 konkret begonnen werden, nachdem im Rahmen der Initiativen in Vorbereitung des XI. Parteitages der SED das Basisrechnersystem A 6402 mit 6 Bildschirmterminals in Betrieb genommen wurde. In den vergangenen zwei Jahren wurden das Rechnersystem weiter ausgebaut und Arbeitsplatzcomputer installiert, so daß heute für diese Aufgabenstellung eine beachtliche Kapazität rechnergestützter Arbeitsplätze, umfangreiche Speicher- und Ergebnisausgabemöglichkeiten zur Verfügung stehen.

In der gegenwärtigen Phase der Softwareentwicklung entstehen Programmpakete zu einzelnen Prozeßstufen bzw. zu einzelnen Apparategruppen. Dabei sind die Programmpakete Wärmeübertragung, Kolonneneinbauten, Mehrstoffdestillation, Komplexgemischdestillation, Fließschemasimulation besonders bedeutsam.

Die rechnergestützte Erarbeitung von Verfahrensunterlagen schließt die grafische Datenverarbeitung ein.

Die umrissene Zielstellung der rechnergestützten Arbeitsplätze erfordert den Einsatz eines Datenbankbetriebssystems als integrierendes Softwarewerkzeug für die Themen- bzw. Projektbearbeitung. Das Datenbankbetriebssystem hat dabei sowohl Auskunfts- als auch Vermittlungsfunktionen zu erfüllen. Nach dem Inhalt und der Verwendung der Daten ist folgende Einteilung Grundlage der Bearbeitung:

1. *Basisdatenbank* für Stoffwerte, Werkstoffdaten, Apparatestandards usw.;
2. *Projektdatenbank* für Daten zur Beschreibung der Technologie, Stoffstrominformationen, Betriebsparameter, verfahrensspezifische Stoffdaten, Daten von prozeßspezifischen Apparaten usw., bezogen auf ein definiertes technologisches Objekt;
3. *Methodendatenbank* mit Daten über die verfügbare Basis- und Anwendersoftware und deren Leistungsfähigkeit sowie den Programmen selbst;
4. *Meßdatenbank* mit Daten aus Versuchen in großtechnischen Anlagen, Technikums- und Laborversuchsanlagen.

Eine wesentliche Voraussetzung ist also die Bereitstellung zuverlässiger, das stoffliche und energetische Verhalten charakterisierender Stoffdaten, wobei die thermophysikalischen Daten eine zentrale Position einnehmen.

Von den besonders im Mittelpunkt stehenden thermophysikalischen Daten werden im Computerprogrammsystem COMDAT die thermischen Eigenschaften, kalorischen Eigenschaften, Phasengleichgewichte, Grenzflächeneigenschaften, Reaktionsgleichgewichte, Transporteigenschaften erfaßt.

Die Originaldatenbank enthält die Zahlenwerte der gemessenen Eigenschaften, z. Z. 10000 Tabellen für ca. 1000 Stoffe und 1500 Gemische, bibliographische Angaben und Informationen, die zur Einschätzung und Bewertung der Daten wichtig sind, wie Meßgenauigkeit, Reinheit der Stoffe, Meßverfahren u. a.

Die seit 1986 erarbeitete verfahrenstechnische Anwendersoftware wurde im Rahmen von über 16 Forschungsthemen genutzt. Dazu gehören solche Aufgaben, wie die Intensivierung der Erdölverarbeitung, Prozeßanalyse Methylamine, Intensivierung der Verfahren zur Methanolveredlung und die Kapazitätssteigerung der anorganischen Verfahren der Caprolactamherstellung. Bei einigen speziellen Berechnungen konnte die Zeitspanne der Bearbeitung um den Faktor 10 verkürzt werden.

Die Anwendung der verfahrenstechnischen Anwendersoftware hat 1987 z. B. bei drei Forschungsthemen der Intensivierungsforschung wesentlich dazu beigetragen, einen Nutzen von 6,3 Mio M zu erzielen und das Leistungsvermögen bei der Überführung von Ergebnissen der chemischen Forschung bedeutend zu erhöhen. Diese Entwicklung war möglich, weil auf umfangreichen Erfahrungen bei der Anwendung zentraler Rechentechnik aufgebaut werden konnte und eine einheitliche Leitung bezüglich verfahrenstechnischer Themenbearbeitung und rechentechnischer Entwicklung gewährleistet wurde.

Aus den bisherigen Arbeiten lassen sich zusammenfassend folgende Erfahrungen und Schlußfolgerungen ableiten:

1. Mit dem Aufbau rechnergestützter Arbeitsplätze konnte auf der Basis in der Republik verfügbarer dezentraler Datentechnik erfolgreich begonnen werden. Zur Erreichung der Gesamtzielstellung ist eine dem internationalen Stand entsprechende, leistungsfähige 16-Bit- und 32-Bit-Rechentechnik erforderlich (hohe Verarbeitungsgeschwindigkeit, großer Arbeitsspeicher und leistungsfähige grafische Ausgabegeräte).

2. Die Schaffung komplexer und durchgängiger Anwendersoftwarelösungen erfordert auch eine intensive Auseinandersetzung mit dem Betriebssystem und der Basissoftware sowie erhebliche Kapazitäten zur Anpassung bzw. Entwicklung dieser Software, da das kommerzielle Angebot zur Zeit den Erfordernissen der chemischen Industrie noch nicht in dem erforderlichen Umfang entspricht.

3. Die Anwendung dezentraler Rechentechnik führt trotz der erheblichen Softwareentwicklungsarbeiten auch in der jetzigen Phase zu beachtlichen ökonomi-

schen Effekten. Voraussetzung dafür ist allerdings die Einbindung der Programmentwicklungsarbeiten in die technologischen Forschungsthemen.

4. Die komplexe Anwendung der Rechentechnik im verfahrenstechnischen und technologischen Bearbeitungsprozeß stellt qualitativ und quantitativ höhere Anforderungen an die Softwareentwickler und Nutzer. Dazu sind notwendige Qualifizierungsmaßnahmen rechtzeitig einzuleiten, vor allem aber ist die Bereitschaft zur Qualifizierung im Arbeitsprozeß zu wecken.

5. Zur schnellen und effektiven Lösung komplexer Aufgaben zum Einsatz von dezentraler und zentraler Rechentechnik ist die Bildung ständiger oder auch zeitweiliger interdisziplinärer Arbeitskollektive zu empfehlen.

6. Aus den wachsenden Möglichkeiten der Rechentechnik leiten sich auch stärkere Anforderungen an die Grundlagenforschung, insbesondere auf den Gebieten Experimentiertechnik und Modellentwicklung ab.

Abschließend kann eingeschätzt werden, daß die ersten Ergebnisse der rechnergestützten Bearbeitung verfahrenstechnischer Forschungsaufgaben zur Erhöhung von Qualität und Wirksamkeit der Forschungsergebnisse beachtlich beigetragen haben und eine solide Grundlage zur weiteren Beschleunigung der Intensivierung der Forschungs- und Produktionsprozesse mittels moderner Rechentechnik geschaffen wurde.

Günter Koschig

Rationalisierung der speditionellen Abfertigung mittels Rechentechnik

Der Werkspedition des VEB Leuna-Werke obliegt die kommerzielle Vorbereitung und Realisierung des gesamten Schienengüterversandes im Kombinat. Der Umfang dieser Arbeit wird erkennbar, wenn man weiß, daß damit 96% der Warenproduktion abgefertigt wird und im Mittel täglich 2500 Güterwagen das Werk verlassen. Diese Arbeit ist gekennzeichnet durch einen intensiven Informationsaustausch zwischen den beteiligten Partnern sowie einen hohen Schreibaufwand mit immer wiederkehrenden Texten für die Ausfertigung der Versandpapiere.

Ende der siebziger Jahre war dieser Prozeß zum Engpaß in der Kette Produktion–Absatz–Werkspedition–Anschlußbahn–Deutsche Reichsbahn geworden. Der Widerspruch zwischen der zunehmenden Automatisierung an den Großladestellen und dem technologischen Niveau der kommerziellen Abfertigungsprozesse bzw. dem Informationssystem, das auf der Basis eines Botendienstes organisiert war, wurde sichtbar. Dauerte die Beladung eines Kesselwagens an den modernen on-Spot-Verladeanlagen nur noch 5–8 Minuten, so wurden für die Ausfertigung der Frachtpapiere 12–20 Minuten je nach Versandart benötigt, obwohl mit dem Einsatz von Organisationsautomaten Optima 528 schon eine weitgehende Vorfertigung der Frachtdokumente durchgeführt wurde. Außerdem bewirkte diese Diskrepanz eine äußerst hektische Arbeitsatmosphäre in der Werkspedition, die wiederum eine starke Fluktuation der Belegschaft nach sich zog.

Angesichts der geplanten Produktionserweiterungen und der Transportverlagerung von der Straße auf die Schiene, die ein weiteres Ansteigen des Verkehrsaufkommens erwarten ließen, war eine grundlegende Rationalisierung der Arbeit in der Werkspedition dringend erforderlich, um die aufgetretenen Widersprüche zu beherrschen und die Arbeits- und Lebensbedingungen der Werktätigen in der Werkspedition wesentlich zu verbessern.

Die Zielstellung für die Rationalisierung der speditionellen Abfertigung beinhaltete solche Schwerpunkte, wie:

- Beschleunigung der kommerziellen Abfertigungsprozesse bei gleichzeitiger Verbesserung der Abfertigungssicherheit;
- Erhöhung des Informationsgehaltes für die kombinatsleitenden Stellen und die Anschlußbahn bei gleichzeitiger Verkürzung der Zugriffszeiten;
- Reduzierung des absoluten Arbeitskräfteaufwandes und
- Sicherung eines wesentlich höheren Niveaus der Arbeits- und Lebensbedingungen.

Zur Lösung des Problems wurde der Einsatz moderner Rechentechnik vorgesehen.

Nach intensivem Erfahrungsaustausch mit den Chemischen Werken Buna, dem Stammbetrieb des Petrolchemischen Kombinates Schwedt, dem Hydrierwerk Zeitz, dem Chemischen Kombinat Bitterfeld und Betrieben der Metallurgie wurde 1978 entschieden, den Einsatz eines Prozeßrechnersystems R 4000 vorzubereiten und das technologische Grundkonzept der speditionellen Abfertigung den Bedingungen der rechnergestützten Arbeit entsprechend von Grund auf umzugestalten. Der Entwurf einer völlig neuen Technologie für den gesamten Produktionsabschnitt Werkspedition war der Ausgangspunkt der Rationalisierungsmaßnahme. Gegenwärtig ist die Grundtechnologie durch folgende Eckpunkte gekennzeichnet:

- Aufbau und Pflege einer komplexen Datenbasis, so z. B. Stammdaten für Kunden, Produkte, Sonderbezeichnungen, Leitwege, Güterwagen u. a.;
- rechnergestützte Erfassung und Auswertung der Versandaufträge für Zwecke der Versandvorbereitung und -realisierung;
- Eingabe der Realisierungsdaten zum Versandauftrag in das Rechnersystem bei gleichzeitiger Prüfung tariflicher und kundenspezifischer Restriktion;
- maschineller Druck der Beförderungspapiere wie Frachtbrief, Hauptzettel, Nachweisung und Gewichtszertifikat;
- Mehrfachnutzung der erfaßten Realisierungsdaten.

Die Mehrfachnutzung der Realisierungsdaten sichert durch das Rechnersystem:

- Die Abrechnung der Verdsandleistungen pro Schicht, Tag, Dekade und Monat;
- die Abrechnung der Transportleistungskennziffern;
- die automatisierte Avisierung der Kunden über Telex;
- die Überwachung des Mietwagenparkes und
- die Aktualität des Auskunftssystems über die tatsächlich an die Deutsche Reichsbahn übergebenen Güterwagen.

Besondere Probleme bei der rechentechnischen Umsetzung des technologischen Grundkonzeptes ergaben sich aus der Vielzahl der Abfertigungsverfahren und ihrer Besonderheiten, der Uneinheitlichkeit der Beförderungspapiere und der Einbindung in bestehende EDV-Projekte des Kombinates. Unter diesen Bedingungen war die Durchsetzung des technologischen Grundkonzeptes ein äußerst komplizierter und kooperativer Prozeß.

Das gegenwärtige Softwaresystem umfaßt ca. 150 Anwenderprogramme und ebensoviele Dienst- und Hilfsprogramme, die sich in die Projektkomplexe Inlandversand Wagenladungen, Inlandversand Leerwagen und diverse Güter, Mietwagen, Export, Stückgut und Auskunftssystem Güterwagen gliedern.

Im Interesse einer schnellen Produktionswirksamkeit, aber auch aus Kapazitätsgründen der Projektierung wurde dieses Softwaresystem stufenweise realisiert. Die wichtigsten Einführungsetappen der Softwareprodukte waren:

- 1981: Inbetriebnahme der Stammdatenprogramme und Aufbau der Datenbasis;
- 1982: Inbetriebnahme des Projektes Inlandabfertigung Wagenladungen und Erweiterung der Abfertigung auf Leerwagen und diverse Güter;
- 1983: Zwischenlösung für die Exportabfertigung von Ganzzügen in das nichtsozialistische Wirtschaftsgebiet;
- 1984: Abrechnung der Transportleistungskennziffern und Mietwagenüberwachung;
- 1985: Exportabfertigung;
- 1986: Auskunftssystem Wagenausgang und
- 1987: Erfassung der Gütenwagenein- und -ausgänge auf dem Rangierbahnhof Werkteil I.

In Übereinstimmung mit dem Stand der Softwarenutzung und den Anforderungen an die Datensicherheit wurde auch das Hardwaresystem in insgesamt 3 Ausbaustufen realisiert. Das Gerätesystem setzt sich aus folgenden Hauptbestandteilen zusammen:

- 2 Prozeßrechner R 4000 mit zugehöriger Lochbandperipherie, Bediendrucker, Wechselplattensteuereinheit und 7 Wechselplattenspeichern je Rechnersystem;
- 1 Magnetbandspeicherstrecke zur Datensicherung und Archivierung von Daten;
- je Rechnersystem 6 Seriendrucker, die zum Druck der unterschiedlichen Frachtpapiere erforderlich sind;
- einem Leitungskonzentrator, der auf Basis von K 1520-Bauteilen im Leuna-Kombinat entwickelt wurde und
- einer Vielzahl von Datenendstellen, die mit programmierbaren Bildschirmterminals vom Typ PBT 4000 ausgerüstet und über den Leitungskonzentrator mit dem Prozeßrechnersystem verbunden sind.

Da die speditionelle Abfertigung im Echtzeitbetrieb arbeitet und eng mit dem Güterwagenausgang des Kombinates korrespondiert, immerhin verlassen das Kombinat in 24 Stunden 25 bis 30 Züge, mußten von vornherein hohe Anforderungen an die Verfügbarkeit des Gerätesystems gestellt werden. Die ständige Betriebsbereitschaft dieser Anlage wird deshalb auf der Grundlage einer durchgehenden instandsetzungstechnischen Betreuung sowie einer vollständigen Redundanz des Gerätesystems sowie der Hauptversorgungseinrichtungen wie Klimatechnik und elektrotechnische Versorgung gewährleistet. Die bisherige Praxis hat die Notwendigkeit des Redundanzsystems mehrfach bestätigt.

Zur durchgehenden instandhaltungstechnischen Betreuung hat das Kombinat im Schichtsystem einen Instandsetzungsdienst mit eigenen Kräften organisiert und für das Rechnersystem der Spedition speziell ausgebildete Kader eingesetzt. Die Robotron-Rufzeiten wurden den Anforderungen nicht gerecht. Mit zunehmender Einsatzdauer der Anlage werden die personellen und materiellen Aufwendungen zur Absicherung der Instandhaltung komplizierter, so daß diese Technik schrittweise erneuert werden muß.

Mit der komplexen Rationalisierung der speditionellen Abfertigung wird die Leistungsfähigkeit der Werkspedition auf lange Sicht gewährleistet. Auch die ökonomische Bilanz beweist eine hohe Effektivität des eingeschlagenen Weges. Aus der Reduzierung des manuellen Aufwandes, der Erhöhung der Abfertigungssicherheit, der Beschleunigung des Güterwagenumlaufes, der Erhöhung der Ganzzugbildung und der Verbesserung des Informationssystems resultiert ein ökonomischer Nutzen von 3260 TM bei einem Investitionsaufwand von insgesamt 6472,3 TM. Von besonderem Wert ist dabei die Arbeitskräfteeinsparung von 17 VbE absolut und 45 VbE relativ sowie die umfassende Verbesserung der Arbeits- und Lebensbedingungen. Die neuen Arbeitsplätze in vollklimatisierten Räumen und das neue Niveau der technologischen Sicherheit haben wesentlich zur Herausbildung einer neuen Stammbelegschaft beigetragen.

Die Realisierung des Vorhabens war nur in enger Zusammenarbeit der Fachabteilung mit den Spezialisten der Datenverarbeitungsprojektierung und anderer Fachgewerke möglich. Die vielseitigen Kooperationsbeziehungen, die termingerecht und in hoher Qualität gesichert werden mußten, stellten auch an die Vorhabenleitung hohe Anforderungen.

Folgende grundlegende Erfahrungen sind aus der Lösung der Aufgaben zu ziehen:

- Bildung eines Objektkollektivs unter Leitung der fachlich zuständigen Abteilung und Sicherung einer exakten Projektplanung für jede Projektierungsphase;
- der Abschluß von Kooperationsverträgen mit allen beteiligten Spezialgewerken, denen eine exakte Definition der Technologie-, Hardware- und Softwareschnittstellen zugrunde lag, und die eine präzise Aufgabenbegrenzung sowie Terminstellung enthielten;
- der Abschluß von ergebnisorientierten Zielwettbewerben für besonders kritische Projektierungsabschnitte und
- der Aufbau eines effektiven Rapportsystems der staatlichen und gesellschaftlichen Leitung.

Ganz entscheidend hat sich die Bildung eines Parteiaktivs ausgewirkt, welches in kritischen Situationen wesentlich zur abstrichlosen Durchsetzung der geplanten Projekte beigetragen hat.

Mit dem derzeitigen Umfang der vorhandenen Datenverarbeitungsprojekte sind rechentechnische Grenzen des Prozeßrechnersystems erreicht. Die Übernahme weiterer Projekte ist nur noch mit einem hohen Projektierungsaufwand möglich. Ausgehend von der verbleibenden Lebensdauer der vorhandenen Anlage muß deshalb für eine grundlegende Erweiterung der Aufgaben auf den Einsatz der neuen 32-Bit-Technik orientiert werden.

Diese Aufgabenerweiterung hat nunmehr die Erweiterung der Integrationsfähigkeit des Projektes Spedition, so zum Projektkomplex Absatz, zu den Projekten der Kosten- und Leistungsrechnung und die Verflechtung mit dem System der rechnergestützten operativen Lenkung zum Ziel. Parallel dazu wird der Aufbau eines komplexen Systems der rechnergestützten Güterwagenüberwachung im Kombinat vorbereitet.

Rolf Hauschild

Zu betriebswirtschaftlichen Voraussetzungen rechnergestützter Arbeitsplätze in den Struktureinheiten des Absatzes und der Erzeugnisbilanzierung[1]

Die Anwendung der modernen Rechentechnik ist aus der prinzipiellen ökonomischen Sicht der Intensivierung zu betrachten. Hiermit geht gleichermaßen ein qualitativer Wandlungsprozeß der sozialistischen Betriebswirtschaft in Richtung der durchgängig rechnergestützten Produktion einher. Das sind die Grundlagen für höheren Leistungszuwachs, schnellere Marktwirksamkeit neuer Erzeugnisse, flexible Reaktion auf Kundenwünsche und auf sich verändernde Bedarfssituationen sowie für die ökonomische Beherrschung eines wachsenden Produktionssortiments.[2]

Der Nutzen aus einer flexiblen Produktion sollte immer absatzwirtschaftlich verwertbar, d.h. die „installierte Flexibilität" muß vom Markt her nutzbar sein. Bei der dynamischen Anpassung von Produktion und Markt geht es um die Umsetzung von Flexibilität in Effektivität. Dabei ist zu berücksichtigen, daß die Differenziertheit der Marktanforderungen zunimmt und die Anforderungen an die Marktbewährung der Produkte härter werden.

Friedrich/Koziolek heben hervor, daß die auf Mikroelektronik beruhende Automatisierung in der Industrie durch *vier Hauptprozesse* gekennzeichnet wird:

- Die Prozeßautomatisierung (u.a. für die kontinuierlich verlaufenden Prozesse in der chemischen Industrie);
- die flexible Automatisierung (u.a. für diskontinuierliche Prozesse der Mittel- und Kleinserienfertigung des Maschinenbaus);
- die rechnergestützte technische Produktionsvorbereitung (Labor, Projektierung, Konstruktion);
- der rechnergestützte Vollzug ökonomischer Prozesse sowie von Aufgaben der Leitung und Planung der Reproduktion[3].

In ihren grundlegenden Erörterungen zum Einfluß der modernen Informationstechnologien unterstreichen Friedrich/Koziolek weiter die Notwendigkeit, exakte Aussagen darüber zu gewinnen, wie der Wandlungsprozeß in Kombinaten und Betrieben im einzelnen zu organisieren und wie die Integrationsfähigkeit zu schaffender Einzellösungen (mit klar definierten Schnittstellen) zu sichern ist.

Der Prozeßcharakter des Absatzes ist in Theorie und Praxis seit Jahren anerkannt und hervorgehoben. Im allgemeinen ist es gebräuchlich, die Absatzprozesse zu gliedern in

- Leistungs- und Leitungsprozesse,
- Vorlauf- und Realisierungsprozesse,
- Informations- und Entscheidungsprozesse,
- Planungs- und Bilanzierungsprozesse.

Die Anwendung der Rechentechnik für die Intensivierung des Absatzes stellt dabei noch weitergehende Anforderungen. Meines Erachtens ist zur Erfüllung dieser Ansprüche jenen Stufen, die in These 4 des Tagungsmaterials herausgearbeitet sind, zu folgen. Ausgangspunkt ist die Herausarbeitung der sogenannten „Elementarprozesse". Das gilt für den Prozeßverlauf des Inlands- und Exportabsatzes und für die Erzeugnisbilanzierung, die zunehmend einer einheitlichen Betrachtung bedürfen.

Als *Elementarprozesse* des Inlands- und Exportabsatzes sowie der Erzeugnisbilanzierung sollten solche formalisierbaren Tätigkeiten (Aktivitäten) aufgefaßt werden, welche auf Schritten (die nicht mehr sinnvoll zu zergliedern sind) und logischen (zwingenden) Schrittfolgen basieren, für die vorrangig massenhaft Daten und Texte verarbeitet werden.

Diese Elementarprozesse erfüllen einzeln oder in Verbindung mit anderen Elementarprozessen Funktionen von Informations- und Entscheidungsprozessen. Jeder Elementarprozeß ist durch Informationsin- und outputs gekennzeichnet.

Für die Ableitung der Elementarprozesse sollten m. E. folgende Aspekte Berücksichtigung finden:

- Die Elementarprozesse sind im allgemeinen *nicht* deckungsgleich mit Leistungs- oder Leitungsprozessen; sie sind auch nicht *nur* der Vorbereitungs- *oder* der Durchführungsphase des Absatzes zuzuordnen.
- Alle Elementarprozesse korrespondieren (direkt oder indirekt) miteinander; viele dieser Prozesse sind miteinander verkettet.
- Für die inhaltliche Bestimmung und methodische Abgrenzung des einzelnen Elementarprozesses ist vom „Baukasten-Prinzip" auszugehen, d. h., es sind „Bausteine" zu gestalten, die sich (variabel) zu Komplexen bzw. Ketten zusammenfassen lassen.
- Die jeweiligen „Bausteine" sollten einen solchen Abstraktionsgrad besitzen, daß sie nicht nur in einem Kombinat (oder sogar nur Betrieb) einsetzbar sind, in Varianten erarbeitbar sein, um so auch die produkt-, kunden- und kombinats-(betriebs-)spezifischen Bedingungen berücksichtigen zu können und damit auch vielseitig kombinationsfähig sein.

Diese Elementarprozesse, die es abzuleiten gilt, bilden den Ausgangspunkt für die Entwicklung rechnergestützter Arbeitsplätze für Verkäufer/Disponenten und beeinflussen die weitere Ausgestaltung des „Bilanziererarbeitsplatzes", indem dieselben die Basis für die Erarbeitung (und den Austausch) von Software beim Einsatz von dezentraler Datentechnik und der Dateneingabe (-verwertung) aus zentraler Rechentechnik darstellen.

Nach meinen Erfahrungen sollten Elementarprozesse für folgende Funktionen bzw. Aufgaben bestimmt werden:

- Bereitstellung von Daten zur komplexen Informa-

tionsversorgung eines Kombinates (Betriebes) und Entnahme von Daten aus diesem Informationsfundus;
- Vorlaufarbeiten zur Gestaltung von Struktur und Volumen des Absatzes;
- Schaffung der Datenbasis für Bilanzen und Verträge;
- Erzeugnisbilanzierung und Planung des Absatzes;
- Vorbereitung und Abschluß von Wirtschaftsverträgen;
- Realisierung von Wirtschaftsverträgen.

Ausgehend von der Vorbereitung und dem Abschluß von Wirtschaftsverträgen bieten sich z. B. als Elementarfunktionen an:
- Speicherung aller Daten, die zum Vertragsabschluß und zur Vertragsrealisierung notwendig sind;
- Erfassung des Absatzplanes und Aufbereitung der Daten für den Vertragsabschluß unter Einbeziehung vorliegender Bestellungen, Unterbreitung von Vertragsangeboten, Vervollständigung der benötigten produkt-, kunden- und speditionstypischen Daten;
- Ausarbeitung des Vertragstextes;
- Ausfertigung der Verträge (und evtl. Vertragsänderungen);
- Erfassung der Verträge, bei denen die Unterschrift des Vertragspartners noch nicht vorliegt bzw. bei rechtsgültig abgeschlossenen Verträgen;
- Erarbeitung und Übergabe von Informationen zur Materialbereitstellung, zur Einordnung in die Produktion, zur Verpackung und zum Versand.

Eng damit verbunden ist die Notwendigkeit einer exakten Definition der Datenbasis und der Organisation der Datenerfassung, um insbesondere Lücken und Überschneidungen sowie Mehrfacherfassungen zu vermeiden; denn ohne genaue Kenntnis der Datenbasis und der Anforderungen an die Verwertung dieser Daten (unter Einbeziehung einer Datenbank als Sammlung von Dateien, die nach einheitlichen Gesichtspunkten gespeicherte Daten enthalten und miteinander verbunden sind) fehlen m. E. grundlegende Voraussetzungen für eine rationelle und damit effektive Gestaltung rechnergestützter Arbeitsplätze. Deshalb halte ich die Erfassung der (nicht mehr sinnvoll zu zergliedernden) Schritte, deren logische (zwingende) Schrittfolgen und der dazu benötigten Daten für einen vorrangigen Komplex weiterzuführender wissenschaftlicher Untersuchungen. Bezogen auf die Erzeugnisbilanzierung sowie den Abschluß und die Realisierung der Absatzverträge (Inland und Export) sind nach meinen Erfahrungen die folgenden Datenkomplexe zu berücksichtigen:
- Daten zur Erzeugnisbilanzierung,
- Daten zur Vertragsgestaltung (Inland),
- Daten zur Vertragsgestaltung (Export),
- Daten zur Vertragsrealisierung (Inland),
- Daten zur Vertragsrealisierung (Export),
- Daten zur Lagerhaltung der Fertigerzeugnisse,
- Daten zum Warenversand (Inland),
- Daten zum Warenversand (Export),
- Daten zur Überwachung des Umlaufes eigener oder angemieteter Transportmittel,
- Daten zur operativen Lenkung des Absatzprozesses.

Im Zusammenhang mit der Gestaltung dieser Lösungen stoßen wir auf die in der Praxis anzutreffende Differenziertheit und die zwischen den Kombinaten und Betrieben vorhandenen Niveauunterschiede in der Wahrnehmung von Leitungsfunktionen, in der Ausführung von Tätigkeiten zur Vorbereitung und Durchführung des Absatzes sowie in der Mitwirkung bei der volkswirtschaftlichen Erzeugnisbilanzierung. Diese Fakten lassen erkennen, daß zur rationellen Gestaltung rechnergestützter Arbeitsplätze in den Struktureinheiten des Absatzes und der Erzeugnisbilanzierung noch umfangreiche betriebswirtschaftliche Untersuchungen durchzuführen sind, um mit möglichst geringem Anpassungsaufwand angebotene Standardsoftware optimal nutzen zu können. Hierzu ist es sinnvoll, durch fundierte System- und Prozeßanalysen die *objektiven* Einflußfaktoren herauszuarbeiten und die *subjektiven* Einflüsse aufzudecken. Es sei angemerkt, daß der Anpassungsaufwand in der Praxis der Betriebe und Kombinate noch sehr hoch ist, was letztlich auch zu Vorbehalten gegenüber der Notwendigkeit und Zweckmäßigkeit wissenschaftlicher Vorlaufarbeit führt. Deshalb sollte bei künftigen Untersuchungen zur Vervollkommnung der Organisation des Absatzes und der Erhöhung der Effektivität eindeutig bestimmt werden, auf welchem Abstraktionsniveau die Lösungen anzubieten sind und wie eine hohe Verwertung zu sichern ist. Faktoren, die auf die Anpassungsnotwendigkeit Einfluß haben, sind:
- Art, Volumen, Struktur und Bedeutung der volkswirtschaftlichen Kooperationsbeziehungen sowie des direkten und indirekten Exportanteils an der Warenproduktion;
- Konzentration und Spezialisierung innerhalb der Volkswirtschaft und des Kombinates;
- Standortverteilung der Kombinatsbetriebe und deren Kooperation innerhalb des Kombinates;
- Struktur und Spezifik der Warenproduktion;
- Zweckbestimmung der Warenproduktion;
- Absatzwege, Geschäftsarten und Warenwege;
- Qualifizierung des Kaderpotentials.

Auch bei der Erarbeitung von Organisationsprojekten zur effektiven Nutzung moderner Datenverarbeitungs- und Rechentechnik ist bestimmten volks- und betriebswirtschaftlichen Erfordernissen zu entsprechen, die u. a. resultieren aus
- der objektiv notwendigen Anzahl und Standortverteilung der Anfallstellen der zu verarbeitenden absatzwirtschaftlichen Primärdaten;
- dem Umfang, der Struktur und der Periodizität dieser Daten;
- der Anzahl der für *einen* Wirtschaftszweig vorzunehmenden Absatzdispositionen sowie der Spezifik der Erzeugnisse, ihrer Verpackung und der damit verbundenen TUL-Prozesse;
- der Ausstattung (den Ausstattungsmöglichkeiten) der Kombinate/Betriebe mit Großrechnern (Prozeßrechnern) sowie Büro- und Personalcomputern (einschließlich Kooperation bei der Nutzung von Großrechnern);
- der vertikalen und horizontalen Verkettung (Schnittstellen) des Datenverarbeitungskomplexes „Inlands- und Exportabsatz";
- den quantitativen und qualitativen Anforderungen zur Datenbereitstellung innerhalb eines hierarchischen Datenverarbeitungssystems.

Diese Faktoren beeinflussen ebenfalls das „Wie" des

Einsatzes moderner Datenverarbeitungs- und Rechentechnik und führen möglicherweise zu differenzierten Lösungen für verschiedene Betriebstypen. So ist z.B. mit Lösungen zu rechnen für

- Kombinats*stamm*betriebe, in denen eigene leistungsfähige ESER-Großrechner vorhanden sind, die in Kombination mit Büro-, Personal- und Arbeitsplatzcomputern genutzt werden;
- Kombinatsbetriebe mit einem relativ geringen Absatzvolumen und begrenztem Erzeugnissortiment (gilt auch, wenn bei größerem Volumen oder Sortiment die Absatztätigkeit territorial verstreut erfolgen muß);
- Kombinatsbetriebe mit einem großen Absatzvolumen und einem umfangreichen Erzeugnissortiment.

Zu einer Entscheidung in dieser Frage sind folgende Beurteilungskriterien heranzuziehen:

- Die zweckmäßige inhaltliche Bestimmung und Abgrenzung der Arbeitsplätze;
- der Auslastungsgrad und die -möglichkeiten *arbeitsplatzbezogener* Computer;
- die Speicherfähigkeit und -notwendigkeit der anfallenden Daten in Büro- und Personalcomputern;
- die Erfordernisse des Dialoges Mensch–Maschine;
- die Problematik der „Echtzeitverarbeitung“ bzw. der „Stapelverarbeitung“ (in welchen Intervallen, d.h. insbesondere mit welcher Zeitverschiebung, eine Verarbeitung auf Großrechnern möglich ist);
- die Gestaltung der Schnittstellen im Datenverarbeitungssystem aus der Sicht der Volkswirtschaft und des Kombinates.

Nach meinen Erfahrungen sollte folgendes angestrebt werden:

- Ein vorrangig breiter Einsatz arbeitsplatzbezogener, dialogfähiger Computer mit anwenderfreundlicher Software und selektivem Datenaustausch in lokalen Systemen (mit Kopplungsmöglichkeiten mehrerer dieser Systeme) und ESER-Großrechnern (und anderen Büro- und Personalcomputern);
- eine echtzeitnahe Stapelverarbeitung auf ESER-Großrechnern für Massendaten, die eine extrem große Speicherkapazität erfordern und/oder unlösbar in umfassende Datenverarbeitungskomplexe integriert sind;
- die Vermeidung (oder zumindest Einschränkung) eines nicht integrationsfähigen „Inselbetriebes“ mit wiederholter Handeingabe;
- rasche und unkomplizierte Modifizierungsmöglichkeiten der Software sowie der Primärdatenorganisation;
- eine eindeutige Gestaltung der „Schnittstellen“ und deren volle organisatorische Beherrschung im Datenfluß.

Hinsichtlich der gerätetechnischen Ausstattung sind die Vorzüge und Grenzen von Einzelplatzsystemen, Mehrplatzsystemen, lokalen Netzen und terminalorientierten Großrechnern gründlich abzuwägen.

Im Exporteinsatz ist außerdem ein umfangreicher Austausch vielfältiger Informationen zwischen den an einem Exportgeschäft beteiligten Partnern (wie Außenhandelsbetrieb/Außenhandelsfirma, Exportlieferbetrieb, ausländischer Käufer, Warenempfänger, Spediteur, Verkehrsträger, Banken, Versicherung, Zollorgane) notwendig. Diese Informationen sind gegenwärtig in Dokumenten fixiert, die schriftlich oder fernschriftlich ausgefertigt werden, wobei sich viele Informationen in den einzelnen Dokumenten wiederholen. So sind für eine Warensendung durch bis zu 50 Partner in den von der Warensendung berührten Ländern mehr als 50 verschiedene Dokumente zu erarbeiten, zu übersenden, zu empfangen, weiterzuverarbeiten, zu prüfen, zu korrigieren und zu speichern, wobei im Durchschnitt über 360 Kopien dieser Dokumente benötigt werden.[4]

Auch auf der internationalen Ebene gehen die Bestrebungen in die Richtung der

- Bestimmung der Datenelemente und ihrer Kodierung,
- Vereinfachung und Vereinheitlichung der Methoden des Datenaustausches,
- Schaffung von Voraussetzungen für die Anwendung der modernen Datenverarbeitungs- und Datenübertragungstechnik,
- Fixierung von Syntaxregeln, um eine einheitliche Übertragungsstruktur der Daten zu erhalten, die beim Datenempfänger wieder in die interne Struktur umgeformt werden (EDIFACT-Übertragungsregeln).

In zahlreichen Kombinaten der Industrie wird zielstrebig an der Gestaltung rechnergestützter Arbeitsplätze für *Bilanzierer, Verkäufer/Disponenten und Dispatcher* sowie an rechnergestützten Entscheidungshilfen für den Direktor Beschaffung und Absatz und seine nachgeordneten Leiter gearbeitet. Unter Einbeziehung der derzeit verwendeten Organisationsmittel und in Einschätzung des erreichten Entwicklungsstandes wird dazu für die einzelnen Arbeitsplätze insbesondere folgendes analysiert:

- Gliederung aller Aufgaben (Tätigkeiten) im Verantwortungsbereich (m.E. sollten vor allem Elementarprozesse abgeleitet und exakt dargestellt werden);
- Arbeitsteilung zwischen korrespondierenden Arbeitsplätzen;
- Einordnung des Arbeitsplatzes (räumlich und in der Arbeitsfolge);
- Anforderungen an das Qualifikationsniveau;
- Zeitregime;
- Informationsbedarf und dessen Deckung nach Art (Inhalt) und Menge der Ein- und Ausgangsdaten pro Zeiteinheit, Datenträgern für Ein- und Ausgangsdaten (wie schriftlich auf Belegen, visuell auf Bildschirm, maschinenlesbar auf Disketten usw.), Datenträger für die Informationsspeicherung, Aufbau und Inhalt der Datenträger, Sender bzw. Empfänger der Daten, Form der Übergabe und der Speicherung der Daten.

Bei dieser Analyse und den daraus abzuleitenden Schlußfolgerungen sind als Problemstellungen mit einzubeziehen:

- Proportionen und Wechselbeziehungen von zentraler Rechentechnik und dezentraler Datentechnik;
- Organisation des Datenaustausches;
- Abstimmung der verwendeten Schlüsselsystematik,
- Verwendung gleicher oder leicht kompatibler Programmiersprachen;
- Entwicklung dialogfähiger Programmkomplexe;
- weitere Rationalisierung der Textverarbeitung;
- Gestaltung von Datenbanksystemen.

Anmerkungen

[1] Der Beitrag entstand unter Mitwirkung von Peter Kohlert und Dieter Schönknecht.
[2] Vgl. G. Friedrich/H. Koziolek, Zum Einfluß der modernen Informationstechnologien auf die sozialistische Betriebswirtschaft, in: Wirtschaftswissenschaft 1/1987, S. 1.
[3] Vgl. ebenda, S. 2f.
[4] Vgl. Außenwirtschaft 38/1987 vom 16. 9. 1987, S. 25.

Martin Fritz

Modellierung ökonomischer Prozesse mit dem Informationssystem Stoffflußproportionierung (INSPRO)

In den letzten Jahren sind erhebliche Fortschritte bei der Einbeziehung moderner Rechentechnik und darauf aufbauend moderner Methoden der Datenverarbeitung in die Leitungs- und Planungsprozesse der Volkswirtschaft der DDR zu verzeichnen. Die Weiterentwicklung der Produktivkräfte der Gesellschaft bewirkt einen ständig zunehmenden Kompliziertheitsgrad dieser Leitungs- und Planungsprozesse, der sich in einer Zunahme ihrer Dynamik und Komplexität ausdrückt. Einen bedeutenden Beitrag zur Entwicklung neuer Methoden der Leitung und Planung leistet die Informatik in Verbindung mit einer für den Bereich der materiellen Produktion relevanten kybernetischen Betrachtungsweise[1] der zu untersuchenden Objekte. Daraus resultiert die ständig wachsende Bedeutung der Anwendung der Informatik in den verschiedensten Bereichen der Ökonomie (z. B. Rechnungsführung, Bilanzierung), in der Verwaltungs- und Leitungstätigkeit, in der Statistik u. a.

Auf dieser Grundlage wird die Möglichkeit eröffnet, die Volkswirtschaft so zu leiten und zu planen, daß maximaler ökonomischer Nutzen bei Einsatz eines vertretbaren Aufwandes an Material, menschlicher Arbeitskraft und Energie erreicht werden kann. Die modernen Produktivkräfte verlangen in der Tendenz den Übergang zu automatisierten Systemen der volkswirtschaftlichen Leitungs- und Planungstätigkeit und die Anwendung der maschinellen Rechentechnik. In diesem Zusammenhang wird seit mehreren Jahren intensiv an Methoden und Instrumentarien zur weiteren Qualifizierung der Erzeugnisbilanzierung auf den verschiedenen Leitungsebenen gearbeitet. Eine auf diesem Gebiet bereits existierende und mit Erfolg in breiten Teilen der Volkswirtschaft angewandte Projektlösung ist der rechnergestützte Bilanziererarbeitsplatz ABILA.

Die Leistungsfähigkeit dieses Projekts erstreckt sich auf die Übertragung formeller Arbeitsaufgaben der Bilanzierung einzelner Bilanzpositionen bei Beibehaltung der isolierten Betrachtungsweise jeweils einer Bilanz. Auswirkungen einzelner Bilanzentscheidungen auf den gesamten Stofffluß, in den diese Einzelbilanzen bedingt durch den technologischen Fluß der Arbeitsgegenstände eingebettet sind, werden durch dieses Projekt nicht berücksichtigt. Wenn die Qualität und Relevanz von Bilanzentscheidungen verbessert werden soll, dann ist dies zu beseitigen. Das kann durch eine rechnergestützte Entscheidungsvorbereitung erreicht werden. Damit ist gleichzeitig der Ausgangspunkt für die im folgenden zu erläuternde Forschungsrichtung charakterisiert.

Im Vordergrund dieser Forschungsrichtungen steht die dynamische Betrachtung von beliebigen Teilbereichen der materiellen Produktion (Stoffflußsystemen), deren Elemente (Produktionsstätten und Erzeugnisse) miteinander durch den Stofffluß in qualitativer[2] und quantitativer[3] Hinsicht miteinander verbunden sind. Es geht also um die Quantifizierung von Auswirkungen in definierten Stoffflußsystemen, die durch punktuelle Veränderungen an Elementen des Systems hervorgerufen und durch den objektiv existierenden Stofffluß zwischen den Elementen des Systems vermittelt werden. Somit kristallisiert sich eine Aufgabenstellung für die praktische Realisierung der oben angeführten Forschungsrichtung zunächst in folgender Form heraus:

1. Es ist ein Instrumentarium zu schaffen, mit dem eine Simulation möglicher Auswirkungen von punktuellen Entscheidungen in Stoffflußsystemen vorgenommen werden kann.
2. Auf der Grundlage der Simulation verschiedener Varianten von einer ökonomischen Bewertung jeder einzelnen Variante sollen entscheidungsunterstützende Informationen bereitgestellt werden.
3. Das Instrumentarium muß sich in den gesamten Prozeß der Leitungstätigkeit problemlos einpassen. Informationelle Verbindungen zu bereits existierenden oder zeitlich parallel zu schaffenden Instrumentarien sind zu berücksichtigen.

Diese Zielrichtung wurde durch eine Vielzahl konkreter Anforderungen der praktischen Arbeit im Laufe der Bearbeitung der Aufgabenstellung näher untersetzt.

Einige dieser Anforderungen sind:

- Hohe Anschaulichkeit der Ein- und Ausgaben in einem logisch gegliederten Dialog Nutzer – arbeitsplatzgebundene Rechentechnik;
- hohe Variabilität der Dialogführung entsprechend der zu bearbeitenden Aufgabenstellung;
- leicht handhabbare Pflege und Aktualisierung des den Berechnungen in Form von Datenbanken zu Grunde liegenden Informationsbestandes für die verschiedenen vom Nutzer entsprechend seinem Informationsbedarf in freier Wahl zu erstellenden Modelle u. a.

Zur Lösung der Aufgabenstellung wurde zunächst eine gründliche Analyse der derzeit und in der Perspektive (unter dem Blickwinkel sich abzeichnender Entwicklungstendenzen) verfügbaren Softwarewerkzeuge und Rechentechnik vorgenommen. Es wurden die Leistungsfähigkeit, der Speicherplatz für die Modelldaten, die Eignung der den verschiedenen Softwarewerkzeugen zu Grunde liegenden Programmierlogik und die Möglichkeiten der Realisierung der genannten Anforderungen bei Nutzung verschiedener Hard- und Software geprüft. Im Ergebnis der Überprüfung wurde die Entscheidung getroffen, für die Lösung der Aufgabenstellung die derzeit in der DDR verbreitete 8-bit-Rechentechnik in Form von PC1715 oder den verschiedenen Konfigurationen der Bürocomputer des Typs A5130 und A5120 einzusetzen und das relationale Datenbanksystem REDABAS als Softwarewerkzeug zu benutzen.

Als grundlegende Methode der Herangehensweise sowohl an die Modellierung der realen Prozesse als auch an die Konzipierung der Dialogführung für den Verlauf der Berechnungen wurde die Formalisierung gewählt, Diese Methode erlaubt es, die zu untersuchende Erscheinung zu erklären und ihren Inhalt zu präzisieren, ihre formalen Seiten zu betrachten, sie zu fixieren und mit ihnen zu operieren. Dies geschieht dadurch, daß den Elementen einer Erscheinung in definierter Weise relativ stabile materielle Konstruktionen zugeordnet werden, die es gestatten, die wesentlichen und gesetzmäßigen Eigenschaften der zu betrachtenden Systeme aufzuklären.

Als Ergebnis der Lösung der Aufgabenstellung wurde ein Projekt erarbeitet, welches sich dadurch auszeichnet, daß es auf Grund der ihm innewohnenden Leistungsfähigkeit nicht nur für die ursprünglich konzipierten Belange der Qualifizierung der Erzeugnisbilanzierung nutzbar ist.

Mit diesem Projekt steht ein universell nutzbares Instrumentarium zur Verfügung. Es ermöglicht, beliebige ökonomische Zusammenhänge und wirtschaftliche Prozesse in unterschiedlichen Bereichen der materiellen Produktion auf den verschiedenen Ebenen der Leitung der Volkswirtschaft und in einer diesen Ebenen entsprechenden Detailliertheit oder Aggregation in Form von Modellen abzubilden. Auf der Grundlage dieser Modelle und unter Einsatz der Mittel und Methoden, die mit dem Befehlsvorrat des Projektes gegeben sind, können Modellexperimente hinsichtlich des Verhaltens der realen ökonomischen Erscheinungen bei Eintreten bestimmter Situationen durchgeführt werden. Damit wird es möglich, Entscheidungen zur Steuerung realer ökonomischer Prozesse in einer neuen, höheren Qualität vorzubereiten und zu treffen.

Das Projekt kann also für die Lösung von Aufgaben auf verschiedenen Gebieten der wirtschaftswissenschaftlichen Theorie und Praxis für unterschiedliche Zwecke eingesetzt werden. So zum Beispiel für die Recherche von Informationen über reale Prozesse, für automatisierte Diagnosen bestimmter Zustände, für experimentelle Untersuchungen usw. Insofern kann das Projekt als INFORMATIONSSYSTEM bezeichnet werden, da es für die Speicherung großer Informationsmengen vorgesehen ist, die automatische Auswahl benötigter Auskünfte unterstützt und eine mathematisch-statistische Bearbeitung der gespeicherten Informationen zuläßt.

Als Projektbezeichnung wurde deshalb der Terminus „Informationssystem Stoffflußproportionierung" (INSPRO) gewählt. Der derzeitige Entwicklungsstand des Projektes kann gekennzeichnet werden anhand der bisher durch das Informationssystem realisierbaren Funktionen. Diese Funktionen, die in Form einzelner Bausteine projektiert und programmiert wurden, sind:

- Aufbau der Datenbank für ein beliebiges Stoffflußmodell entsprechend dem Informationsbedarf und der Arbeitsaufgabe des Anwenders.
- Verflechtungsrechnungen in der Stoffflußrichtung Rohstoff – Finalerzeugnis innerhalb der Grenzen des Modells.
- Verflechtungsrechnungen in der Stoffflußrichtung Finalerzeugnis – Rohstoff innerhalb der Grenzen des Modells.
- Grafikkomponenten, die eine hohe Anschaulichkeit bei der Arbeit mit dem Informationssystem gewährleisten.
- Ökonomische Auswertung der jeweils mit INSPRO entsprechend bestimmter angenommener Situationen als Ergebnisse des Modellexperiments vorliegenden Daten.
- Bilanzierung der Aufkommens- und Verwendungssituation für jedes bei den Berechnungen angesprochenen Erzeugnisses durch die Nutzung von Kurzbilanzen.

Diese einzelnen Bausteine werden entsprechend der Steuerung des Dialogs durch den Nutzer aktiviert und miteinander kombiniert. Damit wird eine hohe Variabilität des Dialogablaufs gewährleistet und eine dem Informationsbedarf des Nutzers entsprechende Dialogführung gesichert.

Entwicklungstendenzen für den weiteren Ausbau des Informationssystems sind in zwei Richtungen zu sehen. Eine erste Entwicklungsrichtung wird darin bestehen, weitere Bausteine zur Realisierung anderer Funktionen zu schaffen, um eine noch größere Leistungsfähigkeit des Projektes zu erreichen und eine noch praxisnähere Arbeit zu ermöglichen. Eine zweite Entwicklungsrichtung wird in der Umsetzung der jeweils aktuellen und sich in Entwicklung befindenden 8-bit-Projektlösung auf 16-bit Rechentechnik bestehen. Auch diese Richtung wird zu einer Erhöhung der Leistungsfähigkeit führen, da sich die Rechenzeit verkürzt, mehr Speicherplatz zur Verfügung steht und durch die Anwendung weiterentwickelter Programmierwerkzeuge elegantere programmtechnische Lösungen möglich werden.

In bezug auf die erste dargestellte Entwicklungsrichtung werden (neben der Weiterentwicklung der bestehenden Bausteine) Komponenten für die Speicherung weiterer nicht formalisierbarer ökonomischer Daten über Elemente bzw. Relationen der Modelle, Bausteine für die Kopplung des Projektes INSPRO zu anderen Projekten (z. B. zum Projekt ABILA) und Bausteine für die umfassende ökonomische Auswertung einzelner Varianten des Stoffflusses und der Gestaltung bestimmter ökonomischer Bewertungskriterien (Preise, Kosten u. a.) unter bestimmten Bedingungen geschaffen. Die derzeit mit dem Informationssystem Stoffflußproportionierung realisierbaren Funktionen gewährleisten bereits eine praktische Nutzung. So wird INSPRO im Ministerium für chemische Industrie zum Aufbau von Modellen für einzelne Bereiche der chemischen Industrie genutzt. Auf der Grundlage dieser Modelle werden mit den Mitteln des Projektes Bilanzentscheidungen vorbereitet. Weiterhin wird das Projekt in der Ausbildung von Studenten genutzt, indem anhand des Informationssystems ökonomische Zusammenhänge auf dem Gebiet der Volkswirtschaftsplanung dargestellt werden. Der Einsatz des Informationssystems auf der Ebene der Kombinate und Kombinatsbetriebe der chemischen Industrie wird vorbereitet. Weitere Nachnutzer aus den unterschiedlichsten Bereichen der Volkswirtschaft haben bereits ihren Bedarf angemeldet.

Anmerkungen

[1] Im Mittelpunkt der kybernetischen Betrachtungsweise ökonomischer Prozesse steht die Aufdeckung der Gesetzmäßigkeiten ihrer Steuerung als der zielgerichteten Beeinflussung zur Erfüllung einer definierten Aufgabenstellung und damit zur Sicherung ihrer Stabilität.

[2] Qualität im Sinne der Richtung des Stoffflusses in dem betrachteten System.

[3] Quantitative Bestimmtheit durch die naturwissenschaftlich und technologisch determinierten Materialverbrauchskoeffizienten.

Willy Schuster/Karl Oehme

Zur Verbesserung der Reaktionsfähigkeit der Kombinate und Betriebe bei der Anwendung der modernen Rechentechnik

1. Zur Reaktionsfähigkeit gegenüber der Bedarfsdynamik

Der Reproduktionsprozeß der Kombinate und ihrer Betriebe befindet sich in ständiger Bewegung und Veränderung. Er wird durch eine Vielzahl von inneren und äußeren Faktoren beeinflußt, die entweder im Widerspruch zueinander stehen oder sich gegenseitig bedingen und ergänzen. Grundsätzlich bestimmend für die Tätigkeit der Kombinate und ihrer Betriebe sind die aus volkswirtschaftlichen Erfordernissen abgeleiteten Betriebsziele sozialistischer Warenproduzenten. Das läßt sich vereinfacht dadurch charakterisieren, daß entsprechend dem ökonomischen Grundgesetz des Sozialismus die ständig wachsenden Bedürfnisse nach Erzeugnissen und Leistungen bei hoher ökonomischer Effektivität immer besser befriedigt werden müssen.

Die Befriedigung der materiellen Bedürfnisse erfolgt über die Deckung des Bedarfs. Aus der Dialektik zwischen immer besserer Bedürfnisbefriedigung über die Bedarfsdeckung und Effektivitätssteigerung ergeben sich viele Aufgaben, die bei voller Wahrnehmung volkswirtschaftlicher Verantwortung durch die Kombinate eine ständig bessere Erfüllung erfordern. Es geht vor allem darum, je nach Art der Erzeugnisse deren Menge zu steigern und deren Gebrauchseigenschaften dem Anwendungszweck entsprechend zu verbessern und gleichzeitig den Aufwand zu ihrer Herstellung pro Gebrauchswerteinheit zu verringern. Durch die Entwicklung des Bedarfs, die wir unter dem Begriff der Bedarfsdynamik zusammenfassen, tritt als weiterer, heute entscheidender Faktor die Verkürzung des Zyklus im Reproduktionsprozesses in den Vordergrund. Darunter verstehen wir den Zeitraum, der vom Zeitpunkt der Ideenfindung bis zu dem Zeitpunkt vergeht, zu dem ein Erzeugnis den letztendlichen Konsumenten erreicht. Bei der den Industriebetrieben eigenen, betriebswirtschaftlichen Betrachtungsweise dürfen sie deshalb keinesfalls die volkswirtschaftliche Gesamtzielstellung aus dem Auge verlieren. Vielmehr geht es um eine enge Zusammenarbeit mit dem Handel, bei Konsumgütern bis zum Einzelhandel. Das zumindest aus zwei Gründen.

1. Die immer bessere Befriedigung der ständig wachsenden Bedürfnisse durch Bedarfsdeckung ist erst dann abgeschlossen, wenn das Erzeugnis den Konsumenten erreicht und genau genommen von ihm auch genutzt wird.

2. Die volkswirtschaftliche Effektivität realisiert sich erst dann, wenn der Käufer den für die Reproduktion der sozialistischen Volkswirtschaft notwendigen Preis akzeptiert und bezahlt hat. Bis dahin ist jede auf unterschiedlichen Ebenen ausgewiesene Effektivität nur potentielle Effektivität.

Die Dynamik des Bedarfs ist gekennzeichnet durch eine ständige Veränderung des realen Bedarfs über die Zeit. Sie tritt in Erscheinung in einer Veränderung und Entwicklung bezüglich
- seiner quantitativen Größe (Menge, zahlungsfähige Nachfrage),
- seiner qualitativen Gliederung (Struktur, Gebrauchseigenschaften, Leistungsparameter),
- seinem örtlichen (Märkte, Territorien) und zeitlichen Auftreten (Zeitpunkt, Zeitraum, Marktperiode).

Diese Entwicklung und Veränderung, die ein gesetzmäßiger Prozeß ist, erfordert es, daß sich die Kombinate und ihre Betriebe ständig den neu entstehenden Bedingungen und Anforderungen stellen. Das zwingt zu einer hohen Reaktionsfähigkeit des Reproduktionsprozesses im allgemeinen und gegenüber der Bedarfsdynamik im besonderen. Dabei verstehen wir unter Reaktionsfähigkeit gegenüber der Bedarfsdynamik, daß die Kombinate und ihre Betriebe den ständigen Veränderungen des realen Bedarfs über die Zeit entsprechen müssen. Das erfordert eine Reaktionsfähigkeit des eigenen Reproduktionsprozesses, bezogen auf seine Phasen und Elemente. Deshalb ist sie im allgemeinen die Gesamtheit jener Merkmale und Erscheinungen des Reproduktionsprozesses, die es ermöglichen, aktiv und reaktiv gegenüber veränderten Bedingungen zu reagieren.

Die Reaktionsfähigkeit wird durch vielerlei Maßnahmen gesichert. Diese Maßnahmen sind durch solche Begriffe wie Flexibilität, Elastizität, Disponibilität usw. charakterisiert. Wir gehen davon aus, daß die Reaktionsfähigkeit gegenüber der Bedarfsdynamik im Vordergrund steht und sich alle anderen Reaktionen, die sich als aktive und reaktive Anpassungsprozesse im Reproduktionsprozeß zeigen, davon abgeleitet sind oder abgeleitet werden müssen. Das bedeutet nicht, daß z.B. der wissenschaftlich-technische Fortschritt zweitrangig ist. Es bedeutet vielmehr, daß er auf die Bedürfnisse und den Bedarf orientiert werden muß und sein Wirkungsgrad deshalb nur am Beitrag zur immer besseren Bedürfnisbefriedigung bei steigender Effektivität gemessen werden darf. Jedwedes Reagieren ist nicht Selbstzweck, sondern stets Mittel zur Erfüllung der von unserer Partei ausgearbeiteten Wirtschafts- und Sozialpolitik auf dem Fundament der ökonomischen Strategie der SED. „Indem bereits auf dem X. Parteitag die ökonomische Strategie in ihren wichtigen Grundzügen ausgearbeitet wurde, setzte unsere Partei ihre bewährte Praxis fort, rechtzeitig auf herangereifte Probleme zu reagieren, mit dem Leben Schritt zu halten und sozusagen in vorbeugender Weise erkennbaren Entwicklungsproblemen zu begegnen."[1]

2. Einflußfaktoren auf die Bedarfsdynamik

Die Dynamik des Bedarfs ist generell auf das Wechselverhältnis von Bedürfnisentstehung und Bedürfnisbefriedigung zurückzuführen. "... es führt das befriedigte erste Bedürfnis, die Aktion der Befriedigung und das schon erworbene Instrument der Befriedigung zu neuen Bedürfnissen und die Erzeugung neuer Bedürfnisse ist die erste geschichtliche Tat."[2]

Die Untersuchung dieses Wechselverhältnisses macht es empfehlenswert, aus betriebswirtschaftlicher Sicht zu unterscheiden in Bedürfnisse des Käufers und in die Bedürfnisbetrachtung des Herstellers. Für den Käufer gilt im allgemeinen, daß bei ihm ein Bedürfnis durch ein Erzeugnis geweckt wird, von dessen Existenz er Kenntnis hat. Dieses wird zum Bedarf, wenn ihm das zum Kauf erforderliche Geld zur Verfügung steht. Der Hersteller hat bei der Beherrschung des genannten Wechselverhältnisses mehrere Aufgaben parallel zu lösen, nämlich

- die Sicherung von quantitativer Größe und qualitativer Gliederung für bereits von ihm auf den Markt gebrachte Erzeugnisse;
- die Weiterentwicklung von vorhandenen Erzeugnissen durch Verbesserung der Gebrauchseigenschaften und Senkung der Selbstkosten;
- die Entwicklung neuer Erzeugnisse auf der Grundlage bekannter Wirkprinzipien und
- die Entwicklung neuer Erzeugnisse mit neuen Wirkprinzipien für bekannte, qualitativ determinierte Bedürfnisse.

Nicht immer entstehen neue, qualitativ determinierte Bedürfnisse, die sich aus dem wissenschaftlich-technischen Fortschritt heraus entwickeln. Dabei ist die Grenze zwischen „bekannt" und „neu" fließend und vor allem auch von der gewählten Betrachtungsebene und vom Abstraktionsgrad abhängig.

Die qualitativ determinierten Bedürfnisse werden nicht durch ein Erzeugnis an sich charakterisiert. Sie müssen detailliert verbal beschrieben werden. Vereinfacht repräsentieren sie den Anwendungs- oder Verwendungszweck eines Erzeugnisses. Wichtig ist die Erkenntnis, daß der Hersteller ausgehend von der Formulierung der qualitativ determinierten Bedürfnisse unter Nutzung neuester Erkenntnisse von Naturwissenschaft und Technik nach neuen, besseren Erzeugnislösungen suchen muß. Nur so kann er Veränderungen hervorbringen und auf dem Markt bestehen. Er muß dabei auch beachten, daß stets mehrere Hersteller – zumindest international – parallel entwickeln und produzieren und er im Wettbewerb bestehen muß.

Als weitere, aus diesem Wechselverhältnis abgeleitete Ursachen der Bedarfsdynamik können gelten:

- Das Niveau und das Tempo der Entwicklung des wissenschaftlich-technischen Fortschritts und der wissenschaftlich-technischen Revolution;
- der soziale Fortschritt im eigenen Land in Einheit mit der Sozialpolitik;
- der Sättigungsgrad an Erzeugnissen eines qualitativ determinierten Bedürfniskomplexes;
- die Entwicklung und Struktur an Ressourcen und die daraus resultierenden ökonomischen und administrativen Konsequenzen ihrer Nutzung und Begrenzung, z. B. durch Preisveränderungen oder Einsatzge- und -verbote;
- die jeweiligen außenwirtschaftlichen Bedingungen und Erfordernisse.

3. Verkürzung der Reaktionszeit als zentrales Anliegen der Verbesserung der Reaktionsfähigkeit gegenüber der Bedarfsdynamik

3.1. Inhalt und Wesen der Reaktionszeit

Die Erhöhung der Reaktionsfähigkeit ist grundsätzlich mit einer Verkürzung der Reproduktionszyklen verbunden. Im Falle einer kundenkonkreten Nachfrage verwenden wir dafür den Begriff der Reaktionszeit. Sie umfaßt den Zeitraum zwischen dem Zeitpunkt des Einganges einer Anfrage oder Bestellung und dem Zeitpunkt der Lieferung oder Leistung am vereinbarten Leistungsort. Sie findet ihren Ausdruck in den vom Kunden geforderten und den vom Lieferer anbietbaren und realisierbaren Angebots- und Lieferfristen. Danach unterscheiden wir folgende Zeitkategorien:

- Die vom Kunden marktüblich geforderte Reaktionszeit (RZ_g);
- die betrieblich, technisch-technologisch und technisch-organisatorisch bedingte, benötigte Reaktionszeit (RZ_b);
- die planmäßig anbietbare Reaktionszeit (RZ_a);
- die real absatzwirksame Reaktionszeit (RZ_w).

Innerhab der betrieblich benötigten Reaktionszeit (RZ_b) ist eine Unterteilung erforderlich in

- RZ_{bA} = absatzseitig benötigte Reationszeit. Sie umfaßt den Vertragsanbahnungszyklus und den Absatzzyklus;
- RZ_{bP} = produktionsseitig benötigte Reaktionszeit. Sie enthält die kundenbezogene, konstruktiv-technologische Vorbereitungszeit, die Zeit der Fertigungsvorbereitung, für Planung, Lenkung und Kontrolle der Produktion sowie den Produktionszyklus selbst;
- RZ_{bM} = materialversorgungsseitig benötigte Reaktionszeit mit dem Beschaffungszyklus und der Materialbereitstellungszeit.

Die insgesamt benötigte Reaktionszeit ergibt sich dann aus diesen drei Teilzeiten, wobei die mögliche innerzyklische Parallelität zu beachten ist. Eine einfache Addition der drei Teilzeiten ist in der Regel nicht möglich. Die Aufgabe besteht darin, einerseits den Zeitaufwand pro Teilzeit zu reduzieren und andererseits durch Ausschaltung von Teilzeitelementen und durch Nutzung der Vorzüge von innerzyklischer und zwischenzyklischer Parallelität die gesamte, benötigte Reaktionszeit entscheidend zu senken.

3.2. *Wirkungen in den verschiedenen Phasen und Prozessen*

Aus dem bisher Gesagten lassen sich drei Aufgaben formulieren, deren Lösung zur Verbesserung der Reaktionsfähigkeit gegenüber der Bedarfsdynamik beitragen kann, nämlich

- die Verbesserung der Gebrauchseigenschaften der Erzeugnisse in Abhängigkeit vom Anwendungs- oder Verwendungszweck;
- die Senkung der Selbstkosten pro Gebrauchswerteinheit bei der Herstellung der Erzeugnisse und über die Nutzungsdauer des Erzeugnisses beim Käufer sowie die Minimierung des einmaligen Aufwandes;
- die Verkürzung der Reaktionszeit respektive der Zykluszeit des Reproduktionsprozesses überhaupt.

Alle drei Aufgaben lassen sich unter den Bedingungen moderner Informationsverarbeitung besser als bisher erfüllen. Sie müssen dabei in ihrer Einheit und gegenseitigen Wechselwirkung gesehen und gelöst werden.

Die Verbesserung der Gebrauchseigenschaften wird durch die CAD-Technologien gefördert. Sie gestatten es, neben der Zeitverkürzung im Entwicklungs- und Konstruktionsprozeß vor allem

- unterschiedliche Gebrauchseigenschaften und deren Kopplung in kürzester Zeit zu variieren;
- schnell auf bereits vorhandene Bauelemente als Stufenprodukte zurückzugreifen, wenn diese entsprechend zweckmäßig gespeichert sind;
- in kürzester Zeit bereits vorhandene Lösungen auf ihre Nutzung zu überprüfen, was deren aufbereitete Speicherung voraussetzt.

Alle drei Einflußfaktoren sind vor allem dann von größter Bedeutung, wenn es sich um Arbeitsmittel oder Kaufteile handelt, denen spezifische Kundenwünsche zugrunde liegen. Das ist eine Tendenz, die vor allem in der metallverarbeitenden Industrie immer mehr zunimmt, aber auch in der modisch orientierten Textil- und Bekleidungsindustrie an Bedeutung gewinnt.

Eine Senkung der Selbstkosten ist bereits durch die Verkürzung und Variierung im Entwicklungs- und Konstruktionsprozeß gegeben. Vom Ergebnis dieser Berechnung hängt die Höhe der Selbstkosten in entscheidendem Maße ab. Sie ist weiterhin möglich durch die CAM-Technologien gepaart mit CAP-Aufgaben und durch die flexible Automatisierung in Verbindung mit der bedienarmen Fertigung. Hier ist entscheidend, daß

- die flexiblen Stationen und Systeme so ausgelegt werden, daß sie den Erfordernissen des Sortimentes an Stufenprodukten entsprechen und eine maximale Auslastung aller integrierten Bearbeitungsstationen und Bearbeitungsmöglichkeiten erfolgt, um einen schnellen Rückfluß des einmaligen Aufwandes zu erreichen;
- unterschiedliche technologische Prozesse berechnet und gespeichert werden, auf die unter den jeweils konkreten Bedingungen oder bei Havarien zurückgegriffen werden kann;
- exakt formuliert wird, welche Arbeitsgänge in ein flexibles Fertigungssystem integriert werden. Dazu empfiehlt es sich, im System bzw. während der Bearbeitung von Teilen im System keine Aussteuerung und Wiedereinsteuerung vorzusehen, sondern bei nicht kompletter Bearbeitung Arbeitsgänge vor der Einsteuerung und nach der Aussteuerung aus dem System vorzusehen. Es ist auch zu berechnen, welche Konsequenzen ein automatisiertes, flexibles Fertigungssystem auf den konventionellen Fertigungsprozeß hat, weil noch über einen langen Zeitraum eine gemischt automatisierte Fertigung vorhanden sein wird;
- der Arbeitsablauf bei der Teilefertigung im Maschinenbau mit dem in der Montage in Übereinstimmung gebracht wird. Dazu müssen einerseits ständig die in der Montage benötigten Teile in geforderter Menge und Qualität bereitstehen und andererseits niedrige Bestände in den Zwischenlagern angestrebt werden. Das erfordert, planmäßig und vorausschauend die Bestandsentwicklung und die sie bestimmenden Faktoren zu beherrschen.

Die Verkürzung der Reaktionszeit wird entscheidend von der Produktionsplanung und -steuerung bestimmt. Es ist der Übergang zu einem computergestützten Produktionsplanungs- und -steuerungssystem (CPPS) notwendig, das international immer mehr als Kernstück der CIM-Konzepte angesehen wird. Wir verstehen darunter

- die Gesamtheit aller zu planenden Tätigkeiten zur systematischen Aufbereitung und Festlegung von Zielen, Aufgaben und Ablauffolgen im Prozeß der Produktionsdurchführung, ausgehend vom Jahresproduktionsplan und dessen Aufschlüsselung auf kürzere Zeiträume unter Berücksichtigung aller Bedarfsvorhersageänderungen im Zeitraum < 1 Jahr sowie von den vorliegenden oder zu erwartenden Kundenaufträgen und
- die Gesamtheit aller zu steuernden Tätigkeiten zur Veranlassung der Aufgabenerfüllung, Sicherung und Kontrolle der Aufgabenrealisierung im Prozeß der Produktionsdurchführung nach quantitativen, qualitativen, zeitlichen und Effektivitätsgesichtspunkten.[3]

Die zwingende Logik heißt, daß ohne CPPS die CAD/CAM-Technologien nicht den notwendigen Wirkungsgrad im Produktionsprozeß bringen oder bringen können. CPPS muß als parallel und in Übereinstimmung mit CAD/CAM konzipiert und realisiert werden.

Weitere Gesichtspunkte der Zeitverkürzung durch Nutzung der Computertechnik wären hier zu untersuchen. Genannt seien z. B. die Absatz- und Versorgungsprozesse, der Versand, die Rechnungsführung und Statistik, der Service, die Ersatzteilversorgung usw. Wichtig und deshalb hier explizit ist die Erwähnung der computergestützten Angebots- und Auftragsbearbeitung, die ihrerseits nach unserer Meinung ein entscheidender Bestandteil von CIM-Konzepten ist.[4] Sie macht eine neue innerbetriebliche Organisation der Auftragsabwicklung erforderlich. Es muß eine weitgehend einheitliche Planung und Steuerung der kundenanonymen und kundengebundenen Werkaufträge trotz differenzierter Kundenwünsche erreicht werden. Eine wichtige Aufgabe besteht in einer schnellen und genauen Vor- und Nachkalkulation der Kosten für kundenspezifische Erzeugnisse. Das bedingt die Verfügbarkeit über Kostennormative, Richtpreise und Zuschlagsätze für alle Baugruppen und Einzelteile, also Stufenprodukte. Darüber muß auch der Konstrukteur im Rahmen seiner CAD-Technologien verfügen. Schließlich muß eine computergestützte Angebots- und Auftragsbearbeitung so gestaltet sein, daß der Bereich Absatz – gestützt auf Erzeugniskonzeptionen und Baukästen – in der Lage ist und ermächtigt wird, über die technische Ausführung von Kundenwünschen weitgehend selbständig zu entscheiden.

3.3. Wirkungen im zwischenbetrieblichen Kooperationsprozeß

3.3.1. Wirkungen im Absatzprozeß

Jeder Betrieb ist mit seinen Erzeugnissen in einer Kooperationskette zweifach verankert. Einerseits fast immer als Käufer und andererseits stets als Verkäufer. Aus der Sicht des Absatzprozesses lassen sich folgende Hauptrichtungen zur Erhöhung der Reaktionsfähigkeit nennen:

- Die konsequente Bedarfs- und Exportorientierung im Reproduktionsprozeß auf der Grundlage einer Qualifizierung der Bedarfs- und Marktforschungsarbeit unter Nutzung der automatisierten Informationstechnik und -technologie und der daraus beruhenden engen Verbindung von Forschung und Entwicklung und Absatzvorbereitung im Neuerungsprozeß;
- die langfristige absatzstrategische Arbeit in Verbindung mit qualifizierter Marktarbeit zur Markteinführung neuer und weiterentwickelter Erzeugnisse als die nach außen gerichtete Komponente der langfristigen Absatzvorbereitung;
- die Sicherung der Einheit von Plan, Bilanz und Vertrag mit dem notwendigen Vorlauf und unter Beachtung der Notwendigkeit einer schrittweisen Detaillierung in einem iterativen Prozeß;
- die computergestützte Angebots- und Auftragsbearbeitung mit dem Ziel, Angebotsfristen und Lieferzeiten zu verkürzen, die Qualität der Angebote zu erhöhen und die Vertragseinhaltung besser überwachen und garantieren zu können;
- die Rationalisierung der informationellen Prozesse, um rascher Informationen über Bedarf und Markt in für Produktion und Materialversorgung relevante Informationen umzusetzen, bei gleichzeitiger Beachtung von Informationen über die Absatzplan- und Vertragserfüllung;
- die Rationalisierung der Kommunikationsbeziehungen zu den Organen des Binnen- und Außenhandels mit dem Ziel, eine höhere Wirksamkeit des Handels als Absatzmittler zu erreichen, die sich auch positiv auf das Rufbild der Produzenten auswirken muß;
- die Rationalisierung des Warenflusses von der Fertigstellung der Erzeugnisse in der Produktion bis zur Übergabe dieser an den Verbraucher oder Anwender;
- die Schaffung und Arbeit mit Systemreserven jeweils an der Stelle, wo die Wirkung auf Flexibilität und Reaktionsfähigkeit bei kundenkonkreter Nachfrage am größten, das bedarfs- und absatzbedingte Risiko aber am geringsten ist.

3.3.2. Wirkungen im Prozeß der Materialversorgung

Die Versorgungsprozesse sind die entscheidenden für die Verbesserung der Reaktionsfähigkeit, die von außen auf die Betriebe wirken. Es wurden folgende Hauptrichtungen erkannt:

- Die langfristige Durchsetzung bestimmter Anforderungen bei der Gestaltung der Kooperationssysteme und des Material- und Warenflusses, wodurch neben einer Aufwandssenkung auch eine Verkürzung des Versorgungs- und Beschaffungszyklus möglich wird, weil aus dem zeitlichen Nacheinander ein räumliches Nebeneinander im arbeitsteiligen und kooperativen Produktionsprozeß entstehen kann, die Kooperationsgegenstände nicht anwendbar- oder verbraucherabhängig sind oder infolge hoher Produktionsflexibilität kurzfristig in die Produktion eingesteuert werden können;
- die Sicherung der Proportionalität zwischen Aufkommen und Bedarf durch rechtzeitige Zusammenarbeit mit den Hauptkooperationspartnern, Beachtung unüberbrückbarer Verfügbarkeits- bzw. Ressourcenbegrenzungen im Prozeß der Produktions- und Absatzvorbereitung und konsequente Durchsetzung der ökonomischen Materialverwendung;
- die rechtzeitige Einbeziehung der Hauptkooperationspartner in den Prozeß der Erzeugnisentwicklung, um vor allem veränderte oder wechselnde Qualitätsanforderungen rechtzeitig dem Kooperationspartner zur Kenntnis zu bringen und notwendige Flexibilitätserfordernisse bei der Produkt- oder Prozeßerneuerung beachten zu können;
- die Beschleunigung des Informations- sowie des Material- und Warenflusses zwischen kooperierenden Partnern, was sich in der Verkürzung von Bestell-, Liefer- und Spezifizierungsfristen äußern muß, das Verbrauchsrisiko bei der Bestellauslösung verringert und die gleitende Materialplanung und schrittweise Vertragsspezifizierung sowie Rationalisierung der Transport-, Umschlags- und Lagerprozesse einschließt;
- die Sicherung einer den Erfordernissen entsprechenden planbezogenen Reaktionsbereitschaft beim Kooperationspartner durch rechtliche Regelungen, vertragliche Vereinbarungen und ökonomische Stimulierung;
- die planmäßige Arbeit mit Systemreserven materieller, finanzieller und organisatorischer Art, die überall dort versorgungsseitig in den Kombinaten und Betrieben notwendig ist, wo die Reaktionsfähigkeit der Kooperationspartner nicht den produktions- und absatzseitigen Erfordernissen entspricht.

4. Zum Einfluß von Arbeitsteilung und Organisation auf die Reaktionsfähigkeit

Die Existenz der Kombinate ist Grundlage für die Durchsetzung der ökonomischen Strategie der SED und damit auch für die Erhöhung der Reaktionsfähigkeit. Diesen Vorteil zu nutzen bedeutet, den arbeitsteiligen Reproduktionsprozeß innerhalb des Kombinates optimal zu gestalten. Das gilt auch für die Auslegung der Betriebsteile eines Kombinatsbetriebes. Diese Arbeitsteilung gilt für die Leistungs- und Leitungsprozesse in ihrer Einheit und Wechselwirkung. Wie immer sie auch organisiert wird, es geht immer um einen kontinuierlichen Stoff- und Informationsfluß. Dabei spielt das Verhältnis von Zentralisierung und Dezentralisierung der Leistungs- und Leitungsprozesse eine große, eigentlich die zentrale Rolle. Eine Konsequenz besteht darin, daß der Automatisierung der Leistungs- und Leitungsprozesse eine Gesamtkonzeption für das Kombinat zugrunde liegen muß. Gleiches gilt für die Kombinatsbetriebe und ihre Betriebsteile. Dieses Konzept muß neben den materiellen auch die informationellen Prozesse einschließen und ständig vervollkommnet werden. In jedem Falle spielt hier die Abstimmung von Hardware und Software hinein, damit eine weitgehende Kompatibilität der computergestützten Informations-, Planungs- und Leitungssysteme auf Ebene des gesamten Kombinates erreicht werden kann.

Bei Einführung von CAD-Technologien sind vor allem auch die Beziehungen zu den Kooperationspartnern zu beachten. Es bringt wenig Erfolg, daß ein Käufer als Weiterverarbeiter sehr schnell ein neues Stufenprodukt entwickeln kann, aber der Zulieferer nicht in der Lage ist, dieses Teil kurzfristig oder überhaupt zu liefern. Auch ist davon auszugehen, daß der Käufer vor allem bei Produktionsmitteln dem Lieferer mittels maschinenlesbarer Datenträger oder Datenfernübertragung die Parameter des von ihm gewünschten Erzeugnisses bekannt gibt, also im Sinne einer Präzisierung der genannten, qualitativ determinierten Bedürfnisse, die in der produktiven Konsumtion als technische Funktionen bezeichnet werden und durch Funktionsträger im Sinne von Stufenprodukten abgedeckt werden.

Diese kurzen Bemerkungen zur Arbeitsteilung, die sehr unvollständig und heterogen sind, sollen deutlich machen, daß bei jeder Maßnahme zur Erhöhung der Reaktionsfähigkeit die bestehende Arbeitsteilung und Organisation geprüft und gegebenenfalls weiterentwickelt werden muß.

Anmerkungen

[1] XI. Parteitag der SED, Bericht des Zentralkomitees der Sozialistischen Einheitspartei Deutschlands an den XI. Parteitag der SED. Aus der Rede des Genossen Erich Honecker, Dietz Verlag, Berlin 1986, S. 27.

[2] K. Marx, Die deutsche Ideologie, in: Marx/Engels, Werke, Bd. 3, S. 28.

[3] Vgl. Marina Bürger, Dissertation B, eingereicht an der Technischen Universität Karl-Marx-Stadt.

[4] Vgl. Wagner/Gröger, Anwendung der Informationstechnik Erhöhung der Reaktionsfähigkeit der Kombinate und ihrer Betriebe gegenüber der Bedarfsdynamik, in: Wissenschaftliche Schriftenreihe der Technischen Universität Karl-Marx-Stadt, 19, 10/1987.

Friedhelm Tuttlies

Rechnergestützte Produktion, Verkürzung der Durchlaufzeit und Senkung der Umlaufmittelbestände

1. Die Beschleunigung des wissenschaftlich-technischen Fortschritts und die aus den sich rasch verändernden Bedarfsstrukturen resultierende Dynamik der Volkswirtschaft führen zu einer immer engeren Verbindung von Effektivität und Flexibilität des Reproduktionsprozesses.

Arbeitsproduktivitätssteigerung und Aufwandssenkung einerseits und Beschleunigung des Reproduktionsprozesses andererseits gewinnen als Hauptaspekte des Gesetzes der Ökonomie der Zeit an Gewicht.

Bei der Beschleunigung des Reproduktionsprozesses als einer wesentlichen Quelle volkswirtschaftlicher Effektivität kommt es darauf an, nicht nur lebendige und vergegenständlichte Arbeit einzusparen, sondern auch die Reproduktionsphasen zu verkürzen und wachsende Effektivität der produktiven Fonds zu gewährleisten.

2. Wesentliche Voraussetzungen für die Verkürzung der Reproduktionsphasen werden mit der durchgängig rechnergestützten Produktion in ihrer Einheit von konstruktiver und technologischer Produktionsvorbereitung, rechnergestützter Fertigungssteuerung, Qualitätssicherung, Lagerhaltung und Transport wirksam. Als potentielle Faktoren der Verkürzung der Reproduktionsphasen und damit der Durchlaufzeit können in Betracht gezogen werden:
- Beschleunigung der Produktionsvorbereitung, insbesondere durch rechnergestützte Entwurfs-, Konstruktions-, Planungs- und Organisationsarbeiten;
- Beschleunigung der Materialannahme, der Bereitstellung, der Auslagerung und des Transports;
- Verringerung der Zeit für die unmittelbare Produktion, Gütekontrolle und Transportprozesse sowie der verschiedenen Wartezeiten;
- Verringerung der Zeit für die Bereitstellung zum Absatz, Verladung und Abtransport.

3. Während die Steigerung der Produktivität und die Senkung des Aufwandes auf der Grundlage der rechnergestützten Produktion als Bestandteil der betriebswirtschaftlichen Vorbereitung, Realisierung und Abrechnung relativ komplex und analytisch fundiert erfolgt, trifft das für die Durchlaufzeitverkürzung nicht in gleichem Maße zu. Die Analyse des Ausgangszustandes, die konkrete Wirkung der wissenschaftlich-technischen und organisatorischen Maßnahmen auf die davon berührten Abschnitte und Phasen des Durchlaufes und die Schaffung von Bedingungen, die ihre Wirksamkeit für den Gesamtdurchlauf gewährleisten, entsprechen in vielen CAD/CAM-Anwendungsfällen bis hin zu Vorhaben der flexiblen Automatisierung noch nicht den Erfordernissen. So sind
- in entsprechenden Vorbereitungsunterlagen für wissenschaftlich-technische Maßnahmen einschließlich Investitionen noch zu häufig unzureichende analytische Angaben und Berechnungen zu den Ausgangsbedingungen und Wirkungen hinsichtlich der genannten potentiellen Faktoren der Durchlaufzeitverkürzung enthalten;
- Zielstellungen zur Durchlaufzeitverkürzung teilweise nicht quantifiziert oder nur global (z.B. Angabe in % oder in Tagen insgesamt) ohne Spezifizierung und ausreichende Bezugnahme auf die Ausgangsbasis festgelegt.

Anwendungsfälle in Betrieben des Maschinenbaus und der Konfektion ließen als typische Vorgehensweise erkennen, daß Wirkungen auf Konstruktionszeit, Zeit für technologische Vorbereitung, Zeiten für die Vorfertigung, die Montage, den Transport und die Gütekontrolle in besten Fällen punktuell, aber nicht ausreichend hinsichtlich ihrer Verflechtung und vor allem der Sicherung ihres Einflusses auf die Verkürzung des Gesamtzyklus durchdrungen werden.

Mit der rechnergestützten Produktion in ihrer Einheit von konstruktiver und technologischer Produktionsvorbereitung, rechnergestützter Fertigungssteuerung, Qualitätssicherung, Lagerhaltung und Transport zu einer Verkürzung des Gesamtdurchlaufes zu gelangen, erfordert Konsequenzen für gesamte Logistik und die Gewährleistung der notwendigen Parallelität und Verflechtung der inneren Abläufe. Dafür gewinnen bewährte betriebswirtschaftliche Methoden und Instrumente wie Hauptfristen- bzw. Produktionsdurchlaufplan neue, höhere Bedeutung.

4. Wesentlicher Indikator für die Verkürzung der Durchlaufzeit ist die Beschleunigung der Umschlagsgeschwindigkeit der Umlaufmittel, d.h. die relative oder absolute Verringerung der Bestände der Umlaufmittel.

Die ausgewerteten Fälle rechnergestützter Produktion lassen erkennen, daß die Mängel in der Analyse der Ausgangssituation sowie in der Quantifizierung und Spezifizierung der Zielstellungen für die Durchlaufzeitverkürzung ihren konzentrierten Ausdruck in fehlenden bzw. nicht ausreichend fundierten Zielstellungen für die Verringerung der Bestände an Umlaufmitteln finden.

Zur Vermeidung dieser Mängel und damit zur Sicherung der Verkürzung der Reproduktionszeit als einen Hauptaspekt des Gesetzes der Ökonomie der Zeit werden für erforderlich gehalten:
- Berechnung der Verkürzung der Durchlaufzeit im betreffenden Abschnitt der Produktionsvorbereitung und der Produktionsdurchführung und die dort erreichbare Senkung der Umlaufmittelbestände (Gegenüberstellung des Basisniveaus – Plan und Ist – zu dem zu erreichenden Niveau);
- Nachweis der Wirkungen dieser punktuellen Verkürzung der Durchlaufzeit und Senkung der Umlaufmit-

telbestände auf die geplante Durchlaufzeit und die gesamten Umlaufmittelbestände.

5. Die Wirkung der punktuellen Verkürzung der Durchlaufzeit und der Senkung der Bestände auf die Gesamtdurchlaufzeit und die Umschlagsbeschleunigung der Umlaufmittel insgesamt hängt wesentlich davon ab,

- wie durchgängig der Übergang zur rechnergestützten Vorbereitung, Durchführung und Realisierung erfolgt bzw. ob von mehr oder weniger dominierenden Insellösungen durchlaufbestimmende Teilprozesse erfaßt werden;
- ob und in welchem Maße die Voraussetzungen und flankierenden Bedingungen für die Gewährleistung durchgreifender Wirkungen in Gestalt von Umlaufmittelbestandssenkungen geschaffen werden.

Das schließt sowohl die gesamte Gestaltung der Logistik als auch die Steuerung der Verflechtung und Parallelität der innerbetrieblichen Prozesse ein.

6. Durchlaufzeitverlängernde Faktoren, die mit der rechnergestützten Vorbereitung, Durchführung und Realisierung der Produktion verbunden sind (z.B. verstärkte Pufferbildung zwischen Produktionsabschnitten) und die der Umschlagsbeschleunigung entgegenwirken, bedürfen einer besonders gründlichen Analyse und Berechnung. Sie müssen als gegenläufige Faktoren bei der Bestimmung der Ziele für die Verkürzung der Gesamtdurchlaufzeit explizit dargestellt werden. Das trifft analog zu, wenn im Interesse höherer Flexibilität gegenüber Markterfordernissen (z.B. Verkleinerung von Auftrags- und Losgrößen) umschlagsverlangsamende Faktoren wirksam werden.

7. Wachsende Bedeutung für die Erhöhung der Flexibilität und für die Verkürzung der Durchlaufzeit gleichermaßen gewinnt die gesamte Logistik. Eine neue Logistik der materiellen Sicherung der rechnergestützten Produktion beeinflußt die Durchlaufzeitverkürzung und die Senkung der Umlaufmittelbestände in besonderem Maße.

Das wird deutlich in der Relation zwischen reiner Bearbeitungszeit zur gesamten Durchlaufzeit, in der die Bearbeitungszeit häufig nur Anteile von 10–20 % hat.

Ähnlich sind die Proportionen zwischen dem Gesamtzyklus und dem betrieblichen Produktionszyklus, die sich z. B. in der Konfektionsindustrie in Zeiträumen von 10–14 Monaten von der Gewebemusterung bis zum Absatz einerseits und einem betrieblichen Zyklus von etwa 4–6 Wochen darstellen.

Rudolf Braune

Zum Modell einer bedarfsgerechten Dieselkraftstoffproduktion und -auslieferung

Im Kombinatsbetrieb „Otto Grotewohl" Böhlen des PCK Schwedt existiert eine Erdölverarbeitungstechnologie auf atmosphärischer Basis. Dadurch ergibt sich, daß aus Erdöl nur die Fraktionen Destillat oder Rohbenzin als Kopfprodukt, Kerosin und Dieselkraftstoff als Seitenfraktionen sowie atmosphärischer Rückstand als Sumpfprodukt anfallen. Nahezu ein Viertel des eingesetzten Rohöls fällt als Rohdieselkraftstoff an. Deshalb wurde in unserem Kombinatsbetrieb die Messung, Optimierung und ökonomische Bewertung der Erzeugnisqualität von Dieselkraftstoff unter variierenden Verbrauchsbedingungen als eine Möglichkeit zur Erhöhung der Effektivität angesehen.

Die Gebrauchseigenschaften dieses Erzeugnisses müssen im Interesse von Veredlungsprinzipien in Abhängigkeit von konkreten Verbraucherbedingungen den Sommer- und Wintertemperaturen angepaßt werden, denn die Qualität eines Erzeugnisses konkretisiert die Gebrauchseigenschaften, indem durch erzeugnistypische Kennziffern (Qualitätskennziffern) der Grad der Eignung für den vorgesehenen Verwendungszweck bestimmt bzw. festgestellt wird.

Im untersuchten Beispiel ging es unter anderem um die Gebrauchseigenschaft Kälteverhalten. Diese wird durch die Qualitätskennziffern BPA-Punkt (Beginn der Paraffinausscheidung) und GTF Punkt (Grenztemperatur der Filtrierbarkeit als Maß für das Kälteverhalten) mit ihren jeweiligen Zahlenwerten bestimmt. Dabei wird in der TGL nach dem Sommer- und Winterzeitraum unterschieden:
Sommerzeitraum 1.4. bis 30.9. Kälteverhalten 0°C,
Winterzeitraum 1.10. bis 31.3. Kälteverhalten −15°C.
(TGL 4938, verbindlich ab 1.9.1978)

Aussehen		durchsichtig klar
Dichte	g/ml	0,825 ± 0,020
Siedebeginn	°C	keine Forderung
bis 370°C dest. über min		
Vol.-%		90
Flammpunkt	min °C	56
Schwefel	max. Ma.-%	0,5
Stockpunkt	°C	keine Forderung
GTP Sommer	max. °C	0 (i. April bis 30. September)
GTF Winter	max. °C	−12 (Sonderabnehmer) −15°C
Viskosität	mm^2/sec.	2,4 bis 6,0
Cetanzahl	min	45

Bis zu Beginn der 80er Jahre wurde Dieselkraftstoff noch durch manuelle Mischung aus den 4 Komponenten
1. Roh-Dieselkraftstoff,
2. Petroleum,
3. Raffinat-Dieselkraftstoff,
4. Hydrier-Dieselkraftstoff

erzeugt. Die mengenmäßige Zusammensetzung der einzelnen Komponenten richtet sich nach der Qualität des auszuliefernden Finalproduktes (Sommer/Winter).

Wichtige Qualitätskennziffern der Komponenten:

Komponente	1	2	3	4
QKZ	Roh-DK	Petroleum	Raff.-DK	Hydrier-DK
Siedeverlauf °C	200–400	180–250	180–320	180–320
Flammpunkt °C	60–80	50–60	55–60	55–60
Schwefelgehalt Ma.-%	0,7–1,0	0,2–0,3	0,1–0,2	0,01
Viskosität c St	4,5–5,2	3,0–4,0	4,0–5,0	3,5–4,5
Dichte g/ml	0,830–0,850	0,785–0,795	0,800–0,810	0,800–810

Die ersten beiden Fraktionen der Tabelle (Komponente 1 und 2) wurden destillativ aus dem Roherdöl gewonnen. Die Komponenten 3 und 4 wurden unter Hochdruckbedingungen erzeugt. Die stärksten Veränderungen bei den Komponenten 1–4 erkennt man im Schwefelgehalt.

Es kann auch eingeschätzt werden, daß das Siedeverhalten und der 90 bzw. 95 Vol.-%-Punkt ausschlaggebend für die Qualität des Finalproduktes sind und damit die einzelnen Qualitätskennziffern positiv oder negativ beeinflußt werden. Mit steigendem Siedeverlauf ändern sich die Qualitätskennziffern. So beeinflußt z. B. auch steigender Paraffingehalt die Cetanzahl positiv und damit die motorische Leistung.

Gleichzeitig wird das Kälteverhalten verschlechtert, indem langkettige Paraffinkohlenwasserstoffe zur Auskristallisation der Paraffine bei entsprechender Temperatur führen und den Filter verstopfen.

Durch prozeßanalytische Arbeit wurde die Produktionstechnologie zur Erzeugung von Dieselkraftstoff weiterentwickelt. Die Durchsetzung der ökonomischen Strategie verlangt zwingend die Anwendung moderner wissenschaftlicher Methoden bei der Vorbereitung und dem Treffen von Entscheidungen. Entscheidungssituationen sind heute häufig so komplex, daß sie mit herkömmlichen Mitteln kaum noch überschaubar sind und die Anwendung moderner Rechentechnik erfordern. Mit dem wissenschaftlich-technischen Fortschritt ändern sich die Bedürfnisse und die Nachfrage noch rascher. Erzeugnissortiment und Technologien werden ständig umgewälzt. Die Struktur der Produktion wandelt sich in kürzerer Zeit. Zum Beispiel wird seit Jahren der Kraftstoff nur noch aus zwei Komponenten, dem destillativ anfallenden Roh-DK und dem durch Hydroraffination hergestellten Dieselkraftstoff gemischt.

Ziel einer jeden Produktion ist die Bereitstellung einer jederzeit bedarfsgerechten Erzeugnisqualität bei niedrigsten Kosten.

Der im Zusammenhang mit entsprechenden Untersuchungen betrachtete Zeitraum für alle Qualitätsanalysen, Mengenrechnungen und ökonomischen Betrachtungen betraf die Jahre 1977 bis 1979.

In ihnen wurde eine Ausbeute von 23,9 Ma.-%/a erzielt.

In den drei folgenden Jahren, 1980 bis 1982, konnten die Erkenntnisse der Gebrauchswert-Kosten-Optimierung voll genutzt und Roh-Dieselkraftstoffausbeuten von 24,9 Ma.-%/a erzielt werden. Damit lag die Ausbeute 1980 bis 1982 im Durchschnitt jährlich um 1 Ma.-% höher als im Berichtszeitraum 1977–1979.

Im Zuge der ständigen Erhöhung der Effektivität sollte jedoch nicht nur die Ausbeute an DK ein volkswirtschaftlich wichtiges Effektivitätskriterium sein, sondern vielmehr auch die Ausbeute an „Hellen Produkten", damit jeder Tonne hiervon (z. B. Vergaserkraftstoff, Flugturbinenkraftstoff oder eben auch Dieselkraftstoff) ein bedeutend höherer Erlös erzielt wird als mit dem im Sumpf der Destillation anfallenden atmosphärischen Rückstand. Die Entwicklungstendenz der Ausbeute an „Hellen Produkten" aus dem importierten sowjetischen Erdöl konnte so z. B. von 1976 = 100 bis 1987 auf 106,1 % gesteigert werden.

Die Optimierung der Erzeugnisqualität unter variierenden Verbrauchsbedingungen hat sich bewährt.

Diese Einschätzung kann getroffen werden, da es in den letzten Jahren bei Anwendung dieser Mischungsoptimierung zu keinerlei Einschränkungen der Versorgungssicherheit beim Abnehmer kam. Gleichzeitig konnte eine Erhöhung der Warenproduktion zu Industrieabgabepreisen von mehreren Millionen Mark bei der Verarbeitung von 2 Millionen t/a Erdöl erreicht werden und damit eine absolute Erhöhung des gesellschaftlichenGesamtproduktes bei gleichem Produktionsverbrauch, was wiederum direkt auf die Erhöhung des Nationaleinkommens wirkt.

Mit der jährlichen Steigerung der Ausbeute an hellen Produkten (Dieselkraftstoff) zu Lasten des atmosphärischen Rückstandes (Heizöl) erfolgte eine höhere stoffwirtschaftliche Nutzung des eingesetzten Rohstoffes Erdöl.

Es wurden volkswirtschaftliche Veredlungsprinzipien zur Erhöhung der Effektivität der Produktion eingeführt und weiterhin durchgesetzt. Dabei muß eingeschätzt werden, daß es immer noch Reserven gibt, wenn z. B. untypische Wintertemperaturen nicht berücksichtigt werden und eine ausgesprochene Winterqualität des DK ausgeliefert wird. Damit wird Nationaleinkommen verschenkt, weil die durch erhöhten Aufwand erreichte Qualitätsstufe nicht erforderlich ist.

Die Lieferer-Empfänger-Beziehungen sind in den Industriezweigen unterschiedlich ausgeprägt und vor allem von einigen spezifischen Bedingungen abhängig. In chemischen Produktionsprozessen sind diese nicht immer im Gesamtplanungsprozeß (also vom Rohstoff bis zum Finalprodukt einschließlich aller TUL-Prozesse) erkennbar und berechenbar. Stockungen in der Gesamtkette vom Rohstoff bis zum Absatzprodukt führen z. B. zu Abweichungen vom Plan. Nichtbereitstellung geeigneten Transportraumes, Probleme in der Zuweisung von Produktabnehmern u. a. führen zur Unterbrechung des Produktionprozesses. Eine Unterbrechung der Produktion ist aber entsprechend dem Charakter einzelner Produktionsanlagen nicht immer möglich und mit auftretenden Risiken für die Anlage, aber immer mit erhöhten Kosten, also mit Effektivitätsverlust verbunden. Aus diesem Grund kommt der Beherrschung aller TUL-Prozesse eine immer größere Bedeutung zu. Es geht nicht nur um die Beherrschung, sondern vor allem um die Optimierung der Prozesse hinsichtlich des Kosten-Nutzen-Verhältnisses. Dabei ist zu berücksichtigen, daß der Kombinatsbetrieb Böhlen fast das gesamte Territorium der DDR beliefert. Bis etwa 1982 wurden die Transportkosten vom Kunden (also Minol/Deutsche Reichsbahn) getragen, erfolgte durch diese Abnehmer auch eine Transportkostenoptimierung. Ab 1983 trägt der Absender, also der Produzent, die Frachtkosten. Damit hat sich die Interessenlage verändert. Die Senkung des Transportaufwandes ist aber ein wichtiger Faktor bei der Verringerung des Produktionsverbrauchs.

Vom Ministerium für Verkehrswesen wird in diesem Zusammenhang eingeschätzt, daß in Umsetzung der Beschlüsse unserer Partei in den Jahren 1981 bis 1986 durch Rationalisierung und Optimierung der Kooperations-, Liefer- und Transportbeziehungen der spezifische Transportaufwand um über 23 % gesenkt und mehr als 10 Milliarden Tonnenkilometer mit einem Energieäquivalent von ca. 500 kt Dieselkraftstoff sowie rund 5 Milliarden Mark Produktionsverbrauch für Transport und Umschlag eingespart werden konnten. Bis 1990 ist eine spezifische Senkung des Transportaufwandes in der Volkswirtschaft um jährlich 3 bis 3,5 % vorgesehen.

Mit den bisherigen, traditionellen Formen der Optimierung der Transport- und Lieferbeziehungen lassen sich diese Zielstellungen nicht erreichen.

Die verstärkte Integration von Produktion und Transport ist ein grundlegender wissenschaftlich-technischer Prozeß der durchgängigen Rationalisierung und Modernisierung der volkswirtschaftlichen Gütertransportprozesse, damit der Gütertransportbedarf der Kombinate mit hoher Zuverlässigkeit bei ständig höherer Flexibilität mit weiter sinkendem spezifischen Produktionsverbrauch realisiert werden kann.

Im Ministerium für Verkehrswesen gibt es Vorstellungen der engen Verflechtung der Produktionsprozesse mit den vor- und nachgelagerten TUL-Prozessen durch den schrittweisen Aufbau integrierter rechnergestützter Produktions-/Transportketten. Ihre volkswirtschaftliche Bedeutung ist darauf gerichtet:

- Den Reproduktionsprozeß der Volkswirtschaft sowie der Kombinate zu beschleunigen;
- die Umlaufmittelbestände in den Bereichen der Volkswirtschaft entscheidend zu reduzieren;
- die Versorgung der Volkswirtschaft und der Bevölkerung mit wichtigen Rohstoffen, Zwischen- und Fertigprodukten stabil zu sichern und
- die Zuverlässigkeit des quantitativen und qualitativen Transportleistungsangebotes der öffentlichen Transportzweige zu erhöhen.

Erste Erfahrungen mit integrierten rechnergestützten Produktions-/ Transportketten zur Optimierung der Erzströme im Bandstahlkombinat „Herman Matern" liegen vor.

Auch für flüssige Treibstoffe sollen solche Ketten aufgebaut werden.

Karl-Heinz Strübing

Zur rechnergestützten sozialistischen Betriebswirtschaft in der Landwirtschaft der DDR

Wie in allen Bereichen der Volkswirtschaft wurde auch in der Landwirtschaft der Übergang zur umfassenden Intensivierung vollzogen und eine neue Qualität des ökonomischen Wachstums erreicht. Auf dem Feld der modernen Wissenschaft und der darauf beruhenden Schlüsseltechnologien fallen heute und zukünftig alle wesentlichen Entscheidungen über den ökonomischen und sozialen Fortschritt. Schritt für Schritt wandeln sich die Quellen und Wege der Steigerung der Arbeitsproduktivität. Stammte in den siebziger Jahren der Zuwachs an Produktivität fast ausschließlich aus eingesparter lebendiger Arbeit, so steht nunmehr die Senkung des Aufwandes sowohl an lebendiger als auch an vergegenständlichter Arbeit je Erzeugniseinheit auf der Tagesordnung. Weiterhin verändern sich die materiellen Grundlagen des Intensivierungsprozesses. Nachdem der größte Teil der „Reserve des ersten Zugriffes" erschlossen ist, tritt nun in den Vordergrund, den wissenschaftlich-technischen Fortschritt gepaart mit der Initiative der Genossenschaftsbauern und Arbeiter in reales und reproduzierbares Wirtschaftswachstum umzuwandeln. Die ersten Ergebnisse bei der Meisterung der Schlüsseltechnologien sind vielversprechend. Ihre Anwendung bringt revolutionäre Wandlungen in der Art und Weise des Wirtschaftens mit sich und ist an vielfältige naturwissenschaftliche, technische, technologische, ökonomische, soziale und politisch-ideologische Voraussetzungen gebunden.

Für die sozialistische Betriebswirtschaft in der Landwirtschaft stellt sich daher die Aufgabe, diesen komplizierten gesellschaftlichen Prozeß in den landwirtschaftlichen Produktionsgenossenschaften, volkseigenen Gütern und kooperativen Einrichtungen zu erforschen und aktiv zu gestalten. Ein neues Herangehen ist geboten. Prinzipien des Wirtschaftens, die sich seit Jahrzehnten bewährten, sind mit neuen Ideen zu bereichern.

Worauf gründet sich und was bewirkt die neue Qualität sozialistischer Betriebswirtschaft?

Erstens bildet sich mit der Anwendung der Schlüsseltechnologien, insbesondere der Mikroelektronik, ein neuer Techniktyp heraus. Er ist durch Informationsverarbeitung und Automatisierung, d.h. durch die Fähigkeit, nicht nur körperliche, sondern auch geistige Fähigkeiten des Menschen übernehmen zu können, charakterisiert. Er verändert die Stellung des Menschen im Produktionsprozeß. Der Mensch tritt aus dem unmittelbaren Prozeß heraus, wirkt mittels der neuen Technik auf diesen ein. Es wird damit erstmals möglich, den gesamten Reproduktionsprozeß durchgängig zu technisieren, angefangen bei der Automatisierung landtechnischer Arbeitsmittel über die rechnergestützte Produktionsvorbereitung und -durchführung bis hin zur Büroautomatisierung. Es entstehen neue, sich langfristig erweitert reproduzierende Produktions- und Effektivitätspotentiale.

Zweitens erwachsen aus den Errungenschaften der wissenschaftlich-technischen Revolution und dem erreichten Niveau der Produktionsverhältnisse neue Möglichkeiten, die Naturressourcen und -bedingungen besser zu nutzen. Wissenschaft und Praxis können tiefer in die Gesetze der lebenden Materie eindringen und die biologischen, chemischen und physikalischen Prozesse zunehmend steuern und regeln. In Verbindung mit der Biotechnologie werden besonders durch den Einsatz von Mikrorechnern, Sensoren und Aktoren neuartige technische und technologische Grundlagen geschaffen, um

- das Ertragspotential von Boden, Pflanzen und Nutztieren, aber zunehmend auch von Mikroorganismen zu vergrößern,
- den negativen Natureinflüssen auf Ertrag und Aufwand wirkungsvoll zu begegnen,
- das Ausmaß der notwendigen Eingriffe in den Naturhaushalt auf das ökologisch und ökonomisch vertretbare Maß zu reduzieren und
- die Stoffkreisläufe in der Landwirtschaft günstiger zu gestalten und die Verluste in der gesamten Nahrungsgüterkette zu minimieren.

Die rechnergestützte Boden- und Bestandsführung, die Produktionskontroll- und Produktionssteuerungssysteme in der Tierproduktion, die automatisierte Produktion in Gewächshäusern zeigen, wie Boden, Pflanzen und Tiere leistungssteigernd beeinflußt und der Aufwand ins rechte Verhältnis zum Ertrag gesetzt werden können.

Drittens entwickelt sich die Information selbst zu einem immer wichtigeren Faktor der Produktivkräfte. Je ausgefeilter gewirtschaftet wird, desto wichtiger ist es, schnell auf umfassendere Informationen zugreifen zu können. Heute zeigt sich allenthalben, daß jene sozialistischen Landwirtschaftsbetriebe, die am besten über die neuesten Erkenntnisse aus Wissenschaft und Technik, über die Erfahrungen der besten und den genauen Ablauf ihres Reproduktionsprozesses informiert sind, auch am erfolgreichsten wirtschaften. Die auf der Mikroelektronik beruhende Informationstechnik trägt dazu bei, den Gesamtprozeß der Erfassung, Verarbeitung, Speicherung und Übertragung von Informationen zu qualifizieren und zu beschleunigen. Von besonderem Gewicht ist, durch den prozeß- und arbeitsplatznahen Einsatz dieser Technik

- aktuelle Informationen zur Beherrschung der biologischen, chemischen, physikalischen, technischen,

technologischen, ökonomischen und sozialen Prozesse in einer besser organisierten und leichter handhabbaren Form zu gewinnen;
- Prozesse der aufgabenbezogenen Kommunikation zu beschleunigen und damit die Operativität der Leitungstätigkeit zu erhöhen;
- mehr und aussagefähigere Informationen zum Durchrechnen und Testen von Alternativen zu erhalten, um das Treffen von Entscheidungen über zukünftige Prozesse zu verbessern;
- den mit der Informationsgewinnung, -verarbeitung und -speicherung verbundenen gesellschaftlichen Aufwand zu reduzieren.

Moderne Information und Kommunikation werden es in zunehmendem Maße gestatten, den arbeitsteilig organisierten landwirtschaftlichen Reproduktionsprozeß im Detail – auf jedem Schlag und in jedem Stall – und über Betriebsgrenzen hinweg, immer besser zu beherrschen und mit den vor- und nachgelagerten Bereichen zu verbinden.

Viertens erfordert der weitere Leistungsanstieg auf fonds- und arbeitssparendem Wege, die Vorzüge, Werte und Triebkräfte der sozialistischen Produktionsverhältnisse umfassend zu erschließen. Für unsere Landwirtschaft ist charakteristisch, daß das genossenschaftlich-sozialistische Eigentum an den Produktionsmitteln überwiegt und auf lange Sicht noch große Entwicklungspotenzen in sich birgt. Mit der wachsenden Dynamik der Produktivkräfte Schritt zu halten ist deshalb unverzichtbar daran gebunden, die LPG und gemeinsam mit ihnen die VEG als Grundeinheiten der landwirtschaftlichen Produktion weiter zu festigen, ihre juristische Selbständigkeit und ökonomische Eigenverantwortung zu stärken, die soziale Aktivität der Klasse der Genossenschaftsbauern zu entfalten und ihre Bündnisbeziehungen zur führenden Arbeiterklasse zu entwickeln. Es sind vor allem die qualitativen Seiten der sozialistischen Produktionsverhältnisse, die den Spielraum für die Produktivkräfte erweitern. Von besonderem Gewicht ist, die Kooperation weiter zu vertiefen, Wissenschaft und Agrarproduktion enger zu verbinden, Initiative und Schöpfertum der Leiter und Kollektive allseitig zu fördern und die sozialistischen Persönlichkeitseigenschaften auszuprägen. All das kann nur erfolgreich verwirklicht werden, wenn die sozialistische Demokratie in ihrer Vielgestaltigkeit verwirklicht und ihre Wirksamkeit vor allem in der materiellen Produktion erhöht wird.

Aus all dem ergibt sich zum einen, daß die betriebswirtschaftliche Forschung
- ihre Innovationsfähigkeit erhöht. Sie hat Antwort auf die Frage zu geben, wie die LPG, VEG und kooperativen Einrichtungen im nächsten Jahrzehnt aus betriebswirtschaftlicher Sicht aussehen müßten, wie das Arbeitsvermögen, die Grund- und Umlaufmittel und die natürlichen Produktionsbedingungen in Übereinstimmung mit den volkswirtschaftlichen Anforderungen zu reproduzieren sind;
- ihr Wirkungsfeld auf den gesamten arbeitsteilig organisierten landwirtschaftlichen Reproduktionsprozeß ausdehnt und wissenschaftliches Rüstzeug für die weitere Ausgestaltung der horizontalen, vertikalen und agrarindustriellen Kooperation erarbeitet;
- ihre Integrationsfähigkeit vergrößert, indem die interdisziplinäre Zusammenarbeit mit den naturwissenschaftlichen, technischen und technologischen Disziplinen aber gleichermaßen mit den Politökonomen, den Agrarökonomen, Soziologen usw. ausgebaut wird;
- ihren instrumentalen Charakter ausgeprägt, d.h. leicht handhabbare Methoden, Instrumentarien und Richtwerte unter weitestgehender Nutzung der Mikroelektronik bereitstellt.

Neue Ansprüche ergeben sich ebenfalls an die Aus- und Weiterbildung, um die Leiter und Kollektive zu befähigen, den Kreislauf der intensiv erweiterten Reproduktion in allen Phasen zu beherrschen.

Weiterhin sind die Errungenschaften von Wissenschaft und Technik rasch und mit hohem ökonomischen Nutzen zu verwerten und die Arbeits- und Lebensbedingungen zu verbessern. Dabei sind die wechselseitigen Verflechtungen zur Gestaltung des Dorfes zu berücksichtigen.

Stabilität und Dynamik sind folglich zwei Seiten, die es stets im Auge zu behalten gilt. Dazu gehört, Bewährtes beizubehalten und Neues rasch anzuwenden.

Der Übergang zur rechnergestützten Betriebswirtschaft vollzieht sich gesetzmäßig. Im hohen Grade ist es die Mikroelektronik und die sich auf ihrer Grundlage entwickelnde moderne Rechentechnik, die in Verbindung mit dem qualitativen Wandel des technologischen Niveaus die betriebswirtschaftliche Arbeit grundlegend verändert. Ihr zentraler Platz im Prozeß der umfassenden Intensivierung ergibt sich daraus, daß sie die wichtigste technische Grundlage für die neue Qualität der Intensivierung ist und als profilbestimmendes Element in alle Bereiche des gesellschaftlichen Lebens eindringt. Ihre Anwendung in enger Wechselwirkung mit allen anderen Schlüsseltechnologien ist ein gesetzmäßiger Entwicklungsprozeß und führt zur Herausbildung einer rechnergestützten sozialistischen Betriebswirtschaft. Das geschieht natürlich über einen längeren Zeitraum, weil die Mikroelektronik nicht auf einmal, sondern in mehreren Etappen Einzug in die sozialistischen Landwirtschaftsbetriebe halten wird.

In der *ersten Etappe* werden Einzelmaschinen und ausgewählte Arbeitsplätze mit elektronischer Technik ausgestattet. Beispiele dafür sind Bordcomputer im Mähdrescher und in der Sä- und Drilltechnik, rechnergestützte Arbeitsplätze für Agronomen, Technologen, Zootechniker, Spezialisten der Futterwirtschaft sowie Ökonomen und Buchhalter.

Die *zweite Etappe* wird bereits von durchgängigen CAD/CAM-Lösungen charakterisiert, angefangen von der Automatisierung von Verfahren zur Durchführung landwirtschaftlicher Arbeitsprozesse, über die rechnergestützte Produktionsvorbereitung und -durchführung bis hin zur Abrechnung und Analyse. Hierzu gehören die Produktionskontroll- und Produktionssteuerungssysteme für die Milch- und Schweineproduktion, die automatisierte Produktion in Gewächshäusern, die rechnergestützte Lagerhaltung bei Kartoffeln, Obst und Gemüse. Es entstehen Schritt für Schritt eine neue informationstechnische Infrastruktur und mehrstufige Informationssysteme auf der Ebene der sozialistischen Landwirtschaftsbetriebe, der Kooperationen der LPG und

VEG, der Agrarindustrievereinigungen und der staats- und wirtschaftsleitenden Organe.

Für die *dritte Etappe* werden integrierte Lösungen auf der Grundlage von Datenbanken und der Kopplung von zentraler und dezentraler Rechentechnik bestimmend sein. Mikrorechner kommen aufeinander abgestimmt in der Haupt-, Hilfs- und Nebenproduktion sowie der Leitung und Verwaltung zum Einsatz. Durch die Verknüpfung der informationellen Systeme der einzelnen Zweige und Ebenen entsteht ein komplexes Informationssystem. Eine derartige Lösung wird gegenwärtig von uns für die LPG und VEG der Agrarindustrievereinigung Neustadt (Orla) im Bezirk Gera erarbeitet und erprobt.

Der Einfluß dieser einzelnen Etappen auf den arbeitsteilig organisierten landwirtschaftlichen Reproduktionsprozeß und die sozialistische Betriebswirtschaft ist differenziert. In den ersten beiden Etappen bleibt er auf die jeweiligen Teilbereiche beschränkt, in denen der Einsatz der neuen Technik erfolgt, und ist abhängig vom Anteil der automatisierten Prozesse am Gesamtprozeß. Das darf jedoch keineswegs dazu verleiten, einseitig Routineprozesse auf die Computer zu übertragen und alles andere beim alten zu lassen. Internationale Analysen beweisen, daß die Effektivität von Automatisierungslösungen nur zu etwa einem Viertel aus der neuen Technik und zu drei Vierteln aus betriebswirtschaftlichen Veränderungen resultiert.[1] Es ist deshalb ein Gebot wirtschaftlicher Vernunft,

- die Einsatzgebiete, die Hard-, Soft- und Orgware auf der Grundlage einer gründlichen Analyse (einschließlich Schwachstellenanalyse) des stofflichen, zeitlichen und wertmäßigen Verlaufes des Produktions- und Reproduktionsprozesses auszuwählen;
- die Automatisierungslösungen betriebswirtschaftlich zu beurteilen und in den arbeitsteilig organisierten landwirtschaftlichen Reproduktionsprozeß, d.h. im sozialistischen Landwirtschaftsbetrieb, auf der Ebene der Kooperation der LPG und VEG sowie der Agrarindustrievereinigung, einzuordnen;
- Arbeitsplätze, Arbeitsabläufe und -inhalte neu zu gestalten und die Qualifikationsstruktur damit in Übereinstimmung zu bringen;
- die Leistungsbewertung und das Leistungsprinzip auf die neuen Erfordernisse einzustellen;
- die Leitung, Planung, Abrechnung und Analyse wissenschaftlich zu durchdringen, sie flexibler und reaktionsfähiger zu machen und wesentlich zu rationalisieren;
- die Leiter und Kollektive rechtzeitig auf die neuen Aufgaben vorzubereiten.

Die dritte Etappe, die erst in den 90er Jahren zum Tragen kommen wird, stellt sehr hohe Anforderungen an die Vorleistungen der Industrie, den eigenen Rationalisierungsmittelbau und hauptsächlich an den wissenschaftlichen Vorlauf. Für die zu schaffende Beispiellösung wurde von Wissenschaft und Praxis ein langfristig angelegtes Gesamtkonzept ausgearbeitet, das Aussagen zur Hard-, Soft- und Orgwareentwicklung und -anwendung, den Rechnerverbund, aber auch zu den politisch-ideologischen, personellen, materiell-technischen und wirtschaftlich-organisatorischen Voraussetzungen enthält. Wie die Erfahrungen lehren, gilt es von Beginn an die erforderlichen Veränderungen in der betriebswirtschaftlichen Arbeit vorzusehen. Dazu ist es erforderlich,

- die Schwerpunkte und Ziele der rechnergestützten Arbeit aus den volkswirtschaftlichen Anforderungen an die Produktion und Effektivität, insbesondere aus der sich verändernden Struktur und Qualität des Bedarfes an landwirtschaftlichen Erzeugnissen, abzuleiten;
- die betriebswirtschaftlichen Grundsätze und Lösungen der LPG, VEG und kooperativen Einrichtungen im Rahmen des arbeitsteilig organisierten landwirtschaftlichen Reproduktionsprozesses abzustimmen und ihre einheitliche Wirkungsrichtung zu sichern;
- die Produktion und Arbeit unter Beachtung territorialer Gegebenheiten stärker erzeugnis- und prozeßbezogen zu organisieren, die materialwirtschaftlichen, Transport- und Umschlagsprozesse zu rationalisieren;
- die proportionale Entwicklung der Leistungsfähigkeit und Effektivität der Haupt-, Hilfs- und Nebenproduktionsbereiche sowie der Leitung und Verwaltung zu gewährleisten;
- die neuen Triebkräfte ökonomischen Wachstums durch die Entfaltung der sozialistischen Demokratie zu nutzen (z. B. neue Stufe der kollektiven Beratung, der individuellen und differenzierten Teilnahme am Entscheidungsprozeß und Förderung von Verantwortungsbewußtsein und Risikobereitschaft);
- die Reaktionszeiten im Leitungsprozeß zu verkürzen, Leitungsfunktionen und die Funktionsteilung im Leitungsprozeß zu prüfen und den Arbeitskollektiven mehr Spielraum für das Wirtschaften einzuräumen;
- die Arbeit mit Normen, Richtwerten und Bestwerten als Voraussetzung vor allem für die rechnergestützte Planung und Bilanzierung zu qualifizieren und die Hard- und Software paßfähig zu entwickeln;
- die betriebliche Rechnungsführung und Statistik wieder in die betriebswirtschaftliche Arbeit zu integrieren und stärker mit den Wertkategorien Preis, Kosten und Gewinn zu arbeiten, um vom „nachträglichen Feststellen" zum aktiven vorausschauenden Handeln zu kommen;
- die Leistungsbewertung und das Leistungsprinzip sowie die ökonomischen Regelungen weiterzuentwickeln;
- die sozialen Beziehungen zu vervollkommnen.

Kurzum: Die Mikroelektronik verändert nicht nur die Technik, sondern das gesamte technische, technologische, ökonomische und soziale Umfeld. Dieses Umfeld zu schaffen kostet mehr als der Aufwand für die elektronische Technik selbst.

In absehbarer Zeit werden traditionelle technologische Bedingungen neben modernen bestehen und die Differenziertheit innerhalb der materiell-technischen Basis und den Arbeitsbedingungen wird größer. Nicht zuletzt vollziehen sich qualitative Wandlungen in der Arbeiterklasse und der Klasse der Genossenschaftsbauern. Ein schrittweises und auf den jeweils erreichten Entwicklungsstand bezogenes Vorgehen ist demzufolge unumgänglich.

Die rechnergestützte betriebswirtschaftliche Arbeit erfordert landwirtschaftliche Anwendersoftware in hoher

Qualität. Der Umfang und die Qualität der verfügbaren landwirtschaftlichen Anwendersoftware entscheidet weitgehend über die Effektivität der informationsverarbeitenden Technik. Gegenwärtig gibt es mehr als 250 landwirtschaftliche Anwenderprogramme. Nahezu zwei Drittel davon wurden für die Unterstützung betriebswirtschaftlicher Tätigkeiten entwickelt. Unübersehbar ist jedoch, daß ein nicht geringer Teil dieser Programme als Insellösung entstand und kaum paßfähig ist. Es wird daher zu Recht die Forderung erhoben, grundsätzlich integrationsfähige landwirtschaftliche Anwendersoftware zu entwickeln. Dazu bedarf es einer intensiven Koordinierungsarbeit. Sie obliegt im Rahmen unseres Volkswirtschaftszweiges dem VEB Datenverarbeitung der Land-, Forst- und Nahrungsgüterwirtschaft Berlin und im Bereich der AdL der DDR dem Institut für Sozialistische Betriebswirtschaft Böhlitz-Ehrenberg.

Die Koordinierung beginnt bereits bei der Planung, der Pflichtenhefterarbeitung und setzt sich fort bis zur gemeinsamen Erprobung dieser Anwendersoftware in der Agrarindustrievereinigung Neustadt (Orla).

Dazu wurden Instrumentarien für die betriebswirtschaftliche Beurteilung und Einordnung der Anwendersoftware, Programmierkonventionen, Qualitätsmerkmale für landwirtschaftliche Anwendersoftware, einheitliches Schlüsselsystem der Landwirtschaft und Grundsätze für die Datenerfassung und -nutzung ausgearbeitet.

Geleitet vom Programm des Ministeriums für Land-, Forst- und Nahrungsgüterwirtschaft wurden und werden für folgende Gebiete Anwendersoftware geschaffen, wie:

1. Überwachung, Steuerung und Regelung von Prozessen der Pflanzenproduktion. Hier entstand ein Softwaregebiet mit den Bestandteilen
- Boden- und Bestandsführung auf dem Ackerland (COBB) und dem Grasland,
- Prozeßführung in der Obstproduktion,
- Überwachungs- und Prognosesystem Pflanzenschutz,
- Düngungsempfehlungen,
- Beregnungsempfehlungen,
- Pflanzenzüchtung.

2. Überwachung, Steuerung und Regelung von Prozessen der Tierproduktion. Hierzu gehören die Anwendersoftware für die Produktionskontroll- und Produktionssteuerungssysteme Milchproduktion, Jungrinderproduktion und Schweineproduktion für
- Einzeltierdokumentation,
- Tierbestandskontrolle und -rechnung,
- Reproduktionsüberwachung und -organisation,
- Leistungsgruppenbildung,
- Planung und Bilanzierung von Futterbedarf und -aufkommen,
- Rationsberechnung und Futtereinsatzplanung,
- Fütterungsprozeßsteuerung

und andere. Außerdem sind Programme zur Unterstützung der tierzüchterischen Arbeit in der Rinder-, Schweine- und Schafzucht hergestellt worden.

3. Überwachung, Steuerung und Regelung von Prozessen der Hilfs- und Nebenproduktion. Dafür erarbeitete bzw. in Entwicklung befindliche Lösungen umfassen
- Optimierung der Transportprozesse,
- Unterstützung der Instandhaltung (rechnergestützter Arbeitsplatz für den Technischen Leiter, technische Diagnose der Landtechnik),
- Lagerung bei Kartoffeln, Obst und Gemüse.

4. Rechnergestützte Informationssysteme für die LPG und VEG, die Agrarindustrievereinigungen.

5. Rechnergestützte Vorbereitung und Durchführung der Produktions- und Arbeitsprozesse in der Pflanzen- und Tierproduktion. Dieser Softwarekomplex umfaßt Lösungen für
- die Arbeitsvorbereitung in der Pflanzenproduktion,
- die Vorbereitung und Durchführung von Futterproduktion, -bereitstellung und -einsatz,
- die Organisation der Produktions- und Arbeitsprozesse in der Tierproduktion.

6. Rechnergestützte Planung, Abrechnung und Analyse. Erarbeitet wurden Programme für
- Entwicklungsplanung in den LPG, VEG und ihren Kooperationen,
- Jahresplanung,
- Rechnungsführung und Statistik (Grundmittelberechnung, Arbeitskräfterechnung, Abrechnung der Tierbestände, Materialrechnung, Leistungs- und Kostenrechnung, Finanzrechnung, Gesamtübersichten und -analysen).

Der Wert der bisher produzierten landwirtschaftlichen Anwendersoftware beträgt zur Zeit schon mehr als 150 Millionen Mark.

An zwei Beispielen soll deutlich gemacht werden, wie wir an die Erarbeitung rechnergestützter betriebswirtschaftlicher Lösungen herangegangen sind:

1. CAD/CAM-Arbeitsstation für die Arbeitsvorbereitung in der Pflanzenproduktion

Für den *Technologen der Pflanzenproduktion* wurden ineinandergreifende Programme sowohl für ESER-Rechner als auch Personal- und Bürocomputer erarbeitet. Die Grundlage bildet der Datenspeicher Pflanzenproduktion. Er ist ein numerischer Datenspeicher mit integriertem Methodenteil zur Anpassung gespeicherter Musterproduktionsverfahren an betriebliche Bedingungen (z. B. hinsichtlich der Termine der Arbeitsdurchführung, der eingesetzten Technik und des Materials, individueller Unterschiede im technologischen Prozeßablauf). Er enthält über 350000 Einzeldaten für 124 Produktions- und 17 Arbeitsverfahren sowie 315 Materialvarianten.

Die LPG und VEG können für ihre Produktions- und Arbeitsverfahren die entsprechenden Daten auswählen, auf Diskette übernehmen und dann die technologische Planung, die Kampagne- und Wochenplanung und -bilanzierung sowie die tägliche Arbeitsfortschrittskontrolle realisieren. So benötigt man beispielsweise für die Wochenarbeitsplanung und -bilanzierung nur noch 20 Minuten. Über eine spezielle Datei erfolgt eine Beratung hinsichtlich der Gestaltung des technologischen Ablaufs, der Durchführung von Einzel-, Gruppen- und Komplexarbeit, von Schichtarbeit und vieles andere mehr. Auf veränderte Bedingungen kann schnell reagiert werden und gegenüber bisherigen Methoden sinkt der Zeitaufwand für diese Arbeiten auf 30 %. Der Technologenarbeitsplatz ist ein wichtiges Bindeglied zur Boden und Bestandsführung und dient der Vorbereitung und Steuerung der Pflanzenproduktion.

2. Dezentraler Einsatz von Mikrorechnern für die Planung und Abrechnung

Auf diesem Gebiet wurde in den letzten Jahren eine Vielzahl von Programmen für Büro- bzw. Personalcomputer hergestellt. Im Gegensatz zu den Planungs- und Abrechnungsprogrammen für ESER-Anlagen, die nach dem Prinzip der Stapelverarbeitung arbeiten (zu einem festgelegten Termin werden bestimmte Daten für bestimmte Programme in einem Schub verarbeitet und in Form von Ausdrucklisten den Betrieben mit der Post zugestellt – Trennung des Anwenders von der Rechentechnik), sind die Programme für Mikrorechner auf den Dialogbetrieb ausgerichtet. Das ist von großem Vorteil für das Berechnen von Varianten, Optimierungen, Durchrechnen und Testen von Alternativen, Leistungsvergleiche u. v. a. m.

Die Mikrorechnerprogramme für die Abrechnung sind so gestaltet, daß vor Ort die Daten erfaßt, ausgewertet und nach Übergabe der maschinell lesbaren Datenträger an die WTZ/ORZ der Räte der Bezirke die Weiterverarbeitung der Daten dort erfolgt.

Besonderer Wert wird darauf gelegt, aufeinander abgestimmte Lösungen für die einzelnen Leistungsebenen, angefangen von den Brigaden über den Betrieb, die Kooperationsräte der LPG und VEG, die Agrarindustrievereinigungen, staatlichen und wirtschaftsleitenden Organen zu entwickeln. Die Programme für die Erfassung, Abrechnung finanzieller Kennzahlen im Betrieb (FINB) ermöglichen, die Tagfertigkeit der Rechnungsführung und Statistik herzustellen und zu jedem beliebigen Zeitpunkt Plan-Ist-Vergleiche für den Betrieb insgesamt, seine Brigaden und Abteilungen durchzuführen. Darauf aufbauend lassen sich dann mit dem Programm FINK automatisiert der „Plan der Kooperation" abrechnen und der Jahresabschluß der Kooperation der LPG und VEG aufstellen. Die FINA-Disketten werden an die AIV und an das ORZ weitergeleitet und ermöglichen die papierlose Berichterstattung.

Unsere Erfahrungen besagen, daß die Softwareproduktion ein komplexes Leitungsproblem ist, in interdisziplinären Kollektiven und in zunehmendem Maße durch „Nicht-Informatiker" zu erbringen ist und mit modernen und damit effektiven Mitteln und Methoden erfolgen muß. Die Computerkommunikation eröffnet neue Möglichkeiten. Der Einsatz von Mikrorechnern und deren Vermögen, in immer größerem Umfange Informationen zu speichern, führt zum Anwachsen des Informationsbestands. Mit der zunehmenden Dezentralisierung müssen deshalb gleichzeitig Möglichkeiten für die Kommunikation zwischen den Computern geschaffen werden. Das ist einerseits wichtig, damit die dezentral eingesetzten Rechner nach einer übergeordneten Strategie arbeiten können. Andererseits sind erst dadurch die an verschiedenen Orten befindlichen Informationsstände untereinander erreichbar.

Von großem Wert ist die Kopplung von Prozeßrechnern mit Betriebsrechnern, um die einmal gewonnenen Daten aktuell und multivalent ohne zusätzlichen manuellen Aufwand verwenden zu können. Die Grundlage dafür bietet ein modulares Steuersystem. Es besteht bei den *stationären Prozessen* aus dem intelligenten Prozeßmodul (Meßwert – Vorverarbeitung), der Vor-Ort-Steuerung (Prozeßdatenerfassung und -auswertung) und der Leitsteuerung (Prozeßsteuerung und -regelung).

Diese Systeme stehen über drei Bussysteme mit dem Prozeß und untereinander in Verbindung, nämlich dem digitalen Feldbus, dem prozeßnahen lokalen Netz und dem Robustbus. Bei *mobilen Prozessen* umfaßt das modulare Steuersystem eine oder mehrere Leiterkarten, die funktionell getrennte Aufgaben erfüllen können, mehrere Prozeßcomputer (Steuerungs- und Regelungsfunktion) und Zentralcomputer mit einem universellen Prozessor zur Kommunikation mit dem Bediener mit verschiedenen Sensoren und Aktoren. Die Übernahme betriebswirtschaftlich relevanter Daten erfolgt entweder über die Leitsteuerung, den Kommunikationsprozessor bzw. den Zentralcomputer. Außerdem werden Lösungen für lokale Netze für folgende Ebenen erarbeitet:

- Betrieb und Kooperationsräte
  Personalcomputer, Bürocomputer und Medienzugriffseinheiten/Medienkoppler (Transceiver) und Betriebsrechner EPC 1834, A 7150 oder andere 16-Bit-Rechner als Server;
- Agrarindustrievereinigung
  Personalcomputer, Bürocomputer mit Zugriffseinheiten/Medienkoppler (Transceiver) auf Ebene der AIV und robotron K 1630 bzw. später K 1800 als Vor-, Vermittlungs- oder Knotenrechner.

Natürlich gibt es auch andere Varianten, aber die Verbindung aller rechnergestützten Arbeitsplätze untereinander hat sich genauso als unzweckmäßig erwiesen wie die Kopplung dieser Arbeitsplatzrechner mit Großrechnern. Nicht zuletzt bedarf es hard- und softwareseitiger Lösungen für die Kopplung von Betriebsrechnern mit Rechnern auf der Ebene der AIV und in den ORZ der WTZ bei den Räten der Bezirke, um über die verteilte Datenverarbeitung sowohl die Vorzüge der dezentral als auch der zentral eingesetzten Rechner zu nutzen.

Diese Kopplung ermöglicht Daten und Informationen abzurufen, Betriebsdaten zur weiteren Verarbeitung direkt ins Rechenzentrum zu übertragen, Betriebsvergleiche, Informationen auszutauschen und Dialogprogramme zu nutzen. In der näheren Zukunft wird der Austausch der Daten in Form von Disketten, Kassetten, Magnetbändern vorherrschen. Die Datenfernübertragung über Wählverbindungen bzw. Standleitungen ist an entsprechende Vorleistungen der Deutschen Post gebunden.

Gegenwärtig gibt es bei der Realisierung der aufgezeigten Lösungen noch Probleme sowohl technischer Art als auch hinsichtlich Inkompatibilität und fehlender Betriebssystemunterstützung für die erforderlichen Verbindungen.

Je mehr geistige Funktionen durch Software auf die Technik übertragen und je umfangreicher diese Technik zur Anwendung kommt, desto besser werden die Möglichkeiten, das wissenschaftlich-technische Potential zu vergrößern, Routinearbeiten einzuschränken und Zeit für schöpferische Arbeit freizusetzen. Die Menschen mit ihrer Initiative und Schöpferkraft, ihrer Qualifikation und Erfahrung bleiben jedoch, gepaart mit dem wissenschaftlich-technischen Fortschritt, die unversiegbare Quelle des Wirtschaftswachstums. Es ist demzufolge von großem Gewicht, sie rechtzeitig auf die Meisterung der Schlüsseltechnologien vorzubereiten, sie aktiv daran teilnehmen zu lassen.

Nach unseren Untersuchungen ist die Bereitschaft der Leiter und Kollektive zur Anwendung der Schlüsseltechnologien weitaus größer als die derzeitigen Möglichkeiten. Diese Bereitschaft erlischt jedoch wieder, wenn es nicht gelingt, sie durch zielgerichtete politisch-ideologische und wirtschaftlich-organisatorische Arbeit ständig aufs Neue zu beleben und zu fördern. Größerer Wert sollte beispielsweise darauf gelegt werden, die vorhandenen Mikrorechner zielstrebig und von mehreren Bedienern zu nutzen. An diese Rechner gehören zuallererst die Genossenschaftsbauern und Arbeiter. Sie müssen tagtäglich spüren und erfahren, daß die moderne Technik ihnen hilft, mehr, besser und billiger zu produzieren und die Arbeits- und Lebensbedingungen zu verbessern. Mit anderen Worten ausgedrückt: Mangelnde Effektivität dieser Rechner läßt das Interesse der Leiter und Kollektive für die Schlüsseltechnologie schnell erlahmen.

Im Leben bewährt hat sich ebenfalls, daß Qualifizierung allein keineswegs ausreicht, es geht stets um die persönliche Identifizierung mit dieser Technik. Die bisherigen Ergebnisse belegen außerdem, daß beim Einsatz der Mikroelektronik der Anteil der geistig-schöpferischen Arbeit und die persönliche Verantwortung zunimmt und die Arbeiten sich vereinfachen, die Bindung an die Technologie größer wird und in einigen Fällen die Monotonie ansteigt. Diese Tendenzen sind bei der Vorbereitung und beim Einsatz der Mikrorechentechnik zu beachten.

Zusammenfassend ist festzustellen: Die Dynamik der Produktivkraftentwicklung und das erreichte Niveau der sozialistischen Produktionsverhältnisse erfordern eine neue Art des Wirtschaftens. Es entsteht eine Kette von Wirkungen, auf die die sozialistische Betriebswirtschaft weitblickend und flexibel reagieren muß. Erfolgreich ist man überall dort, wo Wissenschaft und Praxis Hand in Hand arbeiten, die interdisziplinäre Zusammenarbeit gedeiht und die Vorbereitung, Durchführung und Realisierung der Produktion auf moderner mathematischer und rechentechnischer Grundlage sowie mit den Mitteln der sozialistischen Ökonomie geleitet, geplant, stimuliert, organisiert, abgerechnet und analysiert werden.

Anmerkungen

1 H. Koziolek, Betriebswirtschaft im System unserer sozialistischen Planwirtschaft, in: Einheit 12/1987, S. 1085.

Ursula Gabler/Hans Schmigalla

Zur Kooperation zwischen rechnergestützter Betriebsprojektierung und rechnergestützter Kombinats- und Betriebsplanung

Ingenieure und Ökonomen hatten von jeher das Bedürfnis, sich von der „Knechtschaft des Rechnens" zu befreien, um ein Wort zu verwenden, das Leibnitz vor 300 Jahren geprägt hat. Die anfängliche Zentralisation der Rechentechnik brachte eine Trennung der Ingenieure und Ökonomen vom Rechner sowohl räumlich als auch hinsichtlich der Prozesse mit sich. Die Schlüsseltechnologie Mikroelektronik eröffnet nun die Möglichkeit, Ingenieure und Ökonomen auf neue Weise mit dem Computer zusammenzuführen. Wesentliche Merkmale dieser Entwicklung sind Dezentralisierung und Interaktivität. Es wird eine durchgängige Effektivität der Vorbereitung und Durchführung des Produktionsprozesses möglich, wie sie in der ökonomischen Strategie unseres Landes verankert ist.

Das Einsatzfeld heutiger CAD/CAM-Stationen liegt im wesentlichen in der konstruktiven, technologischen und organisatorischen Vorbereitung sowie in der Steuerung der Produktion. Die heutigen CAD/CAM-Lösungen sind also vorwiegend auf die unmittelbare Vorbereitung und Herstellung der einzelnen Erzeugnisse gerichtet. Wenn aber bekannt ist, daß über die Effektivität eines Produktionsprozesses hauptsächlich in den frühen Entwicklungs- und Entwurfsphasen entschieden wird, macht das deutlich, um wieviel mehr der interaktive Rechnereinsatz am Arbeitsplatz der damit befaßten Ingenieure und Ökonomen erforderlich ist. Hierin sehen wir eine Aufgabe der von Koziolek geforderten Nutzung der qualitativ neuen Möglichkeiten der Rechentechnik.[1]

Folgende wesentliche Aufgaben sind in diesen frühen Phasen der Produktionsvorbereitung zu lösen:

- Gestaltung von Produktionsprogrammen entsprechend den volkswirtschaftlichen Erfordernissen,
- Bestimmung von effektiven Produktionsprozessen,
- Dimensionierung, Strukturierung und Gestaltung integrierter, flexibler und automatisierter Produktionsstatten.

Diese Entscheidungen haben strategischen Charakter, weil durch sie über eine längere Zeit das Niveau der Produktion fixiert ist. Sie betreffen ganzheitlich eine Produktionsstätte als System: Es geht nicht um ein einzelnes Erzeugnis, sondern um ein Produktionsprogramm; nicht ein einzelner Prozeß, sondern ein Gesamtprozeß ist zu entwerfen und schließlich richten sich die Aussagen nicht auf eine einzelne Ausrüstung, sondern auf ein Anlagensystem.

Diese Aufgabe verlangt unzweifelhaft das interdisziplinäre Zusammenwirken von Ingenieuren und Ökonomen. Hinsichtlich der rechnergestützten Informationsverarbeitung bedeutet das Datenaustausch. Disziplinär betriebene CAD-Stationen bringen in diesem Prozeß nur Teileffekte, wenn der Datentransfer nicht rationell organisiert ist. Der arbeitsteilige Prozeß verlangt die Vernetzung oder das interdisziplinäre Betreiben rechnergestützter Arbeitsplätze.

Das Vermitteln entsprechender Kenntnisse, die Herausbildung von Fähigkeiten zur Zusammenarbeit am Rechner sowie vor allem das Entwickeln einer interdisziplinären Denkungsart muß bereits im Studium beginnen. An der Friedrich-Schiller-Universität Jena gibt es eine enge Zusammenarbeit zwischen dem CAD-Komplex Fertigungsstättenprojektierung an der Sektion Technologie und dem rechnergestützten Ökonomischen Labor an der Sektion Wirtschaftswissenschaften. Sie schließt Dialogarbeit am jeweils „anderen" Rechner in Ausbildung und Forschung ein. Es wird angestrebt, die Zusammenarbeit im Zuge der Neugestaltung der Ingenieur- und Ökonomenausbildung weiterzuentwickeln.

Voraussetzung für eine ertragreiche interdisziplinäre Arbeit ist das Einbringen disziplinärer Ergebnisse. Wie sind Stand und Tendenzen der rechnergestützten Betriebsprojektierung zu beurteilen?

1. Die Haupttendenz läßt sich mit folgender Formel angeben: „Rechnerintegrierte Fertigungen sind rechnergestützt zu projektieren!" Damit wird deutlich, daß es keineswegs nur um die Entwicklung des Methodenarsenals in konkreter Form der Software geht, sondern daß in gleichem Maße Forschungs- und Entwicklungsarbeit bezüglich der Objekte der Projektierung, d.h. der Produktionsstätten, zu leisten ist. Was international mit dem Akronym CIM (Computer Integrated Manufacturing) bezeichnet wird, stellt wesentlich höhere Anforderungen an das inhaltliche Niveau und die Bewältigung eines um Größenordnungen wachsenden Arbeitsumfanges der Projektierung. Kurz gesagt, das höhere Produktionsniveau muß projektiert werden.

Der hohe Projektierungsaufwand resultiert z.B. bei flexiblen bedienarmen Fertigungsabschnitten im Maschinenbau aus

- der Vielfalt möglicher und dem technologischen Projekt zugrunde zu legenden Sortiments- und Produktionsplanvarianten;
- der sich aus den Sortiments- und Produktionsplanvarianten ergebenden großen Anzahl konstruktiv und technologisch unterschiedlicher Einzelteilpositionen (in einem mittleren Maschinenbaubetrieb 8000 bis 12000 Zeichnungsteile);
- den zahlreichen Verfahren und Lösungen für
  - die technologische Prozeßgestaltung für die Einzelteile,
  - die Transport-, Umschlag- und Lagerprozesse für Werkstücke sowie Vorrichtungen, Prüfmittel und Werkzeuge,
  - die Fertigungssteuerung,
  - die Prozesse der Ver- und Entsorgung usw.;
- der komplizierten Struktur der Produktionssysteme,

die darin zum Ausdruck kommt, daß sie mehrartig und mehrstellig ist und die Anzahl der stofflichen, energetischen und informationellen Relationen allein in einem Fertigungsabschnitt Größenordnungen von 10^6 bis 10^8 Relationen annehmen kann, die untersucht, quantifiziert, optimiert und in eine konkrete technisch-organisatorische Lösung gebracht werden müssen;

- den sehr unterschiedlichen räumlichen und Umfeldbedingungen und
- den Anforderungen nach höchster Projektqualität als Grundlage hoher ökonomischer Effekte.

In abgestimmter interdisziplinärer und interstruktureller Zusammenarbeit zwischen Forschungseinrichtungen, wie dem Forschungszentrum für Werkzeugmaschinen Karl-Marx-Stadt, den Technischen Universitäten Karl-Marx-Stadt, Magdeburg und Dresden, der Friedrich-Schiller-Universität und über 60 Betrieben wurden seit Beginn der achtziger Jahre eine Reihe rechnergestützter Lösungen zur technologisch-organisatorischen Projektierung flexibler automatisierter Fertigungsabschnitte entwickelt, erprobt und eingesetzt.[2]

Diese Systeme befinden sich derzeit in Weiterentwicklung im Hinblick auf die komplexen Anforderungen von CIM. Es vollzieht sich der Übergang zu kombinierten Dialog-Batch-Systemen auf modernen leistungsfähigen Arbeitsplatzrechnern, die auch den graphischen Entwurf möglich machen.

2. Als Schlüsselproblem für den konzeptionellen Ansatz zur Weiterentwicklung der rechnergestützten Betriebsprojektierung und -planung erweisen sich die Daten.

Das Datenproblem im Stadium der Projektierung ist durch folgende Merkmale gekennzeichnet:

- Allgemein gilt: Bevor Informationen verarbeitet werden können, müssen sie gewonnen werden. Speziell gilt: Die Informationsgewinnung macht bis zu einem Drittel des Projektierungszeitaufwandes aus. Sie ist durch ein außerordentlich breites Feld an Informationen (z. B. über Produktionsprogramm, Technologie, Standort, Ausrüstungen) und Quellen (z. B. Perspektivpläne, Literatur, Forschungs- und Entwicklungsberichte, Dokumentationen, Karten, Pläne, Kataloge) gekennzeichnet. Die wenigsten Quellendokumente liegen als maschinenlesbare Daten vor.
  Durch Wiedergewinnung bereits gespeicherter Daten sind die notwendigen Ergebnisse nicht zu erzielen. Vielfach müssen durch Primäraufnahmen (z. B. Luftbildvermessungen, Bodenproben, Prozeßstudien, Multimomentaufnahmen, Spezialgutachten) die erforderlichen Daten neu erarbeitet werden.
- Allgemein gilt: Die Datenqualität bestimmt die Projektqualität. Und weiterhin: Über die Projektqualität wird vor allem in frühen Stadien der Projektierung entschieden. In frühen Phasen der Projektierung herrscht aber oft Datenmangel und die erreichbaren Daten sind häufig „unscharf", sie sind mit Wahrscheinlichkeiten oder Schwankungsbereichen behaftet.
  Das Schlüsselproblem der rechnergestützten Betriebsprojektierung und Betriebsplanung besteht somit im rationellen Aufbau und in der Pflege der Datenbasis sowie Verarbeitungsalgorithmen, die dem teils „unscharfen" Charakter der Daten angepaßt sind. Auch daraus wird deutlich, wie wichtig das interdisziplinäre Zusammenwirken von Ingenieuren und Ökonomen ist.

3. Erfahrungen bestätigen, daß die Arbeit an rechnergestützten Projektierungssystemen immer stärker in typische Entwicklungslinien einmünden muß.

Als Klassifizierungsmerkmal wird der Datenfonds angesehen. Danach könnten unterschieden werden:

- Systeme der Eigenprojektierung mit Datengewinnung speziell für jedes Einzelvorhaben;
- Systeme der Eigenprojektierung mit rechnergespeicherter aktueller Bestandsdatenführung für alle Betriebsstätten und -anlagen eines Kombinates oder Betriebes;
- Systeme der Angebotsprojektierung, in denen eigene Datenfonds über die im Produktionssortiment enthaltenen Anlagen mit Datenfonds kombiniert sind, die der Auftraggeber bestellt.

Es gehört zu den Aufgaben der konzeptionell arbeitenden Ingenieure und Ökonomen im Kombinat, rechtzeitig herauszuarbeiten, welche neuen Produktionssortimente mit der gegenwärtig verfügbaren materiell-technischen Basis herzustellen sind und für welche Sortimente Grenzen der technologischen und ökonomischen Reproduzierbarkeit erreicht werden. Für letzteres ist zu unterscheiden, ob über Wege der Rekonstruktion und Modernisierung eine bedarfsgerechte und ökonomisch effektive Produktion organisiert oder nur durch Neubau und völlig erneuerte Ausrüstungen gesichert werden kann. Diese Entscheidung hängt sowohl von der Verfügbarkeit der materiellen und finanziellen Ressourcen im entsprechenden Planzeitraum als auch vom Technologieniveau ab, das mit der Erneuerung angestrebt wird.

Die Erzeugnis- und Technologiebewertung erfordert geordnete Datenbestände und benutzerfreundliche Informationssysteme, die möglichst am rechnergestützten Arbeitsplatz zugänglich sind.[3]

Zur Vorbereitung von Investitionsentscheidungen unter den Bedingungen der umfassenden Anwendung der Eigenerwirtschaftung der finanziellen Mittel eignen sich Simulationsmodelle, an denen auch an der FSU in Jena gearbeitet wird. Erste Ergebnisse verdeutlichen folgende Zusammenhänge:

1. Der hohe FE- und Investitionsaufwand bei verkürzter Produktionsdauer der Produktions- und Absatzsortimente erfordert eine so strukturierte materiell-technische Basis, daß innerhalb der normativen Nutzungsdauer der Anlagen die Produktionssortimente mehrfach nacheinander erneuert und effektiv produziert und effektiv produziert werden können.

Das ist ein Anspruch an die Flexibilität der materiell-technischen Basis. Grundfondsökonomische Entscheidungen sind schon heute nicht mehr vertretbar, wenn sie diese Flexibiliät nicht mit ins Entscheidungskalkül einbeziehen. Mit dem Übergang zu höheren Niveaustufen der Automatisierung wird eine höhere Flexibilität zur mehrfachen Erneuerung der Produktionssortimente angestrebt und gleichzeitig ein Lösungskonzept für tendenzielle Sortimentserweiterung, d. h. zur ökonomischen Herstellung breiter werdender Sortimente, verwirklicht.

Neue Technologien werden benötigt.

17/6443

– um neue Parameter oder Gebrauchseigenschaften überhaupt in neuen Erzeugnissen zu reproduzieren und
– um die neuen oder auch bereits produzierten Erzeugnisse mit Einsparungs- und Freisetzungseffekten, also mit sinkenden Selbstkosten je Gebrauchswerteinheit herstellen zu können.

2. Mit Hilfe der Simulation ist es möglich, den existierenden Entscheidungsspielraum für das notwendige Maß der Erneuerung und den Zeitpunkt der Aktivierung und Inbetriebnahme von Investitionen sichtbar zu machen. Wenn es sich um neue Erzeugnisse handelt, die zum Zeitpunkt der geplanten Produktion (Erstserie) internationale Neuheiten sind, dann darf der Zeitpunkt der Markteinführung nicht hinausgezögert werden, da das sinkende Exporterlöse und erhöhten Konkurrenzdruck zur Folge hat. Für diese Projekte sind die Verfügbarkeit der materiellen Ressourcen und finanziellen Mittel mit hoher Sicherheit zu garantieren. Für Maßnahmen zur Sicherung von Modernisierungs- oder Rationalisierungseffekten bestehen Entscheidungsspielräume und demzufolge Alternativen zum Fondseinsatz, zur Parallelität und zur Reihenfolge der Aktivitäten. Bei stark verflochtenen Reproduktionsprozessen ist darüber hinaus zu beachten, daß neue Investitionen nur dann die Durchlaufzeiten und damit die Lieferzeiten der Erzeugnisse verkürzen, wenn sie auf dem kritischen Weg liegen. Zeitsenkungen, die in Teilprozessen außerhalb liegen, werden nicht als Zeitverkürzungen wirksam.

3. Die komplexe Beherrschung des Erneuerungsprozesses ist mit einer Neuermittlung des Informationsbedarfs verknüpft. Da das neue Erzeugnis mit der veränderten oder neuen Technologie immer stärker von der modernisierten materiell-technischen Basis abhängt, sind die Denk- und Planungsmodelle aber auch die Entscheidungspraktiken vor allem auf Erneuerungszyklen zu orientieren und nicht vordergründig auf lineare Prozeßabläufe. Das bekannte Instrumentarium der Nutzensrechnung kann z. B. um solche Aussagen bereichert werden, wie:
– Verlängerung der normativen Rückflußdauer einer Investition, wenn mit den Ausrüstungen zwei oder drei Erzeugnisgenerationen innerhalb der normativen Nutzungsdauer der Anlagen hergestellt werden;
– Sicherung der Mindeststückzahlen über eine aktive Marktarbeit, wenn sich die Anlagen nur zur Herstellung einer Erzeugnisgeneration eignen.

In den Verantwortungsbereichen der Betriebe (Technik, Grundfondsreproduktion, Absatz, Produktion, Planung, Forschung und Entwicklung u. a.) wurden in den letzten Jahren Datenbanken geschaffen. Je enger die Kollektive zusammennarbeiten, um so dringlicher wird die Notwendigkeit und der Wunsch, über einheitliche Datenbestände zu verfügen. Die rechnergestützte Planung und Betriebsprojektierung forciert diese Entwicklung. Das Interesse an gemeinsam zu speisenden und zu wartenden Datenbeständen wächst in den Kollektiven, wenn benötigte Daten schnell verfügbar sind und den persönlichen Arbeits- und Entscheidungsprozeß qualifizieren. Aktuelle Datenbestände motivieren und fördern die Leistungsbereitschaft, wenn sie unmittelbare Entscheidungshilfen darstellen.

Der Planungsdialog zwischen Betrieb–Kombinat–Ministerium wird durch den Investitionplaner-Arbeitsplatz unterstützt und beschleunigt. Zur engeren Verbindung von Kombinatsplanung und MAK-Bilanzierung werden rechnergestützte Planungslösungen im Kombinat so weiterentwickelt, daß übergebene Bilanzanteile in die Material- und Investitionsplanung eingehen.

Damit erfolgt eine bedarfsgerechte und effektive Produktionsplanung entsprechend den Bilanzentscheidungen zum Aufkommen volkswirtschaftlich wichtiger Erzeugnisse. Gleichzeitig werden Bilanzentscheidungen zur Inlandverwendung und für den Export durch die Absatzplanung eingehalten.

Anmerkungen

[1] Vgl. H. Koziolek, Betriebswirtschaft im System unserer sozialistischen Planwirtschaft, in: Einheit 12/1987 S. 1077 bis 1086.

[2] Vgl. H. Schmigalla, Rechnergestütztes Projektieren – Betriebsgestaltung im Dialog. VEB Verlag Technik, Berlin 1986.

[3] Vgl. K. Gabler, K.-H. Hoppe, J. Abicht, Produktions- und Absatzprogramm – bedarfsgerecht und effektiv. Verlag Die Wirtschaft, Berlin 1988.

Jürgen Krüger

Rechnergestützte innerbetriebliche wirtschaftliche Rechnungsführung im VEB Düngemittelwerk Rostock

Der kapazitätsbestimmende Abschnitt des Betriebes ist eine Salpetersäureanlage. Diese Anlage wird als komplexer Prozeß einschließlich Zwischenlager, Rückkühlung usw. von einem Schichtkollektiv von 8 Kollegen aus einer zentralen Meßwarte mit Bildschirmarbeitsplätzen gesteuert. Die Werktätigen dieses Arbeitskollektives beeinflussen in hohem Maße die Auslastung der Kapazität der Salpetersäureanlage.

Mit ihrer Leistungsfähigkeit und Leistungsbereitschaft entscheiden sie damit auch über die Kapazitätsausnutzung der vom Zwischenprodukt Salpetersäure abhängigen Folgestufen. Unsere Untersuchungsergebnisse zum konkreten Einfluß des Schichtkollektivs auf das ökonomische Ergebnis haben bestätigt, daß mit der Automatisierung die Bedeutung des subjektiven Faktors in der Betriebswirtschaft quantitativ und qualitativ wächst. An die an automatisierten Anlagen arbeitenden Kollektive müssen hohe und vielschichtige Anforderungen gestellt werden. Neben einem hohen technischen Wissen müssen sie auch Kenntnisse über die ökonomischen Bedingungen der Anlagen des Betriebes verfügen. Notwendig sind Informationen über die verbrauchten Materialien, Zwischenprodukte und Leistungen, über Abschreibungen, Gemeinkosten und sonstige Kosten, über die erzeugten Produkte bzw. Leistungen. Wichtig sind auch Informationen über die Abhängigkeit des individuellen Einkommens vom ökonomischen Gesamtergebnis.

Ausgehend von diesen Überlegungen wurde bei der Gestaltung der innerbetrieblichen wirtschaftlichen Rechnungsführung im VEB Düngemittelwerk das Ziel verfolgt, einen ökonomischen begründeten Handlungs- und Entscheidungsrahmen für die Kollektive zu schaffen, der sowohl das ökonomische Verantwortungsbewußtsein der Werktätigen erhöht als auch die Grundlage für die Leistungsbewertung und Stimulierung im Betrieb bildet.

Die Besonderheiten der technologischen Prozesse wurden in den betrieblichen Festlegungen berücksichtigt.

Die Kostenstellen wurden so abgegrenzt, daß in der Regel nur eine Leistung (Zwischenprodukt, Energie, Hilfsleistung, Endprodukt) festgelegt wurde, die gleichzeitig ein innerbetrieblicher Kostenträger ist. Zwischen ihnen wird eine komplette Verrechnung der innerbetrieblichen Leistungen durchgeführt.

Die Bewertung erfolgt nach
- den direkt zurechenbaren Kosten,
- den verbrauchten innerbetrieblichen Leistungen zu Verrechnungspreisen,
- den indirekt verrechneten Kosten und
- dem Gewinn entsprechend den gesetzlichen Kalkulationsvorschriften.

Damit können in den Kostenstellen Gewinn und Nettoproduktion ermittelt werden, die im Rahmen des Betriebes auch aggregierbar sind. Monatlich wird für jede Kostenstelle ein Plan-Ist-Vergleich vorgenommen, der eine komplette Gewinnanalyse über alle Aufwands- und Erlöspositionen ermöglicht.

Die Verwirklichung einer solchen Form der innerbetrieblichen wirtschaftlichen Rechnungsführung ist nur mit Hilfe moderner Rechentechnik möglich. Im Betrieb werden dafür ein Kleinrechner (KR 1630) sowie Bürocomputer (BC 5120) eingesetzt.

Auf dem Kleinrechner werden die komplexe Leistungsplanung und -rechnung sowie Kostenplanung und -rechnung einschließlich Datenübertragung abgearbeitet. Auf dem BC werden an den Arbeitsplätzen Projekte für Ausgangsdaten oder zur Verarbeitung von Ergebnissen der zentralen Projekte erfaßt. Weitere BC-Projekte sind:
- Die Produktionsplanoptimierung des Betriebes,
- die Kalkulation der Verrechnungspreise,
- die mengenmäßige innerbetriebliche Verflechtungsplanung und
- die Analyse der Materialverbrauchsnormen.

Durch eine entsprechende Verknüpfung zentraler und dezentraler Projekte ist es gegenwärtig mittels der Rechentechnik möglich, bei einer kurzfristigen Änderung des Erzeugnisprogramms des Betriebes innerhalb eines Tages einen neuen innerbetrieblichen Leistungs- und Kostenplan zu berechnen.

Abschließend möchte ich noch auf drei Probleme aufmerksam machen:

1. Derartige Formen der innerbetrieblichen wirtschaftlichen Rechnungsführung sind nur dann effektiv, wenn sie inhaltlich wirklich bewußt von den Werktätigen aufgenommen werden. Das erfordert eine wirksame Stimulierung auf der Basis der erreichten ökonomischen Ergebnisse. Gegenwärtig arbeiten wir in der Vertragsforschung an solchen Lösungen. Dafür bieten sich die leistungsabhängigen Lohn- und Gehaltsbestandteile sowie die Jahresendprämie an.

2. Die rechnergestützten Lösungen zwingen zur exakten Normenbasis, zum genauen Messen, Erfassen und Bewerten von Leistungen. Sie tragen damit auch zu einer genaueren Kostenzuordnung bei. Mit ihrer Hilfe kann ein alle Planentscheidungen beinhaltender Leistungs- und Kostenplan erarbeitet werden.

3. Jede Automatisierungslösung benötigt und erzeugt maschinenlesbare Prozeßdaten und zwar als Vorgabe- oder Normdaten und als Ist-Daten. Die Prozeßdaten können und müssen für die ökonomische Planung und Abrechnung zukünftig direkt genutzt werden. Prozeß- bzw. Primärdaten sollten nicht direkt für die Stimulierung, sondern zunächst für die ökonomische Abrechnung, den Plan-Ist-Vergleich, genutzt werden.

Die Stimulierung sollte dann auf der Grundlage der exakten monatlichen Gesamtrechnung des Betriebes erfolgen.

Andreas Lobbes/Thomas Heinig

Rechnergestützte gleitende Materialplanung – eine Voraussetzung für höhere Flexibilität in der Materialversorgung und zwischenbetrieblichen Kooperation

Die umfassende Anwendung der Schlüsseltechnologien für die Durchsetzung der intensiv erweiterten Reproduktion stellt ein Kernstück der ökonomischen Strategie der SED mit Blick auf das Jahr 2000 dar. Der Einsatz moderner Rechentechnik zur Rationalisierung und Beschleunigung der Informations-, Leistungs- und Planungsprozesse in der Volkswirtschaft spielt dabei eine bedeutende Rolle. Den sich daraus ergebenden Problemen und Aufgaben muß sich die Sozialistische Betriebswirtschaft intensiv widmen.

Höhere Erneuerungsraten der Produktion, rechnergestützte Produktionsvorbereitung und komplexe Automatisierung der Produktionsdurchführung erfordern auch neue Lösungen bei der Materialversorgung der Kombinate und ihrer Betriebe. Eine Möglichkeit zur Erhöhung der Reaktionsfähigkeit und Effektivität bietet die Verwirklichung der rechnergestützten gleitenden Materialplanung im kurzfristigen Planzeitraum in Form eines BC-Disponentenarbeitsplatzes. In der Phase der Vorbereitung muß der analytischen Tätigkeit ein besonderer Stellenwert eingeräumt werden, um mit Hilfe retrospektiver Betrachtungen prospektive Aussagen für die weitere Gestaltung der Versorgungsprozesse ableiten zu können.

Bisherige Untersuchungen lassen erkennen, daß auch bei kurzfristigen Forderungen und Kundenwünschen die Bereitstellung des Materials an die verbrauchenden Abteilungen gewährleistet werden kann, wenn im iterativen Prozeß der Planung, Bilanzierung, Vertragsvorbereitung und -realisierung folgende Bedingungen erfüllt werden können:

- *Quantitativ:* Übereinstimmung des Materials mit den verfügbaren Materialfonds;
- *qualitativ:* Übereinstimmung der geforderten mit den liefer- bzw. beschaffbaren Sortimenten, Strukturen, Gebrauchseigenschaften und Qualitätsparametern des Materials;
- *zeitlich:* Übereinstimmung der von der Materialversorgung geforderten Reaktionszeit mit der für die Beschaffung und Bereitstellung des Materials benötigten oder produktions- bzw. absatzwirksamen Reaktionszeit.

Mit Hilfe einer Analyseschrittfolge zur Beurteilung der Reaktionsfähigkeit der Materialversorgung, die nach allgemeingültigen inhaltlichen und zeitlichen Arbeitsschritten festgelegt ist, wird vor allem die permanente Beurteilung und Bewertung der Erfüllung der aufgezeigten Bedingungen erreicht. In ihrem Mittelpunkt steht die Untersuchung der spezifischen Reproduktionsbedingungen für die Leitung, Planung und Organisation der materialversorgungsseitigen Kooperation (einerseits für die Versorgungsbedingungen und andererseits für die Verbrauchsbedingungen).

Dabei nimmt die Reaktionszeit, ausgehend von der Bedeutung des Gesetzes der Ökonomie der Zeit als ein Maß der Reaktionsfähigkeit, einen bedeutenden Rang ein, was sich materialversorgangsseitig in Bestell-, Liefer- und Spezifizierungsfristen widerspiegelt. Die Schrittfolge ist anwendbar für Materialarten, die vor allem folgende Auswahlkriterien erfüllen:

- Maßgeblicher Einfluß auf die Reaktionsfähigkeit der Materialversorgung und den Erzeugniserneuerungsprozeß;
- beseitigen von Störungen im Reproduktionsprozeß;
- hoher Grad der Operativität in der Beschaffung sowie
- häufiger Einsatz von Substituten.

Diese Schrittfolge kann in sechs Analysekomplexe gegliedert dargestellt werden.[1] Diese sind nach Auswahl der zu untersuchenden Materialart entsprechend den folgenden vorgegebenen Kriterien:

- Analysekomplex 1: Analyse des Einsatz- und Verwendungszwecks;
- Analysekomplex 2: Versorgungsbedingungen – vorhandene Reaktionsfähigkeit (quantitativ, qualitativ, zeitlich);
- Analysekomplex 3: Verbrauchsbedingungen – geforderte Reaktionsfähigkeit (quantitativ, qualitativ, zeitlich);
- Analysekomplex 4: Vergleich von geforderter und vorhandener Reaktionsfähigkeit;
- Analysekomplex 5: Erfassen der Art und des Umfangs der Widersprüche und Restriktionen – Systematisierung der Bestellsituation;
- Analysekomplex 6: Bestimmung des Lösungsspektrums.

Für diese Analyseschritte sind unter Beachtung der betriebs- und zweigspezifischen Reproduktionsbedingungen Modifikationen und materialartenkonkret partielle Vertiefungen bzw. auch weitere Verzweigungen vorzunehmen. Bei den Untersuchungen wurde als eine wesentliche Möglichkeit zur Lösung der mit dieser Analyseschrittfolge erkannten und systematisierten Widersprüche die Anwendung der Methode der gleitenden Planung bei der kurzfristigen Materialplanung/Materialdisposition in Verbindung mit der Vertragsspezifizierung herausgearbeitet. Grundlage dafür sind entsprechende Vereinbarungen mit dem Kooperationspartner über Toleranzen, Detaillierungsstufen und Spezifizierungsfristen.

Die gleitende Planung wird als eine iterative Planungsmethode mit wiederholter Anwendung gleicher Verfahren zur Präzisierung und Detaillierung der Planungsergebnisse (Pläne) aufgefaßt, bei der der Planzeitraum größer als das Planungs- bzw. Berechnungsintervall (bestimmt vom Planungsrhythmus) gewählt wird und die Länge von Plan- und Vorgriffszeitraum konstant bleibt, z. B. der Planzeitraum ein halbes Jahr und der Planungsrhythmus einmal pro Quartal. Dadurch wird ein fließender, gleitender Übergang zwischen den Planabschnitten bei gleichzeitiger Erhöhung von Detailliertheit und Sicherheit der Plangrößen erreicht.

Die sogenannte rechnergestützte gleitende Materialplanung im kurzfristigen Planzeitraum umfaßt die Anwendung der Methode der gleitenden Planung und weiterer, damit in Zusammenhang stehender Methoden (z. B. Bilanzierung, Berechnungsmethoden) sowie eine entsprechende Organisationslösung für die kurzfristige Materialplanung/Disposition bei Nutzung moderner Rechentechnik.[2]

Das Ziel besteht in der Rationalisierung der materialwirtschaftlichen Prozesse, insbesondere eine Zeitverkürzung und Aufwandssenkung für die Materialdisposition, durch die Schaffung und effektive Nutzung eines rechnergestützten Informationssystems. Das muß selbstverständlich Teil des betrieblichen CIM-Konzepten sein. Eine langfristige konzeptionelle Arbeit zum Einsatz der Rechentechnik ist daher unerläßlich.

Eine rationelle Form der Verwirklichung der rechnergestützten gleitenden Materialplanung im kurzfristigen Planzeitraum stellt das EDV-Projekt „BC-Disponentenarbeitsplatz" dar. Vor allem gilt das für eine bestmögliche Unterstützung des Disponenten bei der Erfüllung seiner Arbeitsaufgaben und einer durchgängigen Rationalisierung mit Hilfe der Rechentechnik durch:

- Stufenweisen Ausbau der Basislösung,
- Bereitstellung spezieller Informationen für bestimmte Dispositionsaufgaben bei ausgewählten Materialarten (auch aperiodisch),
- Anwendung der Dialogverarbeitung und Integration der kurzfristigen Planung in den Dispositionsprozeß.

Die Projektstruktur des BC-Disponentenarbeitsplatzes besteht aus sieben Datenverarbeitungsteilkomplexen (DVTK), die schrittweise verwirklicht werden können und als Gesamtkonzept aufeinander abgestimmt sind. In der Anmerkung 2 Seite 85–90, Anlage 18 ist die Projektstruktur des BC-Disponentenarbeitsplatzes dargestellt und beschrieben.

Das Gesamtkonzept umfaßt:

- DVTK 1: Datenverwaltungs- bzw. Datenbanksystem für Büro-, Personal- bzw. Arbeitsplatzcomputer
  - · Neuaufbau,
  - · Ändern, Einfügen, Erweitern, Löschen,
  - · Anzeigen/Drucken,
  - · Recherchen

  (zum Beispiel dBASE bzw. REDABAS/SCP);
- DVTK 2: Bereitstellungsplanung – Stapelverarbeitung
  - · Übernahme des Bereitstellungsbedarfs (einzelne Bedarfsmenge pro Fertigungsauftrag/Zusammenfassung zu Mengen pro Periode) vom Stapelprojekt ESER,
  - · Errechnung des Bereitstellungsbedarfs;
- DVTK 3: Bereitstellungsplanung – Dialogverarbeitung
  - · Errechnung des Bereitstellungsbedarfs,
  - · Ändern des Bereitstellungsbedarfs (einschließlich Ersatzmaterialfestlegung);
- DVTK 4: Bestellplanung – Stapelverarbeitung
  - · Aktualisierung der Bestände (periodisch),
  - · Errechnung der Bestellmengen (Bestellkonzept);
- DVTK 5: Bestellplanung – Dialogverarbeitung
  - · Aktualisierung der Bestände (aperiodisch),
  - · Überrechnung der Bestellmengen/Variantenrechnung,
  - · Bestellung/Vertragsausfertigung
    - a) Quartalsbestellung (Mengen pro Dessin und Quartal),
    - b) Bestellmengen (Mengen pro Dessin, Farbe und Monat);
- DVTK 6: Zusammenfassungen, Analysen, Statistik für den Disponenten
  - · Summierung nach vorgegebenen Kriterien/Restriktionsprüfung,
  - · Analysen,
  - · Statistik;
- DVTK 7: Kontrollen
  - · Vertragsabschluß- und Bestellkontrolle,
  - · Bestands- und Lieferkontrolle,
  - · Bereitstellungskontrolle.

Die DVTK 1, 3 und 5 sind im Gesamtkonzept die wichtigsten Projektteile, da sie zur Erfüllung der meisten Aufgaben beitragen. Die DVTK 2 und 4 sind notwendig, damit zwischen periodisch anfallender und aperiodisch, kurzfristiger bzw. operativ auftretender Informationsverarbeitung mit Büro-, Personal- bzw. Arbeitsplatzcomputer getrennt werden kann. Dadurch sollen die Sitzungszeiten des Disponenten bei Dialogverarbeitung auf ein notwendiges Maß reduziert werden. Der Integration und Verbindung mit anderen Datenverarbeitungsprojekten, Arbeitsaufgaben des Disponenten sowie der Erhöhung von Aussagefähigkeit und Anschaulichkeit dienen vor allem die DVTK 6 und 7.

Für die effektive Nutzung dieses umfangreichen EDV-Projektes zur Verbesserung der kurzfristigen Materialplanung/Materialdisposition, insbesondere zur Vertragsspezifizierung und der Arbeit mit den Beständen (gezielte Bildung und Einsatz disponibler Materialvorräte) durch den Disponenten, ist die Bereitstellung von aktuellen Informationen von ausschlaggebender Bedeutung. Den Informationsbeziehungen zwischen den Abteilungen Absatz, Produktion und Materialwirtschaft sowie zum Lager und den Kooperationspartnern ist deshalb besondere Aufmerksamkeit zu schenken (Festlegung z. B. in einem Informationskatalog).

Bestandteil der Fixierung der Informationsbeziehungen ist die Bestimmung der Zeithorizonte und Planungszeitpunkte der gleitenden Planung. Gleichzeitig sind diese zeitlichen Parameter entscheidend für die Form der gleitenden Planung und der zu erfüllenden Zielstellung unter Beachtung der eingesetzten Rechentechnik.[3]

Bei der rechnergestützten gleitenden Materialplanung im kurzfristigen Planzeitraum können drei grundsätzliche Formen unterschieden werden.[4]

Die erste Form (Variante I) entspricht mit einem Planzeitraum von sechs Monaten und einem Planungsrhythmus von einmal pro Quartal dem alleinigen Einsatz von zentraler Rechentechnik. Er bedingt als Organisationsform die Stapelverarbeitung. Damit haben aber die verantwortlichen Mitarbeiter und Leiter der Fachabteilung Materialwirtschaft keinen direkten Einfluß auf die Abarbeitung der Datenverarbeitungsaufgabe. Außerdem stehen die Ergebnisse nur mit relativ großer Zeitverzögerung, meist in Drucklistenform, zur Verfügung. Deshalb genügt die Stapelverarbeitung oft nicht den Anforderungen einer reaktionsfähigen Leitung in der Praxis, besonders wenn kurzfristige Entscheidungen notwendig sind. Daher wurde bei der Konzipierung der rechnergestützten, gleitenden Materialplanung vom Einsatz dezentraler Rechentechnik (BC bzw. PC, arbeitsplatzbezogene Terminals, die mit dem Großrechner gekoppelt sind) und Dialogverarbeitung ausgegangen. Damit können die über Rechner erarbeiteten Ergebnisse unmittelbar für den Dispositionsprozeß genutzt werden. Eine periodische und/oder aperiodische Aktualisierung in kurzen Zeitabständen (kleiner/gleich einem Monat) sowie eine Rationalisierung des gesamten Dispositionsprozesses sind dadurch möglich. Dabei sollte aber keine einseitige Konzentration auf operative Aufgaben nach der zweiten Form (entspricht Variante II) erfolgen, sondern der Planzeitraum auch eine ausreichende Vorschau (dritte Form bzw. Variante III) gewähren. Für den Zeithorizont der gleitenden Planung (Planzeitraum plus Vorgriffszeitraum) und die Anzahl der Aktualisierungen sind die auf den einzelnen Märkten (Marktgruppen) erreichbaren Vertragsvorlaufzeiträume bestimmend.

Mit dem BC-Disponentenarbeitsplatz wird die Bilanzierung als Hauptmethode der Planung auf der Ebene des Disponenten rechnergestützt durchgesetzt. Dadurch können die Bilanzarbeit flexibler und kontinuierlicher gestaltet sowie „operative" Bilanzen verstärkt als Leitungsinstrument genutzt werden. Dabei kommt der Sicherung von Möglichkeiten zur schrittweisen Vertragsdetaillierung und zur Arbeit mit Toleranzen und Bilanzreserven bzw. disponiblen Beständen eine zunehmende Bedeutung zu. Der Disponent soll einen ständigen Überblick über vorhandene und einsetzbare materielle Fonds sowie über den Abschluß und die Erfüllung der Wirtschaftsverträge bei seiner Materialart erhalten.

Abschließend muß festgestellt werden, daß die rechnergestützte gleitende Materialplanung im kurzfristigen Planzeitraum nicht isoliert betrachtet werden darf. Sie muß in ein Konzept zur Schaffung eines betrieblichen rechnergestützten Leitungs- und Informationssystems eingebunden sein.

Diese hier aufgezeigten Forschungsergebnisse und Lösungsrichtungen werden deshalb für die Qualifizierung der Materialversorgung in den nächsten Jahren weiter an Bedeutung gewinnen.

Anmerkungen

1 Vgl. Th. Heinig: Zum Einfluß der Materialversorgung auf die Reaktionsfähigkeit der Kombinate und deren Betriebe gegenüber der Bedarfsdynamik, Dissertation A, Technische Universität Karl-Marx-Stadt, 1987, S. 41.

2 Vgl. A. Lobbes: Rechnergestützte gleitende Materialplanung für Materialarten mit wechselndem Sortiment in der Textilindustrie, Dissertation A, Technische Universität Karl-Marx-Stadt, 1987, S. 3.

3 Rouscik/Steinert, Kooperation zwischen Betrieben und Kombinaten, Verlag Die Wirtschaft, Berlin 1981, S. 30ff., 72ff., 78ff., 84ff.
I. Lange, Leitungsorganisatorische Gestaltung der Informationsbeziehungen ... zur Einführung der rechnergestützten gleitenden Materialplanung, Diplomarbeit, Technische Hochschule Karl-Marx-Stadt, 1985.

4 Vgl. A. Lobbes, Rechnergestützte gleitende Materialplanung..., a. a. O., S. 64 bis 67, Anlage 15.

Ina-Beate Groß

Territoriale Versorgungslösungen – Grundlage einer effektiven Materialbereitstellung in der Bauwirtschaft

1. Vorbemerkungen

Die in der Direktive des XI. Parteitages der SED für die konsequente Weiterführung des Wohnungsbauprogramms geforderte Komplexität der zeitgerechten Fertigstellung der Wohnungen und Gemeinschaftseinrichtungen, der Erreichung des günstigsten Verhältnisses zwischen Aufwand und sozialer Wirksamkeit und der Nutzung des Vorhandenen stellt hohe Ansprüche an die Gestaltung und Organisation der Bauwirtschaft.[1]

Eine wichtige Voraussetzung zur Realisierung der ökonomischen Zielstellungen bezüglich der Verkürzung der Bauzeiten und der Sicherung einer hohen Materialökonomie ist eine den neuen Anforderungen entsprechende Gestaltung der Materialversorgungsprozesse.

Im Vordergrund stehen dabei insbesondere:

- Eine engere Verbindung der Versorgungsprozesse mit der Vorbereitung und Durchführung der Bauprozesse, da der Widerspruch zwischen dem theoretischen Stand und den instrumentellen Möglichkeiten der Bauablaufplanung und -steuerung einerseits und der Qualität der Materialbereitstellung andererseits immer deutlicher zutage tritt,
  und
- die Schaffung einer verbraucherorientierten Versorgungslösung, deren Ablauf- und Aufbauorganisation ein flexibles Reagieren auf sich ändernde Reproduktionsbedingungen bei optimalen Beständen gewährleistet.

Die Überwindung des scheinbaren Widerspruchs zwischen Sicherung der Kontinuität des Reproduktionsprozesses und Gewährleistung einer hohen Material- und Bestandsökonomie verlangt völlig neue Systemlösungen und entsprechend neue Denkweisen, deren Realisierbarkeit unabdingbar an den Einsatz und die Nutzung der modernen Informationstechnik, vom arbeitsplatzstützenden Computer bis zum Aufbau leistungsfähiger Rechnernetze, gebunden sind.

2. Ausgangsbedingungen der Bauwirtschaft

In der Bauwirtschaft erhält der Versorgungsprozeß eine außerordentlich große Bedeutung. Im Produktionsprozeß beträgt der Materialanteil ca. 50% der Kosten der Bauproduktion, beim komplexen Wohnungsbau 67%. Analog sind die Werte der Transport-, Umschlag- und Lagerkosten zu den Materialkosten. Hinzu kommt, daß der Produktionsprozeß im Baubetrieb eine Reihe von Besonderheiten aufweist, die zu zweigtypischen Wirkungsbedingungen für die Materialversorgung führen. Da die Produktionsstätte territorial identisch ist mit der Konsumtionsstätte des Finalprodukts, erfordert die Einrichtung jeder neuen Baustelle den Aufbau einer neuen objektspezifischen Organisationsbasis für die Versorgungsprozesse. Mit der territorialen Standortverteilung der Baustellen ist zwangsläufig eine funktional abhängige Dezentralisierung der Materiallager verbunden. Das führt zu einem niedrigen Nutzeffekt des effektiv vorhandenen gesellschaftlichen Arbeitsvermögens im Versorgungsprozeß.

Diese Wirkungsbedingungen sind zweigtypische Erscheinungen im Materialfluß der Bauwirtschaft, der dadurch

- eine komplizierte Struktur besitzt und
- unzuverlässige Verhaltensweisen zeigt.

Die in diesem Prozeß herangereiften Probleme können nur über die Anwendung logistischer Lösungsansätze beherrscht werden. Im Zusammenhang mit den zu lösenden Versorgungsaufgaben in der Bauwirtschaft wäre die Logistik zu definieren als das Bestreben, die richtigen Mengen, Arten und Sortimente der Systemressource „Material" im richtigen Zustand, zum richtigen Zeitpunkt, am richtigen Ort bereitzustellen. Der „richtige" Zustand ist ausschließlich durch die Produktions- bzw. Verbrauchsbedingungen bestimmt. Das trägt der aktuellen Forderung nach verbrauchergerechter Versorgung Rechnung.

Der Aufbau einer zentralen Organisationseinheit Logistik stellt hohe Anforderungen sowohl an die Organisation des Informations-, Entscheidungs- und Versorgungssystems als auch an die gerätetechnische Ausstattung zur Erfassung und Verarbeitung der umfangreichen Datenmengen und zur Gewährleistung der notwendigen Reaktionsfähigkeit. Im Mittelpunkt der Organisationseinheit steht das Steuerungssystem als Schnittstelle zwischen Informations- und Versorgungssystem. In seiner Einheit von Ablauforganisation und Ablauftechnologie[2] bestehen seine Steuerungsaufgaben in erster Linie in der

- Bedarfsermittlung unter Berücksichtigung von Durchlaufzeiten, Umlaufmittelbindungen, Verhinderung von Fehlmengen;
- Beseitigung von Störungen, Fehlern, Schwachstellen;
- Kontrolle der Einheit von Auftrag bzw. Abforderung, Verfügbarkeit und Bereitstellung[3];
- Überprüfung der Bestände, der Umschlagshäufigkeiten, der operativen Lieferbereitschaft;
- Festlegung von Lagerorten nach Verbrauchshäufigkeit[4];
- Materialzuweisung.

Die Qualität der gewählten Organisationslösung ist dadurch bestimmt, wie gut sie unvermeidliche Änderungen, Schwankungen, Störungen und veränderte Vorgaben zu verarbeiten und zu kompensieren vermag. Ausgehend von dieser grundlegenden theoretischen Konzeption für Versorgungslösungen zeichnen sich gegenwärtig in der Bauwirtschaft in Abhängigkeit von der Struktur der Bauaufgaben zwei Haupttendenzen ab:

- Die bautechnologische Versorgung von Kombinaten und Betrieben durch eigene Versorgungskomplexe;
- die Schaffung territorialer Versorgungslösungen durch eine territorial organisierte Versorgungseinrichtung.

3. *Zentrale Versorgungskomplexe in den Baukombinaten*

Für den industrialisierten komplexen Wohnungsbau liegen im wesentlichen technologisch-organisatorische Lösungen des Problems mit der Bildung zentraler Versorgungskomplexe in Kombinaten theoretisch und in Ansätzen praktisch vor.[5] Die vorhandenen Lösungen sind durchaus analog auf große Objekte des Industriebaus anwendbar. Mit diesem Logistikkonzept wird sowohl eine Zentralisierung der Materialdisposition als auch des Materials selbst erreicht. Der Nutzen dieser Variante für den Betrieb und über die Realisierung seines Finalprodukts für die Volkswirtschaft ist unbestreitbar, ebenso die Tatsache, daß zum gegenwärtigen Zeitpunkt kein praktisches Beispiel für eine bessere Lösung existiert.

Hinsichtlich der volkswirtschaftlichen Effekte dieser Lösungen über einen längeren Zeitraum ist folgendes zu bedenken:

- Die einzelnen Betriebe bauen Direktbeziehungen mit der Baustoff- und Zulieferindustrie auf. Aufwandserhöhungen im Versorgungsprozeß werden in Kauf genommen und Spezialisierungs-, Konzentrations- und Intensivierungseffekte für die Volkswirtschaft aus der Funktion des Produktionsmittelhandels Baumaterialien werden nicht genutzt.
- Die anteilmäßig notwendig mehr eingesetzte lebendige Arbeit im Versorgungsprozeß des Baubetriebes geht der Steigerung der Effektivität im Fertigungsprozeß verloren.
- Die Effizienz dieser Versorgungslösung ist bestimmt durch
  - die Transportentfernungen zwischen zentralem Versorgungskomplex und Baustelle und
  - die Seriengröße oder Objektgröße, die entscheidend das Verhältnis von Aufwand im Lagerhaltungs- und Vorfertigungsprozeß einerseits und Ergebnissen im Fertigungsprozeß andererseits beeinflußt. Daraus resultieren Probleme hinsichtlich der Rentabilität dieser Einrichtung im Hinblick auf die sich ändernde Struktur der Bauaufgaben.
- Es entstehen parallele Versorgungskomplexe zur Realisierung materialwirtschaftlicher Beziehungen zwischen Produktion und produktiver Konsumtion mit analogen Aufgabenbereichen im jeweiligen Territorium.
- Die Existenz paralleler Versorgungskomplexe im Territorium führt zur Erhöhung der Bestände an Material mit geringer Disponibilität und nichtoptimaler Nutzung der vorhandenen Umschlags- und Transportkapazitäten.

4. *Territorial organisierte Versorgungslösungen*

Der Übergang vom serienmäßigen industriellen Wohnungsbau an der Peripherie der Städte zum innerstädtischen Bauen bringt durch

- gestalterische Anpassung an die vorhandene Bebauung und das dadurch erweiterte Erzeugnissortiment (z.B. Mischbauweisen, Rekonstruktion, Funktionsbereichsmodernisierungen usw.);
- begrenzte Flächen für Baustelleneinrichtungen, Lager und Zwischenlager;
- Einzel- und Kleinserienfertigung im Neubau, neben Rekonstruktionen und Modernisierungen an und in Altbauten;
- Einschränkungen im Schichtregime auf Grund angrenzender Wohnbereiche und
- veränderte Technologien im Bauprozeß

andersgeartete, erhöhte Anforderungen an den Prozeß der Versorgung mit Baumaterialien mit sich.

Die Erhöhung der Stochastik des Materialbedarfs, die notwendige Erhöhung der Disponibilität der Vorräte und neue Versorgungstechnologien erfordern eine hohe Flexibilität in der Materialversorgung. Des weiteren muß im Sinne der Durchsetzung einer hohen Territorialökonomie eine Abstimmung der Versorgungssysteme im Falle der Aktion verschiedener bauausführender Struktureinheiten am Standort erfolgen. Die Zielfunktion ist nur erreichbar durch eine komplexe, aufeinander abgestimmte Organisation der inneren und äußeren Transportkette einschließlich aller darin erforderlichen informationellen Beziehungen. Die vorhandene materialwirtschaftliche Substanz eines Versorgungsterritoriums ist gegenwärtig durch folgende Merkmale gekennzeichnet, die es zu überwinden gilt:

- Historisch entstandene, unterschiedlichste Versorgungsformen und materiell-technische sowie organisatorische Voraussetzungen in den einzelnen Produktionsbetrieben und im Baustoffhandel;
- verschieden organisierter Materialfluß;
- Unterschiede im Planungs- und Abrechnungssystem;
- Abweichungen in der Anwendung der Artikelbezeichnung der Materialpositionen;
- Unterschiede in den vorhandenen EDV-Projekten der Materialrechnung;
- vorwiegend operative Beschaffung und unexakte Materialbedarfsermittlung.

Voraussetzung zur Realisierung der eingangs formulierten Zielfunktion wird somit die Vervollkommnung der Leitungs- und Planungstätigkeit der am Versorgungsprozeß beteiligten Partner. In Abhängigkeit von der konkreten Versorgungsaufgabe und den vorhandenen Bedingungen werden verschiedene Varianten territorialer Versorgungslösungen parallel existieren, die sich wie folgt unterscheiden:

- Zentralisierung des Versorgungsprozesses nach ausgewählten Schwerpunktmaterialien mit dem Ziel der Bestandssenkung im Versorgungsterritorium und der Rationalisierung der äußeren Transportkette. Diese Variante ist rein materialartenorientiert, bezieht alle Verbraucher des Territoriums, auch über den Bereich des Bauwesens hinaus, ein. Sie erfüllt nur bedingt die eingangs formulierten Anforderungen der verbrauchergerechten Bereitstellung des Materials, da sie die informationelle und stoffliche Seite der inneren Transportkette unberücksichtigt läßt.
- Zentralisierung nach Versorgungsaufgaben bzw. -bereichen mit dem Ziel einer bauablaufgerechten Bereitstellung des Materials bei minimalen Beständen und Rationalisierung der inneren und äußeren Transportkette.

Die Schaffung dieser komplexen, territorial organisierten Lösungen ist ein iterativer Prozeß. Der erste Schritt muß die Zentralisierung der Materialdisposition sein. Die Möglichkeiten zur Zentralisierung der Materialdisposition bleiben gegenwärtig auf Betriebs- bzw. Kombinatsgrenzen beschränkt, da Maßnahmen der Materialdisposition in engem Zusammenhang mit der wirtschaftlichen Rechnungsführung der Betriebe betrachtet werden müssen. Da der gesamte Baubedarf jedoch territorial bedingt ist, liegt es nahe, eine Zentralisierung auf der Basis von Versorgungsterritorien aufzubauen. Grundsätzlich wäre es möglich, zunächst territorial orientierte Dispositionsorgane aufzubauen, die im Sinne von Dispatchersystemen eine überbetriebliche Zusammenarbeit bei der Materialbereitstellung ermöglichen. Eine solche Einrichtung hätte stets einen Überblick über den Dispositionsstand aller Baubetriebe im Territorium, um im Bedarfsfall eine wechselseitige Kooperation zwischen den Betrieben zu initiieren.

Als Einrichtung, die diese Aufgabe realisieren kann, erscheinen die Betriebe des VEB Kombinat Baustoffversorgung prädestiniert, da sie

- territorial organisiert sind,
- bereits umfangreiche Beschaffungs- und Bereitstellungsaufgaben im Territorium lösen,
- es dort am ehesten möglich scheint, das gesamte Sortiment zu zentralisieren.

Die Übernahme der komplexen Versorgung durch den Baustoffhandel setzt Veränderungen in den Entscheidungsbefugnissen, der Stimulierung zu einer objektkonkreten Versorgung durch Integration von Produktions- und Versorgungsprozeß sowie die Schaffung der entsprechenden instrumentellen Basis voraus. Die aktuellen Trends in der Entwicklung und Bereitstellung von Dialog-Bedientechnik ermöglichen es erstmalig, eine solche komplexe Aufgabe mit derartigen Datenmengen in Angriff zu nehmen.

Ein zweiter Schritt wäre die Schaffung von integrierten territorialen Versorgungskomplexen, die eine komplette Versorgung des Territoriums mit allen Materialien übernehmen, die durch Lieferanten bezogen werden. Die lieferseitigen Kooperationsbeziehungen würden dann sinnvollerweise zentralisiert von dieser Einrichtung für alle Baubetriebe gestaltet werden. Mit diesem Schritt wird eine totale informationelle Zentralisierung der Versorgung erreicht, die bereits entscheidende ökonomische Effekte der Zentralisierung der Vorrats- und Lagerhaltung realisiert, wie Vergrößerung des Versorgungsbereiches und damit verbundene höhere Disponibilität der Vorräte bei durchschnittlich sinkenden Beständen, Erhöhung der Reaktionsfähigkeit im Beschaffungs- und Bereitstellungsprozeß, Transportoptimierungen. Mit dieser informationellen Lösung stellt sich gleichzeitig die Frage nach der Schaffung von Versorgungskomplexen analog denen der bautechnologischen Versorgung der Kombinate, also der stofflich-gegenständlichen Zentralisierung und der mit ihr verbundenen ökonomischen Effekte.

Der internationale Trend geht immer mehr zu kleinen zentralen oder dezentralen, informationsmäßig „hochproduktiven Lagern" nahe den Verbrauchsprozessen. Das würde der vorhandenen materiell-technischen Versorgungsbasis, die mit den Lagern der Baubetriebe des Territoriums und des Baustoffhandels gegeben sind, entsprechen. Voraussetzung ist eine ständige Auskunftsbereitschaft der Lagerverwaltungs- bzw. Steuerungssysteme, d.h. Aufbau eines hierarchisch gegliederten Hardware-Software-Verbundes für den gesamten Versorgungsbereich. Der datenmäßige Verbund der Funktionsbereiche und die informationelle Beherrschung des Materialflusses gewährleistet erst eine verbraucherorientierte Versorgung bei sinkenden Beständen und minimalen Umschlagzeiten. Gleichzeitig vermindert sich die Störanfälligkeit der Versorgungsprozesse entscheidend, da der Tatbestand, daß zum gleichen Zeitpunkt bei einer großen Anzahl Endverbraucher der gleiche „Störfall" auftritt, unwahrscheinlich ist und demzufolge mit einer relativ geringen, zentral im Territorium gehaltenen Dispositionsreserve die Störung beseitigt werden kann. Das trifft ebenso auf die Dekkung kurzfristig auftretender Bedarfsspitzen oder den ökonomischen Einsatz nicht benötigter Materialmengen zu. Die dargestellten Entwicklungslinien zur Herausbildung effektiver Versorgungsformen sind prinzipiell mit den heute zur Verfügung stehenden materiellen Fonds, leitungsmethodischen Instrumentarien und Mitteln realisierbar. Die Umsetzung dieser leistungsfähigen Lösungen kann entscheidend beeinflußt werden durch ein hohes Niveau in den leitungsmethodischen Grundlagen. Für den Aufbau territorialer Versorgungskomplexe sind das in erster Linie:

- Die Ausarbeitung wiederverwendbarer Organisationsprojekte einschließlich des Hardware-Software-Systems;
- die Ausgestaltung der entsprechenden Prozesse der Planung und wirtschaftlichen Rechnungsführung;
- die Einpassung des territorialen Versorgungskomplexes in den Prozeß der Bilanzierung und in die Arbeit mit staatlichen Auflagen, Restriktionen, Normativen und Kennziffern sowie
- die entsprechende Entwicklung der Transport-, Umschlag- und Lagerprozesse.

Anmerkungen

[1] Vgl. Direktive des XI. Parteitages der SED zum Fünfjahrplan für die Entwicklung der Volkswirtschaft der DDR 1986 bis 1990, Berlin 1986, S. 75.

[2] – Die Ablauforganisation ist der operative Sektor (die praktische Umsetzung) des Informationssystems;
– Die Ablauftechnologie ist die Art und Weise der Bereitstellung und des Transports zum Verbraucher (z. B. bautechnologische Versorgung mittels Containern, Paletten usw.).

[3] Vgl. J. Heinrich, Ein Prozeßmodell für die betriebliche Materialwirtschaft unter besonderer Berücksichtigung der Verbindung zur Bauablaufplanung und -steuerung, Dissertation A, TH Leipzig.

[4] Wesentliche Steuerungsaufgabe bei der Realisierung von Versorgungslösungen mit dezentralen Lagerorten.

[5] – Vgl. U. H. Henkel, Beitrag zu den organisatorischen Grundlagen bautechnologischer Versorgungsprozesse, Dissertation B, TH Leipzig, 1982.
– Vgl. G. Bellmann, Beitrag zu den technologischen Grundlagen der Prozeßkategorie Bautechnologische Versorgung, Dissertation A, TH Leipzig, 1985.

Wolfgang Opitz

Ökonomische Strategie und Instandhaltung

These 3 des Arbeitsmaterials dieser Tagung bringt zum Ausdruck, daß die neue Qualität der sozialistischen Betriebswirtschaft „insbesondere durch die immer engere Verknüpfung von Leitungs-, Leistungs- und Informationsprozessen charakterisiert wird". Dies bestimmt auch die neuen und höheren Anforderungen an die Instandhaltung als Gesamtheit aller Maßnahmen zur Erhaltung, Wiederherstellung und auch Verbesserung der ursprünglichen Gebrauchseigenschaften der Arbeitsmittel während ihrer Nutzungsdauer.

Insbesondere die auf der Nutzung der Mikroelektronik und Mikromechanik aufbauende flexible und komplexe Automatisierung führt zu einem qualitativ und quantitativ sich verändernden Grundmittelbestand, der längerfristig und mehrschichtig genutzt werden muß. Die Verfügbarkeit der einzelnen Grundmittel und Grundmittelsysteme als ein wichtiges Maß für vorhandene Funktionsfähigkeit innerhalb einer Betrachtungszeitspanne und ihre Zuverlässigkeit als Ausdruck des Zeitverhaltens festgelegter Qualitätsparameter sowie der Einhaltung einer hohen technologischen Disziplin bei der Herstellung der Grundmittel beeinflussen wesentlich die Kostenentwicklung im Betrieb. Neben qualitativ höheren Ansprüchen an das Instandhaltungswesen (TGL 39446: Gesamtheit aller Tätigkeiten, Dokumentationen, Einrichtungen und Arbeitskräfte für die Instandhaltung), die sich aus der notwendigen Beherrschung der mit dem Einsatz von Schlüsseltechnologien sich verändernden Instandhaltungserfordernisse bei Grundmitteln ergeben, müssen auch jene, die sich aus dem quantitativen Wachstum des Grundmittelbestandes ableiten, bewältigt werden. Auf der Basis vergleichbarer Preise des Jahres 1986 ist der durchschnittliche Grundmittelbestand in den produzierenden Bereichen der Volkswirtschaft von 508 Milliarden Mark 1970 auf über 1,1 Billiarden Mark im Jahre 1986 angestiegen.[1]

Die qualitativ höheren Ansprüche an das Instandhaltungswesen ergeben sich aus der sich verändernden Struktur der Fertigung. Im Maschinenbau zum Beispiel bestimmen immer stärker NC-Maschinen, Bearbeitungszentren mit automatischem Werkstück- und Werkzeugwechsel, flexible Fertigungszellen mit automatischer Werkstück- und Werkzeughandhabung mit erweiterten Speicherkapazitäten und Rechnerkopplung sowie flexible Fertigungssysteme mit automatischem Werkstück- und Werkzeugfluß auf der Grundlage rechnergeführter Fertigungsplanung und -steuerung die Anforderungen an die Instandhaltung. Die instandhaltungsseitige Beherrschung neuester Meß- und Regeltechnik, Hydraulik, Pneumatik, Sensor- und Diagnosetechnik von Mikrorechnern, elektrischen Stellantrieben, rechnergestützten Lagersystemen mit Regelbediengeräten und Robotern für die unterschiedlichsten Einsatzzwecke gewinnt unter Beachtung eines sich ebenfalls weiterentwickelnden Gesundheits-, Arbeits- und Brandschutzes eine zunehmende Bedeutung für eine effektive betriebswirtschaftliche Arbeit. Die nachfolgend dargestellten Beziehungen zwischen der ökonomischen Strategie und der Instandhaltung sollen deutlich machen, daß sich die ökonomische Strategie auch für das Instandhaltungswesen als ein wissenschaftlich begründetes Konzept für dessen beschleunigte Entwicklung erweist.

Die aufgezeigte Impulswirkung der ökonomischen Strategie auf das Instandhaltungswesen soll zeigen, daß die ökonomische Strategie mit dem Blick auf das Jahr 2000 auch für die Instandhaltung ein wissenschaftlich begründetes Konzept für deren Beherrschung unter den Bedingungen fortschreitender komplexer und flexibler Automatisierung ist.

Erstens ist die Verbindung der Vorzüge des Sozialismus mit den Errungenschaften und Prozessen der wissenschaftlich-technischen Revolution auch für das Instandhaltungswesen eine erstrangige Herausforderung zu höherer Leistungsentwicklung.

Vorzüge des Sozialismus, die stimulierend auf die Instandhaltungsarbeitskräfte wirken, sind
- die mannigfaltigen Formen des sozialen Fortschritts, der den ökonomischen zur Grundlage hat;
- die vielfältigen Möglichkeiten des bewußten Mitgestaltens der Nutzung des wissenschaftlich-technischen Fortschritts für die Instandhaltung durch Einflußnahme auf instandhaltungsgerechtes und -armes Gestalten der Erzeugnisse und schöpferisches Weiterentwickeln auszuübender Instandhaltungstätigkeiten unter Nutzung der Schlüsseltechnologien;
- die aktive Mitwirkung bei der Leitung und Planung der Instandhaltungstätigkeiten auf der Grundlage verbindlicher gesetzlicher Regelungen, die die Erfordernisse an die Instandhaltung aus gesamtgesellschaftlicher Sicht fixieren;
- die Mitgestaltung der arbeitsteiligen Zusammenarbeit im Kombinat, im Rahmen der territorialen Rationalisierung und zwischenzweiglichen Kooperation sowie im internationalen Reparaturdienst, wie er zum Beispiel für Chemieanlagen im RGW organisiert ist.

Diese Vorzüge gilt es zu nutzen, um die Schlüsseltechnologien zunehmend auch in der Instandhaltung selbst zur Anwendung zu bringen. In enger Zusammenarbeit mit dem kombinatseigenen Rationalisierungsmittelbau und den Herstellern der Grundmittel (in vielen Fällen wird dies das Kombinat selbst sein) muß der Instandhaltungsbereich mit dazu beitragen, daß mit dem Einsatz neuester Technik im Produktionshauptprozeß auch geeignete hochproduktive Arbeitsmittel zur Instandhaltung der neuen Technik geschaffen werden.

Zweitens geht es auch in der Instandhaltung um eine stetige Steigerung der Arbeitsproduktivität und um noch konsequenteres Handeln nach dem Gesetz der Ökonomie der Zeit.

Zeitgewinn für effektive Produktion bei gleichzeitiger Einsparung lebendiger und vergegenständlichter Arbeit im Instandhaltungsprozeß ist bei dem hohen Anteil der Instandhaltungsarbeiter an den Produktionsarbeitern in der Industrie (im Durchschnitt des Jahres 1986 sind es 17,4%, in der Energie- und Brennstoffindustrie 35,6%)[2] dringlich und wird gesichert durch:
- Konstruktion „instandhaltungsgerechter" Grundmittel, die es gestatten, schadhafte Bauteile mit geringem Zeit- und Arbeitsaufwand auszutauschen bzw. instandzusetzen;
- Konstruktion „instandhaltungsarmer" Grundmittel, bei denen mit einer nur geringen Zahl von Instandhaltungsmaßnahmen die normative Nutzungsdauer erreicht wird;
- eine regelmäßige Pflege und Wartung der Grundmittel durch das Bedienpersonal, bis auf jene Maßnahmen, die den Spezialisten erfordern;
- die vorbeugende Durchsicht der Grundmittel in Verbindung mit der Anwendung von Diagnosegeräten durch das Instandhaltungspersonal;
- die sozialistische Rationalisierung im Instandhaltungswesen;
- den Ausbau und weiteren Aufbau spezialisierter Instandhaltungskapazitäten innerhalb der Kombinate und Territorien.

Drittens erfordert die Sicherung des Produktionswachstums bei sinkendem Aufwand an Roh- und Werkstoffen sowie Energieträgern auch von der Struktureinheit Instandhaltung große Aktivitäten zur Ressourceneinsparung.

Solche Aktivitäten sind u. a.:
- Die ökonomische Anpassung des Instandhaltungsumfangs an den Schädigungsprozeß;
- die Erhöhung des Anteils der vorbeugenden Instandhaltung unter Nutzung progressiver Normative für Zeitaufwand und Materialverbrauch;
- die wirtschaftliche Gestaltung der Störreserve als Vorrat an zweck- und erzeugnisgebundenen Ersatz- und Verschleißteilen für produktionswichtige Anlagen im Rahmen der Ersatzteilwirtschaft für die Instandhaltung;
- die verstärkte Instandsetzung von Einzelteilen, um mit geringem Aufwand instandsetzungswürdige schadhafte oder beschädigte Einzelteile wieder verwendbar zu machen.

Viertens zwingt die umfassende Beherrschung der Anforderungen, die sich aus der Anwendung der Schlüsseltechnologien an die Gewährleistung einer hohen Qualität ergeben, das Instandhaltungswesen zu einer konsequenten Sicherung und laufenden Verbesserung des Qualitätsniveaus und der Effektivität der Instandhaltungsarbeiten.

Qualitätsarbeit in der Instandhaltung erfordert:
- Ein Qualitätsbewußtsein bei jedem Instandhalter, daß nur er für die ausgeführte Arbeit voll verantwortlich ist;
- die Durchsetzung des Systems der fehlerfreien Arbeit, dessen oberster Grundsatz die Vermeidbarkeit von Fehlern ist;
- die rechtzeitige Bereitstellung von Betriebsdokumenten entsprechend TGL 31021 und von Instandsetzungsdokumenten entsprechend TGL 31020 durch den Hersteller der Grundmittel;
- die Durchführung des Leistungsvergleichs der Instandhaltungsbrigaden in und zwischen den Betrieben;
- ein hohes Niveau und eine große Sorgfalt bei der technologischen und organisatorischen Vorbereitung von Instandhaltungsmaßnahmen;
- die ausreichende und rechtzeitige Bereitstellung qualitätssichernder Arbeitsmittel und Ersatzteile;
- ein wirksames ideelles und materielles Stimulieren der Qualität der Arbeitsausführung;
- eine aktive Einflußnahme auf die Qualität der im Betrieb vorhandenen Meßtechnik zur Sicherung der Instandhaltungsqualität, andererseits aber auch auf die Instandsetzung der Meßmittel selbst als wichtige Voraussetzung für qualitätsgerechte Produktion.

Fünftens ist die Durchsetzung der umfassenden sozialistischen Rationalisierung auch im Instandhaltungswesen der Hauptweg zur Steigerung der Arbeitsproduktivität. Die Generaldirektoren der Kombinate bzw. die Betriebsdirektoren müssen vor allem ständig Einfluß nehmen auf
- das tiefere Eindringen der Schlüsseltechnologien in die Tätigkeit der Instandhalter. Durch Einsatz von Fehlersuch- und Diagnoseprogrammen sowie vereinfachtem Baugruppenaustausch bei Einsatz der Mikroelektronik in den Erzeugnissen können bestimmte Instandhaltungsarbeiten den Bedienarbeitskräften der Maschinen und Anlagen übertragen werden. Rechnergestützte Technologenarbeitsplätze in der Instandhaltung ermöglichen die Optimierung von Instandhaltungsarbeiten;
- den weiteren Ausbau des Typenträgersystems, bei dem in spezialisierten Betrieben für ausgewählte Typen von Maschinen Generalreparaturen und Modernisierungsmaßnahmen serienmäßig durchgeführt werden;
- die Erhöhung der Arbeits- und Produktionssicherheit, insbesondere durch arbeitswissenschaftliche Gestaltungslösungen unter Beachtung der Erfordernisse des Gesundheits-, Arbeits- und Brandschutzes;
- die unbedingt erforderliche Standardisierung bei der Herstellung neuer Grundmittel, was den Instandhaltungsaufwand verringern hilft;
- die Modernisierung der Arbeitsmittel der Instandhaltung selbst.

Sechstens bedingt die weitere Erhöhung der ökonomischen Effektivität auch in der Instandhaltung eine noch gezieltere Orientierung der Leitung, Planung und innerbetrieblichen wirtschaftlichen Rechnungsführung auf die Senkung des Aufwandes für den Instandhaltungsprozeß bei gleichzeitiger Verbesserung der Arbeitsergebnisse. Die Auslastung der Grundmittel in den Instandhaltungswerkstätten, die Ausnutzung der Arbeitszeit der Instandhalter, die Verhütung von Arbeitsunfällen und das Vermeiden von Sachbeschädigungen im Zusammenhang mit Instandhaltungsarbeiten dienen diesem Ziel.

Siebentens erzwingen die höheren Anforderungen an die Investitionstätigkeit hohe Leistungsbeiträge der Instandhaltung. Da der wesentliche Teil der Investitionen der Modernisierung dient, gewinnt die Generalreparatur vorhandener Grundmittel in Einheit mit der laufenden Instandhaltung und den Rationalisierungsinvestitionen zunehmend an Bedeutung. Die mit der Generalreparatur zu erzielende Leistungssteigerung und/oder Nutzungsdauerverlängerung des Grundmittels über die normative Nutzungsdauer hinaus stellt hohe Ansprüche an die Instandhaltung.

Eine aktive Mitarbeit der Strukturbereiche Technologie und Rationalisierungsmittelbau bei der Vorbereitung und Durchführung dieser umfangreichen und oft komplizierten Instandhaltungsmaßnahmen ist unerläßlich. Andererseits haben durchgeführte Untersuchungen ergeben, daß die Struktureinheit Instandhaltung des Auftraggebers in den Entwicklungs- und Herstellungsprozeß der Rationalisierungsmittel nicht bzw. nur in geringem Maße einbezogen wird. Daraus resultiert, daß zu wenig Informationen zu den konkreten Einsatzbedingungen und zum Niveau der Instandhaltung des Einsatzbetriebes beim Entwickler/Hersteller des Rationalisierungsmittels vorhanden sind; die Struktureinheit Instandhaltung des Einsatzbetriebes die aus der Spezifik des Rationalisierungsmittels abgeleiteten und zu sichernden Instandhaltungserfordernisse nicht rechtzeitig erfährt; aus instandhaltungstechnischer Sicht begründete Forderungen nicht oder zu spät gestellt werden.

Achtens erfordert die noch stärkere Entwicklung der Konsumgüterproduktion in allen Kombinaten die qualitative und quantitative Sicherstellung der ständig zunehmenden Kundendienst- und Reparaturaufgaben durch ein eigens dafür zu schaffendes Service-Personal. Die Qualifizierung der im Kundendienst Tätigen, der Übergang zur Schichtarbeit, die Ausstattung der Monteure mit Fahrzeugen, Ersatzteilen und geeigneten Werkzeugen, Meß- und Prüfeinrichtungen sowie kurzgefaßten und instruktiven Instandhaltungsdokumenten ist eine wichtige Bedingung zur Durchführung von Hausreparaturen im Tag-, Spät- und Wochenenddienst. Der Verkürzung der Wartezeiten dienen auch für den Monteur wenig aufwendige und für den Kunden übersichtliche Formen der Abrechnung der Leistungen. Der gegenwärtige Zustand ist hier verbesserungsbedürftig.

Neuntens gilt auch für das Instandhaltungswesen, daß ein kontinuierlicher und dynamischer Leistungsanstieg nur erreicht werden kann, wenn es zu einer immer engeren gegenseitigen Durchdringung von Wissenschaft und Produktion kommt.

Die enge und fruchtbare Zusammenarbeit von Sektionen der Wilhelm-Pieck-Universität Rostock mit Kombinaten des Landmaschinen- und Schiffbaues, der Technischen Universitäten Magdeburg, Dresden und Karl-Marx-Stadt mit Kombinaten des Schwermaschinenbaus, der Energiewirtschaft bzw. des Werkzeug- und Verarbeitungsmaschinenbaues, der Ingenieurhochschule Zwickau mit Kombinaten des Fahrzeugbaues und der Bergakademie Freiberg mit Kombinaten des Braunkohlenbergbaues und der Metallurgie, um einige zu nennen, zeigen, daß die Beschlüsse des XI. Parteitages sich im Leben bewähren. Eine große Zahl von Weiterbildungsveranstaltungen und hervorragenden Forschungsergebnissen sowie deren zielstrebige Überführung in die Praxis unterstreichen dies nachhaltig.

Zehntens schließlich kommt der Instandhaltung bei der erforderlichen Vertiefung und dauerhaften Gestaltung der intensiv erweiterten Reproduktion eine hohe Bedeutung zu. Die exakte Einhaltung der konstruktiv festgelegten Zwänge zur strikten Einhaltung der technologischen Disziplin ist hierbei von ebensolcher Bedeutung wie die verstärkte Anwendung von sich selbst überwachenden und fehleranzeigenden Automatisierungsmitteln oder auch der Einsatz der BC/PC-Technik für die effektive Gestaltung der sich verändernden Leitungs- und Leistungsprozesse in der Instandhaltung.

Die ökonomische Strategie erweist sich auch für die weitere Entwicklung des Instandhaltungswesens im Rahmen der sozialistischen Betriebswirtschaft als eine klar die Richtung weisende Orientierung, als wissenschaftlich begründetes Konzept.

Anmerkungen

[1] Vgl. Statistisches Jahrbuch der DDR 1987. Staatsverlag der Deutschen Demokratischen Republik, Berlin 1987, S. 107.

[2] Ebenda, S. 152.

Adolf Eser

Rechnergestützte Leitungsarbeit und Entscheidungsfindung im VEB Chemiekombinat Bitterfeld

Der VEB Chemiekombinat mit seinem Stammbetrieb und sechs Kombinatsbetrieben, in denen fast 30000 Werktätige arbeiten, beeinflußt mit seinen mehr als 4500 Erzeugnissen 80% aller in unserer Republik erzeugten Endprodukte. Das Kombinat trägt damit eine hohe Verantwortung für eine kontinuierliche Versorgung unserer Volkswirtschaft mit anorganischen Grundchemikalien, Pflanzenschutz- und Schädlingsbekämpfungsmitteln, Düngemitteln, organischen Farbstoffen und Zwischenprodukten, Ionenaustauschern, Erzeugnissen der Silikon-, Fluor- und Kieselsäurechemie, Soda, Textil-, Leder und Papierhilfsmitteln, Erzeugnissen der Chlorierungschemie, technischen Kohleerzeugnissen, Korobon, Aluminium und Aluminiumhalbzeugen. Gleichzeitig hat das Kombinat die bedarfsgerechte Bereitstellung hochwertiger Konsumgüter – insbesondere der Haushaltchemie, die 6% des Produktionsvolumens ausmachen – und einen umfangreichen Export in fast 80 Ländern der Welt, der 35% der Warenproduktion beträgt, in hoher Qualität abzusichern.

Diese vielfältige und recht heterogene Produktionsstruktur umfaßt sowohl die Produktion von Massegütern in der Größenordnung mehrerer hunderttausend Tonnen als auch die Herstellung hochveredelter Spezialerzeugnisse in Kilogramm-Größe. Die verwendeten Technologien reichen von hochautomatisierten kontinuierlich arbeitenden Großanlagen über multivalent nutzbare Mehrzweckanlagen mit Chargencharakter bis zu Versuchs- und Laboreinrichtungen, wobei es sich zumeist um Einzweckanlagen handelt. Unsere Politik der höheren Veredlung auf der Grundlage besonders in unserer Republik vorhandener mineralischer Rohstoffe sichert uns jährliche Erneuerungsraten von ca. 30% und erfolgt in 8 Veredlungslinien.

Über den Weg der umfassenden Intensivierung durch technologische Erneuerung und über die ständige Rationalisierung und Rekonstruktion unserer Grundfonds stellen wir uns der Aufgabe zur höheren Veredlung, wobei wir immer stärker eine weitergehende Ökonomisierung aus Wissenschaft und Technik anstreben. In Einheit damit kommt es uns darauf an, den hohen Verschleißgrad unserer Anlagen und Bauten aufzuhalten und die Arbeits- und Lebensbedingungen unserer Werktätigen, von denen 40% noch unter Expositionen arbeiten müssen, schrittweise zu verbessern.

Die wachsenden Anforderungen an die Kombinate erfordern auch von uns, alle Arbeitsprozesse zu intensivieren, um die Produktivität stetig zu erhöhen und durch die verstärkte Nutzung der Ergebnisse von Wissenschaft und Technik einen kontinuierlichen Leistungs- und Effektivitätszuwachs zu organisieren.

Diese anspruchsvollen Aufgaben erfordern eine hohe Dynamik und Flexibilität in der Leitungsarbeit und Entscheidungsfindung, die durch die Beschlüsse unserer Partei- und Staatsführung zur Vervollkommnung von Leitung, Planung und wirtschaftlicher Rechnungsführung seit 1983 unterstützt und erweitert werden.

Eine effektive und rationelle Leitungsarbeit und eine weitere Objektivierung der Entscheidungsarbeit erfordern heute mehr denn je neue effektive und rationelle Leitungsmethoden, erfordern eine flexible Leitungsarbeit, die jeder Situation gerecht wird. Diese ist mit konventionellen Methoden nicht durchzuführen, sie erfordert unbedingt eine entscheidungsrelevante und leitergerechte Informationsverarbeitung und -versorgung.

Unser Kombinat kann auf eine mehr als 20jährige erfolgreiche Anwendung der elektronischen Rechentechnik zurückschauen, in deren Ergebnis alle periodisch anfallenden und determinierbaren Informationsverarbeitungsaufgaben und -anforderungen rechentechnisch im Rahmen weitgehend integrierter Informationskomplexe bearbeitet werden. Gleichzeitig damit wurden umfangreiche in Datenbanken organisierte Dateien aufgebaut und gespeichert. Obwohl wir damit über eine hochgradig automatisierte und weitgehend integrierte Datenverarbeitung verfügen, wird der unmittelbare Leitungs- und Entscheidungsprozeß noch nicht ausreichend unterstützt. Das ergibt sich sowohl aus der mit der zentralisierten Informationsverarbeitung erfolgten Herauslösung der Informationsverarbeitungsaufgaben aus den unmittelbaren Arbeitsprozessen, aus der noch weitgehend sachbezogenen Aufbereitung der verarbeiteten Informationen für die unmittelbaren Arbeitsprozesse, als auch aus der noch weitgehend sachbezogenen Aufbereitung der verarbeiteten Informationen für die unmittelbar durch Sachbearbeiter durchzuführenden Arbeitsaufgaben.

Eine komplex und für die Entscheidungsfindung relevante und zeitgerechte Informationsbereitstellung erfolgt im Ergebnis dieser auf Stapelverarbeitung basierenden rechnergestützten Informationsverarbeitung nur in Ausnahmefällen. Dagegen wird dem Leiter eine regelrechte Informationsflut angeboten, die zumeist noch einer manuellen Aufbereitung bedarf, bevor Teile dann für die Leitungstätigkeit genutzt werden können. Anders – das sei noch einmal betont – ist das natürlich für den sachbezogenen Arbeitsprozeß, der dadurch umfassend rationalisiert werden kann.

Mit der Einführung der Mikroelektronik in die Rechentechnik und der damit verbundenen Entwicklung arbeitsplatzbezogener Rechentechnik entstanden neuen Möglichkeiten für eine Reintegration der Informationsverarbeitungsaufgaben in die Arbeitsprozesse. Gleichzeitig wurden Möglichkeiten geschaffen, um im Dialog die vorhandenen Datenfonds besser nutzen zu können und die Entscheidungsprozesse komplex mit Informationen zu versorgen. Damit wurden auch die Voraussetzungen geschaffen, die unmittelbare Leitertätigkeit und damit den Entscheidungsprozeß durch die Bereitstellung relevanter, aktueller und komplexer Informationen zu objektivieren.

In Verbindung mit der Nutzung mathematischer Methoden sind weitergehende Möglichkeiten gegeben, den heute noch stark intuitiv ausgerichteten Entscheidungsprozeß wissenschaftlich zu fundieren. Im Chemiekombinat Bitterfeld setzen wir auf dieser neuen Basis unser erfolgreiches Konzept der Nutzung der Rechentechnik konsequent fort. Heute steht uns dafür eine leistungsfähige gerätetechnische Basis – insbesondere dialogfähige zentrale ESER-Technik und eine größere Anzahl von Personal-Computern, deren Verfügbarkeit und Leistungsfähigkeit planmäßig erweitert wird – zur Verfügung.

Unsere CAD/CAM-Konzeption orientiert auf eine massive Unterstützung kreativer Prozesse in den Forschungs- und Entwicklungsbereichen, auf verstärkten EDV-Einsatz für Lenkungs- und Dispositionsaufgaben sowie für den Abbau von Routinearbeiten in Leitung und Verwaltung. Zielstellung ist die Gestaltung durchgängiger rechnergestützter Prozesse und deren schrittweise Einbindung in ein kontinuierlich erweiterungsfähiges Gesamtsystem im Rahmen eines CIM-Konzeptes.

Ein solches Konzept impliziert in verstärktem Maße eine Rechnerunterstützung für die Leitung des Kombinates selbst. Dabei geht es uns nicht nur um die neuen Möglichkeiten der rechnergestützten Bereitstellung leitungsspezifischer Informationen am Arbeitsplatz des Leiters, sondern auch um die Nutzung der Rechentechnik zur direkten Unterstützung komplizierter Entscheidungsprozesse.

Schrittweise verwirklichen wir dieses Konzept. Die erste Etappe ging von einer betont leitergerechten Informationsversorgung im Rahmen eines Dialogsystems auf der Grundlage von Bildschirmterminals und der zentralen ESER-Technik aus. Im Rahmen dieses Projektes werden über 600 verschiedene Bilder, die katalogmäßig geordnet sind, den Direktoren der Kombinatsleitung angeboten. Sie beinhalten u.a. die täglichen Planerfüllung im Plan/Istvergleich und kumulativ zu allen wichtigen Leistungskennziffern und zu den S-, M- und C-Positionen, Aussagen zu Störungen und Havarien, analytische Aussagen besonders zur Effektivitätsentwicklung, Aussagen zum Stand wichtiger PWT- und Invest-Maßnahmen bis hin zu Aussagen über wichtige wissenschaftliche Ergebnisse.

Auf der Grundlage der schrittweisen Umstellung der bisherigen Stapelprojekte auf Dialogarbeit im Rahmen lokaler Rechnernetze, die bevorzugt für die operative Produktionslenkung sowie für die dispositiven Prozesse der Materialbeschaffung, der Lagerhaltung, des Transports und des Absatzes aufgebaut wird, erweitert sich auch die Informationsbasis des leitergerechten Informationssystems zu einem flexiblen Führungs-Informationssystems mit eigener Programm- und Modellbank und einer täglich aktualisierten Informationsbank. Damit werden den Leitern des Kombinates die Möglichkeiten eröffnet, sich entsprechend ihrer konkreten Leitungsaufgabe die erforderlichen Bilder selbst aufzubauen, auf der Basis gespeicherter Langzeitreihen wichtiger Kennziffern und mathematisch-statistische Berechnungen sowie eigene Recherchen vorzunehmen. Gleichzeitig sind grafische Darstellungen der Ergebnisse vorgesehen. Nicht nur durch eine entscheidungsrelevante Informationsbereitstellung und leitergerechten Informationsversorgung, sondern auch durch die damit mögliche Nutzung mathematischer und heuristischer Methoden soll eine Objektivierung komplexer Entscheidungsprozesse erreicht werden. Gegenwärtig nutzen wir bereits solche Möglichkeiten, was z.B. nachfolgend an der im Kombinat praktizierten rechnergestützten Bestimmung der Rang- und Reihenfolge von Investitionen aufgezeigt werden soll.

Anfang 1986 haben wir erstmalig versucht, in diesen vielschichtigen Prozeß den Computer einzubeziehen und im Dialog mit diesem unsere Entscheidungen zur Rangfolge von Investvorhaben für den Fünfjahrplanzeitraum im Rahmen eines Langfristseminars der Kombinatsleitung zu qualifizieren. Dabei verstehen wir unter der Rangfolge ein Ordnen von Investvorhaben nach einer Rangfolgezahl, die als Ergebnis einer Bewertung nach festzulegenden einheitlichen Kriterien ermittelt wird, und unter der Reihenfolge den zeitlichen Aspekt der Realisierung der Vorhaben.

Die Problematik des effektiveren Einsatzes der verfügbaren Investitionsfonds zur Sicherung von 80–90% des geforderten Leistungs- und Effektivitätszuwachses stellt jede Kombinatsleitung vor komplizierte Entscheidungssituationen. Dabei geht es nicht nur um die schnelle Überführung neuer Ergebnisse aus Wissenschaft und Technik zur Gebrauchswert- und Technologieinnovation, sondern auch um die ständige Verbesserung der Arbeits- und Lebensbedingungen der Werktätigen und die Reduzierung der Umweltbelastungen. Die Investentscheidungen sind also in engem Zusammenhang mit dem langfristigen Entwicklungskonzept des Kombinates zu treffen, da sie maßgeblich die Leistungs- und Effektivitätsentwicklung im Perspektivzeitraum beeinflussen. Dabei bestimmt jedes einzelne Vorhaben mit seiner Spezifik und strukturellen Einordnung in den Reproduktionsprozeß in unterschiedlicher Art und Weise das Schrittmaß der realen Leistungssteigerung, ausgedrückt durch konkrete materielle Ergebnisse zur Deckung des Bedarfes unserer Volkswirtschaft, unserer Bevölkerung bzw. zur Bereitstellung für den Export.

Andererseits sind auch real gegebene materielle und finanzielle Begrenzungen solcher Ressourcen wie Investmittel oder Bauleistungen einzuhalten. Darüber hinaus ist bekannt, daß nicht jedes Vorhaben nach seinem direkten Beitrag zur Verbesserung der Hauptkennziffern der Leistungsbewertung eingeordnet werden kann. Vor allem in unserem Kombinat mit einem hohen Anteil alter Betriebsanlagen sind bei Investentscheidungen Gesichtspunkte zu berücksichtigen, die sich nicht direkt in vorhabenbezogenen abrechenbaren Effektivitätsverbesserungen niederschlagen. Hier sind nach wie vor subjektive Kenntnisse und Einschätzungen, verbunden mit einer zielorientierten, verantwortungsbewußten komplexen Denkweise, gefragt. Die Vielschichtigkeit und Differenziertheit der Bewertungsmöglichkeiten für ein einzelnes Investvorhaben wird noch dadurch überlagert, daß bei mehr als 70 Vorhaben der Entscheidungsprozeß kaum noch überschaubar bleibt. Unsere Anforderungen an eine Computer-Unterstützung bezogen sich daher primär auf

- eine Sicherung der Transparenz des Entscheidungsprozesses,
- die Wertung der unterschiedlichen betriebswirtschaftlichen Kennziffern nach einheitlichen Grundsätzen,
- eine Objektivierung nicht quantifizierbarer Bewertungen,
- eine Unterstützung der Ergebnisdiskussion und Variation der Ausgangswerte,
- eine Zusammenführung aller Einzelbewertungen und die Verdichtung der ökonomischen Ergebnisse in Abhängigkeit von der ermittelten Rangfolge.

Nach Untersuchung bekannter Entscheidungsmodelle haben wir uns für ein kombiniertes Bewertungsverfahren entschieden, welches eine Rangfolge der Investvorhaben zunächst aus einer komplexen Wertung ausgewählter ökonomischer Kennziffern ermittelt, dann aber in die Rangfolgeermittlung nichtquantifizierbare Faktoren anhand mathematisch aufbereiteter Experteneinschätzungen einbezieht. Die Ergebnisse der Modelldurchrechnung sollten am Bildschirm durch Diskussion und Veränderung von Eingabegrößen bzw. durch Variation von Rangfolgekriterien analysiert und verbessert werden. Diese festgelegte Vorgehensweise mußte in drei Arbeitsetappen realisiert werden, wobei

- die erste Etappe die Vorbereitungsarbeiten,
- die zweite Etappe die Wertung nichtquantifizierbarer Wirkungen bzw. Beiträge jedes Vorhabens in Form von „Expertenschätzungen" durch die Mitglieder der Kombinatsleitung,
- die dritte Etappe die Durchrechnung des Modells und eine dialogorientierte schrittweise Verbesserung im Rahmen der Ergebnisdiskussion

beinhalten.

Zu jeder Etappe wurden terminliche Abläufe und Verantwortlichkeiten festgelegt.

In Realisierung der ersten Etappe mußten zunächst die notwendigen Vorbereitungsarbeiten eingeleitet werden. Sie umfaßten besonders:

- Die Vorauswahl der in die Investentscheidung einzubeziehenden Vorhaben (Entscheidungsgegenstände),
- die Festlegung der ökonomischen Kennziffern (Entscheidungskriterien),
- eine Fixierung der nicht quantifizierbaren Kriterien sowie zugehöriger Bewertungsmaßstäbe.

Diese Vorbereitungsarbeiten schlossen aber auch die Fertigstellung der notwendigen Computerprogramme und einen Modelltest als Basis einer Wertung der Modell-Ergebnisse ein. Die hiermit beauftragten Spezialisten unserer Struktureinheiten Kombinatsentwicklung bzw. Organisations- und Rechenzentrum bezogen Spezialisten weiterer Bereiche ein und informierten die Kombinatsleitung über die Zwischenergebnisse.

Als Ergebnis der ersten Etappe wurden der Kombinatsleitung eine Auflistung von 76 Investvorhaben und eine Kurzcharakteristik zu jedem Vorhaben sowie die quantifizierbaren und nichtquantifizierbaren Entscheidungskriterien zur Bestätigung vorgelegt und bestätigt. Diese Vorschläge waren in mehreren Diskussionsrunden und Arbeitsberatungen der vorgenannten Spezialisten ausgewählt und zusammengestellt worden.

In die Vorhabenliste wurden Investmaßnahmen von jeweils mehr als 5 Mio M Gesamtwertumfang einbezogen. Dabei handelt es sich sowohl um Neuanlagen als auch um Vorhaben zur Erweiterung vorhandener Kapazitäten, zur Sicherung bzw. Stabilisierung der Produktion, zur Verbesserung der Infrastruktur sowie um Vorhaben des Umweltschutzes.

Als Grundlage einer quantifizierbaren ökonomischen Bewertung wurden die Kennziffern

- Gesamtwertumfang Invest in TM
  davon Bau-Anteil,
- Nettoproduktion bzw. Nettoproduktionszuwachs in TM,
- Export SW bzw. – Zuwachs in M Gegenwert,
- Export NSW bzw. – Zuwachs in Valuta-Mark,
- Arbeitskräftebedarf bzw. – Zuwachs in VbE

ausgewählt. Außerdem wurde vorgeschlagen, die Wirkungen bzw. Beiträge jedes Vorhabens hinsichtlich

- Erfüllung spezifischer volkswirtschaftlicher Anforderungen aus zentralen Beschlüssen oder Schwerpunktprogrammen sowie Ausbau stoffwirtschaftlicher Verflechtungen zur Durchsetzung der Veredlungsstrategie im Kombinat;
- Sicherung der Produktionsdurchführung und Erhöhung der Stabilität, insbesondere zur Erfüllung volkswirtschaftlich wichtiger Zulieferungen und Versorgungsaufgaben, Einhaltung evtl. bestehender sicherheitstechnischer Auflagen;
- Erreichen des wissenschaftlich-technischen Höchststandes durch technologische Erneuerung und Anwendung von Schlüsseltechnologien;
- Verbesserung der Arbeits- und Umweltbedingungen entsprechend
  - Abbau von Schadstoffemissionen und Abwasserbelastung, Vermeidung von Sanktionen,
  - Abbau von Arbeitserschwernissen für die angegebene Anzahl von Personen,
  - Ausbau von Sozialeinrichtungen

durch Punktevergabe zu bewerten.

Um eine einheitliche Vorgehensweise bei der Bewertung der Vorhaben als zweite Etappe der Entscheidungsvorbeitung zu erreichen, wurde die Kombinatsleitung zunächst noch einmal mit den Entscheidungskriterien und den Bewertungsmaßstäben vertraut gemacht. Die notwendigen Informationen lagen zu jedem Vorhaben in Form der Vorhabenblätter mit den ökonomischen Kennziffern und mit textlichen Aussagen zu den nichtquantifizierbaren Wirkungen vor. Auf dieser Grundlage hatte jedes Mitglied der Kombinatsleitung als Experte jedes Vorhaben nach den vorgegebenen Wertungskriterien für nichtquantifizierbare Wirkungen durch Vergabe von Punkten innerhalb einer Woche zu bewerten.

Nach Vorliegen aller Schätzwerte wurden diese – wie vorher bereits die Kennziffern und die Texte je Vorhaben – in den Zentralrechner eingelesen sowie Fehler am Bildschirm korrigiert.

Damit konnte die dritte Etappe mit der Durchrechnung des Modells begonnen werden. Zunächst wurde die Rangfolge nach den ökonomischen Kennziffern berechnet. Wir hatten dazu verschiedene Möglichkeiten, wie:

- Eine Vergabe von Platzziffern entsprechend einer

Wertung jeder einzelnen Kennziffer, wobei die Rangfolge aus der Addition aller von dem Vorhaben erreichten Platzziffern resultierte
oder
- Umrechnung der Kennziffern in Punkte, entsprechend dem Anteil des Einzelvorhabens am Gesamtergebnis aller Vorhaben und Addition der je Vorhaben ermittelten Punkte als Basis der Reihenfolgeermittlung (hier wurde der jeweilige Zuwachs pro TM Investaufwand zugrundegelegt) untersucht und beide Verfahren auf unterschiedlicher Technik parallel genutzt.

Obwohl die letztere Variante anhand der Punktedifferenz auch Abstände zwischen den einzelnen Vorhaben deutlich werden ließ, gab es in der Darstellung der Rangfolge kaum Abweichungen.

Die Wertungen der Kombinatsleitung zu den nichtquantifizierbaren Kriterien wurden in Anlehnung an bekannte Verfahren zur mathematischen Aufbereitung von Expertenschätzungen statistisch aufbereitet, so daß eine Rangfolge der Vorhaben zunächst nach einer Ordnungsfunktion aus dem Mittelwert der vorgegebenen Schätzwerte, der Standardabweichung und der mittleren Standardabweichung berechnet wurde, wobei die Abweichungen der Schätzwerte (als Qualitätsmerkmal der Entscheidung) in die Rangfolge eingingen. Nach Diskussion der Ergebnisse wurde die Ordnungsfunktion durch den arithmetischen Mittelwert ausgetauscht. Zur Berechnung einer Rangfolge aus allen (quantifizierbaren und nichtquantifizierbaren) Kriterien wurden die für die ökonomische Wertung berechneten Punkte mit den Ergebnissen der Expertenschätzung zusammengespielt und erneut durchgerechnet.

Nach den dargestellten Arbeitsschritten konnte zu der Beratung der Kombinatsleitung zur Rangfolgeentscheidung bereits ein durchgerechneter Vorschlag auf den Tisch gelegt werden. Ergebnisse und Ausgangsgrößen konnten vom Zentralrechner EC 1056 über zwei Bildschirmgeräte EC 7927 abgerufen bzw. verändert werden. Unabhängig von dieser Technik wurde ein Bürocomputer eingesetzt. Hier waren ebenfalls die ökonomischen Kennziffern gespeichert, um nach Eingabe der vom EC 1056 berechneten Rangfolge oder der eigenen Rangfolgeberechnungen (Platzziffernverfahren) schnell die nach unterschiedlichen Gesichtspunkten kumulierbaren ökonomischen Aufwendungen und Ergebnisse ausdrucken zu können.

Im Verlaufe der Beratung wurde zunächst der vorgelegte Entscheidungsvorschlag diskutiert, wobei am Bildschirm sowohl der Einfluß jedes Kriteriums als auch der Einfluß der abgegebenen Schätzwerte jedes Experten auf die Einordnung eines konkreten Vorhabens angezeigt werden konnte. Damit erhielten die Experten die Möglichkeit, ihre Einschätzung zu begründen. In einigen Fällen wurden daraufhin Vorgaben am Bildschirm verändert und eine neue Rangfolge durchgerechnet. Durch Addition der Kennziffern konnten schnelle Aussagen z. B. zu den erreichbaren ökonomischen Effekten bei Einhaltung vorgegebener Invest- oder Bau-Limite oder zu dem Bedarf an Investmitteln zur Erzielung eines gewünschten Zuwachses an Nettoproduktion gewonnen werden. Im Verlaufe der Diskussion wurden einige Vorhaben trotz ungünstiger Kennziffern und Wertungen auf einen vorderen Rang „gesetzt", da bisher nicht berücksichtigte Aspekte z. B. Energiebereitstellung oder Brauchwasserversorgung deren vorrangige Realisierung erforderten.

Mit Abschluß der Beratung bestätigte die Kombinatsleitung eine Vorhabenliste mit der zuletzt berechneten Rangfolge als Arbeitsgrundlage für die Aufnahme der Vorhaben in den zentralen Plan der Vorbereitungen zur Einleitung der Realisierungsarbeiten. Verbunden damit wurde der Auftrag, das Aufwand-Nutzen-Verhältnis auch in der Realisierungsphase weiter zu verbessern.

Bei einer zusammenfassenden Wertung der geschilderten EDV-Unterstützung für eine komplizierte Leitungsentscheidung muß zunächst darauf verwiesen werden, daß hier ursprünglich eine Erprobung real vorhandener Möglichkeiten, ihrer Handhabbarkeit und Ergebniswirksamkeit unter den konkreten Entscheidungsbedingungen einer Kombinatsleitung vorgesehen war. Trotzdem wurden die Ergebnisse von allen Beteiligten positiv aufgenommen und es kann eingeschätzt werden, daß eingangs aufgeführten Anforderungen an eine Computer-Unterstützung erfüllt werden konnten.

Der Computer-Dialog ermöglichte eine hohe Transparenz des gesamten Entscheidungsprozesses. Trotz bewußter Orientierung auf einfach durchschaubare mathematisch-statistische Modelle konnte ein Grad der Objektivierung der Rangfolgeentscheidung erreicht werden, der z. B. Überraschungen auslöste, als einzelne Vorhaben vom Computer, entgegen den subjektiven Erwartungen, auf einen vorderen Platz gesetzt wurden und diese Einordnung sich auch als richtig erwies.

Mit der praktizierten Arbeitsweise wurde besonders deutlich, daß im Mensch-Maschine-Dialog durch die Verbindung von kreativer Problemlösung und schneller Durchrechnung neuer Varianten eine neue Qualität der Entscheidungsfindung erreicht werden kann. Damit wachsen die Anforderungen an eine gewissenhafte Vorbereitung und wir konnten feststellen, daß bereits in der ersten Arbeitsetappe durch Problemberatungen zu Entscheidungskriterien, Zielstellungen oder Entscheidungsalgorithmen neue Erkenntnisse gewonnen wurden, die nicht nur den eigentlichen Entscheidungsprozeß betrafen.

In wenigen Wochen werden wir den Plan-Ansatz für den Zeitraum 1991–1995 in Fortschreibung unseres Veredlungsprogramms und unserer langfristigen Wissenschaftskonzeption über die bis dahin weiter ausgebaute rechnergestützte Bestimmung der Rang- und Reihenfolge der Investitionen vorbereiten. Mit der weiteren Profilierung unserer CAD/CAM-Konzeption wachsen die Möglichkeiten der computergestützten Entscheidungsfindung, wobei ihre erfolgreiche Nutzung unmittelbar mit einer Qualifizierung und Befähigung unserer Leiter für die Arbeit an rechnergestützten Leiter-Arbeitsplätzen verbunden sein muß. Eine solche effiziente Leitungsarbeit wird uns in die Lage versetzen, auch künftig die an uns gestellten hohen Anforderungen zur Entwicklung unseres sozialistischen Kombinates im vollen Umfang nachzukommen.

Erwin Schauer/Karl Hansel

Erfordernisse und Erfahrungen bei der Einführung von CAD/CAM-Lösungen in Projektierung und Konstruktion von Chemieanlagen

Der Chemieanlagenbau nimmt eine besondere Stellung innerhalb der Chemie ein, da er mit seiner Produktion (kompletten Chemieanlagen und Einzelapparaten) die Voraussetzungen für die Effektivität der chemischen Industrie im weitesten Sinne schafft. Außerdem ist der Chemieanlagenbau auf Grund seiner auch international anerkannten Leistungsfähigkeit stark exportorientiert.

Das Kombinat CLG ist ständig bemüht, durch zeitliche Verkürzung der Vorbereitung und Durchführung von Investitionen, durch Erhöhung der Qualität der erzeugten Apparate und Anlagen sowie durch Verbesserung des Kosten/Leistungsverhältnisses seiner Produkte die Forderung unserer Partei nach Erhöhung des Nutzeffektes aus Investitionen zu erfüllen. Ein Schritt in dieser Richtung ist die breite Anwendung der CAD/CAM-Technologie in allen Phasen des betrieblichen Reproduktionsprozesses.

Die Anwendung der Rechentechnik zur Rationalisierung einzelner Etappen des Reproduktionsprozesses (ökonomische Datenverarbeitung, wissenschaftlich-technische Berechnungen, automatisierte Zeichnungserstellung im Stapelbetrieb) hat im Kombinat eine lange Tradition. Darauf aufbauend wurde zum Zeitpunkt der verstärkten Bereitstellung moderner Datenverarbeitungstechnik ein erster Schritt in Richtung auf eine neue Qualität der Informationsverarbeitung getan.

Von der Kombinatsleitung wurde vor einigen Jahren das Grobkonzept eines integrierten Informationsverarbeitungssystems Chemieanlagen, genannt IVS/CA, ausgearbeitet und seitdem als strategisches Führungsmodell eingesetzt. Die Grundidee des IVS besteht darin, innerhalb des Kombinates alle Phasen des Reproduktionsprozesses, die bisher nicht oder nur in ungenügendem Maße mit Rechnerunterstützung realisiert wurden, umfassend durch EDVA-Einsatz zu rationalisieren und einen durchgängigen, rechnerunterstützten Informationsfluß zu schaffen. Insbesondere betrifft das die Projektierung, Materialwirtschaft/Kooperation und die Realisierung im Anlagenbau und Konstruktion, Technologie, Materialwirtschaft sowie Produktionsdurchführung im Apparatebau. Dabei wird der Reproduktionsprozeß des Apparatebaues als Element der Realisierungsphase im Reproduktionsprozeß des Anlagenbaues (Kombinatsebene) betrachtet. Zwischen den neu zu schaffenden EDV-Projekten und den existierenden Lösungen, insbesondere auf dem Gebiet der ökonomischen Datenverarbeitung, ist die Paßfähigkeit herzustellen. Weiterhin sollen die Beziehungen zu den Kooperationspartnern und vor allem die Zusammenarbeit mit den Auftraggebern, den Kombinaten der chemischen Industrie, effektiver gestaltet werden.

Etwa die Hälfte der Projektierungskapazität der chemischen Industrie befindet sich im Verantwortungsbereich der Chemiekombinate. Obwohl die Zusammenarbeit der Chemiekombinate mit dem Chemieanlagenbau als Auftragnehmer bei der Durchführung von Investitionen durch gesetzliche Bestimmungen und die „Einheitlichen Richtlinien für den Chemieanlagenbau (ERC)" reglementiert ist, zeigt die Praxis, daß es an den Übergangsstellen zu Informationsverlusten kommt bzw. Informationen in einer Form übergeben werden, die vom Partner nicht sofort weiterverarbeitet werden können. Die Folge sind Zeitverluste sowie Fehler und Ungenauigkeiten, die die Qualität der Projektlösungen herabsetzen und zusätzliche Kosten verursachen.

Mit dem IVS sollen die Voraussetzungen geschaffen werden, daß Auftraggeber und Auftragnehmer mit dem gleichen Instrumentarium arbeiten, eine reibungslose Informationsübergabe/-übernahme gewährleistet sowie Doppelarbeit bei der Investvorbereitung vermieden wird.

Dieser Teil der Aufgabenstellung macht das IVS zu einem Arbeitsinstrument des ganzen Ministeriumsbereiches und gestattet andererseits, die Ressourcen des Ministeriums für den Aufbau des Systems zu nutzen. Die Leitung der Arbeiten wurde vom Minister für Chemische Industrie dem Kombinat Chemieanlagenbau übertragen. Das IVS wurde konzipiert als CAD/CAM-System zur automatisierten bzw. rechnerunterstützten Realisierung aller Phasen des Investitionsprozesses, d. h. der

- verfahrenstechnischen Untersuchung und Berechnung,
- Ausarbeitung der Aufgabenstellung,
- Vorbereitung der Grundsatzentscheidung,
- Projektierung,
- Fertigung der Ausrüstung (Reproduktionsprozeß Apparatebau mit Konstruktion und Technologie),
- Montage und Inbetriebnahme

für Chemieanlagen im Bereich des Ministeriums für Chemische Industrie (MfC).

Das IVS wird eine modulare Struktur aufweisen und Programme/Programmsysteme, Datenbanken, Texthandbücher, Benutzungsanleitungen u. ä. umfassen. Die interaktive Arbeitsweise und Nutzung von Datennetzen ist vorgesehen und unbedingte Notwendigkeit. Das System stützt sich auf alle im Bereich des MfC vorhandenen Typen von EDVA, ist aber in erster Linie auf die hochproduktiven Anlagen bei gleichzeitiger Berücksichtigung der Entwicklung neuer Erzeugnisse der Rechentechnik durch das Kombinat Robotron orientiert. Der Einsatz des IVS soll gewährleisten:

- Eine Vereinheitlichung der Organisation aller Phasen des Investitionsprozesses;
- die komplexe Nutzung der Projektierungskapazität im Bereich des MfC;

19/6443

- eine flexible Arbeitsteilung zwischen den Chemiekombinaten als IAG und dem Kombinat CLG als Generalauftragnehmer und technologischer Hauptauftragnehmer Chemieanlagenbau GAN/HAN bei der Investvorbereitung einschließlich Projektierung und Konstruktion;
- die Verbesserung der ökonomischen Kennziffern der Investitionen;
- eine Verkürzung der Investitionszeiten.

Grundlage für die Schaffung der IVS sind die gültigen gesetzlichen Bestimmungen (TGL, ERC) und neue Erkenntnisse der Verfahrenstechnik, Gerätetechnik u. ä.

Die Gestaltung des IVS ist ein dynamischer mehrstufiger Prozeß, dessen Verlauf und Ergebnis auf den einzelnen Ausbaustufen u. a. von den zur Verfügung stehenden Bearbeitungskapazitäten, dem Erkenntnisstand und der technischen Ausstattung beeinflußt wird. In der ersten Ausbaustufe bis 1990 ist vorgesehen, Rationalisierungseffekte auf allen früher aufgezählten Phasen des betrieblichen Reproduktionsprozesses durch Weiterentwicklung und Verknüpfung bestehender EDV-Insellösungen und einiger weitgehend abgeschlossener CAD/CAM-Systeme zu erzielen.

Aus einer Analyse des Ist-Zustandes des Investitionsprozesses wurden Modularkonzepte für die Projektierung und die Gewerke abgeleitet. Für die Phase der Realisierung wird das Konzept bis zum April 1988 vorliegen. Alle Forschungsthemen zum EDVA-Einsatz sowie Programmierungsarbeiten wurden auf diese Modularkonzepte ausgerichtet mit dem Ziel, definierte und abgeschlossene Module als Elemente der ersten Ausbaustufe des IVS zu erhalten. Existierende Programme wurden teilweise umgestellt, um einen durchgängigen Datenfluß zu gewährleisten. Dabei wird es an einzelnen Stellen Zwischenlösungen geben, von denen a priori bekannt ist, daß sie uneffektiv sind und auf späteren Ausbaustufen durch bessere Lösungen ersetzt werden müssen. Das betrifft zum Beispiel die Etappe Aufgabenstellung (AST). Für diesen Teil des IVS wurde vom Kombinat Synthesewerk Schwarzheide gemeinsam mit der TH Magdeburg eine CAD/CAM-Lösung konzipiert. Bis diese vorliegt, wird als Zwischenlösung eine Übergabe der Dokumentation zur AST laut ERC auf maschinenlesbaren Datenträgern realisiert. Ausgehend von den Erfahrungen, die bei der Übernahme und Weiterverarbeitung einer auf Disketten vorliegenden Dokumentation für ein größeres Investvorhaben im Kombinat Leuna-Werke „Walter Ulbricht" gemacht wurden, wird diese Zwischenlösung gegenwärtig ausgearbeitet. Sie soll bereits in diesem Jahr bei der Informationsübergabe zur AST von weiteren Chemiekombinaten genutzt werden. Die Notwendigkeit der Zwischenlösungen folgt auch aus dem z. Z. vorhandenen Ausstattungsgrad der Arbeitsplätze mit Informationsverarbeitungstechnik sowie dem fast völligen Fehlen von Datennetzen. Somit ist zu erwarten, daß die erste Ausbaustufe des IVS im wesentlichen nur die vorhandene Praxis der Investitionsvorbereitung und -realisierung auf die Informationsverarbeitungstechnik überträgt. Es gilt aber, Erfahrungen zu sammeln, um für weitere Ausbaustufen eine neue Technologie des Investitionsprozesses konzipieren und realisieren zu können.

Inhalt der genannten neuen Technologie muß es sein, das praktizierte Nacheinander der Bearbeitungsschritte in weitgehend parallel ablaufende Prozesse umzubilden, die Bearbeitungsreihenfolge so zu ordnen, daß abgeschlossene Informationskomplexe sofort weiterverarbeitet werden können (z. B. Auslösung von Materialbestellungen bzw. Produktionsaufnahme) und die Entscheidungsprozesse den Bedingungen der interaktiven Arbeitsweise anzupassen. Erste Erfahrungen für die Arbeit in dieser Richtung konnten bereits mit den oben genannten abgeschlossenen bzw. vor dem Abschluß stehenden und bereits genutzten CAD/CAM-Lösungen gesammelt werden. Insbesondere sind zu nennen:

- AUKOS zur automatisierten Konstruktion von Rohrbündelwärmeübertragern (RWÜ);
- „Behälter" zur Berechnung, grafischen Darstellung und Stücklistenerstellung für Behälter;
- „Rührwerke" für Auslegung und Konstruktion von Behältern mit Rührwerken;
- Programmsystem Rohrleitung (PSR) für Projektierung und Vorfertigung von Rohrleitungen.

Die CAD-Lösung für Rohrbündelwärmeübertrager umfaßt:

- Die verfahrenstechnische und festigkeitstechnische Berechnung/Auslegung des Apparates;
- die automatische Erzeugung einer (Zeichnungs-)-Grundvariante;
- die Anpassung der Grundvariante an die speziellen Kundenwünsche;
- Automatische Erzeugung von Stücklisten aus der grafischen Information;
- Bewertung und Ergänzung der Stückliste

Die automatische Erzeugung der (Zeichnungs-)Grundvariante und ihre Anpassung an die speziellen Kundenwünsche im Dialog am Bildschirm wird bereits seit Anfang 1987 für die Produktionsvorbereitung genutzt. Gegenwärtig wird an der Übernahme der Berechnungsergebnisse als Startdaten für die Zeichnungsgenerierung und am Aufbau einer Stücklistenvariante aus der rechnerinternen Darstellung gearbeitet. Die Stückliste soll im Bildschirmdialog ergänzt und an das ESER-Projekt zur Stücklistenbearbeitung übergeben werden. Diese Arbeiten sind lt. Terminplan als F/E-Thema im II. Quartal 1988 abzuschließen.

Die Erfahrungen aus der Nutzung der CAD-Lösung RWÜ gestatten eine Reihe von Schlußfolgerungen für die weitere Gestaltung des IVS. So wurde erkannt, daß die notwendige Information für die Erzeugung der (Zeichnungs-)Grundvariante im Projektierungsprozeß bereits zu einem sehr frühen Zeitpunkt vorliegt. Damit eröffnet sich die Möglichkeit, aus der Projektierung komplette Werkstattzeichnungen für Rohrbündelwärmeübertrager an den Apparatebau zu geben. Diese Vorgehensweise wird unter dem Begriff Detailprojektierung bereits praktiziert und gestattet, Materialbestellungen für die RWÜ wesentlich früher auszulösen und die Gesamtdurchlaufzeit des Auftrages zu verkürzen. Eine andere Erfahrung ist, daß durch reine Zeichenarbeit noch keine wesentlichen Veränderungen in der Dauer und im Ablauf der Produktionsvorbereitung des Apparatebaus zu erzielen sind. Durch Anwendung der CAD-Lösung RWÜ wurde 1987 der Aufwand für die Zeichnungserstellung zwischen 30 % und 50 % gesenkt. Diese Verkürzung der Bearbeitungszeit beim Zeichnen führte aber nicht zu einer äquivalenten Verringerung der Gesamtbearbeitungszeit des Auftrages, da die nachfolgenden Arbeitsschritte (z. B. Zeichnungsprüfung) noch auf konventionelle Art erfolgen, d. h. noch keine durchgängig rechnerunterstützte Informationsverarbeitung vorliegt. Auch die Arbeitsorganisation wurde nicht auf die neuen Möglichkeiten abgestimmt.

Gegenwärtig ist die Zeichnung eine Art Visitenkarte für die Qualität eines Projektes. Eine Computerzeichnung suggeriert ein wesentlich höheres technisches Niveau der Projektierung als eine per-Hand-Zeichnung und somit ein am Rechner ausgeführtes, fehler- und widerspruchsfreies Projekt. Da die Technik für eine, den Anforderungen der Praxis genügende automatisierte Zeichnungserstellung erst wenige Jahre zur Verfügung steht, existiert auf diesem Gebiet ein großer Nachholebedarf. Außerdem zeigt die Iststandsanalyse des Projektierungsprozesses, daß das Zeichnen zu den Haupttätigkeitsarten (auf Grund des anteiligen Zeitbedarfes) gehört, deren Rationalisierung eine bedeutende Verkürzung der Zeit für die Investitionsvorbereitung verspricht. Der absolute Zeitaufwand für diese Tätigkeitsarten, zu denen neben dem Zeichnen auch Informieren, Entwerfen, Berechnen, Schreiben und Koordinieren gehören, wird sich mit der Einführung von IVS-Komponenten verkleinern. Gleichzeitig ist zu erwarten, daß sich das Verhältnis ihrer Zeitanteile am Projektierungsprozeß als Ganzes grundlegend verändern wird. So sollte das Berechnen eine wesentlich höhere Bedeutung erhalten als es gegenwärtig besitzt. Die weitere Intensivierung der Volkswirtschaft wird nach unterschiedlichen Gesichtspunkten optimale Lösungs(Projekt)-Varianten erfordern, die sich ökonomisch bewerten und vergleichen lassen. An die Stelle der Nachrechnung wird eine Auslegungsrechnung treten, um problemgerechte Anlagengrößen zu erhalten und den Materialeinsatz zu optimieren.

Dagegen sollte mit verstärktem Einsatz von Hard- und Software-Lösungen für die Verarbeitung grafischer Information zumindest auf bestimmten Gebieten die Zeichnung als Informationsträger zwischen Berechnung/Entwurf und Fertigung/Realisierung vollständig abgelöst oder durch eine Bildschirmdarstellung ersetzt werden. Erste Beispiele auf diesem Weg sind die NC-Programmierung auf Grundlage der rechnerinternen Darstellung sowie die Verarbeitung der Information aus dem Entwurfsprozeß für die Stücklistenerstellung (wie in der CAD-Lösung RWÜ). Andererseits wird es möglicherweise zur zwischenzeitlichen Vergrößerung der Zahl isometrischer Zeichnungen oder Hardcopy kommen, mit denen die teuren und zeitaufwendigen Anlagenmodelle ersetzt werden.

Außer den genannten Haupttätigkeiten werden mit Ausbau des IVS neue Tätigkeiten Bedeutung erlangen, wie zum Beispiel die Pflege und Aktualisierung der Datenbestände.

Es ist ein Problem der konzeptionellen Vorbereitung, solche Veränderungen rechtzeitig abzuschätzen und Voraussetzungen zur rationellen Durchführung dieser neu entstehenden bzw. in ihrem Umfang anwachsenden Tätigkeiten zu schaffen. Auf dem Gebiet der konzeptionellen Arbeit in Vorbereitung der zweiten Ausbaustufe des IVS erwarten wir starke Unterstützung von den Hochschulen. Auch innerhalb des Kombinates wird der Anteil dieser Arbeiten zunehmen. Die dafür benötigten Arbeitskräfte sind durch Produktivitätserhöhung freizusetzen. Eine weitere Quelle von Erkenntnissen für den weiteren Ausbau des IVS ist die internationale zwei- und mehrseitige Zusammenarbeit mit den führenden Projektierungseinrichtungen der Chemieindustrie in den RGW-Ländern, die vom Kombinat seit vielen Jahren betrieben wird. Die bisherige Arbeit an der ersten Ausbaustufe des IVS zeigt, daß zwischen den Betrieben des Kombinates noch Unterschiede in der Primärorganisation existieren, die es schnellstens zu beseitigen gilt, um die geplante Effektivitätserhöhung nicht in Frage zu stellen. Schwierigkeiten ergeben sich auch aus der Notwendigkeit, mit dem IVS alle Typen vorhandener Rechentechnik zu nutzen.

Innerhalb des Kombinates wurde mit Weisung des Generaldirektors die Vielfalt der Betriebssysteme und Software-Werkzeuge eingeschränkt. Damit wurden aber die Kompatibilitätsprobleme nicht grundsätzlich beseitigt. Wertvolle Erfahrungen bezüglich der Nutzung unterschiedlicher Rechentechnik im Rahmen einer CAD-Lösung vermittelte das Programmsystem Rohrleitungen, welches als echtes CAD/CAM-System die Verbindung zwischen Projektierung und Vorfertigung von Rohrleitungsbauteilen aus Elementen herstellt und in mehreren Kombinatsbetrieben auf unterschiedlichen EDVA abgearbeitet wird. Die Rohrleitungselementedatei umfaßt z. Z. ca. 120000 Elemente.

Kompliziert gestaltet sich auch die Abstimmung mit den Kooperationspartnern. Auf Grund seiner Spezifik besitzt das Kombinat viele Partner in der Volkswirtschaft und ist, um z. B. die Haupttätigkeit Informieren rationell zu gestalten, an der Übernahme von Massendatenbeständen, z. B. zu Produktionsprogrammen und Lieferbedingungen, interessiert. Andererseits könnten Bestellungen maschinenlesbar ausgefertigt werden. Dem stehen Unterschiede in der Primärorganisation entgegen. Bis 1990 wollen wir mit der ersten Ausbaustufe des IVS das Arbeitsvermögen der Projektierung schrittweise verdoppeln, das heißt, den Vorbereitungsaufwand pro Million Mark Investumfang von 1900 Stunden im Jahr 1985 auf 950 Stunden im Jahr 1990 reduzieren. Diese Zielstellung erscheint realistisch, da bereits 1987 ca. 10% aller Entwurfs- und Zeichenarbeiten der 2-D-Pojektierung am Bildschirm durchgeführt und dabei eine Produktivitätssteigerung auf 250 bis 300% erreicht wurde.

Reiner Krannich/Heinz Felsch

Erfahrungen bei der Entwicklung der sozialistischen Betriebswirtschaft in einem konsumgüterproduzierenden Kombinat

Die Entwicklung der Konsumgüterproduktion ist ein grundlegendes Element der dem Wohle des Volkes dienenden Politik unserer Partei. Die Sicherung einer stabilen Versorgung der Bevölkerung mit Konsumgütern auf ständig steigendem Niveau ist deshalb eine erstrangige politische Aufgabe, wie das Erich Honecker in seiner Rede auf der Beratung des Sekretariats des ZK mit den 1. Sekretären der Kreisleitungen der SED am 12. Februar 1988 erneut mit großem Nachdruck unterstrich.

In unserer politisch-ideologischen Arbeit stellen wir deshalb immer wieder unsere Verantwortung für ein bedarfsgerechtes Angebot an Kühl- und Gefrierschränken, Waschmaschinen, Heiz- und Kochgeräten, Haushaltsgeschirr, Bestecken und Schneidwaren sowie anderen Dingen des täglichen Bedarfs in den Mittelpunkt. Bei ständig steigendem qualitativen Niveau ist sowohl das Angebot zu sichern als auch ein gut funktionierender Kundendienst und eine entsprechende Ersatzteilbereitstellung zu gewährleisten.

Spitzenergebnisse bei der Entwicklung und produktionswirksamen Anwendung wissenschaftlich-technischer Leistungen zu erreichen und den gesamten Reproduktionsprozeß zu beschleunigen, steht im Kombinat im Mittelpunkt der Leitung, Planung und ökonomischen Stimulierung.

Einige wenige Bemerkungen zum Kombinat Haushaltgeräte Karl-Marx-Stadt. Die über 28000 Werktätigen in den 28 Betrieben unseres Kombinates haben in den vergangenen Jahren hohe Leistungen vollbracht und wertvolle Erfahrungen bei der Durchsetzung der Intensivierung gesammelt. In den letzten Jahren wurden in der Nettoproduktion und in der Arbeitsproduktivität durchschnittlich jährliche Zuwachsraten von über 10% erreicht. In der Warenproduktion sicherten wir einen Zuwachs von durchschnittlich 7% und im Nettogewinn zwischen 20 und 30% jährlich. Wir werden 1988 eine industrielle Warenproduktion von 4,6 Milliarden Mark realisieren und unserer Bevölkerung Erzeugnisse im Wert von fast 1,8 Milliarden Mark zur Verfügung stellen. 45% der Erzeugnisse für die Bevölkerung tragen das Gütezeichen „Q“.

Entsprechend dem Charakter unserer Produktion herrscht die Großserien- und Massenproduktion vor. Wir produzieren in diesem Jahr über eine Million Haushaltkälteschränke, eine halbe Million Waschmaschinen und auch etwa eine halbe Million Herde für den Haushalt. Wir fertigen Haushaltgeschirr, Bestecke, Schneidwaren und vieles andere mehr im Wert von über 500 Millionen Mark. Die Betriebe im Kombinat sind zumeist auf bestimmte Finalprodukte spezialisiert und wir haben darüber hinaus wichtige Zulieferbetriebe im eigenen Verband, wie z. B. für die Produktion von Elektrokochplatten, von elektronischen Steuerungen für Waschvollautomaten, von Emailfritten für die Geschirr- und Herdproduktion, von Gasgerätearmaturen oder Gießereierzeugnisse für Verdichter, Kohleherde u. a. Ein Betrieb, der im Kombinat im bestimmten Umfang Querschnittsaufgaben zu erfüllen hat, ist z. B. der Servicebetrieb VEB Haushaltgeräteservice Berlin mit Niederlassungen in allen Bezirken und mit etwa 1000 eigenen Werkstätten und Vertragswerkstätten. Weitere dieser Aufgabenstellungen sind der zentralisierte Rationalisierungsmittelbaubetrieb und der Außenhandelsbetrieb Union Haushaltgeräte export–import Berlin für die Wahrnehmung der Aufgaben des Exportes und Importes.

Die Entwicklung der sozialistischen Betriebswirtschaft durch umfassende Nutzung der modernen Rechen- und Informationstechnik sehen wir im Kombinat Haushaltgeräte als einen wesentlichen Faktor zur Beschleunigung und Intensivierung aller Prozesse beginnend bei der Forschung und Entwicklung neuer Erzeugnisse und Technologien über die Planung, Leitung und Prozeßdurchführung einschließlich Abrechnung bis zum Absatz.

Die Beschlüsse des XI. Parteitages der SED zur umfassenden Anwendung von CAD/CAM sind die Grundlage zur Lösung dieser anspruchsvollen und für die Leistungsentwicklung der nächsten Jahre bedeutenden Aufgabe.

Wir haben in den letzten Jahren für über 50 Millionen Mark moderne Rechentechnik installiert. 180 CAD/CAM-Arbeitsstationen in allen Phasen des Reproduktionsprozesses sind unsere gegenwärtige materiell-technische Basis. 1988 werden weitere 160 Arbeitsstationen dazukommen. Folgende Komplexe stehen dabei im Mittelpunkt unserer Arbeit auf diesem Gebiet:

1. Rationalisierung bei der Entwicklung und beim Bau von Rationalisierungsmitteln sowie Einführung von Automatisierungslösungen, einschließlich des Entwurfes elektronischer Schaltkreise und Steuerungen.

2. Schaffung durchgängiger Lösungen für den gestalterischen Entwurf ausgewählter Erzeugnisse, Entwurf und Fertigung der Werkzeugaktivteile auf NC-Maschinen und Steuerung der Fertigungslinien.

3. Entwicklung einer Referenzlösung für die komplexe Prozeßautomatisierung unter Einbeziehung einer durchgängigen CAM-Lösung, von der technologischen Fertigungsvorbereitung über die Produktionsplanung und -steuerung bis zur Fertigstellung der Produkte (z. B. das Vorhaben der flexiblen automatisierten Verdichterproduktion).

4. Die umfassende Rationalisierung der Verwaltungsarbeit in allen Abschnitten des Reproduktionsprozesses, insbesondere der Technologie, Materialwirt-

schaft, Absatz und Kundendienst. Besonders auf diesem Gebiet orientieren wir auf durchgängige Prozesse, um anfallende Daten nur einmal zu erfassen und die Arbeit mit maschinenlesbaren Datenträgern bis zur Kombinatsabrechnung zu organisieren. Aber diese Aufgabe ist ein langwieriger Entwicklungsprozeß besonders infolge der unterschiedlichen Voraussetzungen in unseren Betrieben.

Die unter drittens genannte Referenzlösung, die im Oktober 1988 die Produktion aufnehmen wird, möchte ich als ein Beispiel für die von uns im betriebswirtschaftlichen Prozeß angestrebte Komplexität und Effektivität charakterisieren. Gegenwärtig sind wir im Kombinat dabei, für die Herstellung neuentwickelter Hermetikverdichter – dem Herzen unserer Kühl- und Gefriergeräte – eine flexible automatisierte Fertigung aufzubauen. Hohe Ziele, die sich am internationalen Entwicklungstrend orientieren, und geschaffene CAD-Arbeitsplätze für die Berechnungs- und Konstruktionsarbeiten waren Ausgangspunkte für eine neue Qualität der Entwicklungskollektive. Es wurde eine Verdichterreihe realisiert, die gegenüber der alten Ausführung 42% weniger Guß benötigt. Mit einer energetischen Leistungskennziffer von über 0,9 bestimmen die neuen Verdichter den wissenschaftlich-technischen Höchststand.

Mit der Verwirklichung des Gesamtvorhabens werden die Arbeitsproduktivität auf 228% und die Produktionsstückzahlen auf 164% steigen. Der Automatisierungsgrad beträgt 80%.

Erreicht werden diese Ergebnisse durch den Einsatz von 180 prozeßflexiblen bzw. spezifischen Industrierobotern, die Anwendung von Rechentechnik für die Lenkung und Steuerung von Fertigungsabschnitten und die Disposition in der Teilelagerung sowie durch die Aufbereitung und Analyse der Informationen des Reproduktionsprozesses. Voll integriert sind rechnergestützte Transport- und Lagerprozesse sowie Meß- und Prüfarbeitsplätze. Für nahezu 400 Werktätige werden Arbeitserschwernisse und Monotonie abgebaut bzw. beseitigt.

Aus den bisherigen Einsatzfällen moderner Rechentechnik lassen sich vielfältige Erfahrungen ableiten, z. B. daß durch den gezielten Rechnereinsatz neben der Einsparung an Arbeitszeit für den Gestalter und Konstrukteur vor allem auch qualitativ verbesserte Arbeitsergebnisse möglich sind, die sich positiv auf die Erzeugnisqualität auswirken.

Wir haben zugleich eine allgemeingültige Erkenntnis aus dem Computereinsatz im Rationalisierungsmittelbau und auch in L- und V-Bereichen ableiten können, und zwar, daß die raschesten Arbeitsfortschritte beim Rechnereinsatz dort erreicht werden, wo der Arbeitsplatzcomputer von Beginn an in der Verantwortung der nutzenden Fachabteilung eingesetzt und der einzelne Mitarbeiter sofort mit den Bedingungen veränderter Arbeitsweise vertraut gemacht wird. Das schließt notwendigerweise Qualifizierungsmaßnahmen mit ein. Es ist unübersehbar, daß der Einsatz der modernen Rechentechnik nicht nur eine veränderte Arbeitsweise für den Konstrukteur und Ökonomen, sondern auch leitungsseitige und organisatorische Konsequenzen verlangt. Die politisch-moralische Unterstützung der Leiter durch die Parteiorganisationen hat in diesem Zusammenhang eine besondere Bedeutung. Bewährt hat sich die abgestimmte Arbeitsteilung bei der Zuordnung inhaltlicher Aufgaben rechnergestützten Arbeitens zwischen den Einsatzkollektiven in den Kombinatsbetrieben. Durch das Wirksamwerden einer zentralen Arbeitsgruppe für den arbeitsplatzbezogenen Computereinsatz im Rationalisierungsmittel- und Werkzeugbau konnten die Gesamtinteressen des Kombinates und die Möglichkeiten der Einsatzbetriebe in angemessene Übereinstimmung gebracht werden. Gleichzeitig führte der organisierte Erfahrungsaustausch auf diesem Wege zu dem dringend benötigten Zeitgewinn.

Joachim Neumann/Hans-Wolf Kretschmar

Rechnerintegrierte Leitung, Planung und Steuerung der Produktion – ein Beitrag für die Leistungs- und Effektivitätsentwicklung in den Kombinaten

Die vom XI. Parteitag der SED beschlossene ökonomische Strategie orientiert auf die beschleunigte Anwendung von Schlüsseltechnologien in der Produktion mit dem Ziel, die Effektivität gravierend zu erhöhen.[1] Ein Anwendungsfall für Schlüsseltechnologien ist die komplexe Automatisierung auf der Basis von flexiblen Lösungen.

Gegenüber der Einzweckautomatisierung erfaßt die komplexe Automatisierung alle Bereiche und Ebenen des Reproduktionsprozesses. Die Anwendung der Mikroelektronik in der Rechen- und Kommunikationstechnik gestattet es, die Datenverarbeitung in den Leitungsprozessen zu automatisieren und mit der Automatisierung in der Produktionsdurchführung zu verbinden. Bei der Realisierung von komplexen Automatisierungsvorhaben gilt es, folgende Anforderungen beherrschen zu lernen:

- Ausdehnung des Einsatzfeldes der Technik über die unmittelbaren Prozesse der Produktionsdurchführung hinaus auf die Leitung, Planung, Vorbereitung und Abrechnung der Produktion;
- Nutzung der Flexibilität der technischen Systeme und Erhöhung der Reaktionsfähigkeit der Leitungssysteme auf der Basis eines einheitlichen Informationssystems;
- Veränderungen der Arbeitsinhalte durch die Einrichtung von rechnerunterstützten und rechnerintegrierten Arbeitsplätzen sowie die Aufnahme von Tätigkeiten der Software-Produktion und -Pflege;
- Veränderung der Arbeitsbedingungen durch die Bildung autonomer, flexibler Produktionsstrukturen und Organisationsformen der Produktion.

Die rechnerintegrierte Leitung, Planung und Steuerung der Produktion bildet sich im Ergebnis der komplexen Automatisierung in den Kombinaten und Betrieben heraus.

Die Gestaltung dieses Automatisierungskomplexes zu einem rechnerintegrierten System ist zu einem national und international aktuellen Thema geworden, an dessen wissenschaftlicher Erschließung intensiv gearbeitet wird. Die Aktualität liegt darin begründet, daß die auf diesem Gebiet zur Verfügung stehende Software a priori die Effektivität von flexiblen Automatisierungslösungen beeinflußt. Das trifft insbesondere auf den Einsatz von Büro- und Personalcomputern in den Bereichen der Leitung, Planung, Vorbereitung, Steuerung und Abrechnung der Produktion zu. Es zeigt sich gegenwärtig in der Praxis, daß eine langfristige konzeptionelle Erarbeitung von miteinander paßfähigen, modularen rechnerunterstützten Teillösungen von großer Bedeutung ist.

Rechnerintegrierte Systeme der Leitung, Planung und Steuerung (ISPP) umfassen:

- Flexibel automatisierte Fertigungszellen, Fertigungssysteme und -straßen;
- rechnerintegrierte Prozesse der technischen Vorbereitung der Produktion, des Absatzes und der Materialversorgung;
- rechnerintegrierte Lösungen der Planung und Steuerung der Produktion (PPS);
- rechnerintegrierte Informationsverarbeitung für die Leitung (RIL);
- rechnerintegrierte Abrechnung und Analyse.

Die Einführung solcher rechnerintegrierter Systeme ist eine langfristige Aufgabe im Rahmen der ökonomischen Strategie. Bei der schrittweisen Einführung der modernen Rechentechnik ist das absehbare Konzept als eine integrierte Lösung (CIM-Konzept) anzuvisieren, um zu vermeiden, daß beim Übergang von einer Niveaustufe zur anderen durch die Ausbildung von nicht kopplungsfähigen Inseln Tempo- und Effektivitätsverluste entstehen. Häufig wird gegen die Konzipierung von rechnerintegrierten Systemen in der Weise polemisiert, daß die hardware-seitigen Voraussetzungen noch nicht gegeben sind. Dem ist entgegenzuhalten, daß die software-seitige Vorbereitung von bereits entwickelten Lösungsmöglichkeiten für die Einführung von Rechnerverbundsystemen nicht früh genug in Angriff genommen werden kann. Bei der Gestaltung von solchen rechnerintegrierten Systemen der Datenverarbeitung in den Leitungs-, Planungs- und Steuerungsorganen der Produktionsvorbereitung und -durchführung sind folgende Aufgaben zu lösen:

- Die rationelle Organisation der Datenerfassung und Datenhaltung;
- die funktionale Gestaltung des Systems der Informationsdatenverarbeitung;
- die Erarbeitung und Auswahl der Algorithmen und mathematischen Verfahren für die rechentechnische Abarbeitung der Funktionen einschließlich der Erarbeitung der Anwenderprogramme;
- die Bestimmung der gerätetechnischen Konfiguration, Nutzung der vorhandenen technischen Basis und Festlegung der Schrittfolge bei der Einführung bzw. Ergänzung der Rechen- und Kommunikationstechnik;
- die Bewertung der sozialen und ökonomischen Wirksamkeit der Automatisierungsvorhaben.

Ein Kardinalproblem bei der Gestaltung von Systemen mit einem hohen Integrationsgrad ist das Auffinden des Lösungsweges für die Beherrschung der Komplexität. Als Lösungswege für die inhaltliche Bewältigung der Komplexität von rechnerintegrierten Systemen der Leitung, Planung und Steuerung der Produktion haben sich bewährt bzw. zeichnen sich ab:

- Die Organisation der Datenerfassung und Datenhal-

tung als Integrator der Kommunikationsbeziehungen zwischen den Anwenderbereichen und Leitungsebenen;
- die Systematisierung und Modularisierung der auszuführenden Funktionen in den einzelnen Anwenderbereichen[2] und die Bildung von Integrationsketten zwischen den Anwenderbereichen und Leitungsebenen[3].

Eine rechnerintegrierte Arbeit in allen Phasen des Reproduktionsprozesses erfordert für die Systemsicherung ein einheitliches Herangehen an die Fragen der
- Dateiorganisation und Dateiverwaltung,
- Daten- und Programmkommunikation sowie
- Programmgestaltung und Programmverwaltung.

Das wird notwendig, da die Funktionalebenen im betrieblichen Reproduktionsprozeß, wie technische Vorbereitung, Materialwirtschaft, Absatzwirtschaft, Grundmittelwirtschaft, Arbeitsökonomie, Planung der Produktion, Steuerung der Produktion, Rechnungsführung und Statistik sowie die Leitung für die rechnergestützte Arbeit, sowohl interne Arbeitsanforderungen als auch externe Aufgaben zu realisieren haben, um die Teilsysteme in den Anwendungsbereichen zu einem komplexen Gesamtsystem zusammenzufassen.

Zur Kopplung von Teilsystemen werden Integrationsketten angewandt. In der Betrachtung rechnerintegrierter Lösungen können funktionale Integrationsketten und logistische Integrationsketten unterschieden werden. Dabei kommt logistischen Integrationsketten, die Funktionen in Formationsrichtung mehrerer Anwenderbereiche koppeln, eine besondere Bedeutung im integrierten Prozeß zu.

Die Systematisierung der Datenerfassung erfordert bei integrierter Datenverarbeitung, d. h. bei partiell verteilter und völlig verteilter Datenverarbeitung mit Büro- und Personalcomputern, eine eindeutige Schnittstellenbestimmung, die die Unterscheidung in interne Datenverwaltung sowie externe Datenverwaltung notwendig macht.

Eine interne Datenverwaltung grenzt die Datenerfassung und -haltung einer in sich weitestgehend abgeschlossenen Produktionszelle ein, die z. B. ein flexibler automatisierter Fertigungsabschnitt sein kann, aber auch eine Produktionsstätte eines Mittelbetriebes. Prämisse für die Abgrenzung einer internen Datenverwaltung ist die rechnergestützte Abarbeitung von Planungs- und Steuerungsfunktionen der jeweiligen Produktionszelle.

Unter externer Datenverwaltung ist eine Datenhaltung zu verstehen, die außerhalb der internen Datenverwaltung verwaltet und weiterverarbeitet wird, d. h. die durch exakt repräsentierte Schnittstellen gekennzeichnet ist und die Kopplung zwischen den Anwendungsbereichen ermöglicht.

Zur breiten Einbeziehung von Werktätigen in die integrierte Datenverarbeitung ist ein weiterer Fakt der Datenhaltung wichtig, der Aufbau und die Verwaltung von Integrationsdateien. Sie stellen abgeleitete Dateien aus Stamm- und Bewegungsdaten wichtiger Anwenderbereiche dar, die eine zentrale Bedeutung für die Planung und Steuerung der Produktion besitzen, wie die der Erzeugnisentwicklung. Das sind Daten zur Erzeugnis- und Produktionsstättenbeschreibung, Preise, Preis- und Kostenbestandteile, Qualitätseinstufungen, materialwirtschaftliche Effektiv- und Normativaussagen sowie arbeitsökonomische Effektiv- und Normativaussagen.

Damit sind Voraussetzungen geschaffen, den Datenumfang in der internen Datenhaltung einzuschränken, eine komplexe übersichtliche Dialoggestaltung aufzubauen, den Meister als Leiter des Verantwortungsbereiches mit Datenverwaltung und Datenauswertung zu betrauen, um das persönliche und kollektive Eigentümerbewußtsein auszuprägen.

Die durchgängige rationelle Gestaltung der rechnerunterstützten Arbeit setzt die programmtechnische Beherrschung der funktionellen Zusammenhänge des Reproduktionsprozesses im Betrieb voraus. Es ist deshalb wichtig, im Rahmen einer Prozeßanalyse eine Elementarisierung vorzunehmen, d. h. die komplexen Funktionen der Vorbereitung der Produktion, ihrer Planung, Steuerung und Abrechnung in Einzeloperationen zu zerlegen und diese mittels geeigneter Systemsoftware rechentechnisch zu verarbeiten. Diese funktionelle Zergliederung und ihre Verkettung bzw. Kopplung mittels funktionaler und logistischer Integrationsketten führt von Elementarfunktionen zu Grund- und Komplexfunktionen in und zwischen den verschiedenen Anwendungsbereichen. Ihre rechentechnische Bearbeitung kann als modulare Funktionsverarbeitung gekennzeichnet werden. Bausteine dieser modularen Verarbeitung sind Elementarmodule. Sie bestehen aus den Elementarphasen Sortieren, Mischen, Trennen, Löschen und Kopieren von Datensätzen in Dateien, zwischen Dateien, ihre Verarbeitung sowie ihre Darstellung. Die Verarbeitung betrifft Auswertungsfunktionen mit spezifischem Inhalt, deren Form und Verfahrensweise den rechnergestützten Vorschriften angepaßt sind. Elementarmodule werden in einer Funktionsebene abgearbeitet. Grundmodule sind mittels funktionalen Integrationsketten gekoppelte Elementarmodule, Komplexmodule mittels logistischen Integrationsketten gekoppelte Elementarmodule.

Aus diesem komplexen Funktionalsystem kann eine spezifische Prozeßlogistik erstellt werden, wie es ein in der Praxis sehr häufiger Vorgang einer Kundenauftragsbestätigung oder -ablehnung einschließlich Fertigungssteuerung entwickelter Erzeugnisse darstellt.[4] Bestandteil dieser Komplexfunktion ist die Termin- und Effektivitätsprüfung eines Kundenauftrages, die in folgenden Stufen und Phasen ablaufen kann;

Stufe I Basisstufe	Kapazitätsbilanzausgleich mittels Erzeugnisauftragsvarianten
Phase 1 Abgrenzungsphase	Festlegung des Steuerungshorizonts sowie darauf aufbauende Fondsermittlung
Phase 2 Variantenphase	Bildung der Erzeugnisauftragsvarianten mit unterschiedlicher Maschinen- und Anlagenbelegung; Bilanzierung und Entscheidungsfrage zur Fortsetzung
Phase 3 Bilanzphase	Bilanzierung des Arbeitszeitfonds für die Terminbestätigung oder Entscheidung zur Fortsetzungsstufe
Stufe II Fortsetzungsstufe	Kapazitätsbilanzausgleich mittels Auftragsselektierung

Phase 1 Selektierphase	Selektierung von Fertigungsaufträgen, die den fehlenden Zeitfonds ausgleichen, jedoch nicht als gewichtete Aufträge eingestuft sind
Phase 2 Bilanzphase	Bilanzierung des Zeitfonds für die Terminbestätigung
Stufe III Finalstufe	Entscheidung der Auftragsbestätigung
Phase 1 Limitphase	Vorkalkulation des Kundenauftrages auf der Grundlage der ermittelten Maschinen- und Anlagenbelegung
Phase 2 Entscheidungsphase	Entweder/Oder-Entscheidung – Terminbestätigung bei ausreichender Effektivität – Auftragsbearbeitung zur Erhöhung der Effektivität

Neben der Darstellung einer Prozeßlogistik zur Planung und Steuerung der Produktion lassen sich weitere Aspekte der breiten Anwendung einer internen Datenverwaltung ableiten. Die Nutzung integrierter Datenverarbeitung der Planung, Steuerung und Abrechnung gestattet eine Aufwands- und Ergebniszuordnung nach dem Erzeugnis-, Auftrags- und Personalprinzip. Damit werden Voraussetzungen für die direkte Aufwands- und Ergebnisbeeinflussung geschaffen, die z.B. für eine Haushaltbuchführung zur Mengen-, Wert- und Qualitätsbewertung im Leistungsvergleich herangezogen werden können.

Die wert- und mengenmäßige Auftragsplanung und -abrechnung ist ein wichtiger Aspekt der Anwendung der internen Datenverwaltung für die tiefere betriebswirtschaftliche Bewertung von Kunden- und Fertigungsaufträgen. Damit wird eine vorausschauende Effektivitätsplanung möglich. Notwendigerweise ist jedoch die Datenhaltung bereits auf diese Erfordernisse zu richten, um mengenabhängige direkte Kosten, zeitabhängige direkte Kosten sowie zeitabhängige indirekte Kosten für die Auftragsplanung und -abrechnung bereits zu verwalten.

Ein weiterer Anwendungsbereich für die Auswertung der internen Datenverwaltung liegt in der Abrechnung des Planes Wissenschaft und Technik, da mit der erzeugnis- und auftragsgebundenen Planung und Abrechnung Bedingungen für eine maßnahmebezogene Abrechnung geschaffen werden, die genutzt werden können. Durch die Anwendung der integrierten Datenverarbeitung werden entscheidende Effekte in der Erhöhung der Produktivität der lebendigen Arbeit erreicht, der Produktionszyklus und die Durchlaufzeiten verkürzt und die Flexibilität und Reaktionsfähigkeit erhöht. Unter der Voraussetzung einer tagfertigen Erzeugnisverwaltungsdatei konnte die Angebotsbewertung zur Vorbereitung einer Messe von 14 Tagen auf 0,5 Tage reduziert werden. Die Bewertung erfolgt rechnergestützt nach drei Auswahlkriterien einschließlich subjektiver Dialogentscheidung im Maßstab der Gesamtkollektion. Es werden Erzeugnisse angeboten, die somit den Markterfordernissen und den Plankriterien gerecht werden. Insgesamt kann aus heutigem Entwicklungsstand eingeschätzt werden, daß mit der durchgängigen rechnergestützten Arbeit die Durchlaufzeit der Erzeugnisse sich um ca. 40% verkürzt und der Aufwand an lebendiger Arbeit in Leitung und Verwaltung sich um ca. 25% reduziert.

Anmerkungen

1 Vgl. Bericht des Zentralkomitees der Sozialistischen Einheitspartei Deutschlands an den XI. Parteitag der SED, Berichterstatter: Erich Honecker. Dietz Verlag, Berlin 1986, S. 28.

2 Vgl. Autorenkollektiv, Ökonomie der Produktionsdurchführung, Verlag Die Wirtschaft, Berlin 1984, S. 103–106.

3 Vgl. Autorenkollektiv; Ökonomie der Automatisierung. Verlag Die Wirtschaft, Berlin 1985, S. 145–150.

4 Vgl. H. Koziolek, Betriebswirtschaft im System unserer sozialistischen Planwirtschaft, in: Einheit 12/1987, S. 1083.

Bernd Jankowski/Hans-Jürgen Gau

Interaktive Informationssysteme in der Ökonomie (IÖIS)

Um das Kernstück der Politik der DDR, die Einheit von Wirtschafts- und Sozialpolitik, weiter zu verwirklichen, ist die langfristige komplexe Planung als ein Schwerpunkt der immer umfassenderen Intensivierung ständig weiter zu vervollkommnen. Dazu ist es notwendig, die bei der intensiven Reproduktion komplizierter werdenden Reproduktionsbedingungen in ihrer Komplexität zu erfassen, umfassend zu analysieren und so zu beeinflussen, daß langfristig ein kontinuierlich steigendes Effektivitätsniveau erreicht wird. Die ökonomische Theorie der Effektivitätsmessung und -bewertung von Struktureinheiten, Erzeugnissen und Leistungen – d.h. die Theorie großer ökonomischer Systeme – und deren Umsetzung in die Praxis stellt den zentralen Gegenstand dieser interaktiven Informationssysteme dar. Die damit abbildbaren Modelle großer ökonomischer und technisch-ökonomischer Systeme sind nur mit Hilfe umfassender mathematischer Optimierungs- bzw. Simulationsmethoden beherrschbar. Sinnvolle Lösungen für diese IÖIS sind nur mit Hilfe der modernen Rechentechnik erreichbar. Dabei ist der Einsatz von zentralen als auch dezentralen EDVA im Verbund im Sinne von WAN (Wide area network) und LAN (Local area network) notwendig.

Auf einige Probleme und mögliche Lösungen dazu soll in den folgenden Abschnitten eingegangen werden.

Gegenwärtig existieren eine Vielzahl einzelner, voneinander losgelöster Systeme insbesondere auf den Gebieten der

- automatisierten Produktion (CAM), die Elemente der operativen und kurzfristigen Planung einschließen und
- automatische Produktionsvorbereitung (CAD).

Das wissenschaftliche Neuland auf dem Gebiet der automatisierten Leitung und Planung ist schnellstens zu erschließen.

Eine wichtige Aufgabe in Richtung der automatisierten Fabrik (CIM-Konzepte) ist es, diese einzelnen Systeme in einem IÖIS zusammenzufassen. Dabei kommt den dazu notwendigen Informationsschnittstellen, d.h. der Ermittlung des notwendigen Informationsbedarfes und der Informationsübergabe, große Bedeutung zu.

Der Widerspruch zwischen einer übermäßig großen Zahl von Informationen, also einer Informationsflut, und teilweise fehlenden Informationen für wichtige, insbesondere längerfristige strategische Entscheidungen macht es notwendig, die Frage nach dem „Worüber" mit dem „Wozu" der Information zu koppeln.

Ein diesen Ansprüchen gerecht werdendes IÖIS besteht aus mehreren Teil-Systemen, die untereinander gekoppelt sind und deren wichtigste Bestandteile kurz dargestellt werden sollen:

Das Modellbanksystem
Das Modellbanksystem umfaßt die notwendigen Simulationsmodelle für die Ermittlung der Gesamteffektivität, der Erlöse, der Gesamtselbstkosten, Arbeitskräfte, die technisch-technologischen Modelle der einzelnen Erzeugnisgruppen und die Grund- und Umlauffonds.

Das Methodenbanksystem
In der Methodenbank sind die notwendigen Optimierungsverfahren, die Strukturdarstellung aller einzelnen Produktionsbereiche, Methoden der grafischen Darstellung, statistische Funktionen und Simulationsalgorithmen gespeichert.

Alle dort gespeicherten Methoden werden ständig vervollkommnet, so daß mit ihrer Hilfe ständig neue und verbesserte Modelle kombiniert werden können.

Die gespeicherten Methoden bestehen aus einzelnen Programmodulen, die zu neuen Methoden und Modellen zusammenstellbar sind.

Das Datenbanksystem
Es ermöglicht den Zugriff auf *eine* Basisdatenbank und realisiert die notwendigen Zugriffe zu anderen Datenbanken. Das Datenbanksystem realisiert eine einheitliche Datenschnittstelle für den Datenträger zu über- und untergeordneten Ebenen mittels lokaler und weitreichender Datennetze.

Die IÖIS bilden die Voraussetzung, um optimale Lösungen bei der bedienarmen Festigung realisieren zu können.

Sie realisieren die Einheit von CAP (Planung und Bilanzierung aller Phasen und Elemente des Reproduktionsprozesses in ihrer Gleichzeitigkeit und Komplexität), CAA (Betriebsabrechnung, -analyse und -statistik), CAE/CAD (Forschung, Entwicklung, Konstruktion, Projektierung, Investitionsvorbereitung), CAM (Arbeitsvorbereitung, operative Planung, Auftragsverfolgung), CAQ (Qualitätskontrolle) sowie der Produktion bzw. dem Anlagenbau und den dazu notwendigen Material-, Energie- und Informationsflüssen.

Das Monitorsystem
Die gegenwärtige und auch noch länger anhaltende Situation bei der vorhandenen Technik und den Betriebssystemen zwingt dazu, verschiedene Betriebssysteme, Diskettenformate und Systeminstallationen vorzuhalten, um einen stabilen Betrieb mit hoher Auslastung der Rechner gewährleisten zu können.

20/6443

1. Kurze Analyse der veränderten Reproduktionsbedingungen und deren Wirkung in der Effektivitätsmessung

Gegenwärtig sind die veränderten Reproduktionsbedingungen durch folgende Haupteinflußfaktoren gekennzeichnet:
- zunehmende Bedeutung von Wissenschaft und Technik,
- veränderte Außenwirtschaftsbeziehungen,
- höhere Produktivität und Intensität beim Einsatz der Rohstoffe, Werkstoffe und des Materialaufkommens,
- ständig steigende Aufwendungen für die Beschaffung und sich ändernde Qualität bei den Primärenergieträgern,
- strikte Notwendigkeit der rationellen Energieanwendung,
- veränderter Charakter der Reproduktion des gesellschaftlichen Arbeitsvermögens,
- Ausbau und Nutzung der materiell-technischen Basis,
- Aufwendungen für die Erhaltung des Friedens.

Das komplexe Wirken aller dieser Reproduktionsbedingungen ist nur beherrschbar, wenn für die produzierenden Struktureinheiten, für die Erzeugnisse und Leistungen, die insgesamt und jedes für sich große ökonomische Systeme darstellen, hochqualifizierte Modelle erstellt werden.

Mit Hilfe moderner mathematischer Verfahren, wie z. B. der prospektiven Simulation, sind die Grenzzustände der technisch-ökonomischen Systeme durch Parametervariation und die optimale Entwicklungsrichtung und -geschwindigkeit der Effektivität des Reproduktionsprozesses zu berechnen und damit wissenschaftlich begründet als Entscheidungsvorbereitung zu verwenden.

Die Realisierung der genannten Methoden und Verfahren setzt eine verstärkte Anwendung der modernen Rechentechnik in der Betriebswirtschaft voraus.

2. Kurze Einschätzung der gegenwärtigen Reproduktionsbedingungen in der Energiewirtschaft

Die gegenwärtig angewendete Leistungsbewertung in den Energiekombinaten gestattet keine komplexe Analyse der Zusammenhänge der Kategorien der wirtschaftlichen Rechnungsführung.

Der Grund hierfür liegt in der methodischen Regelung der Warenproduktionsbestimmung, die die Ablösung der Ware im Marxschen Sinne durch eine Berechnungsgröße darstellt.

In diesem Berechnungsalgorithmus werden mittels Bewertungssätzen aus den Grundfonds für die Fortleitung und Verteilung, sowie für die Wärmeerzeugung fiktive Warenproduktionsgrößen errechnet.

$$IWP = WP_N \cdot GF\,[TM] \qquad (1)$$

Diese Art der Warenproduktionsbestimmung führt zu einer Rechengröße, die in keinem unmittelbaren Zusammenhang mit den Kategorien der wirtschaftlichen Rechnungsführung, v. z. B. den Kosten, steht.

Somit können auch keine komplexen langfristigen Entwicklungsstrategien aufgestellt werden.

Für die Ermittlung anderer Kategorien der wirtschaftlichen Rechnungsführung werden diese bewerteten Bestandteile über das Energieabrechnungskonto herausgerechnet, was deren Darstellung wesentlich erschwert. Diese methodischen Regelungen bewirken eine außer Kraftsetzung bzw. widersprüchliche Wirkungsweise der Kategorien im System der wirtschaftlichen Rechnungsführung. Einen zweiten Schwerpunkt stellen die Maßnahmen der rationellen Energieanwendung dar. So verursacht die ökonomisch äußerst sinnvolle Auskopplung von Wärme aus Großkraftwerken, die ansonsten als Kondensationsenergie verloren geht, bei den gegenwärtigen Regelungen eine Erhöhung der Kosten im Energiekombinat, da die Eigenerzeugung nach der gegenwärtigen Berechnungsmethodik billiger als Bezug der Wärme aus Großkraftwerken ist. Zusätzlich verringert sich die industrielle Warenproduktion, die produktgebundenen Preisstützungen entfallen und der Nettogewinn des Energiekombinates verringert sich in Größenordnungen.

Auch bei Anwendung der Methode der optimalen rechnergestützten Fahrweise von Fernwärmenetzen, wobei die kurzzeitige Nutzung des Abnehmers als Wärmespeicher integriert ist, reduziert sich die abgesetzte Wärmemenge und damit der Erlös. Gleichzeitig erhöhen sich die Abschreibungen infolge eines erhöhten Grundmittelbestandes für die notwendige Rechentechnik.

Diese Beispiele zeigen, daß damit bedeutende volkswirtschaftliche Effekte und Intensivierungen nicht erreicht werden, da der gegenwärtige Wirtschaftsmechanismus diese Effekte nicht oder nur bedingt unterstützt.

3. Ableitung des ökonomischen Zielfeldes

Das ökonomische Zielfeld muß so beschaffen sein, daß es die Kopplung zwischen volks- und betriebswirtschaftlicher Effektivität herstellt. Dabei müssen alle Bestandteile der betrieblichen Effektivität, der Phasen und Elemente des Reproduktionsprozesses zusammengefaßt werden.

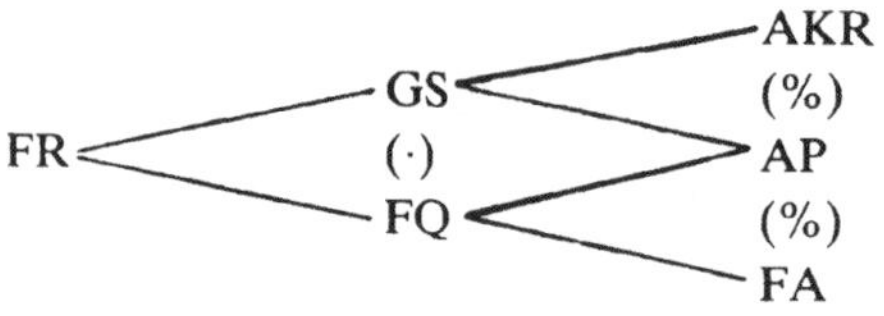

(2)

Abkürzungen:
FR = Fondsrentabilität
GS = Gewinnsatz
FQ = Fondsquote
AKR = Arbeitskräfterentabilität
AP = Arbeitsproduktivität
FA = Fondsausstattung

Die Ableitung des ökonomischen Zielfeldes, ausgehend von der Marxschen Analyse des Produktions- und Reproduktionsprozesses ist aus[1] zu entnehmen.

Mit Hilfe des komplexen Zielfeldes Ökonomie ist folgendes Simulationsproblem zu lösen:

$$FR \rightarrow \max.$$
$$GS, FQ, AKR, AP, FA \rightarrow opt. \quad (3)$$
$$IWP, GSK, F, AK, \ldots \rightarrow opt.$$

IWP = industrielle Warenproduktion
GSK = Gesamtselbstkosten
F = Fonds
AK = Arbeitskräfte

Die Maximierung der Fondsrentabilität wird durch die schrittweise Optimierung aller ihrer Einflußfaktoren erreicht.

Nachfolgend soll noch die Entwicklung der Fondsrentabilität in Abhängigkeit der Entwicklung der Fondsquote und des Gewinnsatzes weiter erläutert werden.

Bildet man parametrisch $FR = f(GS, GFQ)$ (4)

ab, unterstellt, daß sich die eingetretene FRo in einem Punkt A befindet, so zeigt sich, daß von diesem ausgehend, eine maximale Strategie ermittelt werden kann, indem durch Anlegen der Tangente an die FRo-Niveaulinie im Pkt. A und darauf Errichten der Senkrechten der höchste FR-Zuwachs (Gradientendarstellung) ΔFR eintritt.

Für die maximale Strategie ergibt sich mit der Gradientendarstellung

$$\max. FR = FRo + \sum_i \text{grd}\, FR_i \quad (5)$$

$i = 1(1)n$ Jahre

Nach Ermittlung von grd FR ist durch schrittweise Optimierung des ökonomischen Zielfeldes

$$\max. GS = GSo + \sum_i \text{grd}\, GS_i \quad (6)$$

$$\text{und } \max. GFQ = GFQo + \sum_i \text{grd}\, GFQ_i \quad (7)$$

zu errechnen, da die Größen wie ΔGS und ΔGFQ bei grd FR optimal werden. Auf diese Weise kann das gesamte Zielfeld gem. Formel (1) optimiert werden und der Übergang zu den Kennziffernketten des Kennziffernbaumes hergestellt werden.

4. Verbindung des ökonomischen Zielfeldes mit Kennziffernbäumen

Nach der Darstellung des ökonomischen Zielfeldes soll nachfolgend der Übergang zur technisch-technologischen Einzeleinflußgrößen erfolgen, die mittels hierarchisch strukturierter Kennziffernbäume dargestellt werden.

Diese Kennziffernbäume sind zweig- bzw. prozeßspezifisch. Aufbau und Struktur ergeben sich aus der Technologie des betrachteten Prozesses und der Gliederung des Systems der wirtschaftlichen Rechnungsführung. Der Kennziffernbaum ist so gestaltet, daß die Zielkennziffer immer über den zu beeinflussenden Kenngrößen liegt.

Folgendes Beispiel soll dies verdeutlichen:

1. Ebene	Kennziffer K0			
2. Ebene	Kennziffern	K01	K02	$\ldots K0i_1$
3. Ebene	Kennziffern	K0 11	K012	$\ldots K01i_2$
4. Ebene	Kennziffern	K0111	K0112	$\ldots K01\ldots i_{n-1}$
n. Ebene	Kennziffer K0 hn			

Die Ursache-Wirkungs-Linie würde beispielsweise $K0\ nh \rightarrow K0111 \rightarrow K011 \rightarrow K01 \rightarrow K0$ sein. Durch diese vertikale Kennziffernverkettung zeigt sich der Einfluß der nh-ten Kennziffer auf die Gesamtkennziffer K0. Jeder Einzeleinfluß am Ende einer Kette stellt den partiellen Einfluß dieser Änderung auf die Gesamtkennziffer dar[2, 3].

Nachfolgend soll der Berechnungsalgorithmus mittels der partiellen Differentiation zur Ermittlung des Kennziffernzuwachses dargestellt werden.

Bei vertikaler Kennziffernkette:

$$K0 \leftarrow K01 \leftarrow K011 \leftarrow K0111 \leftarrow \ldots \leftarrow K0\,nh$$

ergibt sich:

$$d\,K0 = \frac{\delta K0}{\delta K01} \cdot \frac{\delta K01}{\delta K011} \cdot \frac{\delta K011}{\delta K011}$$

$$\cdot \ldots \frac{K0\,nh - 1}{\delta K0\,nh} \cdot d\,K0\,nh \quad (8)$$

Die Simulation aller Einzeleinflüsse ergibt sich aus:

Vertikale Verkettung

$$d\,K0 = \sum_{ij} \prod_{nh} \frac{\delta K0\,nj - 1\,ij}{\delta K0\,nh\,ij} \cdot d\,K0\,n\,ij \quad (9)$$

Horizontale Kette:

$$K0 = K01 + K02 + \ldots + K0\,ij \quad (10)$$

$$d\,K0 = \frac{\delta K01}{\delta K01} \cdot d\,K01 + \frac{\delta K01}{\delta K02} \cdot d\,K02 + \ldots$$

$$+ \frac{\delta K0}{\delta K0\,ij} \cdot d\,K0\,ij \quad (11)$$

$$d\,K0 = \sum_{ij} \frac{\delta K0}{\delta K0\,ij} \cdot d\,K0\,ij \quad (12)$$

Durch die Anpassung der dargestellten Differenzialketten an den konkreten Prozeß können alle Einflußgrößen abgebildet werden. Dabei können sowohl einzelne als auch komplexe Varianten gebildet werden. Der Einfluß einer am unteren Ende des Kennziffernbaumes stehenden Kennziffer K0 nh auf die Gesamteffektivität des Prozesses kann dadurch sofort sichtbar gemacht werden.

Im nachfolgend dargestellten regelmeßtechnischen Modell wurden die Kennziffernbäume verwendet, um die Gesamteffektivität eines Energiekombinates abzubilden.

5. Regelungstechnisches Modell für Energiekombinate

Das Regelmeßmodell beinhaltet 2 Regelkreise. Der innere Regelkreis hat die Aufgabe, die im Kombinat auftretenden Störgrößen auszugleichen, um eine maximale Effektivität zu erreichen. Wenn es durch die innerbetriebliche Regelung nicht möglich ist, Störgrößen auszugleichen, erfolgt eine Einflußnahme auf die Störgrößen mittels eines äußeren Regelkreises.

5.1. Der innere Regelkreis

Ausgangspunkt für den inneren Regelkreis ist der Nettogewinn. Damit ergeben sich bei der Nichterfüllung des Nettogewinns folgende Regelstufen:

(1) (Nettogewinn) → Investitionsfonds → Erhöhung der Grundfonds → Steigerung der Warenproduktion → höhere Erlöse.
Negativ wirken hierbei solche Funktionen wie: höhere Abschreibungen, steigende Materialkosten, höhere Produktionsfondsabgabe.

(2) (Nettogewinn) → Aussonderung von Grundmitteln → Senkung der Abschreibungen → Senkung der Produktionsfondsabgabe, negative Wirkungen entstehen durch anfallende Restbuchwerte.

(3) (Nettogewinn) → Erhöhung der Warenproduktion → Steigerung der Erlöse Verringerung der spezifischen Kosten, negative Wirkungen entstehen durch die Erhöhung der Materialrate.

(4) (Nettogewinn) → Prämienfonds → Senkung der Materialkosten → Steigerung des Nettogewinns.

(5) (Nettogewinn) → Fonds Wissenschaft und Technik → Steigerung des Nettogewinns. Die Steigerung des Nettogewinns erfolgt hierbei über alle bisher genannten Einflußgrößen.

5.2. Der größere Regelkreis

Die Regelung durch einen äußeren Regelkreis wird dann notwendig, wenn es durch Nutzung aller Möglichkeiten des inneren Regelkreises nicht möglich ist, das Effektivitätsniveau zu halten oder herzustellen. Diese Notwendigkeit tritt durch beispielsweise folgende Faktoren ein:

- Zu niedrige Außentemperaturen und der damit entstehende Mehrbedarf an Gebrauchsenergie, der meist nur mit einem Einsatz hochwertiger und damit teurer Energieträger gedeckt werden kann. Damit erhöhen sich die spezifischen Kosten bei gleichbleibenden spezifischen Erlösen infolge der stabilen Preise für die Abnehmer.
- Der Jahreszeit entsprechend zu hohe Außentemperaturen und den geringeren Bedarf an Gebrauchsenergie und damit sinkenden Erlösen und spezifisch steigenden Kosten.

Die beiden genannten Faktoren können nur durch einen äußeren Regler (das übergeordnete Organ) oder freie Regelstrecken ausgeglichen werden, indem der Plan gleitend, entsprechend den Außentemperaturen, geändert wird.

Kriterium muß dabei die ständige bedarfsgerechte Versorgung der Wirtschaft und Bevölkerung unter allen Bedingungen mit Gebrauchsenergie sein. Dabei dürfen den Energiekombinaten durch die Realisierung ihrer Versorgungspflicht keine Verluste entstehen.

Als letzter Faktor sollen noch alle Maßnahmen der rationellen Energieanwendung genannt werden, deren Realisierung für das Energiekombinat mit Gewinnreduzierung verbunden ist. Um trotzdem die Reproduktion zu ermöglichen, muß von außen regelnd eingegriffen werden. Solche Maßnahmen können sein:

- Gewinnbeteiligung aus Maßnahmen der rationellen Energieanwendung beim Abnehmer,
- Reduzierung der Nettogewinnabgabe,
- Verringerung der Produktionsfondsabgabe für Grundmittel, die der rationellen Energieanwendung dienen,
- veränderte Preisbildungsvorschriften.

Zusammenfassung

Das Ziel des Regelungstechnischen Modells für Kombinate, Erzeugnisse und Leistungen der Energiewirtschaft besteht darin, die volkswirtschaftlichen Interessen mit den betrieblichen Interessen der Energiekombinate in Übereinstimmung zu bringen und Maßnahmen der rationellen Energieanwendung zu stimulieren und damit eine Strategie zur Optimierung der Entwicklungsrichtung und -geschwindigkeit des Reproduktionsprozesses von Struktureinheiten, Erzeugnissen und Leistungen zu ermöglichen.

Anmerkungen

[1] W. Schwarzer/B. Laurentius, Messung und Bewertung der betrieblichen Effektivität für Struktureinheiten, Erzeugnisse und Leistungen der territorialen Energieversorgung. Wiss. Bericht der IH Zittau, Nr. 715 (1987).

[2] W. Schwarzer, Inhaltlich-methodische Anforderungen und Gestaltung eines Grundmodells für ökonomische Informationssysteme unter besonderer Berücksichtigung der Planung und Analyse der intensiv erweiterten Reproduktion in der territorialen Energieversorgung. Dissertation B an der TU Dresden, Juni 1986.

[3] R. Laurentius, Bürocomputerintegriertes Planungs- und Analysesystem zur Messung und Bewertung der ökonomischen Effektivität eines Energiekombinates, dargestellt am Beispiel des Gasfortleitungs- und Gasverteilungsprozesses. Dissertation A an der IH Zittau, April 1987.

Peter Münch

Aufbau und Nutzung rechnergestützter Informationssysteme in Kombinaten

Die vom XI. Parteitag der SED aufgezeigte Entwicklung „... bis hin zu immer mehr automatisierten Fabriken"[1] stellt eine gewaltige Herausforderung an die Industriekombinate der DDR sowie deren Kollektive und Leiter dar.

„Dabei bedarf es jedoch eines ausgeprägten persönlichen Engagements der Leiter, um die Anwendung (und das erfordert ihre Beherrschung) der entsprechenden Methoden und der Leitungstechnik durchzusetzen, sie in die Arbeit als selbstverständlich zu integrieren."[2]

Untersuchungen haben gezeigt, daß verschiedene Ansätze zur Implementierung rechnergestützter Informationssysteme für die obere Leitungsebene oft von kurzer Lebensdauer waren. Es ist eine lohnende Aufgabe, die Ursachen für diese Tendenz zu ermitteln und daraus Schlußfolgerungen für die künftige Gestaltung solcher Systeme abzuleiten.

1. Es empfiehlt sich, die Möglichkeiten und Grenzen der unterschiedlichen Arten von Informationssystemen zu charakterisieren. Anhand der folgenden Kriterien lassen sich Auskunfts- und Beratungssysteme qualitativ deutlich unterscheiden:

- Grad der Gewinnung neuer Informationen aus gegebenen Basisinformationen (Veredlungsgrad),
- Grad der entscheidungssituationsabhängigen Befriedigung des Informationsbedarfs (Flexibilitätsgrad),
- Grad der Geschwindigkeit der Informationsbereitstellung (Reaktionsgrad),
- Grad des Aufwandes, der notwendigen Qualifikation und der notwendigen Handlungen zur Präsentation der Informationen (Schwierigkeitsgrad).

Dabei ist zu beachten, daß die Graduierungen infolge des wissenschaftlich-technischen Fortschritts quantitativen Veränderungen unterliegen.

Auskunftssysteme sind wiederum in Berichts- und Recherchesysteme gliederbar. Berichtsysteme lassen sich am einfachsten realisieren und liefern dem Nutzer vorgefertigte Informationen, z. B. als feste Schirmbilder (Tabellen, Graphiken, Texte). Alle Regelinformationen, die vordem den Leitern verschiedener Ressorts und Ebenen auf Listen zusammengestellt wurden, werden durch das rechnergestützte Berichtssystem ersetzt und stehen allen Nutzern zum gleichen Zeitpunkt, in der gleichen Qualität und im gleichen Umfang zur Verfügung. Alle auf diese Informationen bezogenen Entscheidungen und alle Auskünfte, die an verschiedene Stellen innerhalb und außerhalb des Kombinates gegeben werden, beruhen auf der gleichen, einheitlichen Informationsbasis. Wenn derartige Systeme auch geringe Veredelungs- und Flexibilitätsgrade aufweisen, so zeichnen sie sich doch durch einen hohen Reaktions- und einen niedrigen Schwierigkeitsgrad aus.

Recherchesysteme basieren grundsätzlich auf Datenbanken und gestatten die freie Recherche in darin eingespeicherten Datenbeständen. Im Vergleich zu Berichtssystemen ist der Flexibilitätsgrad höher; aber aus heutiger Sicht ist der Reaktionsgrad geringer und der Schwierigkeitsgrad höher.

Bei allen Auskunftssystemen besteht die „Kunst" darin, die richtigen Informationen zur Auswahl bereitzustellen.

Bei Beratungssystemen sind auch wieder zwei Formen zu unterscheiden. Es sind solche auf Basis von Operationsforschungsmodellen, die neben der Datenbank eine Methodenbank enthalten. Die Aufbereitung der Anfrage an das Informationssystem, ihre Bearbeitung und die Ergebnisinterpretation ist heute noch relativ kompliziert und fordert den Spezialisten. Veredelungs- und Flexibilitätsgrad sind im Vergleich zu Auskunftssystemen bedeutend höher.

Den Beratungssystemen auf der Basis von Methoden der „künstlichen Intelligenz" gehört die Zukunft. Mit der Anfrage an solche Systeme kann sich der Leiter nicht nur entscheidungsrelevantes Expertenwissen nutzbar machen, sondern durch die Kombination von Wissensbausteinen kann neues, bisher noch nicht vorhandenes Faktenwissen gewonnen werden. Derartige Systeme werden vor allem für strategische Entscheidungen von enormer Bedeutung sein; sie zeichnen sich durch maximal erreichbaren Veredelungs- und Flexibilitätsgrad aus, sind aber aus heutiger Sicht durch einen sehr geringen Reaktionsgrad und durch sehr hohen Schwierigkeitsgrad für die persönliche Nutzung durch die obere Leitungsebene irrelevant.

Es sollte darum mit komfortablen, zuverlässig arbeitenden Berichtssystemen heute der Einstieg in die vielfach ungewohnte Arbeit mit rechnergestützten Leitungsinformationssystemen vorgenommen werden.

2. Erfahrungen zeigen, daß die Informationsbedarfsermittlung auf dem Wege der Erfassung aller regelmäßig den Mitgliedern der oberen Leitungsebene zufließenden Informationen eine erfolgreiche Einstiegsmethode ist. Um die Attraktivität des Informationsangebotes auf Dauer zu sichern, ist jedoch eine ständige Beobachtung für dessen Nutzung erforderlich. Es empfiehlt sich eine automatische Protokollierung der Aktivitäten (Wer hat wann zu welcher Information zugegriffen?). Mit Hilfe statistischer Auswertungen lassen sich vielfältige Hinweise zur Pflege des Informationssystems aus den Protokollen ableiten. Nicht oder nur wenig genutzte Informationen können aus dem Angebot gestrichen werden, neue dafür aufgenommen werden.

3. Die Informationsgewinnung und -aufbereitung ist möglichst aus vorhandenen, regelmäßig aktualisierten Datenbeständen zu realisieren. Da auf diesem Weg nicht alle Informationswünsche abgedeckt werden kön-

nen, ist auch die Nutzung externer Datenquellen (Magnetbanddienste u.a.) zu untersuchen. Nur in eingeschränktem Maße sind Informationen auf direktem Wege (Bildschirmerfassung, Diskettenübergabe usw.) zu erfassen; dann aber nach dem Grundprinzip der Interessiertheit des Datenerfassers an der für ihn meist zusätzlichen Arbeit. Das gelingt am besten, wenn dem Datenerfasser ihm nützliche Datenverarbeitungsergebnisse, die auf Basis seiner Vorleistungen entstanden sind, bereitgestellt werden oder wenn er selbst Teilnehmer am Auskunftsdialog ist.

4. Das Informationssystem wird unter Berücksichtigung der Projektierungs-, gerätetechnischen und laufenden Aufwände dann effektiv, wenn es Bestandteil eines umfassenden Datenfernverarbeitungssystems ist und wenn an ihm mehrere Nutzer teilnehmen können. Der in Berichtssystemen am meisten frequentierte Informationsfonds besteht aus täglich aktualisierten, für die operative Leitungstätigkeit geeigneten Informationen, etwa über die Produktions- und Absatzplanerfüllung und damit verbundener Ausnahmeberichte. Existiert in den Kombinaten ein durchgängiger Schichtbetrieb, so sind die Kombinats- und Betriebsdispatcher unbedingt in das Berichtssystem einzubeziehen. Analysen ergaben, daß sie etwa 80% aller Zugriffe tätigen, wodurch Schichtübergaben und Tagesrapports beim General- oder Produktionsdirektor qualitativ verbessert und zeitlich verkürzt werden konnten.

5. Mit Einführung von rechnergestützten Informationssystemen sind im Regelfall organisatorische Änderungen erforderlich; so im Ablauf des Informationsflusses und in der Liquidierung der traditionellen Informationskanäle. Nicht selten müssen auf Grund gegebener technischer Möglichkeiten auch räumliche Veränderungen in Kauf genommen werden.

6. Das zeitliche Informationsangebot darf nicht etwa von der Organisation des Rechenzentrums abhängig gemacht werden; es muß den meist unveränderlichen Anforderungen aus der Leitungstätigkeit entsprechen. Operative Tagesinformationen müssen zu Dienstbeginn des Leiters verfügbar sein und müssen sich tatsächlich auf die vergangenen 24 Stunden beziehen. Der Informationszugriff muß dialogorientiert, mit wenigen Handlungen und ohne begleitende Dokumentation möglich sein. Das Antwortzeitverhalten muß etwa bei 3 Sekunden liegen.

In vielen Fällen wurden die auf Basis der Datenfernverarbeitung aufgebauten Informationssysteme durch den autonomen Einsatz leistungsfähiger Personalcomputer ersetzt. Die sich damit ergebenden Vorteile (Zeitunabhängigkeit, Zugriffsverhalten, Anlegen persönlicher Speicher, usw.) werden oft durch Nachteile eingeschränkt (z.B. Sicherung einer rationellen, aktuellen und gleichzeitigen Informationsbereitstellung). Diese Variante entspricht nicht der strategischen Konzeption der automatisierten Fabriken und dem damit einhergehenden Datenverbund. Zukunft hat allerdings die Verbindung des Personalcomputers mit zentralen Datenbeständen und dessen wahlweise Benutzung als autonomes Gerät oder als Terminal (Cooperative Processing).

7. Von großer Bedeutung ist die ständige Pflege des Informationssystems, seiner hardware- und softwareseitigen sowie seiner organisatorischen Komponenten im Sinne einer ständigen Vervollkommnung. So muß und kann der aus einer wachsenden Teilnehmerzahl oder eines wachsenden Informationsangebotes resultierenden Verschlechterung der Leistungsparameter zielstrebig begegnet werden.

Anmerkungen

1 Bericht des Zentralkomitees der Sozialistischen Einheitspartei Deutschlands an den XI. Parteitag der SED. Berichterstatter: Erich Honecker. Dietz Verlag, Berlin 1986, S. 28.

2 Autorenkollektiv, Intensivierung–Leitung–Neuerungsprozesse. Verlag Die Wirtschaft, Berlin 1987, S. 248.

Gisela Fink

Der Leistungsvergleich zwischen Betrieben eines bezirksgeleiteten Industriekombinates

Zur Rolle des Leistungsvergleiches im Kombinat

Die vom XI. Parteitag der SED beschlossene ökonomische Strategie mit dem Blick auf das Jahr 2000[1] erfordert von allen Kombinaten und Betrieben der DDR, mit der Orientierung auf die beschleunigte Steigerung der Arbeitsproduktivität und die enge Verbindung der Vorzüge des Sozialismus mit den Errungenschaften der wissenschaftlich-technischen Revolution die vorhandenen Möglichkeiten zur Leistungssteigerung zu erschließen und auszuschöpfen. Dieses Anliegen unterstützen der Leistungsvergleich und die Leistungsanalyse.

Der Leistungsvergleich wird in drei Etappen durchgeführt:[2]

1. Kennziffernvergleich mit der Feststellung der Leistungsunterschiede einschließlich der Rückstände zum Bestwert;
2. Ursachenforschung für vorhandene Leistungsunterschiede;
3. Ableitung von Maßnahmen zum Abbau der Rückstände.

Im VEB Kombinat Chemie und Plastverarbeitung Halle wird der Leistungsvergleich zwischen den Kombinatsbetrieben nach Abschluß jedes Quartals als Gesamtvergleich durchgeführt. Die Anwendung der im folgenden Abschnitt dargestellten Methodik des Niveau-, Plan-Ist- und Entwicklungsvergleiches ist nur unter Nutzung der modernen Rechentechnik im Kombinat möglich. Das für Bürocomputer erarbeitete Programm sichert seit Anfang 1984 erfolgreich die routinemäßige Anwendung und Auswertung aller drei Formen des Leistungsvergleiches. Ergänzt werden die Aussagen des Leistungsvergleiches durch weitere statistische Methoden der Leistungsanalyse. Die Leistungsanalyse und der Leistungsvergleich unterstützen die Arbeit der Kombinatsleitung nicht nur in bezug auf die Entscheidung, welcher Betrieb im Abrechnungszeitraum die beste Leistung vollbracht hat, sondern auch bezüglich der Einflußnahme auf die Ergebnisse der zukünftigen Produktions- und Wirtschaftstätigkeit, indem die Betriebe auf die Erschließung bestehender Reserven orientiert werden. Dazu muß die Forschung vor allem auf dem Gebiet der Methoden und Verfahren zur Ermittlung real existierender betrieblicher Leistungsreserven verstärkt werden, um breit nutzbare und anwenderfreundliche Softwarelösungen anzubieten.

Zur Methodik des Leistungsvergleiches:[3]

1. Auswahl der zu vergleichenden Kennziffern und Festlegung ihrer Gewichte

Die Auswahl der in den Leistungsvergleich einzubeziehenden Kennziffern wird bestimmt durch die vor den Betrieben stehenden Schwerpunktaufgaben. In Abhängigkeit von der aktuellen wirtschaftspolitischen Situation kann sich die Bedeutung der einzelnen Kennziffern für die Leitungstätigkeit ändern, so daß in bestimmten Abständen jedes Kennziffernsystem überarbeitet werden sollte.

In Zusammenarbeit mit Vertretern des Kombinates wurde ausgehend von den geltenden gesetzlichen Bestimmungen für den Leistungsvergleich in allen seinen drei Formen ein Kennziffernsystem festgelegt, das neben den fünf Hauptkennziffern sieben zusätzliche Kennziffern enthält. Die unterschiedliche Größe der untersuchten Kombinatsbetriebe erforderte insbesondere für den Niveauvergleich, die absolut ausgedrückten Hauptkennziffern der Leistungsbewertung zu relativieren, d. h., anstelle der absoluten Kennziffern werden qualitative Kennziffern verwendet. Als Grundlage der Gewichtung diente die Forderung, die Hauptkennziffern mit $\frac{2}{3}$ und die zusätzlichen Kennziffern mit $\frac{1}{3}$ der Gewichte zu bewerten.

2. Durchführung des Leistungsvergleiches

Der Leistungsvergleich im betrachteten Kombinat wird unter Verwendung der standardisierten Größen der Kennziffern durchgeführt. Dieses Verfahren sichert die unverzerrte Widerspiegelung der Abstände zwischen den Kombinatsbetrieben und soll im folgenden kurz ohne die Darstellung der einzelnen Formeln vorgestellt werden.

- Berechnung der Ausgangsdaten
  Ausgangsdaten für den Niveauvergleich sind die für das laufende Jahr kumulierten Istwerte der ausgewählten Kennziffern für das zu untersuchende Quartal. Für den Plan-Ist-Vergleich werden außerdem die entsprechenden Plandaten und für den Entwicklungsvergleich die entsprechenden Istdaten des Vorjahres benötigt. Dabei muß beim Entwicklungsvergleich die Einhaltung der dynamischen Vergleichbarkeit der Kennziffern gesichert werden.

- Standardisierung der Kennziffernwerte
  Die Standardisierung erfolgt mittels des gewonnenen arithmetischen Mittels und der Standardabweichung entsprechend der Stichproben- und Testtheorie. Aus skalentheoretischen Gründen (späterer Vergleich mit Bestwert) muß der Vergleich der Plan- und Istdaten bzw. der Jahres- und Vorjahresdaten mittels der Differenzen durchgeführt werden.
- Bestimmung der standardisierten Bestwerte
  Dabei werden beim Plan-Ist- und Entwicklungsvergleich Bedingungen formuliert, die verhindern, daß Planunterschreitungen bzw. eine rückläufige Entwicklung bei Kennziffern, die eine steigende Tendenz aufweisen sollen, als Bestwerte anerkannt werden. Analog wird für die Kennziffern, die sinken sollen, vorgegangen.
- Berechnung des mittleren Gesamtleistungsausdruckes für jeden Betrieb
  Unabhängig von der Form des Leistungsvergleiches wird der Gesamtleistungsausdruck für den einzelnen Betrieb bestimmt. Dazu werden die Abstände der betrieblichen Kennziffern von den Bestwerten mit den entsprechenden Gewichten multipliziert. Die sich ergebenden gewichteten Abstände werden für den jeweiligen Betrieb addiert und durch die Summe der Gewichte der in die Berechnung eingehenden Kennziffern dividiert.
- Vergabe der Platzziffern für die Betriebe
  Für jede der drei Formen des Leistungsvergleiches wird entsprechend der Größe des mittleren Gesamtleistungsausdruckes die Platzziffer vergeben. Der Betrieb ist mit dem niedrigsten Wert des mittleren Gesamtleistungsausdruckes erhält in der entsprechenden Form des Vergleiches Platz 1 usw. Darüber hinaus ist es notwendig, zur Entscheidungsvorbereitung über die Festlegung des Siegers im sozialistischen Wettbewerb die Ergebnisse der drei Formen des Leistungsvergleiches zu verknüpfen. Dazu werden die Ergebnisse des Niveau-, des Plan-Ist- und des Entwicklungsvergleiches mit Gewichten versehen und zum Gesamtergebnis zusammengefaßt, nach dessen Größe die Platzziffern für die Betriebe vergeben werden.

3. Auswertung des Leistungsvergleiches

Zur Auswertung des Leistungsvergleiches werden vom Rechnerprogramm u. a. folgende Informationen bereitgestellt:
- Übersicht über die in den Leistungsvergleich einbezogenen Kombinatsbetriebe;
- Übersicht über die im Leistungsvergleich verwendeten Bestwerte in nicht standardisierter Form einschließlich der Angabe, welcher Kombinatsbetrieb den jeweiligen Bestwert erbrachte;
- Übersicht über den Abstand der Kennziffernwerte vom jeweiligen Bestwert für alle Kombinatsbetriebe in nicht standardisierter Form;
- Übersicht über die Reihenfolge der Kombinatsbetriebe in den einzelnen Formen des Leistungsvergleiches und insgesamt, wobei wahlweise nur die Hauptkennziffern oder alle Kennziffern einbezogen werden können.

Im Kombinat werden auf der Grundlage der Ergebnisse des Leistungsvergleiches insgesamt zur Festlegung des Siegers im sozialistischen Wettbewerb und damit zur Verteilung der zur Verfügung stehenden materiellen Mittel weitere Bewertungskriterien herangezogen, wie:
- Die Erfüllung der Hauptkennziffern der Leistungsbewertung,
- die Vertragsrückstände,
- die Erfüllung der S- und M-Bilanzpositionen,
- die Bestandswirtschaft,
- die Exportreklamationen sowie
- die Ordnung und Sicherheit in den Kombinatsbetrieben.

Die vom Programm Leistungsvergleich gegebene Übersicht über den Abstand der Kennziffernwerte vom jeweiligen Bestwert erweist sich hinsichtlich der Existenz von Leistungsreserven als begrenzt, denn in der Praxis ist dieser Abstand oft zu groß, daß in einem absehbaren Zeitraum keine reale Möglichkeit besteht, den Bestwert zu erreichen.[4]

Die erarbeitete Methodik zur statistischen Abschätzung von Leistungsreserven beruht auf der analytischen Auswertung der ohnehin für den Leistungsvergleich erfaßten Kennziffern. Dabei müssen folgende drei Teilaufgaben gelöst werden:[5]
- Berechnung eines Systems geeigneter Bezugswerte
  Ausgehend von den Zeitreihendaten des Betriebes und den Querschnittsdaten des Kombinates werden für den Betrieb statistische Maßzahlen aus der Analyse der Planwerte, des absoluten Niveaus, des Wachstumstempos, der Trends und Regressionsfunktion berechnet. Dabei werden verschiedene Leistungsmaßstäbe (z. B. Bestwert, Erwartungswert) berücksichtigt. Jede der sich ergebenden Kennziffern dieses Systems hat ihre eigene Interpretation und Begründung, deren Aussage bei der verbalen Analyse der Ergebnisse genutzt werden kann. Als zulässige Bezugswerte gelten alle diejenigen, die im Vergleich zum tatsächlichen Niveau der Leistungskennziffer eine Leistungssteigerung des Betriebes erfordern.
  Die Berechnung des Systems geeigneter Bezugswerte erfolgt unter Nutzung der dezentralen Rechentechnik PC 1715 mittels eines erarbeiteten Programmpaketes.
- Auswahl bzw. Berechnung eines Bezugswertes, der dem realen Leistungsvermögen vermutlich nahe kommt. Die auszuwählenden Bezugswerte beziehen sich stets auf einen definierten Zeithorizont, in dem die Bedingungen für ein bestimmtes Niveau der Leistungskennziffern bestehen bzw. geschaffen werden können. Je nach Länge des Zeithorizontes ergeben sich dann kurzfristige, mittelfristige oder langfristige erreichbare Bezugswerte.
- Abschätzung der Leistungsreserve als Abstand der betriebsindividuellen Leistungskennziffer vom Bezugswert. Entsprechend dem Zeithorizont der ausgewählten Bezugswerte ergeben sich dabei kurzfristig, mittelfristig oder langfristig erschließbare Leistungsreserven für die jeweilige Kennziffer des Betriebes.

Die mit Hilfe dieser Methodik erzielten Ergebnisse stellen ein Argument bei der Einschätzung der Leistungsreserven durch die Leitung des Kombinates dar und sollten mit Ergebnissen weiterer Untersuchungen kombiniert werden. Die Anwendung dieser Methodik wird gegenwärtig erprobt, zeigt aber bereits gute Ergebnisse auch hinsichtlich der notwendigen Ursachenforschung für die bestehenden Leistungsunterschiede.

Anmerkungen

[1] Vgl. Bericht des Zentralkomitees der Sozialistischen Einheitspartei an den XI. Parteitag der SED. Berichterstatter: Erich Honecker. Dietz Verlag, Berlin 1986, S. 49ff.

[2] Vgl. G. Forbrig, U. Kuck, H.-P. Wolff: Leistungsvergleiche in Kombinaten und Betrieben. Verlag Die Wirtschaft, Berlin 1984, S. 8.

[3] Vgl. O. Brosch, G. Fink: Methodik des Leistungsvergleiches zwischen Betrieben eines bezirksgeleiteten Industriekombinates. Forschungsbericht. Technische Hochschule „Carl Schorlemmer“ Leuna-Merseburg 1983, S. 3ff.

[4] Vgl. O. Brosch, G. Fink: Möglichkeiten zur statistischen Beurteilung von Leistungsunterschieden als Bestandteil des Leistungsvergleiches zwischen Kombinatsbetrieben. Forschungsbericht. Technische Hochschule „Carl Schorlemmer“ Leuna-Merseburg 1985, S. 1ff.

[5] Vgl. ebenda, S. 4ff.

Gunnar Winkler/Horst Miethe

Soziale Wirksamkeit moderner Technologien und betriebliche Sozialpolitik

Die der ökonomischen Strategie der SED entsprechende neue Qualität der sozialistischen Betriebswirtschaft ist nicht zuletzt durch eine engere Verknüpfung der wissenschaftlich-technischen, ökonomischen und sozialen Komponenten des betrieblichen Reproduktionsprozesses gekennzeichnet. Die wachsende Fähigkeit der Betriebe und Kombinate, den wissenschaftlich-technischen, ökonomischen und sozialen Fortschritt als Einheit zu realisieren, ist Vorzug und ein Kriterium der umfassenden Intensivierung bei der weiteren Gestaltung der entwickelten sozialistischen Gesellschaft.

Dabei erweisen sich unter mehreren Gesichtspunkten die Kombinate und Betriebe in einem höheren Maße als bisher als Schnitt- und Angelpunkte zur Sicherung der Übereinstimmung von gesellschaftlichen, kollektiven und individuellen Interessen zur Ausprägung sozialistischer Lebensweise:

- Der sich in den Kombinaten vollziehende Prozeß der Verbindung der Vorzüge des Sozialismus mit den Errungenschaften der wissenschaftlich-technischen Revolution, die engere Verknüpfung von Wissenschaft und Produktion zur Durchsetzung der Schlüsseltechnologien entscheiden über das Wachstum der Arbeitsproduktivität. Davon hängt ab, wie den Bedürfnissen der Menschen und den Erfordernissen der Entwicklung der DDR künftig entsprochen werden kann. Zugleich ist das mit neuen Voraussetzungen verbunden, die Stellung der Werktätigen im Produktionsprozeß zu verändern, ihnen inhaltsreichere Arbeitsaufgaben zu übertragen und ihre Arbeitsbedingungen günstiger zu gestalten. Mit anderen Worten, die Durchsetzung moderner Technologien im Reproduktionsprozeß der Betriebe und Kombinate ist kein Selbstzweck. Sie ist in ihrer Zielrichtung eindeutig sozial determiniert und muß eine neue Stufe der Realisierung wesentlicher sozialer Ziele des Parteiprogramms der SED ermöglichen.
- Über die Effektivität der engeren Verbindung von Wissenschaft und Produktion entscheidet auch in der neuen Etappe der wissenschaftlich-technischen Revolution die wichtigste Produktivkraft, der Mensch, der mit seinen Bedürfnissen, Interessen, Fähigkeiten, Motivationen und Leistungen die Innovationsprozesse prägt. Zeigen soziologische Untersuchungen einesteils eine hohe Bereitschaft der Werktätigen, mit eigenen Leistungen den wissenschaftlich-technischen Fortschritt aktiv zu unterstützen, so verweisen sie anderenteils auf deren Erwartung, über veränderte Arbeitsbedingungen und -inhalte grundlegende Bedürfnisse im täglichen Arbeitsprozeß besser als bisher befriedigen zu können und zwar nach Anwendung ihrer Fähigkeiten, nach sozialem Kontakt, nach Gesundheit – um nur einige zu nennen. In dem Maße, wie mit den vom wissenschaftlich-technischen Fortschritt getragenen Wandlungen im betrieblichen Reproduktionsprozeß diesen berechtigten Erwartungen immer besser entsprochen wird, werden notwendige Quellen des Leistungsvermögens und der Leistungsbereitschaft wirksamer erschlossen.
- Die Durchsetzung von Schlüsseltechnologien stellt in neuen Dimensionen Anforderungen an Wissen, Können und Verhalten von immer mehr Werktätigen sowohl im unmittelbaren Fertigungsprozeß als auch in der Produktionsvorbereitung, insbesondere in Forschung und Entwicklung. Eine den veränderten Arbeitsaufgaben entsprechende Gestaltung sozialer Bedingungen, von der demokratischen Einbeziehung der Werktätigen in die Innovationsprozesse über ihre rechtzeitige Qualifzierung und die tatsächliche Nutzung der erworbenen Qualifikation bis zur gründlichen Klärung aller mit den neuen Anforderungen verbundenen sozialen Aspekte im Betrieb und Territorium, werden immer deutlicher zu einer Grundvoraussetzung einer hohen Wirksamkeit moderner technologischer Lösungen. Ihr zu entsprechen ist zugleich unerläßlich, um die erforderlichen Wandlungen in der Struktur der Produktion und der Arbeitsaufgaben bei konsequenter Gewährleistung und Ausbau der sozialen Sicherheit zu vollziehen.
- Die Qualität, mit der wissenschaftlich-technische, ökonomische und soziale Aspekte der Durchsetzung von Schlüsseltechnologien, der Sicherung der notwendigen Erneuerungsrate der Produkte, der Einsparung von Arbeitsplätzen, der Entwicklung der Konsumgüterproduktion in jedem Kombinat, des Rationalisierungsmittelbaus und anderer Grundprozesse einer umfassenden Intensivierung in ihrer Einheit beherrscht werden, reicht in ihrer Wirkung weit über den Arbeitsprozeß hinaus, prägt die Lebensweise in ihrer Einheitlichkeit und Differenziertheit. Soziologische Untersuchungen belegen z. B., daß von der aktiven Teilnahme am Arbeitsprozeß in Gestalt der konkreten Tätigkeit wesentliche Impulse für die Gestaltung der Freizeit und des Familienlebens ausgehen. Die zur Durchsetzung moderner Technologien erforderliche Leistungsanspannung der Arbeitskollektive sowie die mit ihr verknüpfte Veränderung von Tätigkeiten prägt Erwartungen und Erfordernisse hinsichtlich der Arbeits- und Lebensbedingungen im Betrieb und Territorium gleichermaßen. Wenn sich – um nur ein Beispiel herauszugreifen – das Verhältnis zwischen körperlicher und geistiger Arbeit im Ergebnis wissenschaftlich-technischen Fortschritts für immer mehr Werktätige zugunsten letzterer verändert, so hat dies natürlich Konsequenzen für die Reproduktion ihrer Arbeitskraft und Individualität. Sie wird

mehr als bisher als Reproduktion der psychischen Komponenten zu gestalten sein, mit einer größeren Vielfalt an Möglichkeiten zur aktiven und passiven Erholung, an interessen-spezifischen Betätigungsfeldern im Wohngebiet und höheren Anforderungen an die Wohnumwelt.

Die dargelegten Entwicklungstendenzen bewirken, daß der sozialpolitischen Wirksamkeit der Betriebe und Kombinate in Verwirklichung der ökonomischen Strategie ein hoher und weiter wachsender Stellenwert zukommt. Als Teil der einheitlichen, nach staatlichen Grundsätzen organisierten Aktivitäten des Betriebes und spezifischen Umsetzung sozialistischer Sozialpolitik entsprechend den Erfordernissen des betrieblichen Reproduktionsprozesses sowie unter Beachtung der territorialen Bedingungen zielt die betriebliche Sozialpolitik dabei auf eine solche Gestaltung des betrieblichen Reproduktionsprozesses, die den sozialen Funktionen des Betriebes entspricht und die unerläßlichen sozialen Triebkräfte wirtschaftlichen Wachstums erschließt. Dabei stehen vor allem folgende Aufgaben im Mittelpunkt der *sozialen Funktion des Betriebes:*

Erstens besteht sie zweifellos darin, daß der Betrieb als arbeitsteiliges Glied der sozialistischen Volkswirtschaft seinen Reproduktionsprozeß so organisiert, daß bei einem arbeitszeit- und ressourcensparenden Einsatz der betrieblichen Fonds eine solche Menge, Qualität und Struktur von Gebrauchswerten hergestellt bzw. von Dienstleistungen erbracht wird, die eine immer vollständigere Befriedigung der wachsenden Bedürfnisse der Volkswirtschaft und aller Bürger sichert. Das verlangt u. a., bei der Betrachtung der Effektivität des betrieblichen Reproduktionsprozesses der Aufwand-Ergebnis-Relation und ihrer gesellschaftlichen Formbestimmtheit größere Aufmerksamkeit zu schenken, stärker die Frage nach dem mit dem betrieblichen Endprodukt tatsächlich erreichten Fortschritt in der Befriedigung von Bedürfnissen einschließlich der Entlastung der Umwelt zu stellen.

Zweitens gehört zur sozialen Funktion des Betriebes, die sozialen Grundrechte der Werktätigen, insbesondere ihr Recht auf Arbeit, auch unter den Bedingungen der Beschleunigung des wissenschaftlich-technischen Fortschritts im betrieblichen Reproduktionsprozeß konsequent zu gewährleisten und konkret auszugestalten. Dabei geht es nicht nur um die soziale Beherrschung der mit dem wissenschaftlich-technischen Fortschritt und der Bedürfnisentwicklung verbundenen Veränderung in der Struktur des gesellschaftlichen Arbeitsvermögens. Die Verantwortung der Betriebe widerspiegelt sich genauso in der Gewährleistung der Weiterarbeit für den Werktätigen, der das Rentenalter erreicht hat, in Abhängigkeit von seinen Wünschen sowie seinem körperlichen und geistigen Wohlbefinden, oder in der Integration des körperlich oder geistig geschädigten Bürgers entsprechend seinen Leistungsmöglichkeiten im Produktionsprozeß.

Drittens realisiert sich die soziale Funktion des Betriebes in der Gestaltung persönlichkeitsfördernder, leistungssteigernder und beanspruchungsoptimierter materiell-technischer und zeitlicher Arbeitsbedingungen sowie progressiver Arbeitsinhalte. Dies hat um so mehr Gewicht, als trotz Einsparung und zielgerichteter Um- und Neugestaltung von Arbeitsplätzen der Anteil der unter einer oder mehreren Expositionen arbeitenden Werktätigen stagniert und progressive Entwicklungstendenzen bei Berufskrankheiten noch zu wenig von durchgreifenden Veränderungen in den Arbeitsbedingungen getragen werden. Die langfristige Orientierung auf die Minderung wesentlicher Unterschiede zwischen körperlicher und geistiger Arbeit heißt gegenwärtig, vor allem jene Bedingungen zu ändern, die über einen längeren Zeitraum hinweg zu Beeinträchtigungen der Gesundheit der Werktätigen führen, vor allem jene Arbeitsplätze umzugestalten bzw. einzusparen, die durch körperlich schwere und geistig monotone Arbeit gekennzeichnet sowie mit umweltbelastenden Einflüssen verbunden sind.

Viertens geht es um eine den Erfordernissen umfassender Intensivierung entsprechende Ausgestaltung der Versorgungs- und Betreuungsbedingungen der Werktätigen durch das betriebliche Sozialwesen, von der Arbeiterversorgung, dem Berufsverkehr über die gesundheitliche und kulturell-sportliche Betreuung bis zur Sicherung der notwendigen sanitären Bedingungen. Nach wie vor betreffen rund 30 % aller Vorschläge in der Plandiskussion gerade diesen Bereich, insbesondere sozialsanitäre Fragen.

Fünftens schließt die soziale Funktion des Betriebes über die Ausgestaltung spezifischer sozialer Verhältnisse und eine differenzierte Anerkennung, Förderung und Betreuung der verschiedenen sozialen und sozialdemographischen Gruppen der Werktätigen die gezielte Einflußnahme auf die Ausprägung sozialistischer Arbeitskollektive ein. Dies gewinnt um so mehr an Gewicht, als der Einsatz von Schlüsseltechnologien durch Werktätige in unterschiedlichen Lebenssituationen und unterschiedlichen Lebensbedingungen, von unterschiedlichem Geschlecht, Alter und Bildung zu bewältigen ist. Problemfelder liegen dabei vor allem bei folgenden Gruppen:

- Frauen mit Kindern (hinsichtlich Schichtarbeit, Weiterbildung);
- Frauen in der Verwaltung (Arbeitsplatzwechsel);
- Werktätige im höheren Lebensalter (Schichtarbeit, Arbeitsplatzwechsel, Weiterbildung);
- Geschädigte (Arbeitsplatzwechsel);
- Un- und Angelernte (Weiterbildung, Tätigkeitswechsel);
- Schichtarbeiter (Teilnahme am gesellschaftlichen und geistig-kulturellen Leben).

Sechstens schließlich findet die soziale Funktion des Betriebes ihre Verwirklichung in der Leitung und Planung der sozialen Prozesse und der Verbesserung der Arbeits- und Lebensbedingungen unter aktiver Teilnahme der Werktätigen und ihrer gesellschaftlichen Organisationen, insbesondere der Gewerkschaften, in jedem Betrieb.

Analysen des Instituts für Soziologie und Sozialpolitik der AdW in Kombinaten der metallverarbeitenden Industrie zur sozialen Wirksamkeit von Automatisierungslösungen zeigen, daß es den Betrieben differenziert gelingt, ihrer sozialen Funktion bei der Durchsetzung moderner Technologien Rechnung zu tragen.

So wurde bei Automatisierungslösungen ein entscheidender Schritt in der Realisierung der Einheit von Wirtschafts- und Sozialpolitik in den Anwenderbetrieben getan. Es konnten ein ökonomischer Leistungsanstieg sowie unbestreitbar positive soziale Effekte erreicht werden. Letztere beziehen sich vor allem

- auf den Abbau schwerer körperlicher und gesundheitsgefährdender Tätigkeiten,
- auf die Gestaltung anspruchsvollerer Arbeitsinhalte über komplexere Arbeitsaufgaben,
- auf die Erhöhung der Arbeitssicherheit,
- auf die Einsparung von Arbeitsplätzen und die Gewinnung von Arbeitskräften sowie
- auf Fortschritte in der Bedarfsdeckung bei den automatisiert hergestellten Produkten.

Zwischen den Betrieben bestehen jedoch deutliche Unterschiede im Umfang und im Niveau dieser progressiven sozialen Wirkungen. Sie werden zudem durch andere Faktoren (z. B. durch die Störanfälligkeit einzelner Systeme bzw. Systemteile) in ihrer realen Wirkung auf die Arbeits- und Lebensbedingungen abgeschwächt und bergen zum Teil gegenläufige Tendenzen in sich.

Während z. B., wie oben festgestellt, körperliche Belastungen sichtbar abnehmen, treten mentale Arbeitsanforderungen, psychische Belastungen und eine steigende Arbeitsintensität in den Vordergrund. Es gelingt ferner in sehr unterschiedlichem Maße, Arbeitsbedingungen und -inhalte gleichermaßen leistungsfördernd zu gestalten. Die Ursachen für diese Differenziertheit sind verschiedener Art.

Zu ihnen gehören neben der Tatsache, daß für das Betreten von Neuland stets Lehrgeld zu zahlen ist, insbesondere

- unterschiedliche Erfahrungen der Betriebe bei der Bewältigung von Innovationsprozessen,
- die Spezifik der jeweiligen technologischen Lösung,
- das quantitativ und qualitativ unterschiedliche WAO-Potential der einzelnen Betriebe,
- unterschiedliche betriebliche und territoriale Bedingungen sowie
- unterschiedliche Beherrschung sozialer Belange des betrieblichen Reproduktionsprozesses durch die jeweiligen Leitungen.

So besteht beispielsweise eine große Variationsbreite sowohl im Verständnis des Inhalts der im Zusammenhang mit den Innovationsprozessen zu lösenden sozialen Probleme als auch im Bewußtsein der Verantwortung für diese Problemlösung bei den in den Betrieben befragten Leitern, Hoch- und Fachschulkadern sowie Gewerkschaftsfunktionären. Sie reicht von einer den Erfordernissen und Möglichkeiten moderner Technologien entsprechenden Sichtweise bis zur Reduzierung sozialer Belange auf allgemeine sanitäre und Versorgungsfragen, wobei das Bewußtsein der eigenen Verantwortung für die Einheit progressiver technischer, ökonomischer und sozialer Wirkungen nur schwach ausgeprägt ist. Diese Haltung bestimmt das Herangehen an die Vorbereitung und Realisierung von Automatisierungslösungen. Teilweise werden progressive soziale Wirkungen im Nachhinein mit einem Mehraufwand an Mitteln und Kräften realisiert und notwendige soziale Voraussetzungen erst bei bereits laufender Anlage geschaffen. Das wird nicht zuletzt durch die unterschiedliche Verbindlichkeit erleichtert, mit der hohe ökonomische und soziale Fortschritte angestrebt werden. Die Erfahrungen der Kombinate und Betriebe zeigen, daß die den Forderungen des XI. Parteitages der SED entsprechende Einheit von hoher ökonomischer und sozialer Wirksamkeit moderner Technologien vor allem dort erreicht wird,

- wo in den Grundsatzentscheidungen in Einheit mit den ökonomischen Kennziffern konkrete soziale Parameter hinsichtlich der Entwicklung von Arbeitsbedingungen, -inhalten und -organisation festgeschrieben wurden,
- wo diese Parameter in Gestalt abrechenbarer Vorhaben Eingang in die Pflichtenhefte, in die Forderung an den Hauptauftragnehmer sowie in den eigenen Rationalisierungsmittelbau gefunden haben,
- wo in der Investitionsstrategie die Sicherung der sozialen Bedingungen beachtet wurde,
- wo die Werktätigen umfassend auf die veränderten Arbeitsanforderungen vorbereitet und in ihre Gestaltung aktiv einbezogen wurden sowie den veränderten Erfordernissen hinsichtlich der Bewertung und Stimulierung ihrer Leistungen Rechnung getragen wurde.

Angesichts der spezifischen Bedingungen und Leistungsanforderungen moderner Technologien erweisen sich so angesteuerte progressive soziale Wirkungen und Bedingungen nicht nur als humanistisches Anliegen der Wirtschafts- und Sozialpolitik, sondern auch in vorher nicht gekanntem Maße als direktes ökonomisches Erfordernis. Die genannten Untersuchungen zeigen, daß so, wie die sozialen Belange in Automatisierungslösungen entsprechend berücksichtigt werden – von der Beseitigung schwerer körperlicher Arbeit, der Gestaltung einer persönlichkeits- und leistungsfördernden Arbeitsumwelt bis zur Sicherung der notwendigen hygienischen Bedingungen, der Arbeiterversorgung und des Berufsverkehrs –, die Werktätigen objektiv immer besser in die Lage versetzt werden, ihr Arbeitsvermögen auf das Erreichen hoher Arbeitsergebnisse zu konzentrieren. Andererseits erhöht sich angesichts veränderter Arbeitsanforderungen die Rolle subjektiver Verhaltensweisen wie Motivation, Engagement und Verantwortungsbewußtsein für eine hohe ökonomische Effektivität des betrieblichen Reproduktionsprozesses. Und gerade sie werden durch das praktische Erleben und die aktive Mitgestaltung der Einheit von wissenschaftlich-technischem, ökonomischem und sozialem Fortschritt wirksam gefördert.

Horst Schneider

Sozialistischer Wettbewerb – Einführung von Schlüsseltechnologien und Entwicklung der sozialistischen Demokratie

Es gehört zu den gesicherten und im Alltag unserer sozialistischen Betriebe vielfach bestätigten marxistisch-leninistischen Erkenntnisse, daß sich die wissenschaftlich-technische Revolution, die Einführung und Nutzung moderner Schlüsseltechnologien nur durch schöpferisches Mitdenken, durch Mitbestimmung und Mitgestalten von Millionen gewerkschaftlich organisierter Werktätiger ökonomisch und sozial erfolgreich meistern läßt.

Plandiskussion, Teilnahme am Wettbewerb, Mitarbeit in den Kommissionen und Arbeitsgruppen, Ausarbeitung des BKV, Mitbestimmung in Lohnfragen, Kontrolle und Einfluß auf die Gestaltung der Arbeits- und Lebensbedingungen sind daher ebenso bewährte Felder sozialistischer Demokratie in den Betrieben wie die breite Anwendung erprobter Methoden der sozialistischen Betriebswirtschaft sowie des differenzierten Leistungsvergleichs.

In dem breiten Spektrum der sozialistischen Demokratie in den Betrieben ist die besonders wichtige Funktion des sozialistischen Wettbewerbs hervorzuheben. „Mit allem was der Wettbewerb in Bewegung setzt und bewirkt, erweist er sich als eine bedeutende Potenz der sozialistischen Demokratie, durch die das Mitarbeiten, Mitplanen, Mitregieren der Werktätigen konkret gestaltet wird.“[1] Die Führung des sozialistischen Wettbewerbs in Kombinaten und Betrieben ist auf die Erfüllung und gezielte Überbietung der Pläne gerichtet.

Die sozialistische Betriebswirtschaft hat eine ökonomisch effektive, sozial wirksame Gestaltung des betrieblichen Reproduktionsprozesses in all seinen Phasen zum Ziel. Wenn es um die Vervollkommnung der Leitung, Planung und wirtschaftlichen Rechnungsführung, um eine effektivere Betriebswirtschaft geht, dann ist das engstens mit einer verstärkten Mitwirkung an der Leitung und Planung durch die Werktätigen im sozialistischen Wettbewerb verbunden, und einer stärkeren Ausschöpfung des demokratischen Potentials der Arbeitskollektive für eine effektive Leitung, Planung und Organisation im Betrieb. Dabei gilt der alte Grundsatz der Verbindung von Plan und Wettbewerb.

Mit der umfassenden Intensivierung und der Anwendung von Schlüsseltechnologien verflechten sich die einzelnen Phasen des Reproduktionsprozesses weitaus enger, ihre Beziehungen werden enger und intensiver, die kooperativen Abhängigkeiten zwischen den Bereichen und Abteilungen ökonomisch zwingender. Somit tritt immer stärker das Erfordernis hervor, den Wettbewerb zwischen den Arbeitskollektiven komplexer, inhaltlich, terminlich abgestimmter und klarer am Erzeugnis orientiert zu organisieren. Grundlage dafür ist der Betriebsplan, seine Erfüllung und gezielte Überbietung.

Mit der weiteren dynamischen Entwicklung der Produktivkräfte, der sich schnell verändernden Marktsituationen treten Fragen der flexiblen Gestaltung des Planes und damit des flexiblen Reagierens auf diese Erfordernisse immer mehr in den Mittelpunkt des sozialistischen Wettbewerbs, der Nutzung seiner ökonomischen und demokratischen Potenzen. Bereits heute wird zunehmend sichtbarer, daß der in seiner Ausarbeitung diskutierte Plan, der Plan als Grundlage für die Verpflichtung zum Wettbewerb für das Jahr Unterschiede zum abgerechneten Plan des Jahres aufweist. Dennoch gilt der bewährte Grundsatz der Einheit von Plan und Wettbewerb.

Die sich neu abzeichnenden Erfordernisse für die Bewährung des Grundsatzes erfordern im weit höheren Maße das konstruktive Zusammenwirken der Staats- und Wirtschaftsfunktionäre mit den Leitungen des FDGB. Sie stellen höhere Anforderungen an die sozialistische Betriebswirtschaft im Hinblick auf die Entfaltung des demokratischen Zentralismus, der schöpferischen Initiative der Werktätigen, ihre Einbeziehung in die Prozesse der Leitung, Planung und Organisation. Erfahrungen bestätigen, daß der Wettbewerb vor allem dann an Wirkung gewinnt, wenn sich die Verbindung von Leitung ökonomischer Prozesse und Führung des Wettbewerbs so vollzieht, daß die Werktätigen immer umfassender in den Prozeß der Planausarbeitung, der Wettbewerbsorganisation und dessen Realisierung einbezogen werden. Das ist dann der Fall, wenn der Wettbewerb in den Kollektiven, im Arbeitsprozeß selbst und auf der Grundlage der zentralen staatlichen Planaufgaben durch die Werktätigen entwickelt, und nicht „von außen“ einseitig und „perfektioniert“ hineinorganisiert wird.

Intensivierung der Produktion, größere Reaktionsfähigkeit im Reproduktionsprozeß – gestützt auf Mikroelektronik und moderne Rechentechnik – bestimmen immer mehr das Leistungsvermögen der Betriebs- und Arbeitskollektive. Damit wachsen die Möglichkeiten, „die Stellung der Werktätigen im Produktionsprozeß zu verändern, ihnen interessantere, schöpferische Aufgaben zu übertragen, ihre Arbeitsbedingungen immer günstiger zu gestalten, wie das eines sozialistischen Betriebes würdig ist“[2]. Das geht einher mit steigendem Bildungsniveau, Urteilsvermögen sowohl über komplexe ökonomische und technische Zusammenhänge als auch über den Zusammenhang von technologischer und sozialer Entwicklung im Betrieb. Objektiv erwachsen daraus neue Möglichkeiten für eine weitere Entwicklung der sozialistischen Demokratie in den Betrieben bis hin zum Arbeitskollektiv.[3]

Die Einbeziehung der Werktätigen in das betriebliche Planungsgeschehen wird immer mehr zu einer Voraussetzung für planwirksame Initiativen und Verpflichtungen, für einen wirksamen Wettbewerb.

Es zeigt sich in den Betrieben, daß Einsicht und Bereitschaft zur Anwendung von Schlüsseltechnologien dafür allein nicht ausreichen. Jede neue Technik und Technologie wird erfahrungsgemäß von den Arbeitskollektiven in dem Maße akzeptiert und voll ausgenutzt, wie es gelingt, ihnen einen *gestaltenden Einfluß* auf diese Technik zu ermöglichen. Über die vielfältigen Formen der Demokratie im Betrieb vollziehen sich vor allem die Entfaltung und Nutzung der Arbeitskraft, der Hauptproduktivkraft der Gesellschaft. In diesem Sinne wirkt *Demokratie auch als eine ganz entscheidende ökonomische Potenz* der Verwirklichung der Einheit von Wirtschafts- und Sozialpolitik.

Für die Entfaltung der demokratischen Aktivität ist die Plandiskussion von besonderer Bedeutung. Sie wird von den Werktätigen und Leitern als eine wichtige demokratische Form der Mitwirkung an der Leitung und Planung im Betrieb genutzt. Ein deutliches Beispiel dafür war wiederum die Diskussion zum Plan 1988. 1,3 Millionen Werktätige ergriffen das Wort und 649000 Vorschläge wurden unterbreitet. Das ist ein sehr ausdrucksstarkes Zeichen wachsender Bereitschaft, sozialistische Demokratie in der Produktion nach dem bewährten Grundsatz „Plane mit – arbeite mit – regiere mit“ auszuüben. Teilnahme und Zahl der Vorschläge, Hinweise und Kriterien bestätigen aber auch, daß das Bedürfnis und die Wahrnehmung des Rechts auf Einbeziehung und Mitwirkung bei der Vorbereitung von Planentscheidungen und an Entwicklungsrichtungen der Betriebe gewachsen sind.

Vorrangig erwarten die Werktätigen von den Leitern und Gewerkschaftsfunktionären eine gründliche, verständliche Information über die Aufgaben und Anforderungen, die der Plan des kommenden Jahres an sie stellt. Damit verbindet sich das Informationsbedürfnis über mögliche Varianten, Lösungswege, vorgesehene technische und technologische Neuerungen, erschließbare Reserven und Verbesserung der Arbeits- und Lebensbedingungen. Aus den Erfahrungen des laufenden Planjahres unterbreiten die Werktätigen Vorschläge, Hinweise, Forderungen und Kriterien. Sie beziehen sich vor allem auf Fragen der Organisation des Produktionsprozesses und die Gestaltung der Arbeits- und Lebensbedingungen.

In der Regel führt die Aufschlüsselung der staatlichen Aufgaben als verbindliche staatliche Mindestanforderung und ihre Diskussion im Mai/Juni/Juli zu ersten grundsätzlichen Verpflichtungen und Initiativen zur Überbietung der wichtigsten Kennziffern der Leistungsentwicklung der Wettbewerbskollektive, der Bereiche und der Betriebe. Sie sind Grundlage und Ausgangspunkt für spätere *erzeugniskonkrete Verpflichtungen* des Planes sowie für die objekt- und prozeßbezogene Wettbewerbsführung. Nach der umfassenden Plandiskussion mit allen Werktätigen erfolgt eine sehr intensive Phase der weiteren Planausarbeitung. In ihrem Ergebnis kommt es manchmal zu spürbaren Veränderungen bereits diskutierter Planaufgaben. Über diese Änderungen werden die Kollektive oft nicht informiert. Daraus resultieren auch solche Meinungen wie, wir nehmen an der Plandiskussion teil, aber wir erwarten auch mehr Einfluß auf den bestätigten Plan. Aus diesen Äußerungen spricht einerseits eine gewisse Sorge, andererseits auch Unmut über eine zeitliche Lücke in der Information und in der Teilnahme an der Planvorbereitung zwischen der umfassenden Plandiskussion und der Übergabe der staatlichen Planauflage.

Die „Gemeinsame Direktive“ des Ministerrates der DDR, des ZK der SED und des Bundesvorstandes des FDGB zur Führung der Plandiskussion schränkt die eingehende Beratung der Ziele und Aufgaben des Planes nicht auf die in der Regel 3wöchige umfassende Plandiskussion im Mai/Juni ein. Sie ist in der Organisierung der breiten Mitwirkung eine sehr wichtige demokratische Form im Prozeß der Planausarbeitung sowie für die Vorbereitung der gewerkschaftlichen Stellungnahme zum Planentwurf.

Mit der *Anwendung informationsverarbeitender Technik in der Planung* treten Veränderungen in der sozialistischen Betriebswirtschaft ein, die auch für die Mitwirkung der Werktätigen einige Fragen neu bzw. modifiziert stellen. Das betrifft sowohl die Plandiskussion und die ständige Wahrung der Einheit von Betriebsplan und Wettbewerb. Erfahrungen aus Betrieben beweisen, daß es kurzfristig möglich ist, staatliche Planaufgaben nach Realisierungsvarianten vorzugeben, die wichtigsten Informationen für das jeweilige Kollektiv aus der Gesamtinformationsfülle auszuwählen, wodurch die Plandiskussion an Niveau und Konkretheit gewinnt. Ein noch nicht zur Zufriedenheit gelöstes Problem besteht in der schnellen Erfassung, Auswertung und Nutzung der Vorschläge, die in den Plandiskussionen unterbreitet wurden. In Betrieben mit computergestützten Leitungs- und Informationssystem gibt es erste Ansätze der zentralen Erfassung, ihrer inhaltlichen Auswertung und Gruppierung und der fach- und sachbezogenen Zuweisung zur Bearbeitung durch Verantwortliche. Die Nutzung der modernen informationsverarbeitenden Technik hat für die Verbindung von Planung und Planrealisierung, von Leistungsvergleich und Wettbewerb eine überaus wichtige, fördernde Funktion.

Im Kern geht es darum, die Doppelgleisigkeit von Produktionsdatenverarbeitung und Leistungs- (bzw. Wettbewerbs)abrechung schrittweise im Interesse höchster Effektivität und Rationalität, Exaktheit und Datensicherheit sowie Verständlichkeit und Einfachheit der Darstellung für die Werktätigen zu überwinden. Dies ist zugleich eine Quelle für Zeitgewinn und höherer Qualität in der gewerkschaftlichen Interessenvertretung. Wie Untersuchungen zeigen, ist das Niveau hinsichtlich der Möglichkeiten, die rechnergestützte Produktionsdatenerfassung für den Leistungsvergleich aufzubereiten und zu nutzen, noch differenziert. Die informationsverarbeitende Technik ist eine entscheidende materiell-technische Basis für die Verbindung von Planungs- und Wettbewerbsprozeß in der rechnerunterstützten Produktion. Praktisch ist dies aufs engste mit der Herausbildung einer rechnergestützten sozialistischen Betriebswirtschaft zu verknüpfen. Dieses Erfordernis zeigte sich deutlich in durchgeführten Untersuchungen: Die (rechnergestützte) sozialistische *Betriebswirtschaft* stellt die Basis und das *Wirkungsfeld eines flexiblen und dynamischen Wettbewerbs* unter modernen Produktionsbedingungen dar. Eine Reihe neuer Fragen und wesentliche Probleme der Kennzifferngestaltung und -abrechnung im sozialistischen Wettbewerb werden gegenwärtig diskutiert. Zum Beispiel:

- Welche Planungsgrößen bzw. -kennziffern sind dem Wettbewerb zugrundezulegen, um die qualitativen Faktoren der Leistungsentwicklung in den Mittelpunkt des initiativreichen Handelns der Werktätigen zu rücken (allgemeine Orientierungen auf die Hauptkennziffern der Leistungsbewertung reichen nicht aus)?
- Welche Daten aus der ständigen Produktionsdatenerfassung und -abrechnung sind für den Wettbewerb geeignet?
- Wie können derartige Daten gewonnen, weiterverarbeitet, genutzt und ausgegeben werden, um den Prinzipien der Einfachheit, Anschaulichkeit, der Beeinfluß-, Vergleich- und Abrechenbarkeit gerecht zu werden und ihre leistungsstimulierende Wirkung zu sichern?
- Welche hard- und softwareseitigen Voraussetzungen sind dafür vorhanden, können diese vereinheitlicht werden?

Antworten auf diese Fragen können gefunden werden, wenn rechnergestützte sozialistische Betriebswirtschaft und sozialistischer Wettbewerb auf gemeinsame Grundlagen gestellt, auf gleiche Ziele gerichtet und mit gleichen Prozeßdaten für die Wettbewerbsführung- und Abrechnung genutzt werden. Noch gibt es nur einige Ansätze dazu. Es gehört mit zu den Aufgaben der Gewerkschaftshochschule und des Rates für Fragen des sozialistischen Wettbewerbs, an entsprechenden Lösungen mitzuwirken. Das erfordert die Zusammenarbeit mit den Betriebswirtschaftlern.

Der sozialistische Wettbewerb ist von der sozialistischen Betriebswirtschaft nicht zu trennen. Er kann wesentlich zu ihrer noch höheren Wirksamkeit beitragen. Wie auch umgekehrt die weitere Qualifizierung der sozialistischen Betriebswirtschaft Voraussetzung für die Entfaltung des Wettbewerbs als Produktionsverhältnis ist. Aus der Sicht der weiteren Forschung zu Fragen des sozialistischen Wettbewerbs im Zusammenwirken mit betriebswirtschaftlichen Untersuchungen sind folgende Entwicklungsrichtungen von Bedeutung:

- Wie sind die Bedingungen zu gestalten für eine höhere Wirksamkeit des Wettbewerbs als Demokratie der Tat, um seine politische, ökonomische, soziale Funktion wesentlich zu erhöhen?
- Welche Gliederung der organisatorischen Aufgaben und Zuständigkeiten ist für die Wettbewerbsführung effektiv und wie ist die konstruktive Zusammenarbeit (Gewerkschaft–staatliche Leitung) weiter zu entwickeln?
- Wie kann die einheitliche Datenbasis der sozialistischen Betriebswirtschaft, das zunehmend geschlossenere Rechner- und Datennetz des Betriebes, für die Organisierung, Abrechnung und überschaubare Führung des Wettbewerbs nutzbar gemacht werden?

Anmerkungen

[1] Bericht des Bundesvorstandes des FDGB an den 11. FDGB-Kongreß. Berichterstatter: Harry Tisch, Verlag Tribüne, Berlin 1987, S. 17.

[2] Bericht des ZK der Sozialistischen Einheitspartei an den XI. Parteitag der SED. Berichterstatter: Erich Honecker. Dietz Verlag, Berlin 1986, S. 49.

[3] Ebenda, S. 76.

Lothar Hummel

Führungsaufgaben in Vorbereitung und beim Einsatz von CAD/CAM-Arbeitsstationen

In den vorliegenden Thesen wird an verschiedenen Stellen der Bezug zwischen rechnergestützter sozialistischer Betriebswirtschaft und dem subjektiven Faktor hergestellt. Angesprochen wird insbesondere der Einfluß von Fähigkeiten und Haltungen der Werktätigen auf die Effektivität der Betriebswirtschaft. (Vgl. These 3) Daraus wird der Schluß gezogen, daß der Qualifizierung der Werktätigen in der Einsatzvorbereitung eine wachsende Bedeutung zukommt. Diese Feststellung ist unbestreitbar.

Die vom ZSW durchgeführten Untersuchungen zu 64 CAD/CAM-Führungsbeispielen der Kombinate beweisen aber auch, daß mit den Anforderungen an die rechtzeitige qualitative Vorbereitung der Werktätigen effektivitätserhöhende Veränderungen von Inhalt und Organisation ihrer Arbeit aufs engste verbunden sind.

Generell ist festzustellen, daß mit dem Einsatz der Informations- und Rechentechnik zunehmend die Wirksamkeit eines ganzen Komplexes von Faktoren unsere Aufmerksamkeit verlangt. In deren Mittelpunkt steht die Entwicklung und Nutzung des betrieblichen Gesamtarbeiters, einschließlich seiner inneren arbeitsteiligen und kooperativen Beziehungen.

In den genannten Untersuchungen haben sich besonders folgende Führungsaufgaben herauskristallisiert:

1. Die Gewinnung der Kader, ihre Qualifizierung, die Herausbildung optimaler Berufs- und Qualifikationsstrukturen sowie die Sicherung der Kooperationsbeziehungen zu den vor- und nachgelagerten Bereichen.

2. Die Verwirklichung einer effektiven Organisation der Produktion sowie günstiger Arbeitsbedingungen unter Einhaltung arbeitswissenschaftlicher Gestaltungsrichtlinien und eine Arbeitszeitregelung, die den technologischen und arbeitsorganisatorischen Erfordernissen entsprechen.

3. Eine verbesserte Leistungsmotivation einschließlich differenzierter Leistungsbewertung sowie ein hohes persönliches Engagement; rechtzeitige Information und aktive Mitwirkung der Werktätigen an der Vorbereitung von CAD/CAM-Arbeitsstationen.

52% der in die Untersuchung einbezogenen Leiter zogen den Schluß, daß Anforderungsanalysen und notwendige Vorbereitungen bereits in der Projektierungsphase erfolgen müssen. Der für die rationelle Organisation der Kollektive notwendige Aufwand wird beträchtlich erhöht, wenn verspätet oder gar erst bei auftretenden Problemen solche Studien veranlaßt werden.

Eine wesentliche Aufgabe ist die Gewinnung von Arbeitskräften durch Schlüsseltechnologien, einschließlich des Einsatzes der Rechentechnik in der Leitung. Vor wenigen Jahren haben wir vor allem die bessere Bewältigung der Aufgaben in der Produktionsvorbereitung, die größere Variabilität- und die Reaktionsfähigkeit, die Kundenspezifik oder den Übergang zur mehrschichtigen Auslastung der Technik betont.

Die durch die Informationstechnik erfolgte Reduzierung des Arbeitsaufwandes erhöhte die Produktivität der Arbeit jedes Beschäftigten in diesen Bereichen. Es konnte ein größerer Umfang an Arbeiten in neuer Qualität und in kürzeren Zeiträumen bewältigt werden. Heute muß bereits eine Verringerung der Arbeitskräfte auch in diesen Bereichen aus demographischen Gründen ins Auge gefaßt und eine Gewinnung solcher Kader für die wissenschaftlich-technische Durchdringung des Reproduktionsprozesses durch den Rationalisierungsbau, den Transport, den Absatz und dem Service sowie auf dem Wege konzentrierter Vorbereitung und Durchführung umfassender Rekonstruktions- und Investitionsaufgaben erfolgen.

Der Einsatz des geistigen Potentials eines Kombinats oder eines Betriebes muß disponibler den Erfordernissen des gesamten Reproduktionsprozesses und damit der qualitativen und quantitativen Proportionalität in der Verteilung des Gesamtarbeiters Rechnung tragen.

In diesem Zusammenhang ist auf Marx zu verweisen, der eindeutig die erhöhte Wirksamkeit des Gesamtarbeiters durch sinnvolle Kooperation hervorhob: „Mit dem kooperativen Charakter des Arbeitsprozesses selbst erweitert sich daher notwendig der Begriff der produktiven Arbeit und ihres Trägers, des produktiven Arbeiters. Um produktiv zu arbeiten, ist es nun nicht mehr nötig, selbst Hand anzulegen; es genügt, Organ des Gesamtarbeiters zu sein...

Die ... ursprüngliche Bestimmung der produktiven Arbeit ... bleibt immer wahr für den Gesamtarbeiter, als Gesamtheit betrachtet."[1]

Hier ordnet sich auch die komplizierte Aufgabe ein, die im Zuge der Rationalisierung von Leitung und Verwaltung gewonnenen Arbeitskräfte bei Nutzung ihrer Kenntnisse und Fähigkeiten und unter Beachtung ihrer sozialen Belange neu in den „produktiven Gesamtarbeiter" einzugliedern. Dieser Aufgabe kommt die Tatsache entgegen, daß durch die moderne Rechentechnik und Steuerung eine größere Variationsbreite des Einsatzes dieser Werktätigen im Gefolge der Annäherung von Arbeitsinhalten und Arbeitsbedingungen erfolgt.

In den Vereinigten Baumwollspinnereien und -zwirnereien Flöha gelang es z. B., die rechnergestützte Produktionssteuerung zugleich mit Arbeitsaufgaben der Prozeßplanung, Abrechnung und Erzeugnisverteilung zu verbinden und damit Voraussetzungen für den Einsatz von Werktätigen aus der Verwaltung in der Produktion zu schaffen. Überhaupt muß dem konzeptionellen wissenschaftlich-technischen Herangehen zur Reduzierung des Aufwandes an lebendiger Arbeit erhöhtes Gewicht beigemessen werden. Die Untersuchungen in verschiedenen fortgeschrittenen Kombinaten ergaben, daß sich etwa nach 1984 die Proportionen im Verhältnis von wissenschaftlicher Organisation der Arbeit und wissenschaftlich-technischen Maßnahmen zur Einsparung von Arbeitskräften wesentlich umgekehrt haben. Heute sind es zu einem großen Teil bis zu 75 und 80 % Maßnahmen von Wissenschaft und Technik, die in Kombination mit der WAO eine Einsparung lebendiger Arbeit und die Gewinnung von Arbeitskräften bewirken.

Dieses Ziel findet seinen komprimierten Ausdruck in der Losung: „Weniger produzieren mehr mit Schlüsseltechnologien."

Die Möglichkeiten zur Gewinnung von Arbeitskräften durch die Anwendung von Schlüsseltechnologien sind jedoch nicht nur durch Fortführung bisheriger Aktivitäten mit neuer Technik zu erschließen. Vielmehr stehen die Kombinate und ihre Betriebe vor neuen und weitreichenden Aufgaben. Im Vergleich zu den Jahren 1978 bis 1984 sind die Rationalisierungsmöglichkeiten zwar prinzipiell nicht geringer, aber wesentlich komplizierter geworden. Erhöht haben sich die Forderungen an das wissenschaftlich-technische Niveau und die Komplexität. Nur im Rahmen eines langfristigen und die verschiedenen technologischen Möglichkeiten und Bereiche des Kombinates verflechtenden Konzepts lassen sich heute die Aufgaben lösen. Vor allem geht es darum, zwei Aufgaben in ihrer dialektischen Einheit zu bewältigen:

Zum einen gilt es, die erforderlichen Arbeitskräfte für die Entwicklung und den Einsatz von Schlüsseltechnologien zielstrebig durch Rationalisierung zu gewinnen, zum anderen ist gerade mit dem Einsatz der Schlüsseltechnologien der Aufwand an lebendiger Arbeit erheblich zu senken. So werden die Schlüsseltechnologien selbst wiederum zur Quelle der Gewinnung von Arbeitskräften für neue Aufgaben und zur Sicherung ökonomischer Leistungssteigerung trotz rückläufiger Zahl an Arbeitskräften. Es ist dafür außerordentlich wichtig, direkt an die wissenschaftlichen Kader die Forderung zu stellen, die sich in der Praxis vollziehenden Prozesse sorgfältig zu studieren, zu verallgemeinern und zu übertragen.

Unter Führung der SED-Bezirksleitung werden im Bezirk Dresden gegenwärtig einige Erfahrungen ausgewählter Betriebe analysiert. Dabei zeigt sich, daß die erzielten Ergebnisse auf unterschiedlichen Prozessen beruhen. Sie liegen z. B. im Kombinat Robotron besonders in Ergebnissen zur Rationalisierung von Leitung und Verwaltung, im VEB Planeta Radebeul und Mikromat Dresden zur Automatisierung der Produktion und im VEB Stahl- und Walzwerk Riesa zur Automatisierung von Hilfsprozessen und zum Leiterinformationssystem vor. Das Kombinat Robotron plant z. B. für den Zeitraum 1986–1990 eine Einsparung von 2460 Arbeitskräften aus Leitung und Verwaltung. In einigen Fällen sind durchaus Vergleiche möglich, in anderen betrifft es noch Einzelbeispiele, die erst auf andere übertragen werden müssen, um Vergleiche zu ermöglichen.

Dem Projekt der Arbeitskräftegewinnung durch Schlüsseltechnologien muß unbedingt das personenkonkrete Kaderprojekt der Arbeitskräftelenkung folgen. Nur beide Dokumente gewährleisten, daß bisherige globale Umrechnungen von Arbeitskräftelenkungsmaßnahmen, die aus sozialen Gründen heraus erfolgen, statistisch der Schwedter bzw. Dresdner Initiative zugeordnet werden und damit nicht deren Anliegen verwässern.

Dieses Kaderprojekt muß auch in den Bildungsplan übergeleitet werden. Nur die personenkonkrete Nachweisführung über die neue Tätigkeit und deren Anforderungen sowie die bisherigen persönlichen Voraussetzungen für die neue Aufgabe erlauben eine rationelle, differenzierte und personenkonkrete Qualifizierung. Daraus ergibt sich dann, ob Lehrgänge erforderlich sind bzw. ob durch Selbststudium oder Qualifizierung im Prozeß der Arbeit dem Rechnung zu tragen ist. Auch hierzu sind verstärkt die Möglichkeiten der KDT sowie der Kooperation innerhalb eines Territoriums zur Durchführung von Bildungsmaßnahmen zu nutzen.

Die Bildungsplanung ist gerade zur Gewinnung von Arbeitskräften durch bzw. für Schlüsseltechnologien um so notwendiger, als es sich dabei um hochwertige Arbeitsplätze und besonders qualifizierte Werktätige handelt. Oftmals sind Ringumsetzungen erforderlich, um die gewollten strukturellen Effekte zu erzielen. Im PCK Schwedt wurde z. B. ermittelt, daß drei bis vier Arbeitskräfte neue Aufgaben erhalten mußten, um einen neuen Arbeitsplatz fachgerecht zu besetzen. Das ist sicher, bezogen auf die Bereiche, Tätigkeiten und den Umfang an Investitionen und Rekonstruktionen, unterschiedlich, verdeutlicht aber das Problem.

Im Zusammenhang mit dem Einsatz von Schlüsseltechnologien einschließlich CAD/CAM ist der konzeptionelle Vorlauf auch darauf zu richten, verstärkt Arbeitskräfte aus den vorwiegend manuellen Tätigkeitsbereichen zu gewinnen. Zur Zeit ist es so, daß die Schlüsseltechnologien vor allem in der Produktionsvorbereitung und in den Hauptprozessen zum Tragen kommen. Besonders letztere sind aber bereits in hohem Maße mechanisiert oder automatisiert.

Daher ist dort der Effekt einer personellen Gewinnung von Arbeitskräften relativ gering bzw. mit hohen Aufwendungen verbunden. Vernachlässigt wurden bisher solche Bereiche wie Transport-, Umschlag- und Lagerprozesse, Instandhaltung und Montage. Es sollten langfristig auch die Möglichkeiten des Rationalisierungsmittelbaus genutzt werden, um hier mit geringem Aufwand einen höheren Effekt bei der realen Arbeitskräftegewinnung für neue Tätigkeiten zu erzielen.

All das unterstreicht die Notwendigkeit, den Aufwand lebendiger Arbeit und seine Reduzierung bzw. Umstrukturierung im Interesse der Vergleichbarkeit und Leistungsbewertung kennziffernmäßig besser zu durchdringen und die moderne Rechentechnik selbst verstärkt zur Analyse, zum Vergleich, zur Planung und Kontrolle der lebendigen Arbeit einzusetzen, aber auch mit ihrer Hilfe effektive Veränderungen in der Organisation der Arbeit zu erreichen.

Mit dem Einsatz der Informationstechnik werden Bedingungen geschaffen, die neue Überlegungen zur Rationalisierung, zu Inhalt und Organisation der Arbeit im Zusammenhang mit CAD/CAM herausfordern.

Ich komme nochmals zurück auf unsere Untersuchungen:

In nur 43 % der Fälle wurde festgestellt, daß die notwendigen Veränderungen der Kooperations- und Organisationsstrukturen befriedigend gemeistert wurden.

Schwerpunkte liegen vor allem in der Neuorganisation der Kooperation mit den vor- und nachgelagerten Bereichen (das betonten 54% der Kader) und in der Neufestlegung der Arbeitsaufgaben innerhalb der Kollektive (das hoben 53% der Kader hervor). Damit im Zusammenhang stehen Veränderungen in der beruflichen Kollektivstruktur.

Untersuchungen im Rahmen einer Dissertation bestätigen folgende Position:

- Ein Mehrfaches an kurzfristigen und kundenspezifischen Auftragsbearbeitungen und die beschleunigte Inangriffnahme neuer Aufgaben erfordern z.B. eine neue Qualität in den Kooperationsbeziehungen innerhalb der Kollektive.
- Die Kooperation mit den vor- und nachgelagerten Bereichen wird zwingender. Der direkte Zugang zu Daten reduziert Vermittlungsinstanzen. Die Ergebnisse bzw. Ausgangsdaten des einen Kollektivs werden unmittelbar zu Eingangsdaten des anderen. Unterschiede im Leistungsniveau und im Bearbeitungstempo mindern den möglichen Gesamteffekt. Ansprüche an Qualität und Termintreue wachsen.

Daraus wiederum ergeben sich eine Reihe bedeutsamer soziologischer und psychologischer Aufgaben, um diese Probleme im Interesse einer höheren Effektivität und der Gestaltung produktivitätsfördender sozialer Beziehungen in den Kollektiven zu lösen.[2]

Noch einige Bemerkungen zur Qualifizierung:

Die entscheidende Verantwortung für die Qualifizierung tragen zunehmend die Kombinate selbst. Dabei wirken sie eng mit den Universitäten, Hoch- und Fachschulen und der KDT zusammen. Immer mehr erstreckt sich das kooperative Zusammenwirken von Kombinaten und Universitäten über die Forschungskooperation hinaus auch auf die Bildung. Das gilt sowohl für die praxisnahe Ausbildung der Studenten als auch für die Weiterbildung der Absolventen und die Durchführung von Speziallehrgängen für erfahrene Kader.

Es wird in den Kombinaten generell bestätigt, daß höhere Bildungsökonomie heute vor allem einen aufgabenspezifischen und personenbezogenen Zuschnitt und zwar in Kombination mit dem Training praktischer Fertigkeiten verlangen. In Einheit mit Kenntnissen und Fertigkeiten sind verstärkt Einstellungen und Haltungen der Werktätigen in folgenden Richtungen auszuprägen:

- In der Bereitschaft, sich wiederholt neuen Anforderungen zu stellen und die Qualifizierung als ständige berufsbedingte Aufgabe anzuerkennen;
- in der Bereitschaft, sich im eigenen Interesse auch außerhalb der Arbeitszeit zu qualifizieren;
- in der Erweiterung der Kenntnispalette in Abhängigkeit von den Kooperationsbeziehungen;
- in der Umstellung auf eine Methodik, die sehr stark Kenntniserwerb, praktische Übung sowie stufenweise Erweiterung der Kenntnisse im Arbeitsprozeß selbst einschließt;
- in der Durchführung von Qualifizierungsmaßnahmen durch die Leiter selbst und ein differenziertes Eingehen auf die persönlichen Voraussetzungen und Anforderungen.

Bei den untersuchten CAD-Arbeitsstationen hoben 63% der Leiter hervor, daß künftig dem Abbau von Vorbehalten auch durch lebendige Beispielgebung und bessere Informationen größeres Augenmerk geschenkt werden muß, weil mit der Breitenwirkung der Technik auch der Kreis der Enthusiasten und „Pioniere“ zurückgeht und immer mehr die Masse der Werktätigen der entsprechenden Bereiche an die neue Technik herangeführt werden muß.

66% der Leiter betonten die Notwendigkeit einer hohen Eigeninitiative in der Qualifizierung. Bei den untersuchten CAM-Arbeitsplätzen war das sogar mit 83% der absolute Schwerpunkt. Quellen für eine höhere Wirksamkeit der Qualifizierung werden von 53% der Leiter in einer gezielten Durchführung von Qualifizierungsmaßnahmen und von 67% der Kader in einer besseren Kombination von Wissensvermittlung und Rechnertraining gesehen. Welchen Umfang und welche Vielfalt an Methoden schon heute die Qualifizierungsmaßnahmen in den Betrieben des Maschinenbaus und der Elektrotechnik/Elektronik erreicht haben, sollen nur zwei Beispiele verdeutlichen:

- Im Werkzeugmaschinenbau „Fritz Heckert“ wurden bis Ende 1986 mehr als 1600 Werktätige zu Anwendern der informationsverarbeitenden Technik bzw. zu Softwarespezialisten ausgebildet.
  1987 konnten sich 1100 Werktätige für CAD/CAM-Arbeitsplätze qualifizieren, und im Jahre 1988 werden weitere 1000 Werktätige mit der mikroelektronischen Rechentechnik vertraut gemacht.
- Im Schulungszentrum des VEB Geräte- und Reglerwerke Teltow wurden z.B. bisher mehr als 1500 Werktätige aus anderen Betrieben an einer neuen Generation rechnergestützter Steuerungs- und Überwachungssysteme ausgebildet. Dafür stehen Laborräume mit einer Kleinverbund- und einer Großverbundanlage zur Verfügung. Die Schulungsdauer beträgt zwei Wochen für Systemingenieure und drei Wochen für Instandhaltungspersonal. Die Anlagenfahrer werden vor Ort von Instrukteuren des Herstellerbetriebes zeitgleich mit der Inbetriebnahme der Anlagen ausgebildet. Ihnen werden solide Kenntnisse über deren Zusammenwirken vermittelt. Außerdem lernen sie, die grafischen und numerischen Bildschirmanzeigen an den jeweiligen spezifischen verfahrenstechnischen Prozeß anzupassen.

Anmerkungen

[1] K. Marx; Das Kapital, Erster Band, in: Marx/Engels, Werke Bd. 23, S. 531, 532.

[2] Vgl. Diskussionsbeitrag S. Sallmon.

Sylke Sallmon

Zu soziologischen Problemen beim Einsatz von CAD-Technik in Konstruktions- und Projektierungsbereichen von Kombinaten

Als Forschungsstudent am Zentralinstitut für sozialistische Wirtschaftsführung beim ZK der SED beschäftige ich mich mit der Thematik sozialer Aspekte der Ingenieurarbeit in Konstruktions- und Projektierungsbereichen unter den Bedingungen der Anwendung von CAD-Technik (Erfahrungen und Schlußfolgerungen für die Leitungstätigkeit in Kombinaten).

Dabei wurde deutlich, daß wir zum gegenwärtigen Zeitpunkt noch nicht behaupten können, der Prozeß der Einführung der CAD-Technik sei abgeschlossen und somit kein Forschungsgegenstand mehr. Mitunter wird die Auffassung vertreten, der 2- oder 3jährige Einsatz von CAD-Technik beantworte alle Fragen der wirksamen Nutzung von Computertechnik in Konstruktion und Projektierung. Meine Untersuchungen im Kombinat Kraftwerksanlagenbau, im Kombinat Automatisierungsanlagenbau und im Kombinat Zentraler Industrieanlagenbau der Metallurgie, in denen seit 2 bis 4 Jahren mit CAD-Technik gearbeitet wird, haben jedoch ergeben, daß noch eine Reihe von Problemen der Lösung harren, bei denen nicht nur technische und organisatorische, sondern auch soziologische Faktoren eine Rolle spielen. Diese betreffen insbesondere Fragen

- der kooperativen Arbeit und der Kommunikation,
- der Qualifikation im weitesten Sinne und
- der Beachtung und Gestaltung von Kollektivstrukturen.

Im vorliegenden Beitrag soll es um einige soziologische Aspekte der Gestaltung kooperativer Arbeit im Sinne der Produktivkraftnutzung geistiger Arbeit gehen.

Wie Praxiserfahrungen zeigen, werden zur Durchführung von Aufgaben der Einsatzvorbereitung in Konstruktions- und Projektierungsbereichen zeitweilige oder auch ständige Kollektive gebildet. Diese haben eine für Konstruktions- und Projektierungsbereiche neuartige Qualifikations- und Aufgabenstruktur. Ihre Aufgaben sind

- die analytische Vorbereitungsarbeit,
- die Durchführung von Maßnahmen der Neugestaltung der Arbeitsorganisation,
- die Sicherung materiell-technischer Voraussetzungen und
- die Anpassung und Erarbeitung von Software.

Allerdings muß festgestellt werden, daß in den untersuchten Bereichen anfangs vor allem Aufgaben zur Selbstanalyse des bisherigen Arbeitsprozesses und zur Gestaltung der Arbeitsorganisation von den verantwortlichen Leitern nicht voll erkannt und den Einsatzvorbereitungskollektiven nicht konsequent gestellt werden. Die Ursachen liegen bei Leitern zukünftiger Nutzerkollektive unter anderem im notwendig entstehenden Konflikt zwischen der Erfüllung unmittelbarer Tagesaufgaben und erst längerfristig wirksam werdender Vorbereitungsarbeit. Weiterhin bestehen Vorbehalte, traditionelle Arbeitsweisen und Gewohnheiten im eigenen Bereich im Hinblick auf eine rechnerunterstützte Arbeitsweise kritisch zu analysieren.

Die Aufgaben der Einsatzvorbereitung sind nicht mit der Inbetriebnahme der Computer abgeschlossen. Von den Aufgaben unmittelbarer Einsatzvorbereitung sind solche ständiger Einsatzvorbereitung, wie die Pflege und Erarbeitung von Software oder die laufende Aktualisierung und Verwaltung von Katalogen und Datenbänken, zu unterscheiden. Diese Aufgaben werden von ständigen Anwenderzentren übernommen – wie z. B. im Kombinat Kraftwerksanlagenbau. Hier arbeiten im Anwenderzentrum Informatiker, auf dem Gebiet der EDV erfahrene Fachingenieure und Absolventen mit Informatikkenntnissen. Neue kooperative Beziehungen entwickeln sich innerhalb der Konstruktions- und Projektierungsbereiche, so z. B. bei der Erarbeitung von Anwendersoftware. Fachingenieure aus Projektierungskollektiven tragen im KKAB das zu lösende Fachproblem an Mitarbeiter des Anwenderzentrums heran. Über mehrere Konsultationsstufen im Rahmen einer beiderseitig besetzten kleinen Arbeitsgruppe wird das Fachproblem aufbereitet. Die Softwarelösung kann nun im Anwenderzentrum erarbeitet werden.

Welche Veränderungen sind in den Projektierungskollektiven selbst zu beobachten? Schon die Aufbereitung eines Fachproblems für Informatiker erfordert in gewissem Maße Informatikkenntnisse oder -verständnis beim Fachingenieur. Wie die Erfahrung zeigt, bilden sich in jedem Kollektiv „Computerspezialisten" heraus, d.h. Fachingenieure, die kleinere Anwenderprogramme selbst erarbeiten können, andere Ingenieure nutzen vorhandene Softwarelösungen. In den meisten untersuchten Kollektiven war dieser Prozeß dem Selbstlauf überlassen – Computerfans haben sich anfangs von allein zusammengefunden. Hier liegt meines Erachtens eine wesentliche Reserve in der Wahrnehmung der Leitungsverantwortung, um möglichst schnell alle Kollektivmitglieder entsprechend ihrem individuellen Leistungsvermögen einzubeziehen. Es geht hierbei um die bewußte Nutzung sozialer Strukturen in den Kollektiven als Leistungsfaktor. Wie die Untersuchungen bestätigen, haben in Ingenieurkollektiven tendenziell die Ingenieure die größte Autorität, die sich durch hohe fachliche Leistungen auszeichnen. Diese sind aber nicht unbedingt auch immer diejenigen, die bei der Arbeit mit CAD-Technik die Vorreiterrolle einnehmen. Sollen also soziale Beziehungen zu Leistungsbeziehungen werden, müssen von den Kollektivleitern bewußt die leistungsstarken, anerkannten Kollektivmitglieder beim Übergang zur Arbeit mit CAD-Technik als Vorreiter, an denen man sich orientiert, gefördert werden. Hier kann auch die APO-Leitung mit der Unterstützung voranschreitender Kollegen bzw. Kollektive wirksam werden. In den untersuchten Kollektiven, in welchen der Leiter seine Verantwortung auch auf eine solche Weise wahrgenommen hat, beschleunigte sich die Herausbildung aktiver Einstellungen zur neuen Technik und es haben schneller mehr Kollegen mit der neuen Technik gearbeitet.

In meinen Untersuchungen habe ich auch die Frage bearbeitet, inwieweit das mitunter aufgeworfene Problem von der Vereinzelung der Computernutzer tatsächlich real ist. Entgegen vielen Befürchtungen zeigen Erfahrungen Berliner Betriebe, daß es bei beiden Grundformen räumlicher Arbeitsbedingungen, zentraler und dezentraler Installierung, gegenwärtig nicht zur Vereinzelung der Nutzer kommt.

Im Gegenteil: Die Arbeit an zentraler Rechentechnik fördert die gemeinsame Kommunikation von Nutzern unterschiedlicher Kollektive. Über die eigenen Arbeitsaufgaben hinaus werden übergreifende Probleme der Arbeit mit dem Computer zum Gegenstand teilweise intensiver Kommunikation. So bestätigen auch Erfahrungen aus anderen gesellschaftlichen Bereichen, daß sich hier spontan ein Erfahrungsaustausch entwickelt, durch den z.B. einfache Kniffe rasche Verbreitung finden. Gleichzeitig verkürzt sich die individuelle Lernzeit erheblich. Die Installierung der Computer in den Räumen der nutzenden Arbeitskollektive wiederum begünstigt die auf die Lösung der Fachaufgaben bezogene Kommunikation. Welche Auswirkungen zu beachten sind, wenn einmal zu jedem Arbeitsplatz ein Computer gehört, bedarf einer gründlichen, vorausschauenden Analyse der gegenwärtigen und zukünftigen Entwicklung durch Praktiker, Arbeits- und Sozialwissenschaftler.

Auswirkungen auf die Gestaltung kooperativer Arbeit haben auch neue Arbeitszeitregelungen in Konstruktions- und Projektierungsbereichen. Die neuen Arbeitszeitregelungen bedeuten für das einzelne Arbeits- bzw. Themenkollektiv zeitlich versetztes Arbeiten der Kollektivmitglieder. Für den einzelnen Ingenieur heißt das, seine Kooperations- und Kommunikationspartner des eigenen und anderer Arbeitskollektive arbeiten nicht immer zur selben Zeit wie er. Das heißt, in den Abend- und Nachtstunden müssen vorwiegend Arbeiten erledigt werden, bei denen möglichst wenige sofortige Konsultationen notwendig sind. Eine genauere Arbeitsplanung ist Voraussetzung. Darüber hinaus wird die individuelle Arbeitsplanung des einzelnen Kollektivmitglieds vom Vergabemodus für die Rechnerzeit beeinflußt.

Aussagen von Kollektivleitern in Konstruktions- und Projektierunsbereichen bestätigen, daß sich für ihre Tätigkeit erhöhte Anforderungen dahingehend ergeben,
- die Arbeitsorganisation mit dem Ziel der möglichst effektiven Nutzung der Hard- und Software zu gestalten,
- die Arbeit der zeitlich versetzt arbeitenden Kollektivmitglieder organisatorisch zu koordinieren (Arbeitsplanung),
- die Arbeit der zeitlich versetzt arbeitenden Kollektivmitglieder inhaltlich zu überblicken und zu koordinieren,
- geeignete Arbeitszeitregelungen zu finden, um Kollektivbeziehungen, dazu gehören Zusammenkünfte des gesamten Kollektivs, zu ermöglichen,
- geeignete Formen des politisch-organisatorischen Zusammenwirkens der Kollektivmitglieder zu finden,
- von den einzelnen Kollektivmitgliedern eine genauere Arbeitsplanung zu fordern,
- den Übergang zu neuen Arbeitszeitregelungen durch eine flexible Gestaltung des Arbeitszeitregimes unter Ausschöpfung der Möglichkeiten, die das Arbeitsgesetzbuch bietet und ergänzt durch politisch-ideologische Arbeit, möglichst attraktiv zu gestalten.

Hans Joachim Aust/Hans-Günther Wiegleb

Weiterbildung als arbeitswissenschaftliche Aufgabe bei der Gestaltung rechnergestützter Arbeit

Dieser Beitrag bezieht sich auf die 13. der vorliegenden Thesen. Er beruht auf Untersuchungen in Chemiekombinaten unseres Landes zu arbeitswissenschaftlichen Aufgaben bei der Gestaltung rechnergestützter Arbeit im Kombinat und Betrieb.[1] Dazu gehören u. a.:

1. Gestalten anspruchsvoller Arbeitsaufgaben und bestmöglicher Arbeitsbedingungen;
2. entwickeln geeigneter Formen der Arbeitsorganisation, einschließlich Arbeitszeitregelungen;
3. ermitteln der veränderten Arbeitsanforderungen und rechtzeitiger Beginn der erforderlichen Weiterbildung;
4. erarbeiten neuer bzw. Überarbeiten bestehender Leistungskennzahlen sowie Gestalten der Produktivlöhne.

Im folgenden werden einige Erfahrungen zur Weiterbildung der Werktätigen dargestellt.

In den Kombinaten wurden besonders in den letzten Jahren große Anstrengungen in der Weiterbildung zur Einführung und Anwendung der Schlüsseltechnologien unternommen, ausgehend von der Erkenntnis, daß Bildungsvorlauf „ein wichtiger Intensivierungs- und Wachstumsfaktor"[2] ist. Generell können wir die Ausführungen von L. Hummel bestätigen.[3]

In unseren Untersuchungen ging es darum, Ansätze für die Erhöhung des Niveaus dieser Weiterbildungsmaßnahmen zu gewinnen und damit auch das Aufwand-Nutzen-Verhältnis günstiger zu gestalten. Wir gingen von folgenden drei Hypothesen aus und konnten dazu folgende Ergebnisse feststellen:

1. Umfang und Inhalt der notwendigen Vorbereitung auf die neuen bzw. veränderten Arbeitsaufgaben ergeben sich vor allem sowohl aus dem Unterschied zwischen den bisher ausgeführten und den neuen Arbeitsfunktionen als auch aus dem Unterschied zwischen Wissen, Können und Verhaltenseigenschaften, das die betreffenden Werktätigen bereits besitzen, zudem aus dem für die neue Tätigkeit erforderlichen Wissen, Können und Verhaltenseigenschaften. Ergebnis ist, daß sich häufig das vermittelte Wissen vor allem auf den Aufbau und die Funktionsweise der Anlagen bzw. Geräte bezieht. Dagegen wird der aufgabenbezogene Bildungsinhalt, d. h. das auf die Handlungen der Werktätigen bezogene Wissen, Können und Verhalten z. T. unterbewertet. Personengebundene Qualifizierung gibt es, aber nicht im möglichen Maße; es dominiert die kollektive Weiterbildung.

Bildungsbedarfsanalysen können diese Schwächen beseitigen. Leider werden solche Analysen nicht immer durchgeführt. Die Konsequenz lautet: Mehr mit Bildungsbedarfsanalysen arbeiten, um den Aufgabenbezug der Bildungsinhalte zu vervollkommnen und den Personenbezug zu erhöhen.

2. Die Ergebnisse der Weiterbildungsmaßnahmen werden auch durch die Qualifikation der ehrenamtlichen Lehrkräfte für die Durchführung der Weiterbildung und das aktive Mitwirken der Werktätigen an ihrer Weiterbildung bestimmt. Richtigerweise sind die Lehrenden häufig die jetzigen bzw. künftigen Leiter des Kollektivs. Und hier zeigt sich folgendes Problem: Die lehrenden Spezialisten, die in Lehrgängen eingesetzt werden, verfügen einerseits über ein hohes fachliches Wissen, andererseits sind ihre pädagogischen und methodisch-didaktischen Fähigkeiten und Fertigkeiten z. T. wenig entwikkelt. Mit den vorhandenen Mitteln und Möglichkeiten der Betriebsakademie ist es vielen Kombinaten bisher nicht ausreichend gelungen, diesen Mangel zu überwinden. Als Konsequenzen halten wir für überdenkenswert, daß sowohl ein pädagogisch-methodisches Minimalwissen den entsprechenden Kadern im Kombinat vermittelt als auch Anleitungsmaterial für die pädagogisch zweckmäßige Aufbereitung des Lehrstoffes, für die Vorbereitung und Durchführung der Lehrveranstaltung geschaffen werden müßten.

Bezüglich der aktiven Mitwirkung der Werktätigen an ihrer Weiterbildung hat sich der Erfahrungsaustausch sehr bewährt. Eine weitere Möglichkeit ist folgende, die sich bei der Ersteinführung eines BC bewährt hat[4]:

- Sukzessives Vorgehen bei der Aufgabeneinführung und der Qualifizierung;
- einbeziehen der ausgebildeten Werktätigen in die Qualifizierung ihrer Kollegen.

Praktisch vollzog sich dies so: Die Nutzer werden im Prozeß der Arbeit, also in vertrauter Umgebung, an dem Gerät ausgebildet. Dafür steht der BC zur Verfügung. Das Anlernen beschränkt sich zunächst auf wenige Aufgaben. Nach Vertrautheit und Beherrschung dieser werden die Werktätigen anhand neuer Aufgaben weitergebildet. So bleibt der Umfang des Lehrstoffes überschaubar. Die häufig in der Literatur beschriebene Angst vor der Arbeit mit dem Computer trat nicht auf oder konnte durch die Erfolgserlebnisse schnell überwunden werden.

Dieser Anlernphase folgt die Übungsphase. Sie umfaßt zunächst den Erwerb von Fertigkeiten mit Hilfe von Übungsaufgaben. Das Nutzen dieser Aufgaben hat den Vorteil der sofortigen Rückkopplung der Qualität der durchgeführten Arbeit. Die Übungsphase umfaßt weiter das Mitwirken beim Anlernen weiterer Werktätiger. Dieses Beteiligen an der Weiterbildung der Arbeitskollegen hat mehrere positive Wirkungen. Unter anderem zeigt es dem Lernenden, dem die Leistungsstärke des Lehrenden bekannt ist, an dessen Beispiel, daß die an ihn gestellten Qualifizierungsanforderungen zu bewältigen sind. Für den jetzt Lehrenden ergibt sich aus dem Mitwirken an der Qualifizierung der Arbeitskollegen eine höhere Aktivität, die günstige Wirkungen auf die Effekte des eigenen Übungsprozesses hat.

3. Kriterium für die Qualität der Vorbereitung der Werktätigen auf die neuen bzw. veränderten Arbeitsaufgaben ist der erreichte Beherrschungsgrad ihrer Lösung. Natürlich besteht das Ziel der Weiterbildung darin, einen möglichst hohen Grad der Beherrschung der Arbeitsaufgaben zu Beginn der selbständigen Ausführungen der neuen Tätigkeit z. B. an neuen bzw. rekonstruierten Anlagen zu erreichen.[5]

Für die Untersuchungen wurden vier Zeitpunkte gewählt:
- Während der Schulungsmaßnahme (1. Etappe);
- am Ende des Probebetriebes (2. Etappe);
- nach dreimonatiger Tätigkeit im Dauerbetrieb (3. Etappe);
- nach einjähriger Tätigkeit im Dauerbetrieb (4. Etappe).

Den vier Etappen wurden folgende Merkmale zugeordnet:

Etappe	Merkmal	Beherrschungsgrad
1.	Einführungsphase, Lösung der Arbeitsaufgabe	Entwicklung von Handlungsprogrammen
2.	Arbeitsaufgabe kann unter Anleitung ausgeführt werden	Handlungsstruktur herausgebildet
3.	Sichere Ausführung der Arbeitsaufgabe auf der Grundlage von Fertigkeiten	gefestigte Handlungsstruktur
4.	Fähigkeit zur Übertragung der Fertigkeiten	Differenzierung der Handlungsstruktur

Unter anderem ergaben sich folgende Ergebnisse: Der Anstieg der Beherrschung von Handlungen geht einher mit der Herausbildung von Fertigkeiten und mit der Differenzierung der Handlungsstrukturen. Für die im Rahmen der Untersuchungen zu lösenden Aufgaben ist besonders der Übergang von der 2. zur 3. Etappe bedeutsam, d. h. die Phase von der Herausbildung bis zur Festigung der Handlungsstrukturen. Das mit der Vorbereitung der Werktätigen auf die veränderten bzw. neuen Arbeitsaufgaben erreichte Niveau der Herausbildung und Festigung von Handlungsstrukturen hängt auch von den vorhandenen Leistungsvoraussetzungen der Auszu bildenden ab. Die Kollektive setzen sich in der Regel aus zwei Gruppen zusammen, aus berufserfahrenen Werktätigen und Jungfacharbeitern nach Abschluß der Lehre. Die berufserfahrenen Werktätigen durchlaufen die ersten Etappen überwiegend schneller als die Jungfacharbeiter. Grund dafür sind die für eine Reihe von Teilaufgaben bereits vorhandenen Leistungsvoraussetzungen. Diesen Vorteil steht die Verfestigung der der Handlungen auf Grund der Automatisierung dieser Handlungen bei Umstellungen (z. B. Veränderungen gegenüber der bisherigen Arbeitsaufgabe) als Nachteil gegenüber. Die Verfestigungen erschweren das Erlernen neuer Handlungsstrukturen. Jungfacharbeiter gleichen in der Regel die Vorteile der berufserfahrenen Kollegen in den späteren Etappen (bes. 4. Etappe) aus. Die Ergebnisse zur Beherrschung der Arbeitsaufgaben z. B. zum Zeitpunkt der selbständigen Übernahme der Tätigkeit besagen, daß 74,7% der in die Untersuchungen einbezogenen Werktätigen die übertragenen Aufgaben auf der Grundlage relativ gefestigter Handlungsstrukturen ausführen können (Anfangsphase der 3. Etappe). Die restlichen Werktätigen verfügen über relativ labile Handlungsstrukturen (2. Etappe). In diesem Ergebnis widerspiegeln sich die interindividuellen Leistungsdifferenzen. Den entscheidenden Einfluß auf den Beherrschungsgrad haben erstens die Identifikation mit der Arbeitsaufgabe und zweitens die Häufigkeit der Ausführung der Handlungen. Auch die häufig wiederkehrenden komplizierten Handlungen werden sicherer beherrscht als seltene Handlungen mittleren Schwierigkeitsgrades.

Eine exemplarische Analyse der Situationen, in denen Werktätige Schwierigkeiten bei der Lösung der neuen bzw. veränderten Arbeitsfunktionen haben und deshalb Hilfeforderungen stellten, ergab z. B., daß sich diese auf die drei Komplexe der Arbeitshandlung wie folgt verteilen:
- Bestimmung des Prozeßzustandes 57%
- Auswahl einer durch den Handlungsspielraum gegebenen Lösungsmöglichkeit (Variantenwahl) 21%
- Ausführung der ausgewählten Lösungsvariante 22%

Zwei Konsequenzen sind damit ableitbar:
- Das Ziel der Erziehungs- und Bildungsarbeit muß darauf gerichtet sein, die Identifikation der Werktätigen mit der Aufgabe zu erreichen, sie zur sachlichen und mitmenschlichen Kooperation zu befähigen.
- Die aufgabenbezogene Qualifizierung ist vor allem auf die Vervollkommnung der diagnostischen Tätigkeit und das Training selten zu lösender Aufgaben auszurichten.

Die dargestellten Untersuchungsergebnisse können helfen, die Bildungseffektivität von Weiterbildungsmaßnahmen zu erhöhen.

Anmerkungen

1 Daran waren auch Dipl.-Chem. V. Zimmermann, Leuna, Dipl.-Chem. H. J. Neidhardt, Buna, und Dozent Dr. sc. G. Schmidt, TH Merseburg, beteiligt.

2 E. Honecker; die Aufgaben der Parteiorganisationen bei der weiteren Verwirklichung der Beschlüsse des XI. Parteitages der SED. Aus dem Referat auf der Beratung des Sekretariats des ZK der SED mit den 1. Sekretären der Kreisleitungen. Dietz Verlag, Berlin 1987, S. 68.

3 Vgl. L. Hummel; Weiterbildung in den Kombinaten, in Einheit. 43 (1988) 1, S. 24 ff.

4 Vgl. H. J. Aust, H. J. Heidhardt, G. Schmidt: WAO bei der Einsatzvorbereitung von Computern in Laboratorien der Chemieindustrie. Sozialistische Arbeitswissenschaft. 31 (1987) 5, S. 336.

5 Vgl. H. J. Aust, G. Schmidt, H./G. Wiegleb, Ergebnisse arbeitswissenschaftlicher Untersuchungen über die Beherrschung der „Arbeitsaufgaben an Produktionsanlagen und Konsequenzen für die Vervollkommnung der Qualifikation des Anlagenpersonals. Wiss. Zeitschrift der TH „Carl Schorlemmer“ Leuna-Merseburg, 28 (1986) 5, S. 639ff.

Dieter Schönknecht

Konsequenzen aus der Entwicklung der Sozialistischen Betriebswirtschaft für die Forschung und Lehre

Unsere Merseburger wirtschaftswissenschaftliche Sektion ist in besonderer Weise der Entwicklung der Sozialistischen Betriebswirtschaft verpflichtet. Einmal, weil sie unmittelbar im Zentrum der chemischen Großindustrie gelegen und seit den Tagen ihrer Gründung dazu bestimmt ist, gemeinsam mit den Sektionen der Chemie und des Ingenieurwesens der Entwicklung und v. a. der Effektivitätssteigerung in der chemischen Industrie zu dienen; zum anderen, weil hier der Wissenschaftliche Rat für Fragen der sozialistischen Betriebswirtschaft seit 1973 seinen Sitz hat.

Was seit diesen Tagen – v. a. unter dem inspirierenden Einfluß von Siegfried Tannhäuser – von Merseburgern Hochschullehrern vornehmlich auf dem Gebiet der Sozialistischen Betriebswirtschaft geleistet wurde, ist bekannt. Wir haben uns heute vielmehr die Frage zu stellen und zu beantworten, mit welchen Aufgaben, Zielsetzungen und Ansprüchen wir – bei Einordnung in das Ensemble der anderen betriebswirtschaftlichen Einrichtungen unseres Landes – dazu beitragen werden, um Vorlauf für die Weiterentwicklung der Theorie der Sozialistischen Betriebswirtschaftslehre und deren praktische Nutzanwendung sowohl in der Aus- und Weiterbildung als auch innerhalb der Kombinate und deren Betriebe in den 90er Jahren zu schaffen. Selbstredend muß sich darin zugleich unser Beitrag zur weiteren Gestaltung der entwickelten sozialistischen Gesellschaft und zur weiteren Durchsetzung der ökonomischen Strategie der SED ausdrücken.

Diesen Beitrag zur Weiterentwicklung der SBW wollen wir kurz gefaßt und auf drei Feldern erbringen:

Erstens auf dem Feld der „Verfahrensökonomie", die in hohem Maße die Ausbildung der Studierenden der Fachrichtung „Ingenieurökonomie" entsprechend den neuen, qualitativ höheren Anforderungen tragen wird. Die Verfahrensökonomie, die zugleich die Verfahrenschemie und Verfahrenstechnik an unserer Hochschule ergänzt, verstehen wir zugleich als eine neue Arbeitsrichtung der SBW. Sie ist im Berührungsfeld von Chemie, Technik und Ökonomie angesiedelt und führt uns stärker als bisher in den Mikrobereich der Betriebswirtschaft. Hier befassen wir uns mit den ökonomischen und sozialen Problemen, die mit der Entwicklung und Realisierung von Verfahren, von Erzeugnissen und von Anlagen und so mit der Einheit von Verfahrens-, Erzeugnis- und Anlagenökonomie verbunden sind.

Wir sehen unter den Bedingungen der stoffwandelnden Industrie einen zukunftsträchtigen Weg, um die sogenannten „tieferliegenden" Quellen des Wachstums durch Wissenschaft und Technik in höherem Maße als bisher erschließen zu können. Natürlich betreten wir mit diesem auf das Verfahren, das Erzeugnis und die Anlage bezogenen ökonomischen und sozialen Untersuchungen auch Neuland in echtem Sinne; denn wir machen die ökonomischen und sozialen Aspekte jener Prozesse und Tatbestände zum Gegenstand unserer Untersuchungen, die in Gestalt der Entwicklung und Realisierung von Verfahren, Erzeugnissen und Anlagen bislang vornehmlich Gegenstand der Arbeit des Chemikers bzw. des Ingenieurs sind. Dazu kommt, daß einer der neuralgischen Punkte im Bemühen um ökonomisch hocheffektive naturwissenschaftlich-technische Lösungen in der Transformation ökonomischer und sozialer Ziele besteht. Um bei dieser Problemlösung voranzukommen, ist die interdisziplinäre Zusammenarbeit mit dem Natur- und Technikwissenschaftler und die Partnerschaft vornehmlich mit dem Leuna-Kombinat, aber auch mit dem Buna-Kombinat eine unabdingbare Voraussetzung; denn die Untersuchungen gehen sehr ins Detail und bedürfen der Kontinuität sowie der Ausdauer. Sie stellen neue Ansprüche an die interdisziplinäre Formierung der Forschungskollektive, an das ökonomische Wissen der Chemiker und Ingenieure, aber auch an die naturwissenschaftlich-technischen Kenntnisse der Betriebswirtschaftler bzw. Ingenieurökonomen, einschließlich ihrer Sprach- und Informatikkenntnisse und ihrer Erfahrungen im Forschungs- und Entwicklungsprozeß.

Aus inhaltlicher und methodischer Sicht geht es uns beim Erkenntnisgewinn zur Verfahrensökonomie darum,

- schrittweise die einzelnen stoffwandelnden Verfahren nach ökonomisch relevanten Aspekten zu durchdringen und daraus Module – im Sinne kleinster, ökonomisch sinnvoller Einheiten abzuleiten;
- für diese Module die Abhängigkeit der Kosten- und Fondsbindung und -entwicklung von den verfahrensbeeinflussenden Faktoren herauszuarbeiten;
- gestützt darauf Bewertungsmodule für die Entwicklung von Erzeugnissen, Verfahren und Anlagen abzuleiten;
- davon ausgehend ein System von Bewertungsmodellen einschließlich Bewertungsdatenbanken zu schaffen und
- dieses Instrumentarium der ökonomischen Bewertung in die CAD/CAM-Systeme der Chemiekombinate zu integrieren.

Bezüglich dieser Vorgehensweise – und das ist m. E. für „Neues" besonders wichtig – besteht mit unseren Praxispartnern in Leuna und Buna Interessenübereinstimmung; gemeinsam wollen wir über diesen Weg höhere ökonomische und soziale Effekte aus Wissenschaft und Technik erbringen. Dadurch wird sich m. E. auch ein Zug in der weiteren Entwicklung der SBW hin zur Prozeßbezogenheit, ja hin zu einer Verfahrenslehre des

Wirtschaftens, in unseren sozialistischen Kombinaten und deren Betrieben weiter ausprägen.

Bisweilen wird einer solchen Entwicklungstendenz der SBW, für die ich – auch über den engeren Rahmen der hier angesprochenen Mikroökonomie hinaus – bezogen auf die Betriebswirtschaft der warenproduzierenden, wirtschaftenden Einheiten eintrete, entgegengehalten, daß damit die Gefahr einhergeht, die gesellschaftliche Determiniertheit der SBW in Frage zu stellen.

Eine solche Befürchtung ist aber ursächlich nicht begründbar; sie kann höchstens dann aufkommen, wenn man sich nicht bewußt ist, daß es sich um Kollektive von Werktätigen handelt, deren Motivation durch ökonomische und außerökonomische Komponenten (einschließlich ethischer Komponenten) bestimmt wird und man übersieht, daß jedes Ergebnis betriebswirtschaftlicher Arbeit an der Einheit von Ökonomischen und Sozialen zu messen ist, wie sich dies aus den Erfordernissen der ökonomischen Gesetze und deren Wirkungsbedingungen ergibt, in denen jede Art betriebswirtschaftlicher Arbeit wurzelt.

Ich pflichte deshalb auch Otto Rosenkranz[1] bei, wenn er sagt, daß wir uns bei aller Einsicht in die fortschreitende Differenzierung der Wissenschaft, die ja nicht nur die landwirtschaftliche, sondern auch die industrielle Betriebswirtschaftslehre erfaßt, stets die ökonomischen und politischen Grundlagen der SBW in ihrer Komplexität bewahren und von denselben ausgehen müssen.

Wir jedenfalls meinen, daß wir mit der Entwicklung der Verfahrensökonomie, welche zugleich die Verfahrenschemie und Verfahrenstechnik an unserer Hochschule zu einer Einheit führen soll, Schritte gehen, um unter den Bedingungen stoffwandelnder Produktionsprozesse eine den CIM-Konzepten adäquate Entwicklung zu fördern und zugleich die Ausbildung von Ingenieurökonomen neuer Qualität, wie wir sie seit diesem Jahr in Umsetzung des Politbürobeschlusses zur Ingenieur- und Ökonomenausbildung erproben, zu fundieren. So soll der künftige Ingenieurökonom der stoffwandelnden Industrie – in Übereinstimmung mit unseren Praxispartnern – ein Betriebswirtschaftler sein, der mit soliden naturwissenschaftlich-technischen Kenntnissen ausgestattet ist (bis zu 25 % des Ausbildungsvolumens), die Sprache, Denk- und Arbeitsweise des Chemikers und Ingenieurs versteht und dazu befähigt ist, in interdisziplinärer Gemeinschaftsarbeit – gefördert durch gemeinsame Labor- und Berufspraktika mit den Ingenieurstudenten – über die Verfahrens-, Erzeugnis- und Anlagenentwicklung zielsetzend und kontrollierend ökonomisches und soziales Wachstum zu erschließen.

Das Bild unserer Vorstellungen über die Verfahrensökonomie als einer neuen Arbeitsrichtung der SBW im Berührungsfeld von Chemie, Technik und Ökonomie wäre aber unvollständig, wollten wir nur den Mikroaspekt betonen. Wir gehen diese Arbeitsrichtung auch unter einem Makroaspekt an, der die volkswirtschaftliche Verflechtung der Produktionsstufen in vertikaler und horizontaler Hinsicht zum Gegenstand hat und der u. a. für die Arbeiten zur rechnergestützten Bilanzierung und zum adäquaten Bilanziererarbeitsplatz relevant ist.

Zweitens wollen wir uns – auch in enger Beziehung zum eben genannten Aspekt der Makroökonomie – der „Erarbeitung und Umsetzung von Kombinats- und Betriebsstrategien unter den Bedingungen der Eigenerwirtschaftung der Mittel für die intensiv erweiterte Reproduktion“ zuwenden. Das Bedürfnis dafür ist zweifellos groß und bedarf wohl keiner besonderen Begründung. Es schließt nach meiner Erfahrung das noch nicht befriedigend gelöste Problem der Einheit von Volkswirtschaftlichem und Betriebswirtschaftlichem bei der Strategienfindung und deren Umsetzung in den Kombinaten und Betrieben ein. So stoßen wir im Zusammenhang mit der Auswahl und Realisierung von Linien bzw. Komplexen der höheren Veredelung bereits in frühen Stufen der Entscheidungsfindung auf das Problem der ungenügenden volkswirtschaftlichen Durchrechnung, Bewertung und Begründung. Noch zu häufig reduzieren sich die Vorausberechnungen nur auf die Produktionsstufen eines Kombinates oder gar eines Betriebes; es kommt dadurch leicht zu einem sogenannten „Totrechnen“ von Vorhaben, weil die volkswirtschaftlichen Effekte, die aus höheren Stufen der Veredelung resultieren können, nicht rechtzeitig voll ausgelotet und in den Rechnungen berücksichtigt wurden. So wird sich z. B. die Methanol- bzw. Essigsäureverarbeitung möglicherweise erst dann als effektiv erweisen, wenn wir den Prozeß der Veredelung über die Produktionsstufen „Essigsäureanhydrid“ und „Acetessigsäureester“ bis zu den höheren Stufen des „Polyvinylbutyrals“ fortführen.

Dies bedeutet m. E. zugleich in der Verallgemeinerung, daß wir bei der Weiterentwicklung der Sozialistischen Betriebswirtschaft auch immer das Primat des volkswirtschaftlichen Effektes garantieren müssen, was uns durch die Nutzung rechnergestützter Verflechtungsrechnungen im weitaus höherem Maße als in der Vergangenheit erleichtert wird und m. E. zur Erschließung von noch nicht genutzten volkswirtschaftlichen Systemreserven in Größenordnungen führen kann. Daß es sich hierbei nicht nur um eine methodische bzw. rechentechnische Aufgabe handelt, ist ein weiteres Problem. Von größter Bedeutung für dessen Lösung halte ich weitere Arbeiten zur Gewinnung fundierter Maßstäbe und Kriterien der Entscheidungsfindung für die verschiedenen Stufen des Entscheidungsprozesses, von der Vorauswahl in der konzeptionellen Phase bis zu den objektspezifischen Produktions- und Exportentscheidungen in den einzelnen Produktionsstufen der Veredlungslinien und -komplexe.

Die Sicherung des Primats der volkswirtschaftlichen Erfordernisse ist dabei ebenso wie die Berücksichtigung des o. g. Sozialen ein Merkmal des unverzichtbar „Sozialistischen“ in der Betriebswirtschaft und eine Bedingung dafür, daß es uns bei der Eigenverantwortung der Kombinate und Betriebe stets um eine volkswirtschaftlich determinierte Eigenverantwortung geht.

Gleichzeitig müssen wir aber auch Beiträge dazu leisten, daß diese Strategien zu volkswirtschaftlich richtigen Linien bzw. Entscheidungen auch durch das ökonomische Interesse der Kombinate und Betriebe getragen werden und nicht dazu in Widerspruch geraten. Heute stoßen wir z. B. im Zusammenhang mit dem Erfordernis, die Erzeugung von für die Höherveredlung wichtigen Erzeugnissen, wie z. B. kleintonnagigen Produkten, voranzubringen, nicht selten auf ein geringes ökonomisches Interesse. Kostendeckung und selbst zusätzlicher

Gewinn sind offenbar allein noch nicht ausreichend für ein auf entsprechendes Interesse gegründetes Handeln der Kombinate und Betriebe; die Lösung muß wohl auch in Übereinstimmung mit Ansprüchen an die volkswirtschaftliche Bilanzierung gesucht werden.

Drittens sehen wir als weiteres Feld unserer Forschung die Methodologie der Schaffung rechnergestützter Anwenderlösungen im Sinne von Softwaretyplösungen für die Kombinats- und Betriebsplanung[2] und für Leitungsaufgaben im Bereich der Produktion, des Absatzes und der Materialversorgung. Diese Forschungen sind auf die Nutzbarmachung der Informatik als Produktivkraft ebenso gerichtet wie auf Beiträge zur Weiterentwicklung der Betriebsorganisation, auf die uns Koziolek[3] und Friedrich[4] wiederholt orientiert haben. Ich glaube, wir sollten überhaupt darüber nachdenken, ob wir nicht auch in der Entwicklung einer „Theorie der Betriebsorganisation" einen Schwerpunkt der Weiterentwicklung der Sozialistischen Betriebswirtschaftslehre erkennen müssen, wobei dafür die Einheit von betriebswirtschaftlichen, organisatorischen, informatischen und rechentechnischen Komponenten bestimmend sein sollte.

Ich denke, daß wir mit der Lösung dieser Forschungsaufgaben über Praxiswirkung und Theorienentwicklung hinaus auch in die Lage kommen, die Anforderungen zu erfüllen, die in Umsetzung des Politbürobeschlusses für Ingenieur- und Ökonomenausbildung an unsere Sektion gestellt sind. Vor uns steht die Aufgabe, in Fortführung der Erprobungen Studierende in den drei Fachrichtungen „Ingenieurökonomie der stoffwandelnden Industrie", „Sozialistische Betriebswirtschaft" und „Wirtschaftsinformatik" – letztere ebenfalls mit einem starken Zuschnitt auf die Kombinate und deren Betriebe – heranzubilden und darüber hinaus der wachsenden Verantwortung für die betriebswirtschaftliche Ausbildung der Chemiker, Verfahrens- und Verarbeitungstechniker, Werkstoffkundler, Physiker und Mathematiker gerecht zu werden. Das ist möglich, wenn wir das betriebswirtschaftliche Profil unserer Sektion weiter ausprägen.

Anmerkungen

1 Vgl. O. Rosenkranz, Geschichte und Aufgaben landwirtschaftlicher Betriebswirtschaftswissenschaft in der DDR. Akademie-Verlag, Berlin 1987, S. 12/13.

2 Vgl. H. Rost, Diskussionsbeitrag im vorliegenden Heft.

3 Vgl. H. Koziolek, Betriebswirtschaft im System unserer sozialistischen Planwirtschaft, in Einheit 42 (1987) 12, S. 1077 bis 1086.

4 Vgl. G. Friedrich, Diskussionsbeitrag im vorliegenden Heft.

SCHLUSSBEMERKUNGEN

Helmut Koziolek

Schwerpunkte bei der Gestaltung der rechnergestützten Betriebswirtschaft[1]

Die Errungenschaften der wissenschaftlich-technischen Revolution mit den Vorzügen des Sozialismus zu verbinden, rückt weiter ins Zentrum der Verwirklichung unseres Planes. Es wird hart daran gearbeitet, unsere eigene Produktion im Bereich der Schlüsseltechnologien quantitativ und qualitativ rasch auszubauen.[2] Damit erreichen wir die notwendige Erhöhung der Leistungskraft unserer Volkswirtschaft, um mit dem stürmischen Entwicklungstempo der modernen Produktivkräfte im internationalen Maßstab Schritt zu halten und an wichtigen Punkten dieses Wettkampfes zwischen den Systemen einen Vorsprung zu erzielen.

Wie der Generalsekretär des ZK der SED, Erich Honecker, erneut auf der Beratung des ZK mit den 1. Kreissekretären der SED zum Ausdruck brachte, werden heute in unserem Land die weiteren Veränderungen der ökonomischen Struktur und der Abläufe mehr und mehr durch die modernen Schlüsseltechnologien bestimmt.

Von ihrer Produktion und Anwendung wird unsere wirtschaftliche Entwicklung in immer stärkerem Maße getragen, was unsere Partei als neue Qualität des Wachstums wertet. Das ist ein längerer, in die ganze Tiefe unserer Volkswirtschaft hineinwirkender Prozeß, aus dem sich anspruchsvolle Maßstäbe für das wissenschaftlich-technische Niveau der Erzeugnisse und Technologien und damit für die Leitung und Planung, für die ganze Arbeit auf allen Ebenen ergeben.[3]

In diesem Sinne sind auch die Ergebnisse dieser Ratstagung zu werten. Sie widerspiegeln die theoretisch-konzeptionelle Arbeit des Rates sowie die weitere Hinwendung zur sozialistischen Praxis, insbesondere zu den Kombinaten und Betrieben. Es sind Ergebnisse, die aus einer immer engeren interdisziplinären Zusammenarbeit zwischen den Wirtschaftswissenschaftlern und Vertretern anderer wissenschaftlicher Disziplinen der Akademien, des Hochschulwesens und der wissenschaftlichen Einrichtungen unserer Industrie erwachsen sind.

Damit gelang zugleich ein wichtiger Beitrag in Vorbereitung auf die Wirtschaftswissenschaftliche Konferenz, die sich mit einer für Theorie und Praxis so entscheidenden Frage der ökonomischen Strategie unserer Partei wie der Steigerung der Arbeitsproduktivität befassen wird.

Der Kampf um höhere Arbeitsproduktivität ist für uns Mittel und Voraussetzung für soziale Effekte, für eine progressive Veränderung des Lebensniveaus unserer Menschen. Steigerung der Arbeitsproduktivität in neuen Dimensionen in Verbindung mit einer hohen Effektivität zu erreichen, ist entscheidend für die Sicherung eines kontinuierlichen dynamischen Leistungsanstiegs, der für das Erreichen unserer gesellschaftspolitischen Ziele, für die weitere Verbesserung des materiellen und kulturellen Lebensniveaus der Menschen auf der Grundlage eines starken und stabilen Wirtschaftswachstums erforderlich ist.

Für die planmäßige und vorausschauende Entwicklung der Produktion unter Berücksichtigung aller ökonomischen und gesellschaftlichen Zusammenhänge haben wir uns ein sehr wirkungsvolles Instrumentarium geschaffen, das im Sinne der Vervollkommnung der Leitung, Planung und wirtschaftlichen Rechnungsführung weiter ausgebaut wird.[4]

Gerade deshalb gewinnt die Gestaltung der sozialistischen Betriebswirtschaft in Verbindung mit der Anwendung der modernen Rechentechnik und der flexiblen Automatisierung als bestimmender Faktor für die Technologie und Organisation und damit für die Ökonomie der Arbeit immer mehr an Bedeutung. In diesem Sinne ist die weitere Arbeit bei der Herausbildung einer rechnergestützten Betriebswirtschaft vor allem auf nachfolgende Schwerpunkte gerichtet:

Erstens erweist sich die aus den Schlüsseltechnologien resultierende Produktivkraftentwicklung schon heute als eine gravierende Größe für die Entwicklung der Kombinate und Betriebe.

Diese Produktivkraftentwicklung erfordert ein höheres Niveau der Vergesellschaftung der Arbeit und damit die Herausbildung einer neuen gesellschaftlichen Betriebsweise, die unserer Gesellschaftsordnung entspricht.

Da sich diese Betriebsweise in den Kombinaten und Betrieben in unterschiedlichen zeitlichen und inhaltlichen Realisierungsschritten herausbildet, werden immer verschiedene Niveaustufen der Rechnerstützung, der Automatisierung und damit der Betriebsweise in einem Kombinat oder Betrieb nebeneinander bestehen. Insgesamt führt diese Entwicklung aber in Verbindung mit der rechnergestützten Produktionsvorbereitung und -durchführung, Leitung und Planung über mehrere Stufen hinweg zu einer immer größeren Zahl automatisierter Betriebe. Aus der zunehmenden Integration betriebswirtschaftlicher Teilprozesse zu durchgängig rechnergestützten Lösungen entsteht mit jeder dieser Stufen erneut ein großes Effektivitätspotentials, um den gesamten Kreislauf der intensiv erweiterten Reproduktion in den Kombinaten und Betrieben in allen seinen Phasen sicherer zu beherrschen und zu beschleunigen. Mit dieser zunehmenden Geschlossenheit der Kreisläufe in den Kombinaten vollziehen sich zwangsläufig auch große Veränderungen in der Betriebswirtschaft.

Zweitens wird die Entwicklung zur Automatisierung und rechnergestützten Betriebswirtschaft durch folgende Grundrichtungen gekennzeichnet:

- Leitungs-, Leistungs- und Informationsprozesse werden durch die schrittweise Integration der wissenschaftlich-technischen, ökonomischen und informationstechnischen Prozesse immer enger zu einem geschlossenen rechnergestützten System verknüpft.
- Die Flexibilität im gesamten Reproduktionsprozeß erhöht sich zunehmend. Daraus ergeben sich neue Anforderungen an die Produktionsvorbereitung und die materielle Sicherung der Produktion. Es gilt, Kooperationsketten durchgängig zu bilanzieren und die termin- und qualitätsgerechte Lieferung über alle Stufen hinweg zu sichern.
- Ein geschlossener Rechnereinsatz erfordert die Systematisierung, Neuzuordnung und Standardisierung von Organisation, Hardware und Software, einschließlich der Schnittstellen.
- Die Sicherung der Qualität eines Erzeugnisses wird in die Produktionsvorbereitung und Fertigung integriert und nicht nachträglich über Kontrolle und Nacharbeit gewährleistet.

Alle Konzepte für einen automatisierten Betrieb berücksichtigen diese Grundrichtungen. Sie gehen davon aus, Erzeugnisentwicklung, konstruktive und technologische Produktionsvorbereitung, Fertigung, Materialwirtschaft und Vertrieb auf das rationellste und rechnergestützt miteinander zu verbinden.

Damit wird es möglich, die Stufen des Reproduktionsprozesses rechnergestützt und zunehmend parallel abzuwickeln, sie auf Grundlage einer einheitlichen, stets aktuellen Datenbasis miteinander zu verknüpfen. Es geht darum, den Verlauf des Reproduktionsprozesses genauer, schneller und sicherer zu machen.

Drittens ist die Einstellung unserer Menschen auf die neuen Anforderungen, die Erhöhung ihrer Qualifikation, Disponibilität und Mobilität in Verbindung mit immer besseren Arbeits- und Lebensbedingungen eine alles entscheidende Voraussetzung.

Die soziale Komponente der sozialistischen Betriebswirtschaft gewinnt mit der Rechnerstützung zunehmend an Bedeutung. Deshalb sind die Arbeitsbeziehungen und Arbeitsinhalte so zu gestalten, daß die kreativen Fähigkeiten unserer umfassend gebildeten Menschen gefordert und ausgeschöpft werden. Es ist eine prinzipielle Erfahrung aus der Zusammenarbeit des ZSW mit den Kombinaten, daß mit modernen Informationstechnologien die Anforderungen an die Menschen und ihre Einflußmöglichkeiten auf die Effektivität des Reproduktionsprozesses nicht geringer werden, sondern wachsen.

Deshalb ist das Wechselverhältnis von Mensch und Technik stets aus der Sicht der Entwicklung der Produktivkräfte zu sehen.

Automatisiert wird im Interesse der Steigerung der Arbeitsproduktivität und damit letztlich im Interesse der Entwicklung des Menschen als Persönlichkeit und Produktivkraft.

Die Erfahrungen zeigen, daß die Vorbereitung der Kader auf die rechnergestützte Betriebswirtschaft sowohl die Entwicklung von Wissen und Fertigkeiten als auch der persönlichen Eigenschaften gleichermaßen einschließt. Ordnung, Disziplin, ein hohes Maß an Eigenverantwortung sind ebenso notwendig wie die Kenntnis der betriebswirtschaftlichen Wirkungen.

Damit steigt der Anspruch an die Qualifizierung im Arbeitsprozeß. Aber auch funktionsübergreifendes Denken und rasches prozeßbezogenes Reagieren sind objektive Erfordernisse. Das setzt eine Motivierung voraus, welche die ganze Breite der Veränderungen in den Arbeitsinhalten und -bedingungen, in der Organisation der Arbeit und in den veränderten Leitungs- und Kollektivstrukturen umfaßt.

Viertens erfordert die Rechnerstützung betriebswirtschaftlicher Prozesse eine solide technische Basis.

Mit einem anspruchsvollen Sortiment integrierter Schaltkreise und der Aufnahme der Serienproduktion des 256-K-bit-Speichers mit eigenen 16- und 32-Bit-Rechnern, mit ca. 44000 CAD/CAM-Arbeitsstationen und Pilotlösungen für flexibel automatisierte Fertigungsbereiche haben wir uns diese solide Ausgangsposition geschaffen. Nun gilt es, mit jedem Jahr schneller in die volkswirtschaftliche Breite zu gelangen und die ökonomischen Möglichkeiten auszuschöpfen.[5] Die Verbindung von rechnergestützter Betriebswirtschaft und Automatisierung schafft die Bedingung zur vollen Ausnutzung dieser ökonomischen Möglichkeiten. Technologische Starrheit und die aufeinanderfolgende Abarbeitung einzelner Prozeßstufen der Produktionsvorbereitung und -durchführung werden durch zunehmende Flexibilität und Parallelität ersetzt. Die Rechnerstützung und die daraus resultierenden technologischen Veränderungen werden in immer höherem Maße genutzt, Qualität im Prozeß zu erzeugen, durch ständigen Materialfluß die Bestände und damit die Kosten zu minimieren und Zusatzkosten gar nicht erst entstehen zu lassen.

Eine solche Kostenreduzierung in neuen Dimensionen erfordert neben der schrittweisen Integration von CAD, CAM und PPS zu einer durchgängigen Prozeßkette in Richtung CIM vor allem ein exaktes ökonomisches Projekt. Auf seiner Grundlage ist jede Etappe der Automatisierung zu einem ökonomischen Ergebnis zu führen, das gewährleistet, den Prozeß der Automatisierung in der nächsten Stufe fortsetzen zu können. Dabei sollten Unterschiede beachtet werden, die sich bei der Automatisierung aus der Spezifik diskontinuierlicher Fertigungsprozesse, wie wir sie z. B. im Bereich der metallverarbeitenden Industrie antreffen, und kontinuierlich verlaufender Prozesse der Stoffumwandlung, wie sie beispielsweise in der chemischen Industrie typisch sind, ergeben.

- Wo liegen die Unterschiede?

CAD/CAM in *diskontinuierlichen Prozessen*, das heißt – rechnergestützte Konstruktion, Projektierung und Entwurf, also die Verarbeitung geometrischer Daten. Das heißt Echtzeitverarbeitung großer Datenmengen für die Fertigungssteuerung.

Flexibilität entsteht hier vorwiegend durch modularen Erzeugnisabbau und eine flexible Zuordenbarkeit der technologischen Basis zu einzelnen technologischen Prozeßstufen, also durch die flexible Automatisierung.

CAD/CAM in *stoffwandelnden Prozessen*, das heißt rechnergestützte Synthese, Analyse, Produkt- und Verfahrenssimulation und eine Prozeßsteuerung über mehrere Verfahrensschritte und längere Zeiträume, das bedeutet die Überlagerung verschiedener Datenstrukturen und erschwert damit die eindeutige mathematische Beschreibung des technologischen Prozesses.

Flexibilität entsteht hier durch Mehrproduktanlagen mit verfahrenstechnischen Modulen, die nach unterschiedlichen technologischen Parametern betrieben werden können.

Es gilt also immer, die technologisch bedingte Differenziertheit bei betriebswirtschaftlichen Prozessen zu beachten. Die ökonomischen Forderungen sind gleich. Betriebswirtschaftliche Softwaretyplösungen brauchen wir überall. Aber es gilt, der prozeßspezifischen Anpassung mehr Aufmerksamkeit zu widmen.

Fünftens werden ökonomische und mit ihnen betriebswirtschaftliche Kriterien zunehmend bestimmend für die einzusetzende Technik und die zeitliche Folge der einzelnen Realisierungsschritte.

Letztlich geht es um die Sicherung des höchstmöglichen Ertrags aus der Anwendung des Neuen. Dafür sind klare ökonomische Zielstellungen vorzugeben. Konkret geht es um die ganzheitliche Betrachtung technischer, ökonomischer und sozialer Wirkungen als Voraussetzung, um mit jeder Etappe der Realisierung einer Automatisierungslösung die charakteristischen Merkmale eines automatisierten Betriebes zunehmend auch unter betriebswirtschaftlichen Aspekten auszuprägen. Im Betrieb erfolgt die intensivste Verflechtung technischer, ökonomischer und sozialer Prozesse. Als Stätte der materiellen Produktion vollzieht sich hier zuerst der Übergang zu einer rechnergestützten Betriebswirtschaft, die auf einer funktionsübergreifenden, einheitlichen Datenbasis beruht. Hier werden auch die ökonomischen, sozialen und organisatorischen Wirkungen am deutlichsten sichtbar.
Solche Wirkungen sind:

- Die zumeist noch vorhandene funktionsbezogene, an einen aufeinanderfolgenden Erzeugnisdurchlauf orientierte Betriebsorganisation ist durch eine erzeugnis- und prozeßbezogene Organisation zu ersetzen.
  Die auftragsunabhängige Fertigung wird zunehmend durch eine auftragsgebundene Fertigung ersetzt. Diese Entwicklung prägt sich mit zunehmender Kleinserienfertigung weiter aus, während die Massenfertigung, z. B. Normteile, vorerst noch unwesentlich beeinflußt wird.
- Es muß eine Leitungsorganisation entstehen, die den Rechnerebenen im Betrieb entspricht, die inhaltliche Zusammenführung bisher getrennter Arbeitsabläufe, z. B. Konstruktion und Technologie, fördert und die Leitungsebenen reduziert.
- Die Fertigungsorganisation wird zunehmend durch die Anforderungen aus einem ständigen Materialfluß ohne Zwischenlagerung und Wartezeiten bestimmt. Das verlangt angepaßte montagefreundliche Konstruktionen, die bis zu einer völligen Neukonstruktion der Erzeugnisse und gravierenden technologischen Veränderungen führen können. Damit wirken betriebswirtschaftliche Forderungen direkt auf den Erneuerungsprozeß der Erzeugnisse und die Technologie zurück.
- Eine erzeugnis- und prozeßbezogene Betriebsorganisation im automatisierten Betrieb erfordert eine Störungsstrategie nicht nur für die technischen, sondern auch für die betriebswirtschaftlichen Prozeßabläufe. Diese Störungsstrategie verläuft wiederum selbst rechnergestützt. Und gerade für ihre Ausarbeitung ist das vorausschauende, kreative Denken der Werktätigen erforderlich. Hier werden die qualitativ neuen Forderungen an die Tätigkeit des Menschen am deutlichsten.

Sechstens bilden rechnergestützte Betriebs- und Maschinendatenerfassung die Grundlage für eine immer exaktere Informationsbasis.

Aus der Aggregation der vorwiegend aus der Echtzeiterfassung bereitstehenden Informationen muß für den Leiter eine stets aktuelle und vollständige Übersicht zum Plan-Ist-Vergleich, zum Arbeitszeit-, Energie- und Materialaufwand und zum Kostenbild verfügbar sein. Das Effektivitätspotential der rechnergestützten Betriebswirtschaft resultiert vor allem aus der Verknüpfung der Informationen aus unterschiedlichen Ebenen, aus dem auftragsbezogenen Erzeugnisdurchlauf, der erzeugnisbezogenen technisch-technologischen Produktionsvorbereitung und aus der prozeßbezogenen Abwicklung der Hilfs- und Nebenprozesse (z. B. Instandhaltung und Fertigungsmittelbau). Diese Verknüpfung setzt lokale Netze sowohl für die Prozeßautomatisierung als auch für die Bürokommunikation voraus, die es entsprechend den spezifischen Bedingungen des Betriebes aufzubauen gilt.

Siebentens entsteht rechnergestützte sozialistische Betriebswirtschaft aus der Rechnerstützung und der Vervollkommnung bewährter betriebswirtschaftlicher Methoden in Verbindung mit neuen Lösungen.

Solche Lösungen sind z. B. für die ökonomische Bewertung der quantitativen und qualitativen Wirkungen der Automatisierung und des Rechnereinsatzes erforderlich.

Ziel der rechnergestützten Betriebswirtschaft ist es auch, nach vorgegebenen Prioritäten zwischen unterschiedlichen Forderungen wie kürzesten Durchlaufzeiten, geringer Grundfondsausstattung, höchster Flexibilität zu optimieren. Das erfordert Variantenauswahl und -bewertung, die Anwendung mathematisch-ökonomischer Methoden und vor allem die Behandlung mehrzieliger Aufgabenstellungen. Hierfür gewinnen auch solche betriebswirtschaftlichen Methoden, wie die Kostenträger-, Kostenarten-, Kostenstellenrechnung sowie die Vor- und Nachkalkulation, an Bedeutung. Sie erhalten durch den Rechnereinsatz höhere Aussagekraft. Damit wird es möglich, Schwachstellen frühzeitiger zu erkennen und Entscheidungen ökonomisch fundierter zu treffen. Durch exakte Kostenanalyse gilt es, den gesamten Reproduktionsprozeß bis hin zur Sicherung eines effektiven Materialflusses oder bis zum Erkennen von Stillständen ökonomisch zu durchdringen. Das erfordert eine exakte und zeitgleiche Kostenzuordnung zum Erzeugnis und zum Verursacher.

Diese ökonomische Durchdringung des gesamten Kreislaufs ist der Schlüssel für Effektivitäts- und Produktivitätssteigerung. Nur in dieser Verbindung mit der Betriebswirtschaft bieten Automatisierung und Rechnerstützung enorme Möglichkeiten der Kostensenkung. Natürlich kann man eine solche Kostenarbeit nicht nachträglich in ein Automatisierungsvorhaben einbeziehen. Vielmehr ist es notwendig, für jedes Automatisierungsvorhaben eine Vorkalkulation – also ein ökonomisches Projekt – mit fixierten Aufwandsgrößen kontrollfähig und einhaltbar zu erarbeiten. Die Nachkalkulation ist nach der stabilen Inbetriebnahme des Vorhabens dann das entscheidende Kontrollinstrument dafür, welches Ergebnis tatsächlich erreicht wurde. Eine exakte Kostenerfassung und -zuordnung über den gesamten Vorbereitungs- und Realisierungsprozeß eines Automatisierungsvorhabens oder einer Erzeugnisüberleitung ist die Voraussetzung für eine rechnergestützte Nachkalkulation, die zu aussagefähigen Ergebnissen als Bedingung für erforderliche technologische und organisatorische Veränderungen führt.

Achtens sind vermehrt logistische Prinzipien in Technologie und Betriebswirtschaft zu integrieren.

Prozeßanalysen unseres Instituts zeigen: Informationsdefizit, Inseldenken, Kompetenzvielfalt, mangelnde Lieferzuverlässigkeit und falsche Bestandspolitik sind in vielen Betrieben zum Hemmschuh für ein stabiles Leistungswachstum geworden. Bestände werden genutzt, um Fehler zu verdecken, störanfällige Prozesse zu vertuschen und Disproportionen in den Grundfonds zu umgehen. Um dem zu entgegnen, kann der richtige Weg nur sein, vermehrt logistische Prinzipien in Technologie und Betriebswirtschaft anzuwenden. Das bedeutet, im gesamten Produktionsprozeß die aktuellen Betriebsdaten erzeugnis- und prozeßbezogen zu erfassen, als Ausgangspunkt für Entscheidungen zur Minimierung der Durchlaufzeiten, für vertragsgerechte Lieferung und kontinuierlichen Materialfluß bei niedrigsten Beständen und Umlaufmitteln zu nehmen. So müssen schrittweise die Bedingungen entstehen, auftragsbezogen verschiedene Durchlaufzeiten bei kontinuierlichem Materialfluß einstellen zu können und innerhalb des Planes und der bilanzierten Fonds flexibel zu reagieren.

Neuntens werden die Qualität und das Niveau der Software immer bestimmender für das ökonomische Ergebnis.

Aus betriebswirtschaftlicher Sicht stehen Softwaretyplösungen für die Ausarbeitung, Abrechnung und Kontrolle des komplexen Planes und seiner Planteile, zur Produktionsplanung und -steuerung bis hin zur Finanzrechnung und Kostenzuordnung im Vordergrund. Solche Softwaretyplösungen bilden die Grundlage für durchgängige Systeme der Planung und Bilanzierung, wie sie bereits heute mit den Bilanzierungssystemen der chemischen und metallurgischen Industrie zu ersten effektiven Anwendungsfällen geführt wurden. Das erfordert, schnell zum Gesamtsystem paßfähige Module für diese betriebswirtschaftlichen Teilprozesse zu entwickeln und den Kombinaten und Betrieben für die prozeßspezifische Anpassung zur Verfügung zu stellen. Organisierte Nachnutzung ist notwendig, um diese Softwaretyplösungen schnell und in volkswirtschaftlicher Breite anzuwenden.

Zehntens erfordert die Verflechtung von Leistungs-, Leitungs- und Informationsprozessen die Zusammenführung betriebswirtschaftlicher Teilprozesse und ihre informationelle Verknüpfung ein Leitungsinformationssystem; darin eingebunden – Leiterarbeitsplätze für die unterschiedlichsten Arbeitsebenen bis zum Generaldirektor.

Die Softwaretyplösungen, wie z. B. zur Planung und zu Planvorbereitungen, müssen demzufolge auf rechnergestützte Arbeitsplätze umgesetzt werden, um im Leitungsinformationssystem die notwendige Verbindung von Planung, Bilanzierung, wirtschaftlicher Rechnungsführung und Rationalisierungskontrolle mit der Leitung der Prozesse herbeizuführen.

Maßstab für die Vervollkommnung der sozialistischen Betriebswirtschaft durch Rechnerstützung kann nur die erreichte Wirkung auf Effektivität und Produktivitätssteigerung, gemessen am erzielten Mehrprodukt, sein.

Die Vervollkommnung der Leitung, Planung und wirtschaftlichen Rechnungsführung sowie die Erhöhung der Eigenverantwortung der Kombinate schaffen günstige Bedingungen, dieses Effektivitätspotential der rechnergestützten Betriebswirtschaft voll auszuschöpfen und ein größeres Mehrprodukt sowie einen höheren Beitrag jedes Betriebes am Nationaleinkommen zu erreichen.

Anmerkungen

[1] Redaktionsschluß bei der Überarbeitung der Schlußbemerkungen: 19. Februar 1988.

[2] Vgl. E. Honecker, Mit dem Volk und für das Volk realisieren wir die Generallinie unserer Partei zum Wohle des Menschen. Dietz Verlag, Berlin 1988, S. 21.

[3] Vgl. E. Honecker, Alles zum Wohle des Volkes der DDR, für seine friedliche Zukunft. Dietz Verlag, Berlin 1987, S. 105.

[4] Vgl. G. Mittag, Ausführungen während den Besuchen der modernsten Chipfabrik der Republik, in: ND 5. 2. 1988, S. 3.

[5] Vgl. E. Honecker, Mit dem Volk und für das Volk ..., a. a. O., S. 19.